GUSTAV DIECKHEUER

Wirkung und Wirkungsprozeß der Geldpolitik

Untersuchungen über das Spar-, Giro- und Kreditwesen

Abteilung A: Wirtschaftswissenschaft

Schriften des Instituts für das Spar-, Giro- und Kreditwesen an der Universität Bonn

Herausgegeben von Prof. Dr. Dr. Dr. h. c. Fritz Voigt

Band 77

Wirkung und Wirkungsprozeß der Geldpolitik

Eine mikro- und makroökonomische Analyse

Von

Dr. Gustav Dieckheuer

DUNCKER & HUMBLOT / BERLIN

Redaktion: Diplom-Volkswirt Wolfgang Riedel

Gedruckt 1975 bei Bartholdy & Klein, Berlin 65
Printed in Germany

ISBN 3 428 03177 6

Inhaltsverzeichnis

Zweiter Teil

Mikroökonomische Grundlagen der Theorie des monetären Transmissionsmechanismus

Dritter Teil

Makroökonomische Analyse des monetären Transmissionsmechanismus

Verzeichnis der Tabellen

Verzeichnis der Abbildungen

Einleitung

Die geldpolitischen Entscheidungsträger sind verpflichtet, durch einen adäquaten Einsatz ihrer politischen Mittel dazu beizutragen, daß die gesamtwirtschaftlichen Ziele, wie Preisstabilität, Vollbeschäftigung, angemessenes Wachstum und außenwirtschaftliches Gleichgewicht, so weit wie möglich realisiert werden.

Um beurteilen zu können, welche Effizienz, d. h. welchen Zielerfüllungsgrad bestimmte eingesetzte Mittel haben, sind relativ exakte Kenntnisse über die Wirkung dieser Mitteleinsätze auf die gesamtwirtschaftlichen Größen erforderlich, an denen der Zielerfüllungsgrad gemessen wird.

Ein Abschätzen der absoluten Wirkung geldpolitischer Maßnahmen auf letztliche Zielgrößen bedarf jedoch auch eines Einblicks in gesamtwirtschaftliche Wirkungszusammenhänge und damit in die Vorgänge, die durch die politischen Maßnahmen ausgelöst werden. Solche Vorgänge sind gekennzeichnet durch Aktionen und Reaktionen von Wirtschaftseinheiten, deren Entscheidungen und Handlungen letztlich erst den von den geldpolitischen Instanzen gewünschten Einfluß auf die Zielgrößen bewirken. Die Vorgänge zwischen dem Mitteleinsatz und seiner Wirkung werden hier unter den Begriff „Wirkungsprozeß" gefaßt.

Der Prozeß, der durch bestimmte geldpolitische Maßnahmen in Gang gesetzt wird, vollzieht sich über einen endlichen Zeitraum. Zwischen dem Mitteleinsatz und der Reaktion der letztlichen Zielgrößen besteht deshalb eine mehr oder weniger lange zeitliche Differenz.

Zur Vermeidung von Mitteleinsätzen, die für die gewünschte Zielerfüllung nicht adäquat sind, benötigen die politischen Entscheidungsträger allerdings ohne zeitliche Verzögerungen Informationen über die Wirkungsintensität und die Wirkungsrichtung ihrer Maßnahmen. Daraus leitet sich die Forderung ab, nach einer ökonomischen Größe oder nach mehreren ökonomischen Größen zu suchen, die geeignet sind, diese Informationen zu geben. Auch das Auffinden solcher Informationsgrößen verlangt eine recht genaue Kenntnis des Wirkungsprozesses der Geldpolitik.

In dieser Arbeit wird es darum gehen, den Wirkungsprozeß, der durch geldpolitische Maßnahmen ausgelöst wird, und die Wirkung, die solche Maßnahmen schließlich auf gesamtwirtschaftliche Ziele haben, theoretisch zu analysieren und damit eine Basis zur Beurteilung der Effizienz geldpolitischer Mitteleinsätze und der Brauchbarkeit einiger ökonomischer Variablen als Informationsgrößen zu liefern.

Eine solche Aufgabe stellt sich nur deshalb, weil es bisher noch nicht gelungen ist, Theorien über die gesamtwirtschaftlichen Wirkungszusammenhänge zu entwickeln, die eine befriedigende und eindeutige Beurteilung erlauben.

Die Komplexität der Interaktionen von Entscheidungen und Handlungen der Wirtschaftseinheiten einer Volkswirtschaft läßt dem Theoretiker — und auch dem Empiriker — einen breiten Raum für die Interpretation der tatsächlichen Zusammenhänge. Die heute sowohl auf theoretischem als auch auf empirischem Gebiet ausgefochtene Kontroverse zwischen den Postkeynesianern und den Monetaristen ist ein sichtbarer Ausdruck solcher Interpretationsspielräume.

Zur Analyse des Wirkungsprozesses und der Wirkung der Geldpolitik in dieser Arbeit werden keine völlig neuen Theorien entwickelt. Vielmehr wird versucht, die bisherigen theoretischen Erkenntnisse soweit wie möglich zu verarbeiten, wenn nötig aber auch zu ergänzen.

Auf dieser Grundlage wird dann ein gesamtwirtschaftliches Modell konstruiert, in dem durch Simulation denkbarer Zustände in der Realität die Wirkungen geldpolitischer Mitteleinsätze aufgezeigt und die Vor- und Nachteile bestimmter ökonomischer Variablen in ihrer Funktion als Informationsgrößen verdeutlicht werden. Dabei sollen auch Inhalt und Kern der kontroversen Lehrmeinungen — Postkeynesianer und Monetaristen — herausgearbeitet und im Rahmen des formalisierten Modells detaillierter dargestellt werden, als das in den vielen bisherigen verbalen Beschreibungen dieser Kontroverse geschehen ist.

Die Verarbeitung und Ergänzung der bisherigen theoretischen Erkenntnisse erfordert zunächst einmal eine Auseinandersetzung mit den bekannten Theorien. Das soll, bevor dem weiter unten noch stärker konkretisierten spezifischen Anliegen dieser Arbeit entsprochen wird, im folgenden ersten Kapitel geschehen.

ERSTER TEIL

Traditionelle und neue Theorien des monetären Transmissionsmechanismus

I. Die klassische und die Keynessche Geldtheorie — Darstellung und Kritik

1. Wirkung und Wirkungsprozeß der Geldpolitik im Rahmen der klassischen und neoklassischen Quantitätstheorie

Ergebnisse des geldtheoretischen Teils der klassischen und neoklassischen Theorien[1] sind die bekannten Feststellungen, daß

(1) zwischen der Geldmenge M und dem Preisniveau P eine direkt proportionale Beziehung besteht,

(2) eine Veränderung des Preisniveaus ΔP allein durch eine Veränderung der Geldmenge ΔM *verursacht* wird und

(3) durch monetäre Vorgänge (Veränderungen der Geldmenge) *nur* das Preisniveau P, nicht aber die reale Komponente des nominellen Sozialprodukts beeinflußt wird.

Formal-theoretische Konzeptionen dieser Aussagen sind z. B. der Transaktionsansatz von Irving Fisher[2] und der Kassenhaltungsansatz der Cambridge Schule[3].

Ausgehend von der ex-post immer erfüllten Quantitätsgleichung $M \cdot u = P \cdot T$ (mit u als durchschnittlicher Umlaufgeschwindigkeit des Geldes M, P als durchschnittlichem Preisniveau und T als Summe

---

[1] Einen ausführlichen Überblick über diese Theorien findet man z. B. bei *H. Hegeland,* The Quantity Theory of Money — A Critical Study of Its Historical Development and Interpretation and a Restatement. Göteborg 1951, S. 7—166. — *D. Patinkin,* Money, Interest, and Prices — An Integration of Monetary and Value Theory, New York 1965, S. 527 ff.

[2] *I. Fisher,* The Purchasing Power of Money — Its Determination and Relation to Credit, Interest, and Crises. (Reprints of Economic Classics.) New York 1963.

[3] *A. Marshall,* Money, Credit, and Commerce. (Reprints of Economic Classics.) New York 1965. — *A. C. Pigou,* The Value of Money, „The Quarterly Journal of Economics“, Vol. 32 (1917), S. 38 ff.

aller in einer Volkswirtschaft in der betrachteten Periode durchgeführten realen Transaktionen in Gütern und Dienstleistungen) entwickelte Fisher durch eine theoretische Analyse der Größe u eine makroökonomische Geldnachfragefunktion[4] der Form $M_D = \frac{1}{u} \cdot P \cdot T$, die angibt, welche Geldmenge die Volkswirtschaft insgesamt *benötigt,* d. h. nachfragt, um einen bestimmten Umfang an Transaktionen T durchzuführen.

An die Stelle der bei Fisher fast ausschließlich von institutionellen Gegebenheiten determinierten Größe $\frac{1}{u}$ tritt im Kassenhaltungsansatz die Größe k, die ein spezifischer Ausdruck der Präferenzen von Wirtschaftssubjekten ist[5]; als makroökonomische Geldnachfragefunktion $M_D = k \cdot P \cdot T$ formuliert, zeigt dieser Ansatz, wieviel Geld die Wirtschaftssubjekte einer Volkswirtschaft insgesamt bei einem vorgegebenen Transaktionsvolumen T und dem herrschenden Preisniveau P zu halten *wünschen.*

Auf der Basis dieser Funktionen folgen die eingangs dargelegten Feststellungen der klassischen und neoklassischen Theorien unmittelbar aus den diesen Theorien zugrundeliegenden Annahmen.

(1) T wird allein im realen Bereich der Wirtschaft durch den Einsatz der Produktionsfaktoren Arbeit und Kapital einerseits und durch die technologische Entwicklung andererseits determiniert[6].

(2) Aufgrund des Marktmechanismus der vollkommenen oder vollständigen Konkurrenz und der vollen Flexibilität aller Preise (Löhne, Güterpreise, Zinsen) herrscht „normalerweise"[7] Vollbeschäftigung aller Ressourcen; T ist hiernach in seiner Größe fest vorgegeben.

(3) Die Größen u und k sind zumindest während der für die Betrachtung relevanten Periodenlänge konstant.

(4) Das Geldangebot M_S ist exogen determiniert; das Preisniveau und das Transaktionsvolumen T haben keinen Einfluß auf das Geldangebot.

---

[4] Vgl. *M. Blaug,* Economic Theory in Retrospect. Homewood, Ill., 1968, S. 616 f. — *M. L. Burstein,* Money. Cambridge, Mass., 1963, S. 737. — *D. E. W. Laidler,* The Demand for Money: Theories and Evidence. Scranton 1970, S. 45 ff.

[5] Vgl. A. Marshall, S. 38 ff.

[6] Vgl. *R. J. Lipsey* und *P. O. Steiner,* Economics. New York 1966, S. 669.

[7] Vgl. *I. Fisher,* S. 169.

(5) Geld hat keinen eigenständigen Nutzen; es wird deshalb nicht als Vermögensgegenstand zur Wertaufbewahrung gehalten, sondern ausschließlich für Transaktionszwecke benötigt.

(6) Die einzigen Substitute zum Geld sind Güter und Dienstleistungen[8].

Daß bei einer Veränderung des Geldangebots zur Erreichung eines neuen Gleichgewichts zwischen Geldangebot und Geldnachfrage *nur* das Preisniveau P verändert wird, und zwar direkt proportional zur Veränderung von M_S, ist auf der Grundlage der obigen Geldnachfragefunktion und der zuvor genannten Annahmen eine simple Schlußfolgerung. Damit ist jedoch nur etwas über die *Wirkung* der Geldpolitik auf eine letztliche Zielgröße (hier nur das Preisniveau P), nicht aber über den Wirkungs*prozeß* der Geldpolitik gesagt.

Zwar nicht formalisiert, aber in verbaler Darstellung findet man bei einigen Quantitätstheoretikern auch eine Beschreibung des Wirkungsprozesses.

Zu unterscheiden sind hierbei theoretische Ansätze, die einen direkten Wirkungsmechanismus, und solche, die einen indirekten Wirkungsmechanismus der Geldpolitik (der Geldmengenänderung) beschreiben[9].

Cantillon, Hume und andere Vertreter des ersten Erklärungsansatzes betrachteten die Geldmenge als direkte Determinante der individuellen und der gesamtwirtschaftlichen Güternachfrage, und zwar mit einer Elastizität der *nominellen* Nachfrage in bezug auf die Geldmenge von 1. Bei gegebenem Güterangebot konnten Geldmengenveränderungen folglich nur die schon oben festgestellten Beziehungen zwischen M und P bewirken. Über die Art und Weise, in der die Volkswirtschaft mit einer zusätzlichen Geldmenge versorgt wurde, machte man sich kaum Gedanken[10].

Von den meisten klassischen und neoklassischen Autoren wurde jedoch der Wirkungsprozeß der Geldpolitik nicht über eine direkte Wirkung der Geldmengenänderung auf das Ausgabenverhalten der Wirtschaftssubjekte erklärt.

Vielmehr bildet in einer Reihe von theoretischen Ansätzen ein Zinssatz, in einer Reihe anderer theoretischer Ansätze das reale Vermögen der Wirtschaftssubjekte die wesentliche Komponente bei der Über-

---

[8] Vgl. *R. J. Lipsey* und *P. O. Steiner,* S. 665.

[9] Vgl. *M. Blaug,* S. 154 ff.

[10] Vgl. *K. Wicksell,* Vorlesungen über Nationalökonomie — Auf Grundlage des Marginalprinzips. Zweiter Band: Geld und Kredit. (Neudruck der Ausgabe Jena 1922.) Aalen 1969, S. 182.

tragung monetärer Impulse auf die wirtschaftliche Aktivität[11]. Die Geldmengenänderung beeinflußt danach indirekt über andere ökonomische Größen das Ausgabenverhalten der Wirtschaftssubjekte.

Eine recht detaillierte Beschreibung des Wirkungsprozesses der Geldpolitik auf der Basis von Zinsvariationen ist bei Wicksell zu finden[12]. Die auf dem Vermögenskonzept beruhende Erklärung des Wirkungsprozesses der Geldpolitik ist in einer umfangreichen und in sich geschlossenen Analyse erst in jüngerer Zeit von Patinkin dargelegt worden[13].

Während Wicksell im Gegensatz zu den Vertretern des direkten Wirkungsmechanismus die Funktion der Geldintermediäre — vor allem der Banken — in seine Überlegungen einbezieht und damit auch den Vorgang einer Geldmengenveränderung selbst zu erklären vermag, gehen bei Patinkin die Ursachen von Geldmengenveränderungen nicht explizit in die Analyse ein.

Die Ansätze von Wicksell und Patinkin seien im folgenden kurz beschrieben.

Ausgangspunkt des Wicksellschen Erklärungsansatzes sei z. B. eine expansive Offenmarktpolitik der Zentralbank, durch die die Barreserven der Banken erhöht werden. Auf der Basis dieser Barreserven erhöhen die Banken ihr Kreditangebot. Neue Kreditnehmer lassen sich aber nur bei einem niedrigeren Kredit- bzw. Geldzins finden. Da einerseits der reale Zins bzw. der natürliche Zins (Wicksell) allein im realwirtschaftlichen Bereich auf der Grundlage der internen Verzinsung des neu investierten Realkapitals determiniert wird[14], kommt es, ausgehend von einer Gleichgewichtssituation, in der Geldzins und natürlicher Zins übereinstimmen, zu einer Diskrepanz zwischen diesen beiden Zinssätzen[15], die die Kreditfinanzierung zusätzlicher Investitionen rentabel macht[16]. Gleichzeitig sinkt aber mit abnehmendem Geldzins die nach der klassischen Theorie vom Geldzins abhängige Spartätigkeit,

[11] u. a. *D. Ricardo,* The High Price of Bullion (1910) In: The Works and Correspondence of D. Ricardo, Hrsg. von P. Sraffa, Vol. III, Cambridge 1951. — *J. St. Mill,* Principles of Political Economy, New York 1901, — *K. Wicksell,* Geldzins und Güterpreise. Eine Studie über die den Tauschwert des Geldes bestimmenden Ursachen. (Berichtigter Neudruck der Ausgabe Jena 1898.) Aalen 1968. *Derselbe,* Vorlesungen, — *I. Fisher,* — *A. Marshall,* — *D. Patinkin,* Money, Interest, and Prices.

[12] *K. Wicksell,* Vorlesungen, S. 216 ff. — *Derselbe,* Geldzins, S. 150 ff.

[13] *D. Patinkin,* Money, Interest, and Prices.

[14] Vgl. *K. Wicksell,* Vorlesungen, S. 219. — *M. Blaug,* S. 621.

[15] Vgl. *J. Tobin,* Money, Capital, and Other Stores of Value. „The American Economic Review“. Papers and Proceedings, Vol 51 (1961), S. 32.

[16] Vgl. *K. Wicksell,* Vorlesungen, S. 221 ff.

was auch im Konsumbereich zu einer Nachfragesteigerung führt[17]. Bei gegebenem Angebot muß es demnach zu Preissteigerungen kommen. Da die Banken aufgrund der Abnahme des Sparvolumens einerseits und der Zunahme der Kreditnachfrage andererseits und somit wegen des Rückgangs ihrer Barreserven gezwungen sind, den Geldzins wieder zu erhöhen, wird die Diskrepanz zwischen Geldzins und natürlichem Zins allmählich beseitigt und so ein neues Gleichgewicht erreicht, in dem die beiden Zinssätze wieder übereinstimmen, die Nachfrage nach Krediten genau dem Angebot an Ersparnissen, d. h., das Investitionsvolumen der Gesamtersparnis entspricht und damit das Preisniveau wieder konstant ist[18]. Über den Anstieg des Kreditvolumens ist gleichzeitig auch die Geldmenge erhöht worden.

Im Vergleich zum Ausgangsgleichgewicht hat sich das Preisniveau entsprechend dem nach Annahme konstanten Proportionalitätsfaktor in der gesamtwirtschaftlichen Geldnachfragefunktion mit der Geldmenge verändert.

Patinkin greift in seiner Analyse eine Idee von Pigou auf, die als Pigou-Effekt bekannt geworden ist[19]. Wie bei Pigou, so hängt auch im Modell von Patinkin die gesamtwirtschaftliche Güternachfrage in positiver Korrelation vom gesamtwirtschaftlichen realen Nettovermögen ab.

Patinkin unterscheidet in seiner modelltheoretischen Betrachtung die beiden Sektoren „Unternehmungen“ und „Haushalte“. Das Nettovermögen der Haushalte setzt sich zusammen aus Zentralbankgeld und aus festverzinslichen Wertpapieren, die Verbindlichkeiten des Unternehmenssektors repräsentieren. Das Nettovermögen des Unternehmenssektors ergibt sich aus der Differenz zwischen dem Zentralbankgeld, das von diesem Sektor gehalten wird, und den Verbindlichkeiten in Form der genannten Wertpapiere. Das gesamtwirtschaftliche Nettovermögen als Summe der Nettovermögen der beiden Sektoren ist folglich identisch mit dem gesamten Betrag an Zentralbankgeld in Händen privater Wirtschaftssubjekte.

In Erweiterung des Gedankens von Pigou hängen bei Patinkin die reale Wertpapiernachfrage der Haushalte in positiver Korrelation und das reale Wertpapierangebot des Unternehmenssektors in negativer Korrelation ebenfalls vom realen Nettovermögen ab.

Steigt z. B. im Rahmen einer expansiven Geldpolitik die nominelle Zentralbankgeldmenge einmalig um einen bestimmten Betrag, so

[17] Ebenda.

[18] Vgl. *K. Wicksell*, Vorlesungen, S. 216 ff. — *Derselbe*, Geldzins, S. 150 ff. — *M. Blaug*, S. 621 ff.

[19] *D. Patinkin*, Money, Interest, and Prices, vor allem S. 199 ff.

nimmt bei zunächst noch unverändertem Güterpreisniveau das gesamtwirtschaftliche reale Nettovermögen um diesen Betrag zu. Dadurch steigt die reale Güternachfrage und die reale Wertpapiernachfrage, während das reale Wertpapierangebot sinkt. Dieser Vorgang wird als „Real-Balance-Effekt" bezeichnet. Bei nach Annahme konstantem realem Gütreangebot kommt es zu Preissteigerungen auf dem Gütermarkt.

Die Diskrepanz zwischen Wertpapierangebot und Wertpapiernachfrage führt zu einer Zinssenkung und darüber bei unverändertem internen Zins der Investitionen zu einer Intensivierung der bereits durch den realen Vermögenseffekt positiv beeinflußten Investitionsgüternachfrage und damit zu einer Verstärkung des Preisauftriebs.

Mit dem steigenden Güterpreisniveau nimmt das reale Nettovermögen wieder ab. Die reale Güternachfrage und die reale Wertpapiernachfrage gehen folglich wieder zurück und das reale Wertpapierangebot steigt wieder an.

Der Preisauftrieb kommt dann zum Stillstand, wenn das gesamtwirtschaftliche reale Nettovermögen wieder das im ursprünglichen Gleichgewichtszustand bestandene Niveau erreicht hat und damit auch die reale Güternachfrage, die reale Wertpapiernachfrage und das reale Wertpapierangebot den Ausgangswerten des anfänglichen Gleichgewichtszustandes entsprechen.

Während das Güterpreisniveau auf ein höheres Niveau angehoben wird — auch hier proportional zur Zunahme der nominellen Geldmenge —, erreicht der Zinssatz, da die reale Wertpapiernachfrage und das reale Wertpapierangebot im Vergleich zur Ausgangssituation unverändert sind, nach der vorübergehenden Zinssenkung wieder seinen ursprünglichen Wert.

Ist bei Wicksell der Marktzins der Kredite die entscheidende Größe bei der Übertragung der monetären Impulse, so wird der Wirkungsprozeß der Geldpolitik im Modell von Patinkin vom Real-Balance-Effekt getragen. Zwar hat bei Patinkin auch der Zinssatz — anders als bei Wicksell nicht der Kreditzins, sondern der Wertpapierzins — eine Übertragungsfunktion, jedoch wird dieser Zinssatz im Laufe des Übertragungsprozesses nur dann verändert, wenn auch der Real-Balance-Effekt wirksam wird. Folglich ist der Real-Balance-Effekt die wesentliche Komponente des Wirkungsprozesses der Geldpolitik.

Die strenge Dichotomie zwischen dem realen und dem monetären Bereich der Volkswirtschaft in den klassischen und neoklassischen Theorien machte eine Beschäftigung mit der Frage, ob eine Geldmengenvariation auch zu einer Veränderung der realen Komponente des Sozialprodukts führen kann, schon aus logischen Gründen unmöglich. Irving Fisher war jedoch einer der wenigen klassischen und neoklassischen

Theoretiker, der die Vollbeschäftigungsannahme abschwächte. Er hält zwar letztlich auch an den bekannten Beziehungen zwischen *M* und *P* fest, beschreibt aber auch Situationen nicht voller Beschäftigung, in denen im Laufe des Anpassungsprozesses vom ursprünglichen zum neuen Gleichgewicht, in einer von ihm so bezeichneten Übergangsphase[20], durchaus Einflüsse der Geldmengenveränderung auf das reale Transaktionsvolumen *T* und somit auf die reale Komponente des Sozialprodukts möglich sind. Eine formal-theoretische Analyse dieses Vorgangs liefert Fisher jedoch nicht.

Unter dem Aspekt der Wirksamkeit und des Wirkungsprozesses der Geldpolitik läßt sich die klassische und neoklassische geldtheoretische Konzeption wie folgt zusammenfassend charakterisieren:

(1) Aktionen der geldpolitischen Entscheidungsträger werden repräsentiert durch eine Veränderung der gesamtwirtschaftlichen Geldmenge.

(2) Der Wirkungsprozeß der Geldpolitik wird getragen entweder

(a) von der Geldmenge selbst (bei den Theorien des direkten Mechanismus) oder

(b) vom Marktzins der Kredite bzw. vom Geldzins (bei den zinstheoretischen Erklärungsansätzen des indirekten Mechanismus, wie z. B. Wicksell) oder

(c) vom Real-Balance-Effekt bzw. vom realen Vermögenseffekt (bei den vermögenstheoretischen Erklärungsansätzen des indirekten Mechanismus, wie z. B. bei Patinkin).

Die Geldmenge, der Zins oder das reale Vermögen sind also jeweils die Transmissionsgröße, über die der monetäre Impuls letztlich auf die anvisierte Zielgröße übertragen wird.

(3) Als letztliche Zielgröße kann die Geldpolitik nur das Preisniveau *P* und damit selbstverständlich auch das nominelle Sozialprodukt, nicht aber die reale Komponente des nominellen Sozialprodukts beeinflussen. Lediglich in sehr kurzfristigen Übergangsphasen ist z. B. nach Irving Fisher auch eine Beeinflussung der realen Komponente möglich.

(4) Veränderungen in der geldpolitischen Aktionsgröße *M* und Veränderungen in der Zielgröße *P* stehen in einer stabilen und eindeutigen Beziehung zueinander. Veränderungen in *M* zeigen also eindeutig Veränderungen in *P* an.

Auf eine kritische Beurteilung der klassischen und neoklassischen Ansätze und deren Brauchbarkeit für eine möglichst realitätsnahe Ana-

---

[20] Vgl. *I. Fisher*, S. 35 ff.

lyse der Wirkung und des Wirkungsprozesses der Geldpolitik kann an dieser Stelle verzichtet werden, da diese entweder in der Darstellung der Keynesschen Geldtheorie implizit oder aber in der kritischen Beurteilung der Keynesschen Geldtheorie explizit enthalten ist.

2. Wirkung und Wirkungsprozeß der Geldpolitik in der Keynesschen Theorie

a) Der Keynessche Erklärungsansatz in der Interpretation von Hicks[21]

In seinem Werk „A Treatise on Money“ und im geldtheoretischen Teil seiner „General Theory“ versuchte Keynes, mit Hilfe einer stärker realitätsbezogenen Theorie die klassische Dichotomie zwischen dem monetären und dem realen Sektor einer Volkswirtschaft zu überwinden[22] und damit zu zeigen, daß einerseits das Geld *auch* einen Einfluß auf die reale Komponente des Sozialprodukts haben kann und andererseits das absolute Preisniveau nicht allein durch monetäre Größen, nämlich die Geldmenge, sondern *auch* durch Einflüsse aus dem realen Bereich der Wirtschaft determiniert wird. Die für eine Analyse der Wirkung und des Wirkungsprozesses der Geldpolitik relevanten Bestandteile der Keynesschen Theorie sind die zweigeteilte Geldnachfragefunktion und die Investitionsfunktion.

Keynes unterscheidet bekanntlich zwischen einer Nachfrage nach Transaktions- und Vorsichtskasse, die positiv mit dem Volkseinkommen bzw. dem nominellen Sozialprodukt korreliert, und einer Nachfrage nach Spekulationskasse, die im negativen Sinne von einem repräsentativen Zins r abhängt[23]. Dieser Zins ist gleichzeitig, und zwar ebenfalls in negativer Korrelation — in der Regel neben dem Volkseinkommen Y —, eine der wesentlichen Determinanten der Investitionsnachfrage.

Vergleicht man die Keynessche Geldnachfragetheorie mit der klassischen und neoklassischen Theorie, so zeigen sich dabei folgende Erweiterungen und Verbesserungen.

Durch die zusätzliche Funktion der Nachfrage nach Spekulationskasse wird

---

[21] *J. Hicks,* Mr. Keynes and the Classics: A Suggested Interpretation. „Econometrica“, Vol. 5 (1937), S. 147 ff.

[22] *J. M. Keynes,* A Treatise on Money. London, New York 1930. — *Derselbe,* The General Theory of Employment, Interest, and Money. London 1936. — Vgl. auch *R. Harrod,* Money. Bungay, Suffolk, 1969, S. 162 ff.

[23] Vgl. *J. M. Keynes,* The General Theory of Employment, Interest, and Money. London 1964, S. 170 und S. 195 ff. Zitate im folgenden nach dieser Quelle.

(1) die Wertaufbewahrungsfunktion des Geldes und damit die Stellung des Geldes als Vermögensgegenstand berücksichtigt,

(2) das Halten von Wertpapieren als zweites Substitut zur Geldhaltung eingeführt,

(3) der Zins explizit als Determinante der Geldnachfrage einbezogen und somit aus seiner Isolierung im realen Bereich der Wirtschaft befreit und

(4) die Annahme der Konstanz der Umlaufgeschwindigkeit des Geldes aufgehoben[24].

Im Bereich des Geldangebots enthält die Keynessche Theorie dagegen keine Erweiterungen. Wie in der klassischen und neoklassischen Theorie wird das Geldangebot weiterhin als exogen fixierte Größe betrachtet.

Wird das Geldangebot und damit die tatsächliche Geldmenge in einer Volkswirtschaft z. B. erhöht, so ist dies im Rahmen der bekannten analytischen und graphischen Gleichgewichtsdarstellung des Keynesschen Systems[25], sieht man einmal von der Existenz einer Liquiditätsfalle ab, mit einer Verringerung des Zinssatzes verbunden. Die Investitionsnachfrage wird dadurch, sofern sie in bezug auf den Zins nicht unelastisch ist, gesteigert, was via Multiplikator eine Erhöhung des nominellen Sozialprodukts Y auslöst. Inwieweit sich die Erhöhung von Y in einer Veränderung der realen Komponente oder einer Veränderung des Preisniveaus niederschlägt, hängt entscheidend ab von der Beschäftigungssituation in der Ausgangslage und der Elastizität des realen Angebots auf den verschiedenen Gütermärkten[26]. Selbst bei einer gesamtwirtschaftlich noch bestehenden Unterbeschäftigung kann es nach Keynes auf einzelnen Märkten zu Engpässen mit abnehmender Angebotselastizität kommen, die einen Anstieg der Preise auf diesen Märkten und damit auch einen Anstieg des allgemeinen Preisniveaus bewirken:

„. . . as soon as output has increased sufficiently to begin to reach the 'bottle-necks', there ist likely to be a sharp rise in the prices of certain commodities“[27].

Entgegen der auf dem vereinfachten IS/LM-Schema von Hicks[28] aufbauenden Lehrbuchdarstellung läßt Keynes also durchaus nicht nur

---

[24] Vgl. *J. M. Keynes*, General Theory, S. 299.

[25] Vgl. z. B. *J. Hicks*, Mr. Keynes. — *T. F. Dernburg* und *D. M. McDougall*, Macro-Economics — The Measurement, Analysis, and Control of Aggregate Economic Activity, New York 1963.

[26] *J. M. Keynes*, General Theory, S. 292 ff.

[27] *J. M. Keynes*, General Theory, S. 300.

[28] *J. Hicks*, Mr. Keynes.

Einflüsse der Geldpolitik auf die reale Komponente von *Y*, sondern auch auf das Preisniveau *P* zu[29].

Keynes betont aber sowohl in seiner „Treatise“ als auch in seiner „General Theory“ mit Nachdruck, daß die Ursachen von Steigerungen des absoluten Preisniveaus *P* nicht allein im monetären Bereich, respektive in einer Erhöhung der Geldmenge, zu suchen sind, sondern daß über die Produktionszuwächse hinausgehende Kostensteigerungen (z. B. durch Lohnerhöhungen) ebenfalls stimulierend auf die Preisentwicklung wirken[30].

Ob eine Variation der Geldmenge überhaupt einen Einfluß auf das nominelle Volkseinkommen hat, wird im Keynesschen Modell einerseits von der Zinselastizität der Nachfrage nach Spekulationskasse und andererseits von der Zinselastizität der Nachfrage nach Investitionsgütern bestimmt. Ist das Geld im Rahmen der Nachfrage nach Spekulationskasse ein vollkommenes Substitut für die Wertpapiere (unendlich große Zinselastizität) und/oder ist die Nachfrage nach Investitionsgütern unabhängig von Variationen des Zinssatzes (Zinselastizität von Null), so ist ein solcher Einfluß ausgeschlossen und die Geldpolitik, gemessen an ihrer Zielrealisation, unwirksam.

Der Wirkungsprozeß und die absolute Wirkung der Geldpolitik erfahren bei Keynes somit eine weitaus differenziertere Analyse als in den klassischen und neoklassischen Theorien:

(1) Der Zins als Transmissionsgröße wird, anders als in den quantitätstheoretischen Ansätzen zum indirekten Wirkungsmechanismus, explizit in das Modell einbezogen.

(2) Die absolute Wirkung der Geldpolitik kann sich sowohl in der realen Komponente des nominellen Sozialprodukts als auch im Preisniveau ausdrücken.

(3) Aus einer Veränderung der Geldmenge kann wegen der Möglichkeit der Existenz einer Liquiditätsfalle nicht mehr eindeutig auf eine Veränderung in der Zielgröße Y geschlossen werden.

(4) Zwischen der Transmissionsgröße „Zins“ und der Zielgröße *Y* besteht nur dann eine eindeutige (negative) Beziehung, wenn die Zinselastizität der Investitionsgüternachfrage von Null verschieden ist.

---

[29] Allerdings entwickelte Keynes keine Theorie, die exakt die Aufteilung der Veränderung des nominellen Sozialprodukts auf die reale Komponente und das Preisniveau erklärt.

[30] Vgl. *J. M. Keynes*, General Theory, S. 296 f., S. 301, S. 304 ff., S. 309 — *R. Harrod*, Money, S. 162 ff. — *M. L. Burstein*, S. 684 ff.

b) *Die kredittheoretische Interpretation*

α) Der Kreditkostenmechanismus

Trotz der expliziten Berücksichtigung des Zinses als Transmissionsgröße kann die im einfachen IS/LM-Schema mehr oder weniger mechanistische Erklärung des Wirkungsprozesses der Geldpolitik nicht befriedigen.

Es bleibt unklar, wie die geldpolitischen Entscheidungsträger eine Veränderung der gesamtwirtschaftlichen Geldmenge erreichen, was unter *dem* Zins, der nach Keynes ein repräsentativer Zins sein soll[31], exakt zu verstehen ist, wieso die Investitionsgüternachfrage auf Veränderungen des Wertpapierzinssatzes reagiert und wie eine zusätzliche Investitionsgüternachfrage finanziert wird. Den Keynesianern war dieser Mangel bewußt, und sie erweiterten das Modell, wenn auch nicht explizit, so doch implizit durch Berücksichtigung des Geschäftsbankenbereichs und des Kreditmarktes.

Diese als kredittheoretische Interpretation[32] bekannte Erweiterung des Keynesschen Modells bildet in den meisten Staaten, deren Geldsystem dem der USA und der BRD ähnlich ist, die Grundlage der praktischen Geldpolitik[33].

Der Wirkungsprozeß der Geldpolitik läßt sich mit Hilfe des kredittheoretischen Ansatzes etwa wie folgt darstellen[34]:

Der Zins r repräsentiert einerseits den Zins auf nicht näher spezifizierte Wertpapiere, die im Rahmen der Nachfrage nach Spekulationskasse Substitute zum Geld sind, und andererseits den Zins auf Bankkredite.

Unter der Annahme, daß der Wertpapierzins und der Kreditzins sich nur in einem proportionalen Verhältnis zueinander verändern, kann ihre Veränderung auch vereinfachend durch die Veränderung von r ersetzt werden.

Angenommen, die Zentralbank betreibt eine expansiv orientierte Politik, bei der sie die Überschußreserven der Banken erhöht. Die Banken werden versuchen, die überschüssigen Bestände an Zentralbankgeld durch Kauf von Wertpapieren und durch zusätzliche Kreditvergabe

---

[31] Als repräsentativen Zins wählte Keynes den Zins auf langfristige Staatspapiere.

[32] Zum kredittheoretischen Ansatz vgl. *K. Brunner*, A Survey of Selected Issues in Monetary Theory. „Schweizerische Zeitschrift für Volkswirtschaft und Statistik", 107. Jg (1971), S. 28 ff.

[33] Vgl. z. B. „Monatsberichte der Deutschen Bundesbank", 23. Jg (Juli 1971), S. 15 ff.

[34] Vgl. *D. Wrightsman*, An Introduction to Monetary Theory and Policy. New York 1971, S. 130 ff.

Abbildung 1: Geldmenge und Kreditkosten

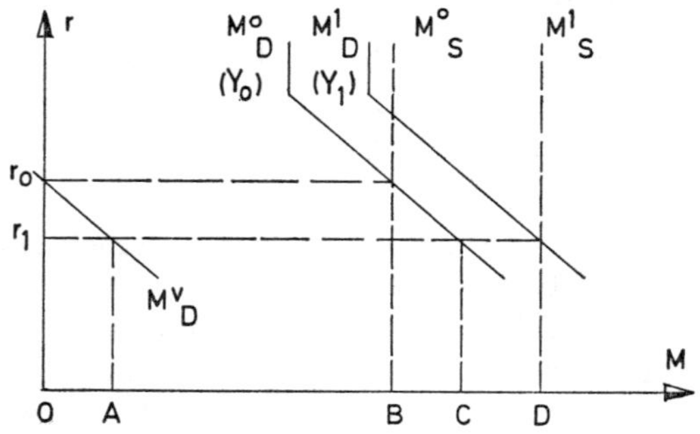

abzubauen. Die zusätzliche Nachfrage nach Wertpapieren führt ceteris paribus zu einem Sinken des entsprechenden Zinssatzes. Eine Erhöhung der Kreditvergabe ist ceteris paribus nur möglich, wenn die Banken den Kreditzins senken. Somit muß sich auch r verringern.

Der sinkende Zins erhöht einerseits die Rentabilität zusätzlicher Investitionen und verringert andererseits die Opportunitätskosten der Geldhaltung und damit den Anreiz zur Vermögenshaltung in Form von Wertpapieren.

In der Abbildung 1 kommen diese Vorgänge zunächst in einer Verschiebung der Geldangebotskurve von $M^0{}_S$ nach $M^1{}_S$ und in einem Sinken des Zinssatzes von r_0 nach r_1 zum Ausdruck.

Entsprechend der Geldnachfragefunktion M_D, die die Nachfrage nach Transaktions-, Vorsichts- und Spekulationskasse einschließt, steigt die Geldnachfrage durch die Verringerung des Zinssatzes um $\overline{BC}$. Der noch verbleibende Rest des zusätzlichen Geldangebots $\overline{CD}$ wird — zunächst in Form von Krediten — von Investoren nachgefragt, die diesen Betrag vorübergehend zur Finanzierung der zusätzlichen Investitionsgüternachfrage benötigen.

Dieser Sachverhalt kommt in der Linie $M^v{}_D$ zum Ausdruck. Bei einem Zins von r_0 bleibt die Investitionsgüternachfrage unverändert und ein zusätzlicher Finanzierungs- oder Geldbetrag wird nicht benötigt. Bei einer Verringerung des Zinssatzes nach r_1 erfordert die zusätzliche Nachfrage (nach Investitionen) einen Finanzierungs- oder Geldbetrag von $\overline{OA}$.

Via Multiplikator steigt dann infolge der höheren gesamtwirtschaftlichen Nachfrage ceteris paribus das nominelle Sozialprodukt. Diese

Steigerung wiederum wirkt auf die Geldnachfrage zurück: für Transaktionszwecke wird jetzt ein höherer Geldbetrag benötigt. Das kommt in einer Rechtsverschiebung der Geldnachfrage nach $M^1{}_D$ zum Ausdruck.

Die jetzt zusätzlich wirksam werdende Nachfrage nach Transaktionskasse kann auch tatsächlich befriedigt werden, weil der von den Investoren anfangs benötigte Finanzierungs- oder Geldbetrag bei Realisation der Investitionsnachfrage in den volkswirtschaftlichen Geldkreislauf eingegangen ist.

Selbstverständlich braucht die Anpassung des Zinssatzes an das neue Gleichgewichtsniveau r_1 nicht vollständig unmittelbar nach der Aktion der Zentralbank erfolgen, wie es nach der vorangegangenen recht groben Beschreibung des Wirkungsprozesses der Geldpolitik den Anschein haben mag. Vielmehr muß angenommen werden, daß diese Anpassung tatsächlich erst allmählich im Zeitablauf erfolgt und daß der Zinssatz sogar zeitweise unter sein letztliches Gleichgewichtsniveau sinkt. Solche Vorgänge lassen sich allerdings im Rahmen der obigen komparativ-statischen Analyse nicht explizit darstellen.

Nach der kredittheoretischen Konzeption wird somit der Kreditzins zum entscheidenden Bindeglied zwischen dem monetären Impuls und der letztlichen Zielgröße.

Jedoch darf deshalb die Bedeutung des Wertpapierzinssatzes als Transmissionsgröße nicht unterschätzt werden; denn ohne die Verringerung dieses Zinssatzes wird auch der Kreditzins nicht gesenkt. Das folgt aus der Vorstellung, daß die Banken ihre gesamten Überschußbestände an Zentralbankgeld für den Kauf von Wertpapieren verwenden, wenn diese — bei konstantem Zins — mit unveränderter Rendite ausgestattet sind, anstatt ihr Kreditangebot bei niedrigerem Zins und damit relativ zu der Wertpapieranlage geringerer Rendite auszudehnen.

β) Die „credit-availability“ Theorie

Die Übertragung monetärer Impulse auf die Zielgröße Y ist auch in der an den Kreditkosten orientierten Interpretation der Keynesschen Theorie nur möglich, wenn die Nachfrage nach Spekulationskasse nicht vollkommen zinselastisch und die nach Investitionsgütern nicht vollkommen zinsunelastisch ist.

Keynes selber zweifelte letztlich zwar nicht an der Wirksamkeit der Geldpolitik[35], er macht aber schon auf die Möglichkeit der Existenz

---

[35] Vgl. *R. Harrod,* Money, S. 163.

einer Liquiditätsfalle und einer vom Zins unabhängigen Investitionsgüternachfrage aufmerksam[36].

Gestützt auf die angeblich schlechten Erfahrungen mit der Geldpolitik in den dreißiger Jahren[37], wurden diese Möglichkeiten bei der Diskussion des Keynesschen Modells in den vierziger Jahren stark in den Vordergrund gerückt. Die Existenz einer Liquiditätsfalle konnte empirisch zwar nicht nachgewiesen werden, doch nahm man jetzt allgemein an, daß die Investitionsgüternachfrage eine verschwindend geringe Zinsabhängigkeit aufweise[38], so daß der Nachweis einer Liquiditätsfalle ohnehin überflüssig war.

Gegen diese pessimistische Einstellung wandte sich eine Bewegung, die auch unter der Bezeichnung „credit-availability doctrin“[39] bekannt geworden ist und die vor allem auf Robert V. Roosa zurückzuführen ist[40].

Es ist hier nicht der Platz, auf Einzelheiten der von Roosa speziell auf die Struktur der Finanzmärkte in den USA zugeschnittenen Konzeption und die ebenfalls sehr spezielle kritische Folgeliteratur einzugehen[41].

Vielmehr sollen nur die Charakteristika dieser Theorie genannt werden, die ganz allgemein für die Beurteilung der Wirkung und des Wirkungsprozesses der Geldpolitik von Bedeutung sind[42].

Die wesentlichen Bestandteile der „credit-availability“ Theorie lassen sich etwa wie folgt umreißen:

(1) Man geht von der Beobachtung aus, daß die Geschäftsbanken wegen der oligopolistischen Wettbewerbssituation, in der sie sich befinden,

---

36 Vgl. *J. M. Keynes,* General Theory, S. 172 f. und S. 207.

37 Vgl. *W. L. Smith,* On the Effectiveness of Monetary Policy. „The American Economic Review“, Vol. 46 (1956), S. 588 ff. — Ins Deutsche übersetzt und wiederabgedruckt in: Geld- und Bankpolitik. Hrsg. von *E. Dürr.* (Neue Wissenschaftliche Bibliothek) Köln, Berlin 1969, S. 333 ff. — Zitate nach der letztgenannten Quelle.

38 Vgl. *G. L. S. Shackle,* Interest Rates and the Pace of Investment. „The Economic Journal“, Vol. 56 (1946), S. 1 ff. — *F. Lutz,* The Interest Rate and Investment in a Dynamic Economy. „The American Economic Review“, Vol. 35 (1945), S. 811 ff. — *J. Hicks,* Value and Capital, Oxford 1946, S. 225 ff.

39 Vgl. *H. G. Johnson,* Essays in Monetary Economics, London 1967, S. 58.

40 *R. V. Roosa,* Interest Rates and the Central Bank. In: Money, Trade, and Economic Growth, New York 1951, S. 270 ff.

41 Vgl. *A. Lindbeck,* The „New“ Theory of Credit Control in the United States. Stockholm, Uppsala 1962, und die dort angegebene Literatur.

42 Vgl. *A. Lindbeck,* The „New“ Theory, S. 14 und S. 41 ff. — *Derselbe,* A Study in Monetary Analysis. Stockholm, Uppsala 1965, S. 232 ff. — Zu einer neueren theoretischen und empirischen Studie zur „credit-availability“ Theorie vgl. *D. M. Jaffee* und *F. Modigliani,* A Theory and Test of Credit Rationing. „The American Economic Review“, Vol. 59 (1969), S. 850 ff.

die Kreditzinssätze an veränderte Liquiditätssituationen (z. B. aufgrund von Aktionen der Zentralbank) oder an eine veränderte Kreditnachfrage nur geringfügig und nur sehr zögernd anpassen[43]. Das Verhalten der Banken wird also analog zum Preisverhalten auf oligopolistischen Warenmärkten gesehen[44], auf denen ebenfalls der Aktionsparameter „Preis" relativ starr ist.

(2) Es wird jedoch angenommen, und die Erfahrung scheint das zu bestätigen, daß die Banken bei einer Veränderung ihrer Liquiditätslage oder bei einer Veränderung der Kreditnachfrage anstatt mit dem statistisch meßbaren Zins mit nicht meßbaren indirekten Bestandteilen der Kreditvergabe operieren, so z. B. mit Veränderungen in den Bonitätsanforderungen an die Kreditnehmer, und daß sie weitgehend mit Hilfe solcher Operationen das Kreditvolumen auf das von ihnen gewünschte Niveau bringen.

(3) Darüber hinaus wird als Hypothese formuliert, daß die Investitionsgüternachfrage *nicht nur* vom statistisch meßbaren Kreditzins oder von den Kreditkosten, *sondern auch* — und nach dieser Theorie in erheblichem Maße — von den Möglichkeiten zur Kreditaufnahme bzw. von der Kreditverfügbarkeit und damit gesamtwirtschaftlich vom Kreditvolumen selbst abhängt.

Nach der „credit-availability" Theorie muß die Zentralbank, will sie die gesamtwirtschaftliche Nachfrage beeinflussen, die Bedingungen verändern, unter denen die Banken Kredite bereitstellen wollen[45].

Selbst wenn der Zins- oder der Kreditkostenmechanismus der Keynesschen Theorie versagt, ist die Übertragung der von der Zentralbank ausgelösten monetären Impulse auf die anvisierten Zielgrößen im realen Bereich der Wirtschaft — hier auf das nominelle Sozialprodukt Y — trotzdem gesichert.

Als entscheidende Transmissionsgröße neben *den* Zinssatz im einfachen IS/LM-System oder den Kreditzins oder die Kreditkosten in der oben zunächst dargelegten kredittheoretischen Interpretation tritt hier die sogenannte Kreditverfügbarkeit, die gesamtwirtschaftlich hilfsweise durch das Kreditvolumen repräsentiert wird.

Von einer Veränderung der Kreditverfügbarkeit bzw. des Kreditvolumens, so behaupten die „credit-availability" Theoretiker, kann *eindeutig* auf eine Veränderung der Zielgröße Y geschlossen werden.

Wie in der klassischen und neoklassischen Theorie, allerdings erweitert um den möglichen Einfluß auf die reale Komponente des nominel-

[43] Vgl. *A. Lindbeck,* The „New" Theory, S. 48 — *Derselbe,* A Study, S. 237.

[44] Vgl. *W. L. Smith,* On the Effectiveness, S. 336 und Fußnote.

[45] Vgl. *D. V. Roosa,* S. 275 f.

len Sozialprodukts, wird an der Wirkungspotenz der Geldpolitik nicht gezweifelt.

c) *Kritische Einwände gegen die Keynessche Geldtheorie*

Betrachtet man die Entwicklung der ursprünglich von Praktikern in den geldpolitischen Entscheidungsinstanzen konzipierten „credit-availability“ Theorie aus der originären und der um den Kreditkostenmechanismus erweiterten Keynesschen Geldtheorie, so kann man sich des Eindrucks nicht erwehren, daß die Hypothesen der „credit-availability“ Theorie weitgehend ad hoc zur Verteidigung der Geldpolitik formuliert worden sind[46]. Das Keynessche System wurde weiterhin akzeptiert, jedoch für den Fall, daß die Investitionsgüternachfrage zinsunelastisch sein sollte, ein zusätzlicher Mechanismus eingebaut, der die Wirksamkeit der Geldpolitik garantiert.

Die wissenschaftlich-theoretische Richtung der Forschung beschritt demgegenüber einen anderen Weg. Sie setzte sich mit den einzelnen Bestandteilen der Keynesschen Geldtheorie auseinander und versuchte, durch eine kritische Bestandsaufnahme zu Erkenntnissen zu gelangen, die, theoretisch insgesamt breiter fundiert, vielleicht eine bessere Erklärung der tatsächlichen Vorgänge im monetären Bereich der Wirtschaft lieferten.

Das bedeutet a priori keineswegs die Ablehnung der Hypothesen der „credit-availability“ Theorie, sondern vielmehr ein strengeres und exakteres theoretisches Arbeiten, an dessen Ende durchaus die Schlußfolgerungen dieser Theorie hätten stehen können.

Wenn im folgenden verschiedene Komponenten der Keynesschen Geldtheorie kritisch diskutiert werden, so ist darin gleichzeitig schon ein beträchtlicher Teil der gerade angesprochenen geldtheoretischen Entwicklung angedeutet:

(1) Die mikroökonomische Erklärung der Nachfrage nach Spekulationskasse in der Keynesschen Theorie basiert auf der Annahme, daß ein Wirtschaftssubjekt eine klare Vorstellung von einem „normalen“, d. h. in der Regel vorherrschenden Zinsniveau, hat[47] und daß das Wirtschaftssubjekt mit *Sicherheit* annimmt, das Zinsniveau werde sich bei einer Abweichung vom „normalen“ Niveau eindeutig wieder in Richtung dorthin entwickeln.

Mit der Annahme der vollkommenen Sicherheit über die Entwicklungsrichtung des Zinsniveaus ist impliziert, daß ein *einzelnes*

[46] So auch *K. Brunner*, A Survey of Selected Issues, S. 31.

[47] Vgl. *J. M. Keynes*, General Theory, S. 201.

Wirtschaftssubjekt entweder *nur* Geld, definiert als Bargeld plus Sichtdepositen, als Spekulationskasse *oder nur* Wertpapiere hält[48]. Eine Streuung zwischen Geld und Wertpapieren ist, weil sie einem rationalen Verhalten des Wirtschaftssubjektes widerspräche, ausgeschlossen[49].

Tatsächlich dürfte jedoch die Erwartung über die Entwicklungsrichtung des Zinsniveaus eher unsicher als sicher sein und deshalb auch das *einzelne* Wirtschaftssubjekt eine Streuung zwischen Geld und Wertpapieren vornehmen.

Eine in diesem Sinne modifizierte Theorie der Nachfrage nach Spekulationskasse ist von Tobin entwickelt worden[50].

(2) Nach der herkömmlichen Interpretation der Keynesschen Theorie gibt es als Alternativen im Rahmen der Nachfrage nach Spekulationskasse nur das Anlageobjekt „Geld" und das als Substitut zum Geld fungierende Wertpapier, das nach Keynes durch einen langfristigen Staatsschuldtitel repräsentiert wird. Dadurch aber werden die Fluktuationen zwischen den Beständen an Geld und den Beständen an Wertpapieren stark überbewertet[51]. In der Realität ist eher zu beobachten, daß im Rahmen von Spekulationen Bestandsumschichtungen nicht so stark zwischen Geld und Wertpapieren, sondern weitaus mehr zwischen verschiedenen Wertpapierarten einerseits und zwischen einem Wertpapier unterschiedlicher Fälligkeitstermine andererseits vorgenommen werden[52]. Als Konsequenz dieser Beobachtung ist zu postulieren, daß das ganze Spektrum der monetären und finanziellen Aktiva, wenigstens aber mehrere repräsen-

---

48 Vgl. *T. F. Dernburg* und *D. M. McDougall,* S. 106. — *D. Wrightsman,* S. 122 ff. und S. 138.

49 Das gilt nur für ein *einzelnes* Wirtschaftssubjekt. Gesamtwirtschaftlich besteht im Keynesschen Modell eine Streuung, weil die Vorstellungen über den „Normalzins" von Wirtschaftssubjekt zu Wirtschaftssubjekt unterschiedlich sind. Vgl. *D. E. W. Laidler,* Demand for Money, S. 54.

50 *J. Tobin,* Liquidity Preference as Behavior Towards Risk. „The Review of Economic Studies", Vol. 25 (1958), S. 65 ff.

51 Nach einer neueren Interpretation von A. Leijonhufvud soll Keynes unter „Geld" alle kurzfristigen monetären und finanziellen Aktiva einschl. Bargeld und Sichtdepositen und unter „Bonds" (hier die als Substitute dienenden Wertpapiere) alle langfristigen monetären und finanziellen Aktiva zusammengefaßt haben, so daß Spekulationen in Umschichtungen zwischen kurz- und langfristigen Aktiva, jedoch nicht unbedingt zwischen Bargeld plus Sichtdepositen und langfristigen Wertpapieren zum Ausdruck kommen. Vgl. *A. Leijonhufvud,* On Keynesian Economics and the Economics of Keynes, A Study in Monetary Theory. New York, London, Toronto 1968, S. 111 ff.

52 Vgl. *H. G. Johnson,* The General Theory After Twenty-Five Years. In: Money, Trade and Economic Growth. London 1968. S. 137. — *W. L. Smith,* On some Current Issues in Monetary Economics: An Interpretation. „The Journal of Economic Literature", Vol. (1970), S. 774.

tative Anlageobjekte in die Analyse einbezogen und entsprechend auch eine ganze Reihe kurz- und langfristiger Zinssätze als Determinanten der Geldnachfrage berücksichtigt werden müssen.

Diesen Forderungen wird im Rahmen der Portfolio-Theorie, die weiter unten noch zu diskutieren ist, Rechnung getragen[53].

(3) Die gesamtwirtschaftliche Nachfrage nach Geld aus dem Transaktions- und Vorsichtsmotiv ist nach Keynes allein abhängig vom Volkseinkommen Y. Wenn Keynes jedoch das Halten von Vorsichtskasse unter anderem mit dem Warten auf eine günstige Kaufmöglichkeit begründet, wobei Wertpapiere als Kaufmöglichkeit zu berücksichtigen sind, dann muß z. B. die Vorsichtskasse ceteris paribus abnehmen, wenn der Zins auf Wertpapiere steigt bzw. der Kurs sinkt und sich somit die günstige Kaufmöglichkeit einstellt[54].

Da sich die Opportunitätskosten auch des Haltens von Transaktionskasse (ebenso wie von Vorsichts- und Spekulationskasse) mit den Ertragsmöglichkeiten von zum Geld *alternativen* Anlagen verändern, ist es durchaus denkbar, daß die Nachfrage nach Transaktionskasse bei rational handelnden Wirtschaftssubjekten auch vom Zins solcher alternativer Anlagen abhängig.

Jeweils auf der Basis der Theorie der optimalen Lagerhaltung entwickelten Baumol, Tobin und Whalen Modelle, die diese Aspekte für die Nachfrage nach Transaktionskasse und nach Vorsichtskasse berücksichtigen[55].

(4) Geld, gleichgültig ob es aus Transaktions-, Vorsichts- oder Spekulationszwecken gehalten wird, ist in mikroökonomischer Sicht ein Teil des Vermögens eines Wirtschaftssubjekts und in makroökonomischer Sicht ein Teil des volkswirtschaftlichen Gesamtvermögens. Es ist deshalb denkbar, daß Veränderungen in den Vermögensbeständen einen Einfluß auf die Geldnachfrage insgesamt ausüben[56]. Zumindest darf die Komponente „Vermögen" in der theoretischen Analyse der Geldnachfrage nicht, wie es in der Keynesschen Theorie der Fall ist, völlig unberücksichtigt bleiben. Ob sich in empirischen Untersu-

---

[53] Vgl. auch *H. J. Jarchow,* Von Keynes zur portfolio selection. „Der Volkswirt", Nr. 6 (1969), S. 36 ff.

[54] Vgl. *R. Harrod,* Money, S. 171 ff. — *H. G. Johnson,* The General Theory, S. 136.

[55] *W. J. Baumol,* The Transactions Demand for Cash: An Inventory Theoretic Approach. „The Quarterly Journal of Economics", Vol. 66 (1952), S. 545 ff. — *J. Tobin,* The Interest-Elasticity of Transactions Demand for Cash. „The Review of Economics and Statistics", Vol. 38 (1956), S. 241 ff. — *E. L. Whalen,* A Rationalization of the Precautionary Demand for Cash. „The Quarterly Journal of Economics", Vol. 80 (1966), S. 314 ff.

[56] Vgl. *H. G. Johnson,* Monetary Economics, S. 27—29.

chungen, die auf den theoretischen Ansätzen aufbauen, ein signifikanter Einfluß einer solchen Komponente zeigt, ist eine davon zunächst unabhängige Frage.

Wird die Keynessche Geldtheorie durch die oben schon angedeutete Theorie der Portfolio-Selektion erweitert, so ist die explizite Berücksichtigung des Vermögens auf jeden Fall eine unabdingbare Forderung, deren Berechtigung zweifellos auch empirisch untermauert werden kann, denn der Gesamtwert des Bestandes an verschiedenen Anlageobjekten (Aktiva und Passiva) ist zwangsläufig an den Gesamtwert des Vermögens gebunden, und jede Veränderung im Vermögen *muß* sich in einer Veränderung des wertmäßigen Bestandes der alternativen Anlagen ausdrücken. In der Portfolio-Theorie spielt deshalb die Determinante „Vermögen" eine nicht unwesentliche Rolle[57].

(5) Wenn bei Beobachtungen der Zeitreihen der gesamtwirtschaftlichen Investitionsgüternachfrage und des Zinsniveaus keine oder gar eine positive Korrelation festgestellt wird, so bedeutet dies keineswegs, daß der Zins nicht die Bedeutung als Transmissionsgröße besitzt, die ihm nach der Keynesschen Theorie beigemessen wird.

Vor allem Fiedman hat darauf hingewiesen, daß die Nachfrage nach Investitionsgütern weniger vom tatsächlichen nominellen Zins, als vielmehr von einem um die erwartete Preissteigerungsrate korrigierten Zins, vom sogenannten realen Zins abhängig ist und daß auch die Nachfrage nach Geld und anderen Anlageobjekten von der erwarteten Preissteigerungsrate beeinflußt wird[58].

Solche zusätzlichen, in der Keynesschen Theorie nicht berücksichtigten Einflüsse können die genannten nach dieser Theorie nicht erwarteten Zusammenhänge zwischen einem nominellen Zins und der Investitionsgüternachfrage verursachen, ohne daß damit der Zins seine zentrale Stellung im Transmissionsprozeß einbüßt.

---

[57] Vgl. z. B. *M. Friedman,* The Quantity Theory of Money — A Restatement. In Studies in the Quantity Theory of Money. Ed. by *M. Friedman.* Chicago, Ill., und London 1966, S. 3 ff. — *A. H. Meltzer,* The Demand for Money: The Evidence from the Time Series. „The Journal of Political Economy", Vol. 71 (1963), S. 219 ff. — *W. L. Smith,* On Some Current Issues, — *K. Brunner* A Survey of Selected Issues.

[58] Vgl. *M. Friedman* und *A. J. Schwartz,* Money and Business Cycles. „The Review of Economics and Statistics", Vol. 45 (1963), Supplement, S. 32 ff. — *W. Ehrlicher,* Geldtheorie. In: Kompendium der Volkswirtschaftslehre. Hrsg. von *W. Ehrlicher, I. Esenwein-Rothe, H. Jürgensen, K. Rose.* Band 1, 3. neubearbeitete und erweiterte Auflage, Göttingen 1972, S. 382 ff.

Eine möglichst realitätsnahe Theorie muß in der Lage sein, diese Sachzusammenhänge ohne weiteres zu erklären, so daß sich hieraus entsprechende Postulate für die weitere theoretische Entwicklung ableiten lassen[59].

(6) Das Geldangebot ist bei Keynes — wie bei den Klassikern und Neoklassikern — eine exogen vorgegebene, allein von der Zentralbank kontrollierte Größe. Neuere empirische Untersuchungen haben jedoch gezeigt, daß

(a) das Geldangebot — wie die Geldnachfrage — zinselastisch ist[60] und

(b) das Geldangebot nicht zuletzt über feed-back Einflüsse von Veränderungen in den gesamtwirtschaftlichen Größen abhängt, die Zielgrößen der geldpolitischen Aktionen sind, so z. B. von Veränderungen im nominellen Sozialprodukt[61].

Diese zuletzt genannten Einflüsse dürften für das Kreditangebot, das in den kredittheoretischen Interpretationen der Keynesschen Theorie eine wesentliche Rolle spielt, eine noch größere Bedeutung haben[62].

Somit müßten sowohl Geld- als auch Kreditangebot als endogene Größen in ein theoretisch erweitertes Modell einbezogen werden, eine Forderung, der in einem sehr jungen Zweig der Geldtheorie, der Kredit- und Geldangebotstheorie, Rechnung getragen wird[63].

Zusammenfassend ist festzustellen, daß eine Theorie, die möglichst genau die Wirkung und den Wirkungsprozeß der Geldpolitik erklären will, sowohl im Bereich der Geldnachfrage — und selbstverständlich auch im Bereich der Nachfrage nach zum Geld alternativen Anlagen — als auch im Bereich des Geldangebots eine wesentlich detailliertere Analyse erfordert, als sie die Keynessche Theorie bietet.

---

[59] Vgl. *H. G. Johnson,* The General Theory, S. 137.

[60] Vgl. z. B. *K. Brunner* und *A. H. Meltzer,* Some Further Investigations of Demand and Supply Functions for Money. „The Journal of Finance", Vol. 19 (1964), S. 240 ff.

[61] Vgl. *J. Tobin,* Commercial Banks as Creators of Money. In: Banking and Monetary Studies. Ed. by *D. Carson.* Homewood, Ill., 1963, S. 408 ff. — Wiederabgedruckt in: Readings in Money, National Income, and Stabilization Policy. Ed. by *W. L. Smith* und *R. L. Teigen.* Homewood, Ill., 1970, S. 224 ff. Im folgenden zitiert nach der letzten Quelle.

[62] So z. B. *C. A. E. Goodhart,* The Transmission Mechanism of Monetary Policy. Bisher nicht veröffentlichtes Manuskript. 1971, S. 4.

[63] Vgl. *H. G. Johnson,* Monetary Economics, S. 41 ff. und S. 96 ff. und die dort angegebene Literatur.

II. Neuere theoretische Ansätze zur Erklärung des Wirkungsprozesses und der Wirksamkeit der Geldpolitik

1. Postkeynesianer und Monetaristen: Ein Klassifizierungsversuch

a) Eine Auswahl von Unterscheidungskriterien

In der neueren geldtheoretischen Entwicklung haben sich zwei Lehrrichtungen herausgebildet, die sogenannten Postkeynesianer und die sogenannten Monetaristen[1], die, so mag es bei nur oberflächlicher Verfolgung der Diskussionen um diese Lehrrichtungen den Anschein haben, hinsichtlich der Beschreibung des Wirkungsprozesses und der Beurteilung der absoluten Wirkung der Geldpolitik auf letztliche Zielgrößen — wie z. B. Beschäftigung und Preisniveau — extrem divergierende Meinungen vertreten.

Vielfach ist versucht worden, die zwei Lehrrichtungen in ein Spektrum der Wirksamkeit der Geldpolitik einzuordnen, dessen entgegengesetzte Positionen durch die Standpunkte „Geld hat keinen Einfluß auf die wirtschaftliche Aktivität“ und „Geld hat einen überragenden Einfluß auf die wirtschaftliche Aktivität“ gekennzeichnet sind[2].

Die Monetaristen sollen danach durch die zuletzt genannte extreme Position, die Postkeynesianer durch eine Position, die irgendwo zwischen den beiden Extrempositionen liegt, klassifizierbar sein.

Eine solche Abgrenzung dieser Lehrmeinungen ist jedoch zu oberflächlich; sie gibt wenig Aufschluß über die Divergenzen im einzelnen und wird der Subtilität in der differenzierenden Argumentation der beiden grundsätzlichen Lehrrichtungen keineswegs gerecht.

Wenn im folgenden versucht wird, mit Hilfe einer Diskussion mehrerer nach Meinung des Verfassers wichtiger Unterscheidungskriterien diesem Mangel abzuhelfen, so heißt das jedoch nicht, daß dabei detailliert feine Unterschiede in den Argumentationen aller einzelnen Vertreter der grundsätzlichen Lehrrichtungen diskutiert werden. Das ist nicht das Ziel und deshalb auch nicht die Aufgabe dieser Arbeit.

Im Rahmen der gewählten Unterscheidungskriterien sollen vielmehr nur die repräsentativen Vertreter der beiden Lehrrichtungen, für die ein Zuordnungsproblem nicht besteht, die in der geldtheoretischen Dis-

[1] Vgl. *M. W. Keran,* A Monetarist Model of the Monetary Process. „Journal of Finance“, Vol. 25 (1970), S. 275 ff. — *K. Brunner,* A Survey of Selected Issues, S. 74 ff.

[2] Vgl. z. B. *P. A. Samuelson,* The Role of Money in National Economic Policy. In: Controlling Monetary Aggregates. The Federal Reserve Bank of Boston, Conference Series No. 1, 1969, S. 7 ff. — *M. Friedman* und *W. Heller,* Monetary vs. Fiscal Policy, New York 1969.

kussion eine zentrale Stellung einnehmen und deren theoretische Ansätze im Laufe der Arbeit noch von Bedeutung sind, berücksichtigt werden.

Die Unterscheidungskriterien mögen auf der Basis der Beantwortung der folgenden Fragen herausgearbeitet werden:

(1) Wie stellt man sich den Wirkungsprozeß der Geldpolitik, den monetären Transmissionsprozeß, vor?

(2) Welche Größe oder welche Größen fungieren als Transmissionsgrößen?

(3) Wie wird die Wirkung der Geldpolitik beurteilt?

(4) Zwischen welcher Größe bzw. welchen Größen im monetären und finanziellen Wirtschaftsbereich — dieser Bereich umschließt im wesentlichen die Märkte für Geld, Wertpapiere und Kredite — einerseits und den Zielgrößen andererseits wird eine *eindeutige* Beziehung gesehen?

(5) Wird das Geldangebot als eine exogene oder als eine endogene Größe des analysierten ökonomischen Systems betrachtet?

b) Der monetäre Transmissionsmechanismus

In der Erklärung des Wirkungsprozesses der Geldpolitik gibt es zwischen den beiden Lehrrichtungen keine wesentlichen Unterschiede[3].

Kern dieser Erklärung sind jeweils die von Aktionen der geldpolitischen Entscheidungsträger ausgelösten Änderungen in der Struktur und in der absoluten Höhe von Vermögensobjekten in den Portefeuilles der für die Analyse relevanten Wirtschaftsgruppen oder Sektoren und die Wechselwirkungen dieser Bestandsgrößenveränderungen mit der Nachfrage nach Investitionen und Konsum[4].

---

[3] Vgl. dazu *D. Wrightsman,* S. 162. — *H. G. Johnson,* Monetary Economics, S. 50. — *A. M. Okun,* Money and Business Cycles, Comment. „The Review of Economics and Statistics", Vol. 45 (1963), Supplement, S. 74.

[4] Die grundlegenden Erklärungen dieses Prozesses sind u. a. zu finden bei a) den Monetaristen: *M. Friedman* und *A. J. Schwartz,* Money and Business Cycles, S. 59 ff. — *M. Friedman* und *D. Meiselmann,* The Relative Stability of Monetary Velocity and the Investment Multiplier in the United States. 1897—1958. In: Stabilization Policies. A Series of Research Studies. Prep. for the Commission on Money and Credit. Englewood Cliffs, N. J., 1963, S. 217 ff. — *K. Brunner,* The Report of the Commission on Money and Credit. „The Journal of Political Economy", Vol. 69 (1961), S. 612. — *K. Brunner* und *A. H. Meltzer,* The Place of Financial Intermediaries in the Transmission of Monetary Policy. „The American Economic Review", Vol. 53 (1963), Papers and Proceedings, S. 372 ff. — und b) den Postkeynesianern: *J. Tobin,* Money, Capital, and Other Stores of Value. — *J. Tobin,* An Essay

Man geht davon aus, daß jede Wirtschaftsgruppe ihr gesamtes Nettovermögen nach bestimmten Prinzipien, z. B. nach dem Prinzip der Nutzen- oder Gewinnmaximierung, auf verschiedene zur Wahl stehende Anlageobjekte aufteilt und diese Aufteilung primär von den Erträgen der Anlageobjekte bestimmt wird. Anlageobjekte sind alle denkbaren Bestandsgrößen, wie z. B. Bargeld, Sichtdepositen, verschiedene Arten von Wertpapieren, Kredite[5] und Realkapital in Form von Produktivkapital und von dauerhaften Konsumgütern. Die Erträge der Anlageobjekte ergeben sich in Verbindung mit der absoluten Bestandshöhe aus den entsprechenden Zins- oder Ertragssätzen. Verändert sich der Zins- oder Ertragssatz eines spezifischen Vermögensobjektes, so muß eine dadurch ausgelöste Veränderung des Bestandes dieses Vermögensobjektes im Portefeuille einer Wirtschaftsgruppe bei *unverändertem* Gesamtnettovermögen zwangsläufig mit einer Veränderung im Bestand eines oder mehrerer anderer Vermögensobjekte verbunden sein. Daraus folgt unmittelbar, daß der Zins- oder Ertragssatz eines Vermögensobjektes nicht allein Determinante des Bestandes dieses spezifischen Objektes ist, sondern auch Determinante des Bestandes eines weiteren Vermögensobjektes oder mehrerer weiterer Vermögensobjekte sein muß. Daneben hängt der Bestand einzelner Vermögensobjekte selbstverständlich auch von der Höhe des gesamten Nettovermögens ab.

Diese Zusammenhänge bilden die Grundlage des Wirkungsprozesses der Geldpolitik nach den neueren Theorien.

Angenommen, es existiere ein Zustand des Gleichgewichts, in dem der Bestand aller Vermögensobjekte in den Portefeuilles aller Wirtschaftsgruppen an die gegebenen Daten — Zinssätze und Nettovermögen — angepaßt sind. In einer solchen Situation mögen die geldpolitischen Entscheidungsträger ihre Instrumente mit der Intention einer expansiven Wirkung einsetzen, z. B. den Zins auf Offenmarktpapiere senken. Eine solche Datenänderung hebt die ursprüngliche Gleichgewichtslage in den Portefeuilles der unmittelbar betroffenen Wirtschaftsgruppen auf. Diese Wirtschaftsgruppen, es seien z. B nur die Banken, werden bei zunächst noch unveränderten übrigen Daten den

---

on Principles of Debt Management. In: Fiscal and Debt Mangement Policies. A Series of Research Studies. Prep. for the Commission on Money and Credit. Englewood Cliffs, N. J., 1963, S. 143 ff. — *A. Okun*, Monetary Policy, Debt Management, and Interest Rates. In: Stabilization Policies, S. 331 ff. — *B. J. Moore*, An Introduction to the Theory of Finance, Assetholder Behavior Under Uncertainty. New York 1968, vor allem S. 217 ff.

[5] Kredite sind für die Kreditgeber Aktiva und damit *Anlage*objekte, für die Kreditnehmer dagegen Passiva; es ist üblich, solche Passiva als negative Aktiva und entsprechend als Anlageobjekte mit negativem Vorzeichen zu betrachten. Vgl. z. B. *D. Wrightsman*, S. 144.

Bestand an Offenmarktpapieren abbauen, eine Reaktion, die von den geldpolitischen Entscheidungsträgern beabsichtigt war. Der Abbau des Bestandes an Offenmarktpapieren ist gleichzeitig mit einer Erhöhung im Bestand eines oder mehrerer anderer Vermögensobjekte verbunden, bei den Banken zunächst im Bestand an Zentralbankgeld. Geht diese Bestandserhöhung über die aufgrund der Zinssenkung bei den Offenmarktpapieren gewünschte Erhöhung hinaus, so versuchen die Banken, die nicht gewünschten Bestände z. B. durch ein erhöhtes Kreditangebot und/oder eine erhöhte Nachfrage nach Wertpapieren (außer Offenmarktpapieren) zu verringern. Das erhöhte Kreditangebot bzw. die erhöhte Wertpapiernachfrage stößt jedoch ceteris paribus nur auf eine entsprechend erhöhte Nachfrage bzw. ein entsprechend erhöhtes Angebot von seiten der übrigen Wirtschaftsgruppen, hier zusammenfassend z. B. des Publikums, wenn die Zins- bzw. Ertragssätze dieser Anlageobjekte sinken. Sinkende Zins- bzw. Ertragssätze der genannten Anlageobjekte lösen ihrerseits Portfolio-Anpassungen beim Publikum aus, die letztlich sowohl die Bestandshöhe als auch die Zins- und Ertragssätze aller Vermögenspositionen tangieren. Geringere Erträge der Wertpapiere führen zu einem Abbau des Wertpapierbestandes und z. B. zu einer gleichzeitigen Erhöhung einer Bestandsnachfrage nach Realkapital; geringere Kreditzinsen bewirken eine Erhöhung des Kreditvolumens und darüber z. B. gleichzeitig ebenfalls eine höhere Bestandsnachfrage nach Realkapital. Bei zunächst noch unverändertem Bestandsangebot an Realkapital wird dadurch auch der Ertragssatz auf Realkapital verringert. Da sich die Preise der einzelnen Vermögensobjekte reziprok zu ihren Zins- bzw. Ertragssätzen verhalten, bedeutet dies eine Erhöhung des Preises für Realkapital.

Der Preis für Realkapital ist nun nach den neueren Theorien des monetären Transmissionsmechanismus das entscheidende Bindeglied zwischen den Bestandsgrößen einerseits und den Stromgrößen „Investitionen“ und „Konsum“ andererseits. Drei Effekte sind hier zu unterscheiden[6]:

(1) Die Neuproduktion von Realkapital wird als ein mehr oder weniger enges Substitut zum vorhandenen Realkapital betrachtet. Mit einem steigenden Preis des vorhandenen Realkapitals wird neuproduziertes Realkapital (Investitionsgüter) relativ billiger, so daß es zu einer Anregung in der Neuproduktion von Produktivkapital und dauerhaften Konsumgütern kommt.

---

[6] Vgl. z. B. *M. Friedman* und *A. J. Schwartz,* Money and Business Cycles, S. 60. — *K. Brunner,* Eine Neuformulierung der Quantitätstheorie des Geldes, Die Theorie der relativen Preise, des Geldes, des Outputs und der Beschäftigung. „Kredit und Kapital“. 3. Jg. (1970), S. 10.

(2) Die Inanspruchnahme von laufenden Diensten, deren Grundlage Realkapital ist (z. B. die Benutzung von Wohnraum in Miethäusern), wird als Substitut zum unmittelbaren Besitz von Realkapital (z. B das Bewohnen eines eigenen Hauses) betrachtet. Mit steigendem Preis des vorhandenen Realkapitals wird ceteris paribus die Inanspruchnahme von Diensten relativ zum unmittelbaren Realkapitalbesitz billiger, so daß dadurch die Nachfrage nach Dienstleistungen steigt.

(3) Mit einer Erhöhung des Preises für Realkapital relativ zum Güterpreisniveau steigt ceteris paribus das reale Nettovermögen. Sofern dieses, wie von einigen Ökonomen behauptet wird, eine Determinante der gesamtwirtschaftlichen Nachfrage ist[7], wird hierdurch noch ein zusätzlicher expansiver Effekt ausgelöst.

Das nominelle Sozialprodukt, eine mögliche Zielgröße der Geldpolitik, wird im positiven Sinne beeinflußt, wenn einer oder mehrere dieser Effekte wirksam werden.

Die Veränderung des Ertragssatzes auf Realkapital und die damit verbundenen Änderungen des Nettovermögens, des nominellen Sozialprodukts und evtl. noch anderer Größen, wie z. B. der erwarteten Preissteigerungsrate[8], die in Beziehung zur tatsächlichen Preissteigerungsrate zu sehen ist, wirken selbstverständlich wieder auf die Bestandsnachfrage nach anderen Vermögensobjekten zurück und tangieren ihrerseits wieder die Zins- bzw. Ertragssätze dieser Objekte. Ein neues Gleichgewicht kann somit erst nach Ablauf eines relativ langwierigen Prozesses von Portfolio-Anpassungen erreicht werden.

c) Die Transmissionsgrößen

Nach der Beschreibung des Transmissionsprozesses läßt sich die Frage nach der Größe oder den Größen, die die treibenden Elemente in diesem Prozeß sind, leicht beantworten.

Die letztlich entscheidende Größe, die den monetären Impuls von den Bestands- auf die für die anvisierten letztlichen Zielgrößen wichtigen Strömungsgrößen überträgt, ist der Preis für Realkapital, der sich umgekehrt proportional zum Ertragssatz verhält. Damit jedoch diese letztlich entscheidende Größe verändert wird, sind zuvor schon Veränderungen in den Zins- bzw. Ertragssätzen der monetären und finanziel-

---

[7] Vgl. z. B. *M. Friedman*, A Theory of the Consumption Function. Princeton 1957.

[8] Die erwartete Preissteigerungsrate spielt vor allem bei den Monetaristen eine große Rolle. Vgl. z. B. *H. G. Johnson*, Recent Developments in Monetary Theory — A Commentary. In: Money in Britain, 1959—1969. Ed. by *D. R. Croome* und *H. G. Johnson*, Oxford 1970, S. 88 f.

len Vermögensobjekte erforderlich. Der Prozeß der Transmission monetärer Impulse, die ursprünglich durch Aktionen der geldpolitischen Entscheidungsträger ausgelöst worden sind, wird also durch die wechselseitige Beeinflussung der Veränderungen der Zins- und Ertragssätze mehrerer oder sogar aller spezifischer Vermögenswerte in den Portefeuilles der Wirtschaftssubjekte getragen.

Als Transmissionsgrößen fungieren folglich, und das gilt für beide Lehrmeinungen gleichermaßen, die Zins- und Ertragssätze bzw. die Preise der monetären, finanziellen und realen Vermögensanlagen.

Da es für die Übertragung der monetären Impulse entscheidend darauf ankommt, ob und in welchem Ausmaß sich die Relationen der Preise der verschiedenen Bestandsgrößen einerseits und der Bestands- und der Strömungsgrößen andererseits zueinander verändern, wird die Theorie, die den Transmissionsprozeß derart erklärt, heute allgemein als Theorie der relativen Preise bezeichnet.

d) Die absolute Wirkung der Geldpolitik

In der Beurteilung der absoluten Wirkung der Geldpolitik bestehen zwischen den beiden Lehrrichtungen erhebliche Meinungsverschiedenheiten. Um zu zeigen, worauf diese beruhen, müssen zunächst die Komponenten im monetären Transmissionsprozeß herausgearbeitet werden, die den absoluten Wirkungsgrad der Geldpolitik bestimmen.

Der Bestand eines Vermögensobjektes im Portefeuille eines Wirtschaftssubjektes — in mikroökonomischer Sicht — oder, was hier primär von Interesse ist, eines Wirtschaftssektors — in makroökonomischer Sicht — hängt, das wurde schon hervorgehoben, nicht nur vom Zins- bzw. Ertragssatz dieses Objektes selber ab, sondern in der Regel auch von Zins- und Ertragssätzen anderer Vermögensobjekte. Für jedes Vermögensobjekt lassen sich danach in der Regel nicht nur eine direkte Zinselastizität, sondern auch eine oder mehrere indirekte Zinselastizitäten (Kreuz-Zinselastizitäten) angeben. Zwischen den einzelnen Vermögensobjekten bestehen somit Substitutionsverflechtungen, deren Stärke vom Wert der (negativen) Kreuz-Zinselastizitäten bestimmt ist. Betrachtet man die Art und Weise, wie nach der oben skizzierten Theorie monetäre Impulse über eine Interaktion der Zins- bzw. Ertragssätze der monetären, finanziellen und realen Bestandsgrößen auf die anvisierten Zielgrößen übertragen werden, so ist einsichtig, daß die letztlich entscheidende Veränderung des Ertragssatzes für Realkapital von der Reaktion schon vorgelagerter Zins- bzw. Ertragssätze der monetären und finanziellen Bestandsgrößen abhängt und daß die Stärke einer solchen Reaktion wiederum von den Kreuz-Zinselastizitäten dieser Bestandsgrößen abhängen[9]. Zur Verdeutlichung dieser Zusammenhänge sei noch einmal auf das Beispiel einer expansivorientierten Geldpolitik zurückgegriffen, mit dem weiter oben der Wirkungsprozeß der Geldpolitik beschrieben wurde. Die Vermögensbilanz des Publikums enthalte nur die Bestandsgrößen „Geld", „Wertpapiere" und „Realkapital", die Banken mögen den Bestand an unerwünschtem Zentralbankgeld durch den Kauf von Wertpapieren abbauen. Bei einer *direkten* positiven, jedoch nicht unendlichen Zinselastizität der Bestandsnachfrage des Publikums nach Wertpapieren wird dies durch eine Senkung des Zinssatzes der Wertpapiere erreicht. Ist zwar „Geld", nicht aber „Realkapital" ein (enges) Substitut zu den Wertpapieren, so geht die Abnahme des Bestandes an Wertpapieren mit einer adäquaten Bestandserhöhung in der Position „Geld" einher, und der Bestand an Realkapital und damit der Preis für Realkapital bleiben unverändert. Die monetären Impulse werden also nicht auf die letztlichen Zielgrößen übertragen. Dient andererseits nur das Realkapital, nicht aber das „Geld" als Substitut für die Wertpapiere, so bleibt der Bestand des Geldes unverändert, während der Bestand und der Preis des Realkapitals erhöht werden. Im ersten Fall ist die Kreuz-Zinselastizität der Bestandsnachfrage nach Realkapital in bezug auf den Zins der Wertpapiere, im zweiten Fall die entsprechende Elastizität der Bestandsnachfrage nach Geld[10] gleich Null.

Ist der Wert der Kreuz-Zinselastizitäten beider Bestandsnachfragen negativ und ungleich Null, so wird auf jeden Fall ceteris paribus der Preis für Realkapital verändert und, sofern einer der drei oben genannten Effekte auf die gesamtwirtschaftliche Nachfrage wirksam wird, ein Einfluß auf die letztlichen Zielgrößen ausgeübt. Die ceteris paribus Bedingung darf dabei verständlicherweise nicht übersehen werden. Kompensieren z. B. gleichzeitig auftretende Einflüsse den genannten Zinseffekt auf die Nachfrage nach Realkapital, so ist ein Sinken des Realkapitalpreises ausgeschlossen.

Bei einer *bestehenden* (positiven) Korrelation zwischen dem Preis für Realkapital und der gesamtwirtschaftlichen Nachfrage wird die absolute Wirkung der Geldpolitik auf diese Nachfrage — und damit auf das nominelle Sozialprodukt — folglich von den direkten Zinselastizitäten[11], von den Kreuz-Zinselastizitäten und von sonstigen, die

---

[9] Vgl. dazu auch *W. L. Silber,* Portfolio Substitutability, Regulations, and Monetary Policy. „The Quarterly Journal of Economics", Vol. 83 (1969), S. 197 ff.

[10] Für die Bestandsnachfrage nach Geld gibt es keine direkte, sondern nur eine indirekte Zinselastizität.

[11] Wäre die direkte Zinselastizität der Bestandsnachfrage nach Wertpapieren im obigen Beispiel gleich Null, so würde der monetäre Impuls nicht einmal vom Sektor „Banken" auf den Sektor „Publikum" übertragen.

Zinseffekte verstärkenden oder abschwächenden Determinanten der Bestandsnachfrage nach den einzelnen Vermögensobjekten bestimmt.

Obwohl im obigen Beispiel schon implizit enthalten, muß ein wichtiger Punkt noch herausgestellt werden: die absolute Wirkung der Geldpolitik hängt nicht so sehr von den absoluten, als vielmehr von den relativen Werten der einzelnen Kreuz-Zinselastizitäten ab[12]. Je höher im obigen Beispiel *ceteris paribus* die Kreuz-Zinselastizität der Bestandsnachfrage nach Geld *relativ* zur entsprechenden Elastizität der Bestandsnachfrage nach Realkapital ist, desto geringer ist, und das ist unabhängig vom absoluten Wert der Kreuz-Zinselastizität der Nachfrage nach Realkapital[13], die Reaktion dieser Nachfrage auf eine Veränderung des Wertpapierzinssatzes und folglich auch die Variation des Realkapitalpreises.

Der Standpunkt, den die beiden Lehrrichtungen zur absoluten Wirksamkeit der Geldpolitik einnehmen, ist an ihrer Einschätzung vor allem der direkten und indirekten Zinselastizitäten und daneben auch der sonstigen Determinanten der Bestandsnachfragen zu beurteilen. Da eine solche Einschätzung letztlich ein empirisches Problem ist, müßte man, um die Meinungsverschiedenheiten aufzuzeigen, die Ergebnisse der empirischen Forschungen sowohl der Monetaristen als auch der Postkeynesianer vergleichen. Die empirischen Untersuchungen beider Lehrrichtungen sind jedoch so umfangreich, daß ein auch nur recht grober Überblick in dieser stärker theoretisch orientierten Arbeit nicht möglich ist[14].

An dieser Stelle muß ein stark generalisierender Vergleich genügen, zumal die Unterschiede im Laufe dieser Arbeit noch an konkreten Beispielen deutlicher werden:

(1) Die Monetaristen kommen aufgrund ihrer empirischen Forschungen zu dem Schluß, daß die Geldpolitik *auf jeden Fall* einen *signifikanten* Einfluß auf die gesamtwirtschaftliche Nachfrage ausübt[15]. Das

---

[12] Vgl. *C. A. E. Goodhart*, S. I 1 f.

[13] Die absoluten Werte der Kreuz-Zinselastizitäten können selbstverständlich nicht jeden beliebigen Wert annehmen; vielmehr sind ihre Werte exakt durch die Bedingung festgelegt, daß eine Veränderung im Bestand einer Vermögensposition mit einer genau gleichen summarischen Veränderung umgekehrten Vorzeichens in den Beständen der übrigen Positionen einhergehen muß. Vgl. dazu das später diskutierte Simulationsmodell.

[14] Vgl. dazu z. B. Zusammenfassungen bei *H. G. Johnson*, Monetary Economics, S. 37 ff. — *D. E. W. Laidler*, Demand for Money — und Einzeluntersuchungen von *A. M. Okun*, Monetary Policy, Chapter 4.

[15] Vgl. z. B. *M. Friedman* und *A. J. Schwartz*, Money and Business Cycles. — *K. Brunner* und *A. H. Meltzer*, Predicting Velocity: Implications for Theory and Policy. „The Journal of Finance", Vol. 18 (1963), S. 319 ff. — *Dieselben*, Liquidity Traps for Money, Bank Credit, and Interest Rates. „The Journal of Political Economy", Vol. 76 (1968), S. 1 ff. — *K. Brunner*, The

bedeutet, daß Realkapital bei ihnen ein enges Substitut zu den monetären und finanziellen Vermögensobjekten ist. Friedman, der populärste Vertreter der monetaristischen Lehrrichtung, glaubt festgestellt zu haben, daß die Nachfrage nach Geld, bei ihm definiert als Bargeld plus Sichtdepositen plus Termindepositen, eine nur geringfügige Zinselastizität besitzt[16] und folglich auch die Kreuz-Zinselastizität der Geldnachfrage nahezu unbedeutend ist. Da Friedman zudem davon ausgeht, daß die Kreuz-Zinselastizität der Bestandsnachfrage nach Realkapital in bezug auf die Zinssätze der finanziellen Vermögenswerte relativ hoch ist, schätzt er die Wirkungspotenz der Geldpolitik folglich als sehr stark ein.

(2) Die Postkeynesianer glauben zwar nicht an eine Unwirksamkeit der Geldpolitik, weisen aber den optimistischen Beurteilungsstandpunkt der Monetaristen als zweifelhaft zurück[17]. Sie betonen immer wieder mit Nachdruck die Existenz von Konstellationen der Zinselastizitäten und von Einflüssen sonstiger Determinanten, die zu einem nur geringen Wirkungsgrad der Geldpolitik führen[18].

Kurzfristig übt die Geldpolitik nach Meinung beider Lehrrichtungen, wenn überhaupt, so einen Einfluß auf die Zielgröße „Nominelles Sozialprodukt“ aus, wobei sowohl die reale Komponente — das reale Sozialprodukt — als auch das Preisniveau tangiert werden können. Ein befriedigender Lösungsansatz für die genaue Aufteilung der Wirkung auf die reale Komponente und das Preisniveau ist bisher jedoch noch nicht entwickelt worden.

Hinsichtlich der Beurteilung der langfristigen Wirkung der Geldpolitik gehen die Meinungen allerdings auseinander. Friedman als Vertreter der Monetaristen glaubt, aufgrund seiner empirischen Untersuchungen lediglich einen Einfluß auf das Preisniveau festgestellt zu haben[19], wogegen die Postkeynesianer in ihren theoretischen Wachs-

---

Role of Money and Monetary Policy. „Federal Reserve Bank of St. Louis — Review“, Vol. 50 (July 1968), S. 9 ff.

[16] Vgl. *M. Friedman,* The Demand for Money: Some Theoretical and Empirical Results. „The Journal of Political Economy“, Vol. 67 (1959), S. 327 ff.

[17] Vgl. z. B. *A. M. Okun,* Money and Business Cycles, S. 74 ff. — *H. P. Minsky,* Money and Business Cycles, Comment. „The Review of Economics and Statistics“, Vol. 45 (1963), Supplement, S. 71 ff.

[18] Vgl. *J. Tobin,* Commercial Banks. Die Postkeynesianer weisen auch auf die Existenz von „Liquiditätsfallen“ hin, z. B. auf eine volle Absorption des zusätzlichen Zentralbankgeldes bereits im Bankenbereich, so daß die Geldpolitik dann nicht wirkt. Empirische Untersuchungen von Brunner—Meltzer bestätigen die Existenz von „Liquiditätsfallen“ jedoch nicht. Vgl. *K. Brunner* und *A. H. Meltzer,* Liqudity Traps.

[19] Vgl. *M. Friedman,* A Theoretical Framework for Monetary Analysis. „The Journal of Political Economy“, Vol. 78 (1970), S. 216 f.

tumsmodellen, die bisher noch keinen empirischen Tests unterzogen worden sind, hypothetisch einen Einfluß der Geldpolitik, hier in der Regel „des Geldes“, auf das reale Sozialprodukt annehmen[20].

e) Der Indikator für die Wirksamkeit der Geldpolitik

Die Übertragung monetärer Impulse auf die letztlichen Zielgrößen erfolgt nach den neueren Theorien im Rahmen eines recht komplizierten Prozesses. Das läßt vermuten, und empirische Ergebnisse sind eine Bestätigung dafür[21], daß sich der Einfluß auf die letztlichen Zielgrößen nicht unverzüglich zeigt und der gesamte Prozeß erst nach einer mehr oder weniger langen Zeit abgeschlossen ist. Da die Zielgrößen zudem in der Regel noch von Faktoren beeinflußt werden, die von den moneteren Impulsen unabhängig sind, kann die Reaktion in den Zielgrößen den geldpolitischen Entscheidungsträgern nicht als Orientierungshilfe für eine Beurteilung der Wirksamkeit ihrer Maßnahmen dienen. Sie benötigen deshalb eine oder mehrere andere Größen, an denen *frühzeitig* und *eindeutig* die Wirkungsrichtungen ihrer Maßnahmen sichtbar werden. Solche Größen nennt man monetäre Indikatoren[22].

Bei der Beantwortung der vierten der oben gestellten Fragen ist also deutlich zu machen, welche Größe den beiden Lehrrichtungen als ein monetärer Indikator geeignet erscheint.

Die Monetaristen nehmen zu dieser Frage einen klaren Standpunkt ein: sie kommen aufgrund ihrer empirischen Untersuchungen zu dem Schluß, daß zwischen der gesamtwirtschaftlichen Geldmenge[23], gleichgültig, welche Definition zugrundegelegt wird, und der gesamtwirtschaftlichen Nachfrage bzw. dem nominellen Sozialprodukt als Zielgröße eine *eindeutige* positive Korrelation besteht und daß Veränderungen in der Geldmenge (bzw. in Veränderungen der Wachstumsrate der Geldmenge) den Veränderungen in der Zielgröße (bzw. den Veränderungen in der Wachstumsrate der Zielgröße) *zeitlich*

---

[20] Vgl. die Diskussionen zu den neueren monetären Wachstumsmodellen der „Conference on Money and Economic Growth“, abgedruckt in „Journal of Money, Credit and Banking“, Vol. 1 (May 1969). — Vgl. weiterhin: *H. Abele,* Über geldwirtschaftliche Wachstumsmodelle. „Zeitschrift für Nationalökonomie“, Band 30 (1970), S. 125 ff. — *P. Davidson,* Money, Portfolio Balance, Capital Accumulation, and Economic Growth. „Econometrica“, Vol. 36 (1968), S. 291 ff.

[21] Vgl. z. B. *M. Friedman,* The Lag in Effect of Monetary Policy. „The Journal of Political Economy“, Vol. 69 (1961), S. 447 ff.

[22] Vgl. *M. Willms,* Die Kehrtwendung der Bundesbank. „Wirtschaftswoche“, Nr. 30 (1971), S. 17. Eine ausführliche definitorische Abgrenzung erfolgt im dritten Teil dieser Arbeit.

[23] Bei Brunner-Meltzer: M_1 = Bargeld + Sichtdepositen; bei Friedman: $M_2 = M_1$ + Termindepositen.

voraneilen[24]. Folglich sehen sie in der Geldmenge einen geeigneten monetären Indikator.

Die Postkeynesianer lehnen demgegenüber die Geldmenge als monetären Indikator ab, weil deren Veränderung angeblich nicht nur auf von den geldpolitischen Entscheidungsträgern ausgelöste Impulse, sondern auch auf davon unabhängige Einflüsse zurückzuführen sei, die bei gleichzeitigen geldpolitischen Maßnahmen Ursachen für *nicht eindeutige* Beziehungen zwischen der Geldmenge und den Zielgrößen sein könnten[25]. Eine Alternative zur Geldmenge ist bei den meisten Postkeynesianern nicht klar erkennbar. Eine noch stärker am originären Keynesschen Gedankengut orientierte Richtung scheint Zins- und Ertragssätze der monetären und finanziellen Vermögensobjekte als monetäre Indikatoren gutzuheißen. Dagegen bezieht Tobin, sicherlich einer der profiliertesten Vertreter der Postkeynesianer, eine klare Position: lediglich der Preis des Realkapitals, der im Transmissionsprozeß die letztlich entscheidende Komponente ist, vermag nach seiner Meinung die Funktion als Indikator zu erfüllen[26]. Die Monetaristen lehnen ihrerseits wiederum alle Zinssätze als Indikatoren ab. Sie vertreten den Standpunkt, daß die Zinssätze z. B. bei Anwendung der geldpolitischen Maßnahmen im expansiven Sinne im Verlaufe des Transmissionsprozesses zwar zunächst sinken, jedoch dann, wenn die monetären Impulse auf die Zielgrößen „übergesprungen" sind, feedback Effekte vor allem über Anpassungen in der erwarteten Preissteigerungsrate wirksam werden können, die zu einem Anstieg der Zinssätze und schließlich sogar zu einem Zinsniveau führen, das über dem ursprünglichen liegt[27]. Ein solcher Anstieg würde aber nach der Keynesschen Theorie nicht eine expansive, sondern eine restriktive Geldpolitik signalisieren. Tobin beurteilt die Entwicklung der Zinssätze für monetäre und finanzielle Vermögenswerte ähnlich wie die Monetaristen und entscheidet sich deshalb auch gegen diese Zinssätze als monetäre Indikatoren[28].

Verschiedene konkurrierende Möglichkeiten der Indikatorwahl werden in einem gesonderten Abschnitt im dritten Teil dieser Arbeit noch ausführlich diskutiert, so daß sich weitere Ausführungen zu diesem Problem vorerst erübrigen.

---

24 Vgl. z. B. *M. Friedman* and *A. J. Schwartz,* Money and Business Cycles.

25 Vgl. z. B. *J. Tobin,* Monetary Semantics. In: Targets and Indicators of Monetary Policy. Ed. by *K. Brunner.* San Francisco 1969, S. 165 ff. vor allem S. 169 ff.

26 Vgl. *J. Tobin,* Monetary Semantics, S. 173 f.

27 Vgl. *M. Friedman* und *A. J. Schwartz,* Money and Business Cycles, S. 62.

28 *J. Tobin,* Monetary Semantics, S. 171 f.

f) Exogen oder endogen determinierte Geldmenge?

Sowohl Monetaristen als auch Postkeynesianer haben sich in den vergangenen Jahren sehr eingehend mit einer Geldangebotstheorie beschäftigt, in der die Möglichkeiten des Bankensektors, auf die gesamtwirtschaftliche Geldmenge Einfluß zu nehmen, berücksichtigt werden[29]. Keine der beiden Lehrrichtungen, zumindest keiner ihrer ernstzunehmenden Vertreter, geht noch von der Annahme aus, daß die Geldmenge eine *unmittelbar determinierbare Aktionsgröße* der Zentralbank ist.

Nach der Geldangebotstheorie der Monetaristen kann die Zentralbank die Geldmenge über die der Geldmenge vorgelagerte Größe „Monetäre Basis" relativ exakt steuern. Begründet wird dies damit, daß

(1) die „Monetäre Basis" eine weitgehend autonom fixierbare Größe der Zentralbank ist[30] und

(2) Veränderungen in der „Monetären Basis" Veränderungen in der Geldmenge dominieren.

Die Gültigkeit dieser Bedingungen glauben die Monetaristen aufgrund ihrer empirischen Untersuchungen festgestellt zu haben[31]. Wegen der angenommenen engen Bindung zwischen der unmittelbaren Aktionsgröße „Monetäre Basis" und der Geldmenge zeigt sich bei den Monetaristen die Neigung, die Geldmenge als eine exogene Größe des analysierten ökonomischen Systems zu betrachten[32].

---

[29] Vgl. *M. Friedman* und *A. J. Schwartz,* Money and Business Cycles, — *K. Brunner* und *A. H. Meltzer,* An Alternative Approach to the Monetary Mechanism. Subcommittee on Domestic Finance, Committee on Banking and Currency, House of Representatives, Washington 1964. — *J. Tobin,* Commercial Banks, — *W. L. Smith,* On Some Current Issues.

[30] Die „Monetäre Basis" umfaßt das gesamte Zentralbankgeld im Besitz der Banken und des Publikums. Von der Zentralbank schwer kontrollierbare Einflüsse von Devisentransaktionen auf die „Monetäre Basis" schaltet Friedman z. B. durch die Annahme flexibler Wechselkurse aus. Vgl. *M. Friedman,* A Program for Monetary Stability. New York 1960. Eine eingehende Erläuterung der „Monetären Basis" erfolgt noch im Laufe dieser Arbeit.

[31] Vgl. *M. Friedman* und *A. J. Schwartz,* Money and Business Cycles, — *K. Brunner,* The Role of Money and Monetary Policy. „Federal Reserve Bank of St. Louis — Review", Vol. 50 (July 1968), S. 9 ff. — *A. H. Meltzer,* Controlling Money, „Federal Reserve Bank of St. Louis — Review", Vol. 51 (May 1969), S. 16 ff.

[32] Vgl. z. B. die Testfunktionen der Monetaristen, in die die Geldmenge meistens als exogen vorgegebene Größe eingeht. Vgl. *M. Friedman* und *D. Meiselmann,* The Relative Stability, S. 174 ff.

Demgegenüber vertreten die Postkeynesianer die Auffassung, daß

(1) der freie Aktionsspielraum der Banken,

(2) der Einfluß der sogenannten paramonetären Finanzinstitute und

(3) Einflüsse, die von der Geldnachfrage ausgehen,

die Möglichkeiten der Zentralbank zur Kontrolle der Geldmenge stark einschränken[33].

Konsequenz dieser Auffassung ist die strikte Endogenisierung der Geldmenge in den neueren Theorien der Postkeynesianer.

2. Ein tabellarischer Vergleich der traditionellen und neueren theoretischen Erklärungsansätze

Bei der Darstellung und Diskussion der traditionellen und neueren Theorien zur Erklärung der Wirkung und des Wirkungsprozesses der Geldpolitik wurde jeweils versucht, einige klare Unterscheidungskriterien herauszuarbeiten, die einen zusammenfassenden Vergleich dieser Theorien möglich machen.

Im wesentlichen ging es dabei um die — oft implizite — Beantwortung der folgenden Fragen:

(1) Welche monetäre Größe dient als unmittelbare Aktionsgröße der geldpolitischen Entscheidungsträger?

(2) Wie wird der Wirkungsprozeß der Geldpolitik erklärt und, damit zwangsläufig verbunden, welche monetäre Größe oder welche monetären Größen dienen als Transmissionsgrößen?

(3) Welche ökonomischen Größen können die letztlichen Zielgrößen der Geldpolitik sein?

(4) Von welchen monetären Größen wird *eindeutig* die Wirkungsrichtung der Geldpolitik angezeigt, d. h., welche Größe wird als ein geeigneter monetärer Indikator betrachtet?

(5) Wie wird der absolute Wirkungsgrad der Geldpolitik beurteilt?

Auf der Basis einer Beantwortung dieser Fragen sind die einzelnen Theorien in der Tabelle 1 gegenübergestellt worden.

Die tabellarische Zusammenfassung kann, darauf ist noch einmal hinzuweisen, ebenso wie die obige Diskussion, selbstverständlich nur ein repräsentatives und stark generalisierendes Bild der unterschiedlichen theoretischen Lehrmeinungen bieten und keineswegs der oft stark differenzierenden Argumentation innerhalb einzelner Lehrrichtungen

[33] Vgl. *J. Tobin*, Commercial Banks. Begriff und Bedeutung der paramonetären Finanzinstitute werden später noch verdeutlicht.

Tabelle 1: Vergleich der traditionellen und neueren Theorien zur Erklärung der Wirkung und des Wirkungsprozesses der Geldpolitik

	Klass. u. neoklass. Theorie		Keynessche Theorie			Neuere Theorien	
	Direkter Mechanismus	Indirekter Mechanismus	Interpretation von Hicks	Kreditkosteninterpretation	Credit-Availability Theorie	Postkeynesianer	Monetaristen
Geldpolitische Aktionsgröße	Geldmenge	Geldmenge	Geldmenge	Geldmenge	Bankenliquidität	Monetäre Basis oder Freie Reserven	Monetäre Basis
Transmissionsgröße	Geldmenge	Geldzins oder reales Vermögen	Repräsentativer Zinssatz	Kreditzins	Kreditvolumen	Zins- bzw. Ertragssätze	Zins- bzw. Ertragssätze
Letztliche Zielgrößen (Goals)	P	P (sehr kurzfristig auch y)	Y (P und y)	Y (P und y)	Y (P und y)	Y (P und y)	kurzfr. Y (P und y) langfr. nur P
Informationsgröße (Indikator)	Geldmenge	Geldmenge	Repräsentativer Zinssatz	Kreditzins	Kreditvolumen	Zinssätze oder Ertragsrate f. Realkapital	Geldmenge
Beurteilung der Wirksamkeit der Geldpolitik	Ohne Einschränkung wirksam	Ohne Einschränkung wirksam	Mit Einschränkung je nach Zinselastizitäten	Mit Einschränkung je nach Zinselastizitäten	Über Kreditvolumen ohne Einschränkung wirksam	Mit Einschränkung je nach Zinselastizitäten	Ohne Einschränkung wirksam

Symbole: Y = Nominelles Sozialprodukt; y = Reales Sozialprodukt; P = Preisniveau.

detailliert Rechnung tragen. Der Verfasser ist jedoch der Meinung, daß mit den gewählten Kriterien dennoch eine hinreichend genaue Abgrenzung der Lehrmeinungen voneinander möglich ist und daß die hauptsächlichen Unterscheidungsmerkmale erfaßt worden sind.

3. Ziele und Aufbau der Arbeit — Versuch einer Schlußfolgerung aus den neueren theoretischen Erklärungsansätzen

Als primäre Ziele dieser Arbeit sind in der Einleitung bereits angedeutet worden:

(1) Die Analyse des Wirkungsprozesses der Geldpolitik;

(2) die Beurteilung der absoluten Wirksamkeit der Geldpolitik auf bestimmte Zielvariablen des ökonomischen Systems;

(3) die Diskussion der Auswahlprobleme eines monetären Indikators.

Aktionen geldpolitischer Entscheidungsträger richten sich, zumindest nach der bisherigen geldpolitischen Praxis, auf globale, gesamtwirtschaftliche Zielgrößen, wie z. B. Beschäftigung und Preisniveau. Entsprechend stellt sich hier die Aufgabe, den Wirkungsprozeß und die Wirksamkeit der Geldpolitik letztlich in einem makroökonomischen Modell zu untersuchen.

(1) Zur Beschreibung des Wirkungsprozesses der Geldpolitik bieten sich zwei in der Literatur heute ernsthaft diskutierte Theorien an: die „credit-availability" Theorie und die sowohl von den Monetaristen als auch von den Postkeynesianern akzeptierte Theorie der relativen Preise.

Eine Analyse des Wirkungsprozesses auf der Grundlage der Theorie der relativen Preise erfordert, wie bei der obigen Darstellung dieser Theorie deutlich geworden ist, die Berücksichtigung einer Reihe von monetären und finanziellen Märkten, auf denen die im Transmissionsprozeß relevanten Vermögenstitel unter und zwischen den im Modell unterschiedenen Wirtschaftssektoren gehandelt werden.

Die „credit-availability" Theorie bezieht sich dagegen nur auf den oder die Kreditmärkte, die nur einen Teil des umfangreichen Systems von Märkten ausmachen.

Folglich schließen sich auch die beiden Theorien nicht gegenseitig aus; es ist durchaus möglich, daß auf dem oder den Kreditmärkten infolge unvollkommenen Wettbewerbs der Zinsmechanismus nahezu oder völlig ausgeschaltet ist und statt dessen der Ausgleich von Angebot und Nachfrage über eine direkte Kreditrationierung erfolgt, auf den Märkten der übrigen Vermögenstitel jedoch der Zinsmechanismus, wie er in der Theorie der relativen Preise beschrieben wird, weiterhin wirksam ist[34].

Infolge der Schwierigkeiten, die bei der Quantifizierung bestimmter Instrumente der Kreditrationierung, z. B. der Variation in den Bonitätsanforderungen, bestehen, ist das Phänomen der Kreditrationierung einer formal-theoretischen Analyse nur schwer zugänglich[35].

Man umgeht diese Schwierigkeiten in der Regel dadurch, daß man entweder den statistisch meßbaren Kreditzinsen, den direkten Zinsen, indirekte Bestandteile zuschlägt, die Ausdruck der von der Höhe des direkten Zinses unabhängigen Kreditbedingungen sind, oder die Kreditrationierung mit einem Verzicht auf eine Zinsvariation als ein lediglich sehr kurzfristiges Phänomen erachtet, das schließlich doch durch den Zinsmechanismus ersetzt wird: „... the longer changed credit condition prevail, the more will differences in degree of rationing tend to be replaced by differences in stated rates. If funds are scarce, the efficient way of allocating them is to change their market prices; and it is increasingly to the self interest of parties both sides of the market to push in that direction[36]."

In dieser Arbeit wird den Schwierigkeiten, die mit einer Formalisierung der „credit-availability" Theorie verbunden sind, in eben der gleichen Weise aus dem Wege gegangen. Die Analyse des Wirkungsprozesses der Geldpolitik im Rahmen des makroökonomischen Modells erfolgt somit ausschließlich auf der Basis des Zinsmechanismus.

Um den neueren theoretischen Entwicklungen Rechnung zu tragen, wird das Modell einerseits die Sektoren „Publikum", „Geschäftsbanken" und „Paramonetäre Finanzinstitute" und andererseits eine Reihe von Märkten für verschiedene im Transmissionsprozeß wichtige Vermögenstitel enthalten, die im Laufe der Arbeit noch eingehender diskutiert werden.

„Geld" ist eine der verschiedenen möglichen Anlageformen in den Vermögensbilanzen der Wirtschaftssubjekte. Es spielte in der klassischen und neoklassischen Theorie die zentrale Rolle, war in der Keynesschen Theorie ebenfalls von erheblicher Bedeutung und findet auch in den neueren Theorien, hier vor allem der Theorie der Monetaristen,

---

[34] Vgl. z. B. auch *P. A. Samuelson,* Money, Interest Rates, and Economic Activity: Their Interrelationship in a Market Economy. In: Readings in Money, National Income, and Stabilization Policy. Ed. by *W. L. Smith* und *R. L. Teigen.* Homewood, Ill., 1970. S. 403 ff.

[35] Die „credit-availability" Theorie beruht nicht zuletzt deshalb fast ausschließlich auf verbaler Argumentation. Bescheidene Anfänge einer Formalisierung finden sich jedoch bei *D. M. Jaffee* und *F. Modigliani.*

[36] *P. A. Samuelson,* Money, Interest Rates and Economic Activity, S. 410. — Vgl. auch *J. Tobin,* Monetary Semantics, S. 168.

eine herausragende Beachtung. Die große Zahl theoretischer und empirischer Untersuchungen vor allem auf dem Gebiet der *Geld*nachfragetheorie macht dies deutlich.

Deshalb ist auch in dieser Arbeit eine eingehendere Beschäftigung mit dem Anlageobjekt „Geld“ unumgänglich. Selbstverständlich wird darüber die Stellung der übrigen Anlagealternativen im monetären Transmissionsmechanismus nicht vernachlässigt; diese Gefahr besteht schon deshalb nicht, weil die Portfolio-Theorie, die die Grundlage für die Theorie der relativen Preise bildet, a priori alle zur Wahl stehenden Vermögensobjekte einbezieht und diese Theorie wegen ihrer Bedeutung für die Analyse des Wirkungsprozesses der Geldpolitik im weiteren Verlauf der Arbeit ausführlich zu diskutieren ist.

Vor allem die Portfolio-Theorie, aber auch die neueren Geldnachfrage- und Geldangebotstheorien, beide spezielle Teilgebiete der allgemeineren Portfolio-Theorie, sind in der Literatur fast ausschließlich mikroökonomisch konzipiert worden. Erst aus den in der mikroökonomischen Analyse gewonnenen Angebots- und Nachfragebeziehungen werden in der Regel die für die makroökonomischen Märkte relevanten Beziehungen deduziert.

In dieser Arbeit wird nach dem gleichen Verfahren vorgegangen: Die im makroökonomischen Modell für die Beschreibung des Wirkungsprozesses und der Wirksamkeit der Geldpolitik relevanten funktionalen Beziehungen werden aus den entsprechenden, zunächst für Mikroeinheiten formulierten Funktionen gewonnen[37].

(2) Die Wirksamkeit der Geldpolitik läßt sich (a) unter einem quantitativen und (b) einem zeitlichen Aspekt analysieren.

(a) Wie die obige Gegenüberstellung der neueren theoretischen Ansätze gezeigt hat, wird die quantitative Wirkungspotenz der Geldpolitik von den Monetaristen einerseits und den Postkeynesianern andererseits stark unterschiedlich beurteilt; man stimmt zwar weitgehend darin überein, daß die Geldpolitik wirkt, hat aber zumeist theoretisch und zum Teil auch empirisch begründete divergierende Meinungen über die absolute Stärke der Wirkung eines bestimmten Instrumenteneinsatzes.

Folglich stellt sich in dieser Arbeit, in der auf weitere empirische Untersuchungen verzichtet und unter Berücksichtigung der neueren Ent-

---

[37] Damit wird auch der oft erhobenen Forderung entsprochen, „daß eine logisch konsistente ökonomische Theorie sowohl mikroökonomisches wie makroökonomisches Modell umfassen müsse“. *E. Bössmann,* Probleme einer dynamischen Theorie der Konsumfunktion. (Frankfurter Wirtschafts- und Sozialwissenschaftliche Studien, Heft 1) Berlin 1957, S. 66.

wicklungen ausschließlich theoretisch argumentiert wird[38], die Aufgabe, im Rahmen des makroökonomischen Modells die Standpunkte der beiden Lehrmeinungen aufzuzeigen und die absolute Wirksamkeit der Geldpolitik unter den verschiedenen Blickwinkeln zu berurteilen. In dem zu konstruierenden Modell manifestiert sich also *nicht* schon a priori eine bestimmte Lehrrichtung.

Zur Lösung der genannten Aufgabe sollen im Rahmen des zunächst allgemein formulierten makroökonomischen Modells durch eine entsprechende numerische Konkretisierung der Koeffizienten- und Parameterwerte in den funktionalen Beziehungen des Modells alternativ Bedingungen *simuliert* werden, die jeweils die unterschiedlichen Lehrmeinungen widerspiegeln.

Da die Beurteilung der rein *quantitativen* Wirkung der Geldpolitik auf letztliche Zielgrößen ein statisches Problem ist, erfolgen diese Untersuchungen mit Hilfe einer komparativ-statischen Analyse.

Die Wirksamkeit der Geldpolitik wird lediglich an der Reaktion des nominellen Sozialprodukts gemessen; einzige Zielgröße im Rahmen des späteren makroökonomischen Modells ist somit die Größe Y; Wachstumsaspekte bleiben im Verlaufe der gesamten Arbeit unberücksichtigt. Auf eine *theoretisch begründete* explizite Aufteilung der Reaktion des nominellen Sozialprodukts in eine Reaktion der realen Komponente einerseits und des Preisniveaus andererseits soll verzichtet werden, da

— sowohl von der theoretischen als auch der empirischen Forschung über eine solche Differenzierung bisher kaum befriedigende Ergebnisse geliefert worden sind und

— die Aufteilung nach Ansicht des Verfassers in nicht unerheblichem Maße von den Gegebenheiten im nicht-monetären und nicht-finanziellen Bereich der Volkswirtschaft bestimmt ist (z. B. vom Kapazitätsauslastungsgrad), einem Bereich also, der in dieser Arbeit nicht analysiert wird.

(b) Man stimmt heute allgemein darin überein, daß die Geldpolitik mit einer zeitlichen Verzögerung auf die letztlichen Zielgrößen wirkt; dagegen ist die *Länge* des Wirkungslags noch umstritten.

Ähnlich wie hinsichtlich des monetären Transmissionsmechanismus gibt es auch über die theoretische Erklärung der Wirkungsverzögerung der Geldpolitik keine grundsätzlichen Meinungsverschiedenheiten; die divergierenden Standpunkte in der Frage der Länge des Wirkungslags beruhen letztlich nur auf unterschiedlichen Ergebnissen empirischer

---

[38] Selbstverständlich werden dabei die Ergebnisse der empirischen Forschungen der beiden Lehrrichtungen beachtet und verarbeitet.

Untersuchungen. Während die abweichenden Meinungen über die absolute Wirkung der Geldpolitik sehr genau auf empirisch begründete Unterschiede in einzelnen Beziehungen des insgesamt relevanten ökonomischen Systems zurückgeführt werden können, gibt es über die Länge des Wirkungslags nur globale Aussagen, die keinen Schluß darüber zulassen, welche Bedeutung den einzelnen Beziehungen auf den Märkten des ökonomischen Systems für die Wirkungsverzögerung der Geldpolitik beigemessen wird. Da in dieser Arbeit jedoch nicht die einfache Gegenüberstellung empirischer Ergebnisse, sondern die theoretische Argumentation im Vordergrund steht, wird in einer dynamischen konkretisierten Version des allgemeinen makroökonomischen Modells der Versuch unternommen, die Ursachen der Wirkungsverzögerung der Geldpolitik *theoretisch* zu erfassen und so die Bedeutung einzelner Beziehungen des Modells für eine solche Verzögerung offensichtlich zu machen.

(3) Schließlich werden auf der Grundlage der Ergebnisse der komparativ-statischen und der dynamischen Analyse die Probleme diskutiert, die bei der Wahl eines Indikators für die Wirksamkeit der Geldpolitik bestehen. Darüber hinaus werden die Vor- und Nachteile einiger ausgewählter Indikatoren erörtert, wobei die unterschiedlichen von den Monetaristen einerseits und den Postkeynesianern andererseits propagierten Indikatorgrößen selbstverständlich eine besondere Rolle spielen.

Stichwortartig läßt sich der Aufbau der Arbeit somit wie folgt zusammenfassen:

(1) Mikroökonomische Analyse der für den Transmissionsprozeß relevanten Angebots- und Nachfragebeziehungen mit besonderer Betonung der Geldnachfrage und des Geld- bzw. Kreditangebots.

(2) Konstruktion des allgemeinen makroökonomischen Modells auf der Grundlage der in der mikroökonomischen Analyse gewonnenen Erkenntnisse über die Angebots- und Nachfragebeziehungen.

(3) Durch Konkretisierung des allgemeinen Modells Simulation verschiedener tatsächlicher Zustände, wie sie von den gegensätzlichen Lehrmeinungen angenommen werden, und im Rahmen des Simulationsmodells Diskussion aller möglichen Einflüsse, die die *quantitative* absolute Wirkung der Geldpolitik tangieren.

(4) Dynamisierung des allgemeinen Modells und Erörterung der Determinanten des *zeitlichen* Aspektes der Wirkung der Geldpolitik.

(5) Schlußfolgerungen aus den Modellbetrachtungen für die Auswahl eines monetären Indikators.

ZWEITER TEIL

Mikroökonomische Grundlagen der Theorie des monetären Transmissionsmechanismus

I. Die Nachfrage der Haushalte und Unternehmungen auf den Märkten für Aktiva und Passiva

1. Die Vermögensbilanzen der Haushalte und Unternehmungen

Die Theorie der relativen Preise baut im wesentlichen auf der Theorie der Portfolio-Selektion auf. Diese wiederum analysiert die aus der Sicht eines Wirtschaftssubjektes optimale Aufteilung eines bestimmten Vermögensbudgets auf alternative Vermögensanlagen. Den gewünschten Bestand an einem Aktivum oder Passivum als Ergebnis der Optimalentscheidung bezeichnet man in der Theorie der Portfolio-Selektion oder in der Theorie der relativen Preise oft als die Nachfrage nach einem solchen Vermögenswert oder als die Bestandsnachfrage. Diese Terminologie wird auch in dieser Arbeit verwandt. Der gewünschte Vermögensbestand und damit die Bestandsnachfrage haben die Dimension „Stück/Zeitpunkt“ oder „Wert/Zeitpunkt“.

In empirischen Untersuchungen werden Funktionen der Bestandsnachfrage infolge unzureichenden Datenmaterials i. d. R. nicht für jeden beliebigen Zeitpunkt, sondern für bestimmte Zeiträume (Perioden) getestet. Es wird dabei angenommen, daß der für einen Zeitraum verfügbare Wert einer Bestandsgröße dem im Durchschnitt gewünschten Bestand zu jedem Zeitpunkt innerhalb dieses Zeitraums entspricht. Wenn im weiteren Verlauf dieser Arbeit von einem gewünschten Bestand bzw. einer Bestandsnachfrage in einer bestimmten Periode die Rede ist, so ist damit ein solcher durchschnittlicher Bestand gemeint. Sofern innerhalb der betrachteten Periode die Größen sämtlicher Determinanten der Nachfrage unverändert bleiben, ist der im Durchschnitt gewünschte Bestand mit dem gewünschten Bestand zu jedem beliebigen Zeitpunkt der Periode identisch.

In den Analysen im Rahmen dieser Arbeit wird generell angenommen, daß Änderungen in den Determinantenwerten, deren Wirkungen untersucht werden, nur zu Beginn der betrachteten Periode erfolgen. Diese Annahme impliziert die zuvor genannte Identität.

In Tabelle 2 ist die Bestandsrechnung bzw. die Vermögensbilanz eines repräsentativen Haushalts bzw. einer repräsentativen Unternehmung dargestellt. Die einzelnen Positionen in der Vermögensbilanz bezeichnen Wertgrößen, wobei es sich in der Regel um Tageswerte zum Betrachtungszeitpunkt handelt.

Tabelle 2: Die Vermögensbilanz eines Haushalts oder einer Unternehmung

Bargeld	C	Kredite von Geschäftsbanken	L_B
Sichtdepositen	D	Kredite von paramonetären Instituten	L_I
Termin- und Spardeposited	T	Sonstige Verbindlichkeiten	SV
Schuldtitel der öffentlichen Hand	S	Nettovermögen	V
Schuldtitel paramonetärer Institute	W		
Realkapital	E		

Die in der Vermögensbilanz erfaßten Aktiva und Passiva ließen sich selbstverständlich noch weiter differenzieren, die Schuldtitel in solche mit kurz- und langfristigen Laufzeiten, das Realkapital nach unterschiedlicher Nutzungsdauer und Nutzungsverwendung, die Kredite in kurz-, mittel- und langfristige.

Das theoretische Kalkül sollte jedoch zumindest zwei Anforderungen genügen:

(1) Mit seiner Hilfe sollte es möglich sein, die in dieser Arbeit gesteckten Ziele zu erreichen und

(2) es sollte ausreichend überschaubar und operational sein.

Wieweit das Spektrum der Aktiva und Passiva differenziert wird, ist folglich nicht zuletzt eine Sache der Praktikabilität[1], für die es allerdings keinen objektiven Maßstab gibt.

Die Bestandsnachfrage wurde zuvor mit dem gewünschten Bestand an einem Aktivum oder Passivum bei einer für den Nachfrager vorgegebenen Datenkonstellation identifiziert. Welcher *tatsächlich realisierbare* Bestand an einem Aktivum oder Passivum, der hier als Bestandsangebot bezeichnet werden soll, dem gewünschten Bestand gegenübersteht, spielt in der auf ein einzelnes Wirtschaftssubjekt bezogenen mikroökonomischen Theorie in dieser Arbeit noch keine Rolle, da es lediglich um die Herleitung der Nachfragefunktionen und damit der *gewünschten* Bestände bei einer bestimmten Datenkonstellation geht. Erst in der späteren makroökonomischen Gleichgewichtsanalyse, in

[1] Vgl. *J. Tobin*, Money, Capital, and Other Stores of Value, S. 36.

der ein Ausgleich zwischen den gesamtwirtschaftlich gewünschten und den gesamtwirtschaftlich tatsächlich realisierbaren Beständen — und zwar simultan für alle Bestandsgrößen — zu finden ist, spielt das mit dem tatsächlich realisierbaren Bestand identische Bestandsangebot eine Rolle.

Jedoch auch der gewünschte Bestand an einem Aktivum oder Passivum läßt sich in einigen Fällen als ein Bestandsangebot bezeichnen. Eine Unternehmung kann z. B. durch die Emission von Obligationen in den Besitz von Fremdkapital gelangen; dem gewünschten Bestand an Fremdkapital und damit, im oben definierten Sinne, der Nachfrage nach Fremdkapital (in der obigen Vermögensbilanz in der Position SV) kann folglich zumindest zu einem Teil ein gewünschtes Angebot an Obligationen entsprechen.

Erfolgt z. B. eine Kreditaufnahme bei einem Kreditinstitut gegen Hingabe von Schuldscheinen oder Wechseln, so ist der gewünschte Kreditbestand, die Kreditnachfrage, zugleich mit einem (gewünschten) Angebot an Schuldtiteln verbunden.

Wenn im folgenden zuweilen auch vom Bestandsangebot eines Haushalts oder einer Unternehmung oder, in der späteren makroökonomischen Analyse, des Sektors der Haushalte und Unternehmungen bzw. des Publikums die Rede ist, so ist damit das so definierte Angebot gemeint.

In neueren theoretischen Untersuchungen, vor allem im Bereich der Bildungsökonomie, wird der Betrag, der für Ausbildung, Weiterbildung usw. ausgegeben wird, als eine Investition in „menschliches Kapital" (human capital) betrachtet[2]. Dieser Betrag dient nicht dem Konsum nicht-dauerhafter Güter, sondern der Akkumulation von „Wissen", das, so wird erwartet, in späteren Perioden einen Ertrag abwirft und deshalb mit anderen ertragbringenden Aktiva vergleichbar ist. Das „menschliche Kapital" stellt somit einen Vermögenswert dar, der bei konsequentem Vorgehen in die Vermögensbilanz aufzunehmen ist. Doch während für die meisten übrigen Aktiva und Passiva wegen ihrer konkreten Erscheinungsform eine mengen -und wertmäßige Erfassung und ebenfalls die für die Portfolio-Analyse wichtige Zuordnung einer Ertragskomponente z. B. in Form eines Zinssatzes möglich ist, ist eine solche Erfassung und Zuordnung für das Aktivum „menschliches Kapital" mit erheblichen Schwierigkeiten verbunden.

Aus diesem Grund sollen im folgenden die Ausgaben für „menschliches Kapital" als laufender Konsum an nicht dauerhaften Gütern be-

---

[2] Vgl. *E. M. Claassen*, Probleme der Geldtheorie. (Enzyklopädie der Rechts- und Staatswissenschaft). Heidelberg 1970, S. 154 ff.

trachtet und entsprechend die Position „menschliches Kapital“ in den Vermögensbilanzen der Wirtschaftssubjekte nicht berücksichtigt werden.

Während die Nachfrage nach Konsum- und Investitionsgütern in den Strömungsrechnungen der Wirtschaftssubjekte ihren Ausdruck findet, vollzieht sich die Nachfrage nach Vermögenstiteln im Rahmen der Bestandsrechnungen. Strömungsrechnung und Bestandsrechnung sind allerdings eng miteinander verbunden. Ein Haushalt kann sein Nettovermögen, das sich als Identitätsgröße aus der Differenz zwischen den Aktiva und Passiva ergibt, nur verändern, wenn er aus dem laufenden Einkommen Ersparnisse bildet oder wenn er entspart. Eine Unternehmung vermag das Nettovermögen durch eine Veränderung ihrer Eigenkapitalbasis zu variieren, was wiederum nur durch Sparakte von Wirtschaftssubjekten möglich ist.

Die Position „Realkapital“ setzt sich in der Vermögensbilanz einer Unternehmung weitgehend aus Produktivkapital (Maschinen, Betriebsanlagen) und in der Bilanz eines Haushalts weitgehend aus dauerhaften Konsumgütern (z. B. Kraftfahrzeug, Eigentumswohnung) zusammen. Positive Nettoinvestitionen einer Unternehmung und Ausgaben für dauerhafte Konsumgüter eines Haushalts, die den reinen Ersatzbedarf übersteigen, erhöhen ceteris paribus den Betrag der Position „Realkapital“ und damit ceteris paribus auch das Nettovermögen. Die Portfolio-Theorie hat sich folglich nicht nur mit der Frage zu beschäftigen, wie und unter welchen Gesichtspunkten ein Wirtschaftssubjekt ein bestimmtes Vermögen auf die alternativen Vermögensanlagen aufteilt, sondern hat sich auch mit dem Problem der Wechselwirkung zwischen der Gestaltung der Struktur des Portefeuilles und der Veränderung des Nettovermögens auseinanderzusetzen. Beide Aspekte werden im weiteren Verlauf dieser Arbeit noch eingehender untersucht.

2. Die Charakteristika des Geldes

a) Zur Definition des Geldes und der Geldmenge

Das Geld oder die Geldmenge stehen in der geldtheoretischen und geldpolitischen Diskussion traditionell im Mittelpunkt.

H. G. Johnson grenzte das Gebiet der Geldtheorie und der Geldpolitik noch 1962 wie folgt ab:

„... es [ist] erforderlich, Geldtheorie als einen Komplex von Theorien zu definieren, die sich mit der Wirkung der Geldmenge im ökonomischen System befassen und Geldpolitik als eine Politik, die sich der

Kontrolle der Zentralbank über das Geldangebot als Instrument zur Erreichung der Ziele der allgemeinen Wirtschaftspolitik bedient[3]."

Geht man von der allgemein gebräuchlichen Definition der Geldmenge aus, wonach diese das Bargeld und die Sichtdepositen, evtl. noch die Termin- und Spardepositen des Publikums umfaßt[4], und zieht man die neuere Entwicklung im Bereich der Geldtheorie in Betracht, so wie sie weiter oben skizziert wurde, so läßt sich diese Sachabgrenzung der Geldtheorie und Geldpolitik nicht mehr aufrechterhalten.

Die Geldtheorie hat den engen Rahmen einer Theorie des Geldes im oben definierten Sinne längst verlassen und betrachtet Geld als eine von vielen Bestandsgrößen, die für eine Analyse der Wirkung und des Wirkungsprozesses der Zentralbankpolitik[5] von nahezu gleicher Bedeutung sind.

Werden, wie es in der Portfolio-Theorie geschieht, *alle einzelnen* Bestandsgrößen explizit berücksichtigt, so wird auch die — beliebig definierte — Geldmenge in ihre einzelnen Komponenten zerlegt, und der Begriff der Geldmenge spielt keine Rolle mehr.

Dennoch nimmt die Diskussion um eine „geeignete" Geld- bzw. Geldmengendefinition gerade in der neueren geldtheoretischen Literatur einen breiten Raum ein[6]. Leider findet man kaum eine präzise Auseinandersetzung mit der Frage, warum die Definition des Geldes bzw. der Geldmenge ein für die Theorie relevantes Problem ist. Die traditionellen Funktionen des Geldes bzw. der Geldmenge als direkte Aktionsgröße der Zentralbank und als Transmissionsgröße sind in den neueren Theorien von anderen ökonomischen Variablen übernommen worden. Nach der theoretischen Konzeption der Monetaristen haben Geld oder Geldmenge jedoch weiterhin ihre Bedeutung als Informations- oder Indikatorgrößen.

Die Indikatorgröße soll, das wurde weiter oben bereits festgestellt, den geldpolitischen Entscheidungsträgern eine möglichst *schnelle* und

---

[3] *H. G. Johnson,* Monetary Economics, S. 15; ins Deutsche übersetzt als „Beiträge zur Geldtheorie und Geldpolitik" (Untersuchungen über das Spar-, Giro- und Kreditwesen, Band 18). Berlin 1969, S. 23; Zitat nach der letztgenannten Quelle.

[4] M_1 = Bargeld + Sichtdepositen (traditionelle Definition des Geldes, sowohl bei den Klassikern und Neoklassikern, als auch in der *üblichen* Darstellung des Keynesschen Modells); $M_2 = M_1$ + Termindepositen (Definition von Friedman).

[5] Hier bewußt abgehoben von der „*Geld*"-Politik.

[6] Vgl. *M. Friedman* und *A. J. Schwartz,* Monetary Statistics of the United States. Estimates, Sources, Methods. Kapitel 1: Definition of Money, New York 1970, S. 89 ff. — *H. G. Johnson,* Monetary Economics, S. 34 ff. — *D. Wrightsman,* S. 17 ff.

genaue Information über die Wirkung der geldpolitischen Maßnahmen auf letztliche Zielgrößen geben. Die Eignung einer bestimmten Geld- bzw. Geldmengendefinition ist also an diesen Anforderungen zu messen. Es ist festzustellen, welche Geldmenge am engsten mit den letztlichen Zielgrößen (eindeutig) korreliert und zudem noch statistisch schnell erfaßbar ist. Hierin ist das wesentliche Problem des Auffindens einer „geeigneten" Geld- bzw. Geldmengendefinition zu sehen, ein Problem, das sich jedoch nur mit Hilfe empirischer Forschungen lösen läßt.

Das Problem einer „geeigneten" Geldmengendefinition ist weiterhin auch dann von Relevanz, wenn versucht wird, in einer Theorie der Wirkung und des Wirkungsprozesses der Geldpolitik mit nur wenigen funktionalen Beziehungen auszukommen und deshalb das Spektrum der explizit berücksichtigten Aktiva (und Passiva) möglichst gering zu halten. In diesem Fall werden solche Anlageobjekte in den Vermögensbilanzen der Wirtschaftssubjekte zu einer einzigen Position zusammengefaßt, die relativ enge Substitute sind.

Hiernach gilt dann eine Definition der Geldmenge als geeignet, wenn in ihr nur die Aktiva erfaßt sind, die in einer *starken* Substitutionsbeziehung zueinander stehen, und wenn sie, wieder unter dem Gesichtspunkt der Substitutionsverflechtungen, eine eindeutige Abgrenzung von den übrigen — evtl. auch zusammengefaßten — Vermögenspositionen erlaubt[7]. Die „Eignung" einer bestimmten Definition läßt sich auch hier nur empirisch nachweisen.

Das Indikatorproblem wird erst zu Ende dieser Arbeit eingehender diskutiert, so daß auch die damit verbundene Problematik einer geeigneten Geldmengendefinition vorerst noch unberücksichtigt bleiben kann. Der Gesichtspunkt der Substitutionalität ist dagegen bereits in der folgenden mikroökonomischen Analyse von Bedeutung.

Im vorangegangenen Abschnitt wurde darauf hingewiesen, daß einer Differenzierung der Aktiva und Passiva in Hinsicht auf die Operationalität und Praktikabilität des theoretischen Kalküls Grenzen gesetzt sind.

Die dort gewählte Differenzierung ist deshalb keineswegs so detailliert, als daß nicht auch mehr oder weniger heterogene Positionen zusammengefaßt wurden.

Die Darstellung einiger mikroökonomischer Theorien der Nachfrage nach Transaktionskasse erfordert jedoch eine noch darüber hinausgehende Zusammenfassung von Aktiva, die für Transaktionszwecke benötigt werden; denn diese Theorien sind als *Geld*nachfragetheorien

---

7 Vgl. *D. Wrightsman*, S. 22 ff.

und nicht als spezifische Theorien einer Nachfrage nach Bargeld oder Sichtdepositen oder Termindepositen usw. konzipiert.

Da sich diese Arbeit nicht mit empirischen Untersuchungen beschäftigt, muß die erforderliche Zusammenfassung von einzelnen Vermögenspositionen zu einer Position „Geld“ unter pragmatischen Gesichtspunkten erfolgen. Es wird angenommen, daß Bargeld und Sichtdepositen enge Substitute sind und sich von den übrigen Aktiva ausreichend abgrenzen und daß, was zunächst von Interesse ist, die Nachfrage nach Geld zu Transaktionszwecken weitgehend nur diese beiden Positionen umfaßt.

b) Die Funktionen des Geldes und die Motive der Geldnachfrage

Geld ist in normalen Zeiten, d. h. außer in Zeiten mit abnorm hohen Inflationsraten, das allgemein anerkannte Zahlungsmittel und dient in dieser Eigenschaft auch gleichzeitig als Recheneinheit. Geld als Zahlungsmittel wird zur Erleichterung der ursprünglich nur in Form eines reinen Güteraustausches durchgeführten Transaktionen benötigt. Die Funktion des Tauschmittels ist somit ein wesentliches Charakteristikum des Geldes.

Doch Geld hat auch einen Wert für sich. Eine Akkumulation von Geld führt ceteris paribus zu einer Zunahme des Vermögens. Neben der reinen Tauschmittelfunktion erfüllt das Geld also auch noch die Funktion als Wertaufbewahrungsmittel. Unter Berücksichtigung dieser Funktionen des Geldes sind die bekannten von Keynes propagierten Motive für die Nachfrage eines Wirtschaftssubjekts nach Geld denkbar: das Transaktionsmotiv, das aus dem Gebrauch des Geldes im Transaktionsprozeß resultiert, das Vorsichtsmotiv, nach dem eine Geldreserve für unvorhergesehene Transaktionen gehalten wird, und das Spekulationsmotiv, das auf der Wertaufbewahrungsfunktion des Geldes basiert und wonach Geld temporär gehalten wird, „um maximale zukünftige Gewinne zu realisieren[8].“

Die Nachfrage nach Geld zu Spekulationszwecken hat sich empirisch als unbedeutend herausgestellt, da die Spekulation, wie bereits weiter oben betont wurde, weitgehend zwischen den verschiedenen Finanzaktiva (Wertpapieren) und kaum zwischen diesen Aktiva und dem Geld stattfindet. Dagegen steht, von Keynes noch unbeachtet, auch auf der Basis der Wertaufbewahrungsfunktion des Geldes das Vorsichtsmotiv im Vordergrund[9]: neben oder anstelle von Wertpapieren hält

---

[8] *E. M. Claassen*, S. 131.

das Wirtschaftssubjekt Geld als Vermögen, weil die Wertpapieranlage mit dem Risiko des Kapitalverlustes verbunden ist. Unsicherheit hinsichtlich der zukünftigen Ertrags- und Wertentwicklung der Finanzaktiva (Wertpapiere) erklärt somit das Motiv der Nachfrage nach Geld zur Vermögenshaltung[10]. Darauf wird im nächsten Abschnitt noch näher eingegangen. Zusammenfassend lassen sich demnach eine Nachfrage nach Geld zu Transaktionszwecken und eine Nachfrage nach Geld zur Wertaufbewahrung unterscheiden[11].

Die Trennung der Geldnachfrage eines Wirtschaftssubjektes oder der gesamten Volkswirtschaft auf der Grundlage dieser beiden Motive ist in praxi, z. B. im Rahmen empirischer Tests der Geldnachfragefunktionen, selbstverständlich nicht möglich[12]. Dennoch ist es einmal aus didaktischen[13] und zum anderen aus rein technischen Gründen, nämlich zur leichteren Erfassung der Determinanten der gesamtwirtschaftlichen Geldnachfrage, von Vorteil, diese Trennung im theoretischen Teil der mikroökonomischen Analyse zunächst beizubehalten.

c) Der Nutzen des Geldes

Die Funktionen des Geldes als Zahlungs- und Wertaufbewahrungsmittel und das Transaktions- und Vorsichtsmotiv der Geldnachfrage erklären für sich noch nicht die Existenz von Geld im Portefeuille eines Wirtschaftssubjektes über einen endlichen Zeitraum. Bei den klassischen und neoklassischen Geldtheoretikern findet man in der Regel als einzige Begründung für das Halten von Geld die mangelnde Synchronisation zwischen den Ein- und Auszahlungen eines Wirtschaftssubjektes im Verlaufe der Transaktionen. Angenommen, Geld sei das einzige Zahlungsmittel, es bestehe vollkommene Information über Zeitpunkt und Höhe der Ein- und Auszahlungen, die Ertrags- und Wertentwicklung von Wertpapieren sei völlig sicher und Schwierigkeiten und Kosten bei der Konversion von Geld in Wertpapiere und umgekehrt gäbe es nicht[14], dann ist das Halten von Geld über einen endli-

---

[9] Vgl. *A. H. Hansen,* Monetary Theory and Fiscal Policy. New York 1949, S. 56 f. — *H. G. Johnson,* Monetary Economics, S. 28. — *Derselbe,* The General Theory, a. a. O. — *E. M. Claassen,* S. 121 und S. 131.

[10] Vgl *J. G. Gurley* und *E. S. Shaw,* Money in a Theory of Finance, Washington, D. C., 1968, S. 152.

[11] Vgl. *A. H. Hansen,* S. 55.

[12] Vgl. *D. Patinkin,* Money, Interest, and Prices, S. 126. — *M. Friedman,* The Quantity Theory, S. 154.

[13] Vgl. *E. M. Claassen,* S. 119.

[14] In den klassischen und neoklassischen Theorien wird implizit oder explizit vollkommene Information unterstellt, so daß diese Annahmen dort weitgehend gegeben sind.

chen Zeitraum auch bei mangelnder Synchronisation in den Ein- und Auszahlungen nicht rational, da Wertpapiere, nicht aber Geldbestände in jedem endlichen Zeitraum einen Ertrag abwerfen.

Ein rational handelndes Wirtschaftssubjekt, d. h. ein Wirtschaftssubjekt, das die Vor- und Nachteile jeder Handlungsalternative mit dem Ziel einer Optimierung des Gesamtnutzens der effektiv realisierten Handlungen gegeneinander aufwiegt, wird aber nur dann Geld in seinem Portefeuille halten, wenn es einen Nutzen abwirft. In einer Welt, in der die gerade genannten Voraussetzungen gegeben sind, dürfte dem Geld als Bestandsgröße (innerhalb eines Zeitraums) jedoch kein positiver Nutzen zukommen. Dies zeigt, daß die Begründung für die Existenz von Geld im Portefeuille von einer noch tieferen Basis als bisher auszugehen hat.

Erst das Vorhandensein nicht vollkommener Information bzw. von Schwierigkeiten und Kosten bei der Informationsbeschaffung über Zeitpunkt und Höhe der Ein- und Auszahlungen und über zum Geld alternative Finanzanlagen oder die Unsicherheit über Ertrags- und Wertentwicklung der Finanzanlagen oder die Hemmnisse und die Kosten bei der Konversion von Geld in Finanzanlagen und umgekehrt vermögen die Geldhaltung zu erklären. Dieser Sachverhalt wird von den meisten Geldtheoretikern übersehen[15].

Der positive Nutzen des Geldes basiert in dieser realistischer gezeichneten Welt auf seiner Zahlungssicherheit und Wertsicherheit im Vergleich zu anderen Aktiva und auf der Vermeidung von Unbequemlichkeiten und Kosten, die mit einer verstärkten Informationsbeschaffung und mit der Konversion von Geld in andere Aktiva — und umgekehrt — verbunden wären[16]. Der Nutzen des Geldes umfaßt also pekuniäre und nicht-pekuniäre Elemente. Zu beachten ist, daß diese nicht nur einen positiven Nutzenbeitrag leisten können, sondern daß z. B. infolge von Preissteigerungen und damit Realwertverlusten der Nutzen des Geldes auch verringert werden kann.

d) Direkter oder indirekter Nutzen des Geldes?

Es ist gezeigt worden, daß Geld einen Nutzen stiftet und aufgrund welcher Faktoren diese Nutzenstiftung zustande kommt. Eine wesentliche Frage bleibt jedoch noch unbeantwortet: kann Geld — wie z. B. ein Konsumgut — unmittelbar einen Nutzen stiften oder ist der Nut-

---

[15] Vgl. *M. Perlman,* The Roles of Money in an Economy and the Optimum Quantity of Money. „Economica", N. S., Vol. 38 (1971), S. 233 ff. — *K. Brunner* und *A. H. Meltzer,* The Uses of Money: Money in a Theory of an Exchange Economy. „The American Economic Review", Vol. 61 (1971), S. 784 ff.

[16] Vgl. *E. M. Claassen,* S. 122 ff. — *M. Perlman,* S. 233 ff., vor allem S. 251.

zen des Geldes — wie z. B. der Nutzen eines Produktionsfaktors — lediglich eine abgeleitete Größe?

In der geldtheoretischen Literatur werden — oftmals alternativ — beide Möglichkeiten vertreten[17].

Stiftet Geld direkt einen Nutzen, so läßt sich die Nachfrage nach Geld analog der Nachfrage nach Konsumgütern unmittelbar aus einer Nutzenfunktion, die die verschiedenen, oben genannten Nutzendeterminanten des Geldes enthält, im Rahmen eines Optimierungsprozesses unter Beachtung vorgegebener Bilanzrestriktionen gewinnen[18]. Das Optimum liegt bekanntlich dort, wo der Grenznutzen des Geldes gleich ist dem Grenznutzen alternativer Verwendungsmöglichkeiten (Güter und Wertpapiere).

Bei der indirekten Nutzenstiftung geht man von der Vorstellung aus, daß Geld lediglich ein Hilfsmittel zur Erzielung von Nutzen aus einer übergeordneten Handlung ist, nämlich von Nutzen, der sich aus den mit dem Hilfsmittel „Geld" gekauften Gütern ergibt; Geld erfüllt hier eine Funktion, die der eines Produktionsfaktors ähnlich ist.

Ein Bestand an Geld wird verglichen mit einem Bestand an Produktionsfaktoren. Analog zur Bestimmung der optimalen Lagerhaltung realer Güter (Produktionsfaktoren) wird ein optimaler Bestand, die optimale „Lagerhaltung", an Geld ermittelt. Vor allem bei der Analyse der Nachfrage nach Geld zu Transaktionszwecken geht man von dieser Vorstellung aus[19]. Die Lagerhaltung von Produktionsfaktoren ist zur reibungslosen Abwicklung der Produktion von Gütern, der Bestand an Geld entsprechend zur friktionslosen Durchführung der Transaktionen (des Güterkaufs) erforderlich. Die Vermeidung von Produktions- bzw. Transaktionsengpässen ist als eine positive Ertragskomponente zu charakterisieren. Dies begründet a priori einen positiven Bestand an Geld (bzw. Faktoren).

Andererseits verursacht die Lagerhaltung aber auch Kosten, beim Halten von Geld z. B. in Form der entgangenen Erträge aus alternativen Anlagen des Geldbetrages (Zinserträge aus Wertpapieren). Das Optimum der Lagerhaltung (an Geld oder Faktoren) ist dort erreicht, wo Wertgrenzprodukt (bzw. Grenznutzen) und Grenzkosten der Lagerhaltung gleich sind.

Auch in dieser Arbeit wird von beiden Erklärungsansätzen des Geldnutzens explizit oder implizit Gebrauch gemacht. Die zunächst

---

17 Vgl. *D. Patinkin,* Money, Interest, and Prices, S. 78 ff. und S. 146 f.

18 Vgl. *D. Patinkin,* Money, Interest, and Prices. — *A. Lindbeck,* A Study.

19 Vgl. *E. M. Claassen,* S. 114 f. — *W. J. Baumol,* The Transactions Demand. — *J. Tobin,* The Interest-Elasticity.

folgende Analyse der Nachfrage nach Geld zu Transaktionszwecken bedient sich der Konzeption der optimalen Lagerhaltung und damit der indirekten Nutzenstiftung des Geldes und die daran anschließende Portfolio-Analyse, in der Geld allerdings nur ein Aktivum unter vielen ist, baut im wesentlichen auf der Konzeption der direkten Nutzenstiftung (der Aktiva) auf.

3. Die Nachfrage nach Geld zu Transaktionszwecken

a) Die Struktur der Ein- und Auszahlungsprozesse der Haushalte und Unternehmungen

Die gesamtwirtschaftliche Nachfrage nach Transaktionskasse wird im Keynesschen Modell als allein von der Höhe des nominellen Volkseinkommens abhängig angenommen. Ein einzelnes Wirtschaftssubjekt bestimmt nach Keynes die Transaktionskasse nach dem geplanten Umfang seiner Transaktionen, so daß sich bei Annahme einer direkten Proportionalität zwischen dem gesamtwirtschaftlichen Transaktionsvolumen und dem nominellen Volkseinkommen die genannte Beziehung ergibt.

Aus der Annahme eines konstanten Kassenhaltungskoeffizienten folgt weiterhin eine Elastizität der Nachfrage nach Transaktionskasse in bezug auf das Transaktionsvolumen bzw. das Volkseinkommen von eins.

Geht man jedoch von einem im Sinne der weiter oben gegebenen Definition rational handelnden Wirtschaftssubjekt aus, so ist die Beschränkung auf lediglich eine Determinante der Geldnachfrage zu Transaktionszwecken und die Art der Funktionalbeziehung zumindest für den mikroökonomischen Bereich nicht einsichtig.

Ein Haushalt erhält in der Regel zu Anfang eines Monats (einer Periode) ein Einkommen, aus dem im Verlaufe des Monats ein bestimmter Betrag für den Kauf von Gütern und Diensten, mehr oder weniger gleichmäßig über die Zeit verteilt, ausgegeben wird.

Warum, so lautet die hier relevante Frage, sollte ein rational handelnder Haushalt den für die über den gesamten Monat verteilten Transaktionen erforderlichen Betrag während des gesamten Monats in sofort disponiblem Geld, nämlich in Bargeld oder Sichtdepositen, halten, wenn dazu alternative zwischenzeitliche Anlagen einen Ertrag bringen?

Die Analyse der Nachfrage nach Transaktionskasse müßte also die Möglichkeit solcher ertragbringender Alternativanlagen einbeziehen. Bei diesen Anlagen kann es sich selbstverständlich nur um kurzfristig wieder liquidierbare Aktiva, wie z. B. Spardepositen oder sofort mobilisierbare Wertpapiere, handeln.

Für eine Unternehmung ist — anders als bei den Arbeitnehmerhaushalten — der Strom der Einzahlungen über den gesamten Monat (über die gesamte Periode) verteilt. Hier kommt es also darauf an, Überschüsse der Ein- über die Auszahlungen zwischenzeitlich ertragbringend anzulegen und Illiquiditäten bei Überschüssen der Aus- über die Einzahlungen zu verhindern. Während ein Haushalt seine Auszahlungen annähernd genau festlegen kann und ihm somit die Differenz zwischen den Ein- und Auszahlungen immer hinreichend bekannt ist, ist diese Differenz für die Unternehmen wegen der nicht immer exakt vorhersehbaren Ein- und (z. T. auch) Auszahlungen eine weitgehend stochastische Größe. Nach Keynes hält ein Wirtschaftssubjekt, das sich solcher nicht hinreichend genau vorhersehbarer Ereignisse gegenübersieht, eine Vorsichtskasse.

Im folgenden soll zunächst gezeigt werden, wie die Nachfrage nach Transaktionskasse im Falle einer deterministischen Entwicklung von Ein- und Auszahlungen erklärt werden kann. Diese Untersuchung basiert auf Modellen von Baumol, Tobin und Johnson[20]. Danach wird ein Modell mit der Differenz zwischen Ein- und Auszahlungen als stochastischer Größe entwickelt, woraus sich eine Geldnachfrage ableiten läßt, die im wesentlichen auf dem Vorsichtsmotiv begründet ist. Diese Darstellung erfolgt in Anlehnung an Whalen sowie an Miller und Orr[21]. Wie bereits angedeutet wurde, hat die Theorie der Lagerhaltung zur Konstruktion solcher Modelle die grundlegenden Impulse geliefert.

b) Die Nachfrage nach Transaktionskasse bei deterministischer Ein- und Auszahlungsstruktur

Ein Wirtschaftssubjekt beabsichtige, aus dem zu Anfang der Periode[22] erhaltenen Einkommen Y den Betrag T im Laufe der Periode (des Monats) gleichmäßig zu verausgaben. Vorhandene Geldbeträge können zwischenzeitlich in alternativen zinsbringenden Aktiva, z. B. in Spardepositen, angelegt werden. Der (durchschnittliche) Zinssatz dieser Aktiva sei mit r bezeichnet und während der betrachteten Periode

---

[20] *W. J. Baumol,* The Transactions Demand. — *J. Tobin,* The Interest Elasticity. — *H. G. Johnson,* Notes on the Theory of Transactions Demand for Cash. In: Essays in Monetary Economics, S. 179 ff.

[21] *E. L. Whalen,* A Rationalization. — *H. H. Miller* und *D. Orr,* A Model of the Demand for Money by Firms. „The Quarterly Journal of Economics", Vol. 80 (1966), S. 413 ff.

[22] Eine Periode wird im folgenden mit einem Monat gleichgesetzt.

konstant. Das Risiko eines Nominalwertverlustes kann bei der kurzfristig mobilisierbaren Anlage ausgeschlossen werden. Realwertverluste aufgrund von Preissteigerungen sollen das Geld und die Alternativanlagen gleichermaßen treffen und sind deshalb zu vernachlässigen. Die Konversion von Geld in die Alternativanlagen und umgekehrt sei jeweils mit Mühen und Kosten verbunden. Diese Voraussetzung ist, wie schon ausführlich erörtert wurde, wesentlich dafür, daß ein rational handelndes Wirtschaftssubjekt überhaupt in einem endlichen Zeitraum einen Kassenbestand (Bargeld plus Sichtdepositen) hält.

Bei jeder Umwandlung (von Geld in die Alternativanlagen und umgekehrt) sollen fixe Kosten von b anfallen; außerdem seien noch mit der Höhe des Konversionsbetrages variierende Kosten ($k \cdot$ Konversionsbetrag) zu berücksichtigen. Die Konversion von den Alternativanlagen in Geld nehme keine Zeit in Anspruch, so daß bei Bedarf unverzüglich liquide Kasse verfügbar ist.

Abbildung 2: Die Ausgabenentwicklung im Laufe einer Periode[a)]

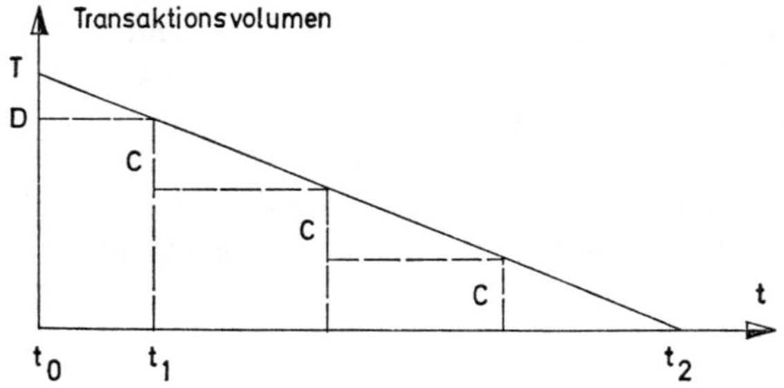

a) *Quelle: U. Westphal,* Theoretische und empirische Untersuchungen zur Geldnachfrage und zum Geldangebot. (Kieler Studien, Bd. 110), Tübingen 1970, S. 6.

Zu Beginn der Periode, im Zeitpunkt der Einkommenserzielung, werde ein Teil $a \cdot T = D$ des zur Verausgabung vorgesehenen Betrages T den zinsbringenden Anlagen zugeführt. Ist der Zinssatz für die gesamte betrachtete Periode t_0 bis t_2 gleich r, so hat er für die Teilperiode t_0 bis t_1 (gemäß dem Strahlensatz) die Höhe $(1 - a) \cdot r$. Folglich wird mit dem angelegten Betrag $a \cdot T$ bis zum Zeitpunkt t_1 unter Berücksichtigung der Konversionskosten (für die Umwandlung von Geld in die Alternativanlagen) ein Nettoertrag von[23]

[23] Vgl. *H. G. Johnson,* Notes on the Theory of Transactions Demand for Cash, S. 185.

(2.1) $$Q_0 = a \cdot T \cdot (1 - a) \cdot r - (b + k \cdot a \cdot T)$$

erzielt. Vom angelegten Betrag $a \cdot T$ sollen innerhalb des Zeitraums t_1 bis t_2 die für die Transaktionen benötigten Beträge in jeweils gleichen Teilen C wieder in Geld umgewandelt werden; n sei die Zahl der Umwandlungen, so daß $n \cdot C = a \cdot T$ oder $n = \frac{a \cdot T}{C}$ folgt.

Die Kosten der Konversion von den Alternativanlagen in Geld betragen somit: $b \cdot n + k \cdot a \cdot T = \frac{a \cdot b \cdot T}{C} + k \cdot a \cdot T$. Während der Zeit t_1 bis t_2 ist der durchschnittliche Bestand der Alternativanlagen gleich $\frac{a \cdot T - C}{2}$, auf den der Zins $a \cdot r$ anzuwenden ist.

Demnach ergibt sich für den Zeitraum t_1 bis t_2 ein Nettoertrag von

(2.2) $$Q_1 = \frac{a \cdot r \cdot (a \cdot T - C)}{2} - \frac{a \cdot b \cdot T}{C} - k \cdot a \cdot T \,.$$

Der gesamte Nettoertrag für die Periode t_0 bis t_2 setzt sich aus den beiden Ertragskomponenten nach (2.1) und (2.2) zusammen: $Q_g = Q_0 + Q_1$.

Die optimale Nachfrage nach Transaktionskasse läßt sich nun ableiten, indem der Nettoertrag Q_g für die betrachtete Periode maximiert wird.

Da lediglich a und C autonome Aktionsgrößen des über die optimale Nachfrage entscheidenden Wirtschaftssubjektes sind, ist Q_g im Rahmen des Maximierungskalküls jeweils partiell nach a und C zu differenzieren.

(2.3) $$\frac{\delta Q_g}{\delta a} = T \cdot \left(r - 2 \cdot a \cdot r - k + a \cdot r - \frac{b}{C}\right) - k - \frac{C \cdot r}{2} = 0 \;;$$

(2.4) $$\frac{\delta Q_g}{\delta C} = - \frac{a \cdot r}{2} + \frac{a \cdot b \cdot T}{C^2} = 0 \,.$$

Aus (2.4) folgt: $C = \sqrt{\frac{2 \cdot b \cdot T}{r}}$.

Dies eingesetzt in (2.3) ergibt:

(2.5) $$a = \frac{r \cdot T - 2 \cdot k \cdot T - \sqrt{2 \cdot b \cdot r \cdot T}}{r \cdot T} = 1 - \frac{2 \cdot k}{r} - \frac{1}{T} \cdot \sqrt{\frac{2 \cdot b \cdot T}{r}} \;;$$

(2.6) $$(1 - a) = \frac{2 \cdot k}{r} + \frac{1}{T} \cdot \sqrt{\frac{2 \cdot b \cdot T}{r}} \,.$$

Da nach Voraussetzung die Ausgaben (Transaktionen) gleichmäßig über die gesamte Periode verteilt sind, wird der durchschnittliche Bestand an Geld für Transaktionszwecke aus den mit $(1 - a)$ und a gewichteten Durchschnitten von $(T - D)$ und C gegeben[24]:

$$M_T = \frac{(1-a) \cdot (T - D)}{2} + \frac{a \cdot C}{2} . \tag{2.7}$$

Unter Berücksichtigung von (2.5) und (2.6) ist der durchschnittliche Bestand nach (2.7) identisch mit der optimalen Nachfrage (der gewünschten Bestandsnachfrage) nach Transaktionskasse in der betrachteten Periode:

$$M_T = \frac{2 \cdot k^2 \cdot T}{r^2} + \frac{k}{r}\sqrt{\frac{2 \cdot b \cdot T}{r}} + \sqrt{\frac{b \cdot T}{2 \cdot r}} . \tag{2.8}$$

Zum gleichen Ergebnis gelangt man, wenn anstelle der Ertragskomponenten der zum Geld alternativen Anlagen die Opportunitätskosten der Geldhaltung zugrunde gelegt und die zu maximierende Ertragsfunktion in eine zu minimierende Kostenfunktion verändert wird[25].

Ist $k = o$, so reduziert sich die Geldnachfragefunktion (2.8) zu:

$$M_T = \frac{1}{2} \cdot \sqrt{\frac{2 \cdot b \cdot T}{r}} . \tag{2.9}$$

Nach dieser vereinfachten Form verändert sich die Nachfrage nach Transaktionskasse nicht, wenn man die Periodenlänge variiert; wird nämlich ein monatliches Einkommen von Y statt in vollem Umfange am 1. des Monats je zur Hälfte am 1. und am 15. des Monats gezahlt, dann werden die zuvor betrachtete Periode von einem Monat und das Transaktionsvolumen halbiert; da auch gleichzeitig der Zinssatz auf die Hälfte reduziert wird, bleibt die Nachfrage M_T folglich unverändert[26].

Im Falle der erweiterten Form (2.8) mit $k > 0$ bestimmt dagegen die gewählte Periodenlänge indirekt über T und r die Höhe der Nachfrage. Die Größe $\frac{k}{r}$ in den beiden ersten Summanden der Gleichung (2.8) ist bei einer Veränderung der Periodenlänge die Determinante der Veränderung der Nachfrage nach Transaktionskasse: wird das Einkommen Y in kürzeren Abständen gezahlt, so bedeutet dies eine Verringerung des relevanten Periodenzinssatzes r und folglich eine Erhöhung der Geldnachfrage zu Transaktionszwecken[27].

---

[24] Vgl. *U. Westphal*, S. 7. — *H. G. Johnson*, Notes on the Theory of Transactions Demand for Cash, S. 187.

[25] Vgl. zu einem solchen Ansatz *U. Westphal*, S. 6 ff. und *W. J. Baumol*, The Transactions Demand.

[26] Vgl. *H. G. Johnson*, Notes on the Theory of Transactions Demand for Cash, S. 182.

[27] Ebenda, S. 187.

Weitere interessante Schlußfolgerungen lassen sich aus den Elastizitäten der Geldnachfrage in bezug auf das Transaktionsvolumen und in bezug auf den Zinssatz ableiten. Aus Gleichung (2.8) errechnet man für die beiden Elastizitäten die folgenden Werte[28]:

$$(2.10)\qquad e\,(M_T\,,\,T) = \frac{\frac{1}{2}\cdot\left(1+\frac{2\cdot k}{r}\right)\cdot\frac{b\cdot T}{2\cdot r}+\frac{2\cdot k^2\cdot T}{r^2}}{N}\;;$$

$$(2.11)\qquad e\,(M_T\,,\,r) = \frac{\left(\frac{1}{2}+\frac{3\cdot k}{r}\right)\cdot\sqrt{\frac{b\cdot T}{2\cdot r}}+\frac{4\cdot k^2\cdot T}{r^2}}{N}$$

$$\text{mit } N = \left(1+\frac{2\cdot k}{r}\right)\cdot\sqrt{\frac{b\cdot T}{2\cdot r}}+\frac{2\cdot k^2\cdot T}{r^2}\,.$$

Die Grenzwerte der Elastizität $e\,(M_T\,,\,T)$ nach Gleichung

$$(2.10)\qquad \lim_{T\to 0} e\,(M_T\,,\,T) = \frac{1}{2} \quad \text{und} \quad \lim_{T\to\infty} e\,(M_T\,,\,T) = 1$$

zeigen, daß in den ökonomisch relevanten Bereichen mit $0 < T < \infty$ die Nachfrage nach Geld zu Transaktionszwecken mit steigendem Transaktionsvolumen nur unterproportional zu diesem Volumen zunimmt[29]. In der anglo-amerikanischen Literatur spricht man in diesem Zusammenhang von „economies of scale" in der Kassenhaltung für Transaktionszwecke[30].

Die „economies of scale" verlieren jedoch mit der Zunahme des Transaktionsvolumens an Bedeutung. Je größer T wird, desto stärker fallen die variablen Konversionskosten ins Gewicht und desto geringer werden die relativen Opportunitätskosten der Geldhaltung, so daß eine Tendenz zu einem höheren Anteil von M_T an T besteht.

Die ökonomische Bedeutung dieser Schlußfolgerung aus dem mathematischen Kalkül, daß nämlich „große" Wirtschaftseinheiten mit hohem Transaktionsvolumen relativ (zu diesem Volumen) mehr Geld nachfragen als „kleine" Wirtschaftseinheiten mit geringem Transaktionsvolumen, ist allerdings erfahrungsgemäß in Frage zu stellen. Das mathematisch abgeleitete Ergebnis ergibt sich nur auf der Grundlage der Konstanz der Größen b, k und r. Das ist kaum realistisch. Vielmehr kann erwartet werden, daß k und auch b mit steigendem T sinken, weil zum einen die Banken den größeren Anlegern günstigere Konditionen ein-

---

[28] Vgl. *K. Brunner* und *A. H. Meltzer*, Economies of Scale in Cash Balances Reconsidered. „The Quarterly Journal of Economics", Vol. 81 (1967), S. 426.

[29] Ebenda, S. 427.

[30] Ebenda, S. 422 ff. — *W. J. Baumol*, The Transactions Demand, S. 550 f.

räumen und zum anderen die Mühen und Unbequemlichkeiten, die mit der Konversion verbunden sind und die in k und b Berücksichtigung finden, für größere Wirtschaftseinheiten eine geringere Rolle spielen. Haben die größeren Wirtschaftseinheiten eine bessere Marktübersicht, was wegen der breiteren finanziellen und organisatorischen Basis zur Informationsbeschaffung die Regel sein dürfte, so wird sich auch dies positiv auf die Nettoerträge der zum Geld alternativen Anlagen auswirken.

Schließlich basiert das Modell auf der Annahme eines rationalen Verhaltens des über die Höhe der Geldnachfrage entscheidenden Wirtschaftssubjektes, und zwar in dem Sinne, daß der Nettoertrag innerhalb einer Periode maximiert wird. Eine solche Annahme dürfte jedoch für kleinere Wirtschaftseinheiten, vor allem für private Haushalte, kaum haltbar sein.

Der Grenzwert der Zinselastizität $\lim_{T \to \infty} e(M_T, r) = 2$ deutet darauf hin, daß ein Wirtschaftssubjekt bei steigendem individuellen Transaktionsvolumen zinsempfindlicher reagiert. Dieses Ergebnis entspricht der Beobachtung, daß größere Wirtschaftseinheiten eher rational im oben definierten Sinne handeln und folglich den Zinssatz oder die Zinssätze bei ihren Entscheidungen stärker berücksichtigen als kleinere Wirtschaftseinheiten.

Aus der Existenz der „economies of scale" und der mit dem Transaktionsvolumen zunehmenden Zinsreagibilität ergeben sich für die Aggregation der individuellen Geldnachfragefunktionen zu einer gesamtwirtschaftlichen Funktion, was für das makroökonomische Modell von Bedeutung ist, erhebliche Probleme[31]. Steigt die Zahl der einzelnen Wirtschaftssubjekte, auf die sich ein in seiner Höhe fest vorgegebenes volkswirtschaftliches Transaktionsvolumen aufteilt, so nimmt bei sonst unveränderten Bedingungen die gesamtwirtschaftliche Nachfrage nach Transaktionskasse zu. Dieser Sachverhalt läßt sich an der reduzierten Geldnachfragefunktion (2.9) besonders leicht zeigen. Verändert sich die Verteilung des volkswirtschaftlichen Transaktionsvolumens auf die einzelnen Wirtschaftssubjekte, so beeinflußt dies, wie oben beim Vergleich der Nachfrage der größeren und kleineren Wirtschaftseinheiten schon deutlich geworden ist, ebenfalls die gesamtwirtschaftliche Nachfrage nach Geld zu Transaktionszwecken.

Die Anzahl der Wirtschaftseinheiten und die Verteilung des gesamten Transaktionsvolumens auf diese Einheiten sind folglich wesentliche Determinanten der gesamtwirtschaftlichen Nachfrage nach Transaktionskasse.

---

[31] Vgl. *D. E. W. Laidler,* Demand for Money, S. 66.

Jedoch ist auch hier noch einmal darauf hinzuweisen, daß sich diese Ergebnisse zwangsläufig aus den Annahmen und der formalen Struktur des Modells ergeben. Nähert man das Modell mehr dem empirisch Beobachtbaren an, so wie es weiter oben verbal versucht wurde, dann sind diese Ergebnisse nicht mehr zwingend.

Trotz der Mängel, die das dargestellte Modell hat, ist es als formallogische Grundlage zur Erklärung der Determinanten der gesamtwirtschaftlichen Nachfrage nach Geld zu Transaktionszwecken durchaus brauchbar.

Die Stärke des Einflusses der „economies of scale", der Anzahl der Wirtschaftssubjekte, der Verteilung des Gesamttransaktionsvolumens und der individuellen Zinsreagibilität auf die einzel- und gesamtwirtschaftliche Nachfrage nach Transaktionskasse lassen sich letztlich ohnehin nur mit Hilfe empirischer Untersuchungen feststellen.

c) Die Nachfrage nach Transaktionskasse bei stochastischer Ein- und Auszahlungsstruktur

In einer Unternehmung fallen in der Regel während der gesamten Periode — des gesamten Monats — permanent nicht nur Auszahlungen, sondern auch Einzahlungen an. Würden sich Ein- und Auszahlungen zu jedem Zeitpunkt immer exakt entsprechen, dann wäre eine Kassenhaltung zu Transaktionszwecken über einen Zeitraum nicht erforderlich.

Dieser Fall dürfte jedoch kaum jemals eintreffen. Vielmehr werden einerseits die Ein- und Auszahlungen nicht völlig synchron verlaufen und andererseits vor allem die Einzahlungsströme in ihrer Höhe nicht mit Sicherheit vorhersehbar sein.

Der Fall der nicht genauen Synchronisation läßt sich mit Hilfe des obigen Modells bei entsprechender Veränderung der Periodenlänge analysieren.

Die Berücksichtigung der Stochastizität in der Differenz zwischen den Ein- und Auszahlungen muß dagegen im Rahmen eines modifizierten Modells erfolgen.

Da es hier nur darauf ankommt, die zu den aus dem vorigen Modell bereits bekannten noch zusätzlich relevanten Determinanten der Geldnachfrage zu Transaktionszwecken herauszuarbeiten, soll auf eine extensive Behandlung des hier anstehenden Problems verzichtet und lediglich ein einfaches Modell von Whalen vorgestellt werden[32].

---

[32] *E. L. Whalen*, A Rationalization. — Zu einer detaillierten Behandlung des Problems vgl. *M. H. Miller* und *D. Orr*.

Die Entscheidung über den Umfang der Transaktionskasse wird beeinflußt von[33]

(1) den Erwartungen hinsichtlich der Höhe der möglichen Überschüsse der Auszahlungen über die Einzahlungen,

(2) den Kosten, die bei der Beschaffung der notwendigen liquiden Mittel im Falle eines solchen Überschusses entstehen, und

(3) den Opportunitätskosten der zur Vermeidung einer Illiquidität gehaltenen Transaktionskasse.

Das Bestreben, eine Illiquidität zu vermeiden, spielt im vorliegenden Fall für das Halten der Transaktionskasse eine wesentliche Rolle. Folglich kann das von Keynes beschriebene Vorsichtsmotiv durchaus als Begründung für die hier analysierte Geldnachfrage dienen.

Die erwarteten Überschüsse der Aus- über die Einzahlungen seien durch eine beliebige Wahrscheinlichkeitsverteilung, deren genaue Form nicht bekannt ist, mit einem Erwartungswert u von Null und einer Standardabweichung von s ausgedrückt.

Die Standardabweichung s variiere direkt mit dem Grad der Unsicherheit über eine mögliche Illiquidität. Das entscheidende Wirtschaftssubjekt möge aufgrund dieser Unsicherheit eine Transaktions- bzw. Vorsichtskasse von $z \cdot s$ halten[34].

Nach der Ungleichung von Tschebyscheff, die immer dann zur Bestimmung kritischer Werte einer Verteilung verwendet wird, wenn zwar Erwartungswert und Standardabweichung, nicht aber die genaue Form der Wahrscheinlichkeitsverteilung bekannt sind, ist die Wahrscheinlichkeit, daß eine Illiquidität eintritt, obwohl der Betrag $M_v = z \cdot s$ an liquider Kasse gehalten wird, kleiner als $\frac{1}{z^2}$. Nimmt man einmal den ungünstigsten Fall an, dann ist diese Wahrscheinlichkeit gleich[35] $\frac{s^2}{M_v^2} = \frac{1}{z^2}$.

Betragen die Kosten einer Beschaffung von liquiden Mitteln bei jedem Beschaffungsakt b, dann lassen sich die erwarteten Kosten der Illiquidität als $b \cdot \frac{s^2}{M_v^2}$ darstellen.

Die Kosten der Liquiditätsbeschaffung können in Form von Kreditkosten und in Form von Konversionskosten bei Umwandlung anderer verfügbarer Aktiva in Geld anfallen. In einer Situation, in der die

---

[33] Vgl. *E. L. Whalen,* A Rationalization, S. 315 f.

[34] z ist eine beliebig gewählte konstante Größe.

[35] Vgl. *E. L. Whalen,* A Rationalization, S. 318.

Kreditlinien bereits voll ausgeschöpft und andere Aktiva zur Umwandlung in Geld nicht verfügbar sind, wird die Größe b allein von subjektiven Faktoren bestimmt und, sofern das Risiko einer Zahlungsunfähigkeit und damit eines möglichen Konkurses schwer wiegt, einen relativ hohen Wert annehmen.

Neben den hier lediglich fixen Kosten der Beschaffung liquider Mittel b müßten noch — wie im obigen Modell — mit der Höhe des Liquiditätsbedarfs variierende Kosten eingeführt werden.

Da die Höhe des Liquiditätsbedarfs jedoch auch wahrscheinlichkeitsverteilt ist, ließe sich dann eine konkrete Geldnachfragefunktion ohne Angabe des genauen Verteilungsgesetzes nicht mehr bestimmen. Aus diesem Grunde und weil sich zudem das grundsätzliche Ergebnis der Analyse bei Beachtung variabler Kosten und einer konkreten Wahrscheinlichkeitsverteilung nicht ändert, bleibt das hier dargestellte Modell auf die fixen Kosten der Liquiditätsbeschaffung beschränkt[36].

Im Modell zu berücksichtigen sind allerdings noch die Opportunitätskosten der Kassenhaltung, die bei einem Zinssatz von r auf alternative Anlagen die Höhe $M_v \cdot r$ haben.

Als Kosten, die die Entscheidung über die Höhe der Transaktionskasse bzw. Vorsichtskasse beeinflussen, fallen somit insgesamt an

(2.12) $$K_g = M_v \cdot r + b \cdot \frac{s^2}{{M_v}^2} .$$

Die optimale Nachfrage nach Transaktions- bzw. Vorsichtskasse läßt sich jetzt nach Minimierung dieser Kosten bestimmen:

(2.13) $$\frac{dK_g}{dM_v} = r - \frac{2 \cdot b \cdot s^2}{{M_v}^3} = o \ ;$$

(2.14) $$M_{vopt.} = \sqrt[3]{\frac{2 \cdot b \cdot s^2}{r}} .$$

Da man annehmen kann, daß das in s^2 zum Ausdruck kommende Risiko der Illiquidität von der Höhe der Ein- und Auszahlungen und somit vom Transaktionsvolumen T abhängt, also $s^2 = s^2(T)$, so ist auch die Nachfrage nach Transaktionskasse bei Stochastizität der Ein- und Auszahlungsströme einmal vom Umfang der Transaktionen T und zum anderen von Kostenelementen, nämlich von b und r, abhängig.

Die Werte der Elastizität von M_v in bezug auf T und auf r werden hier, anders als die im vorigen Abschnitt abgeleiteten Elastizitäten,

---

[36] Zu einer Beachtung der variablen Kosten auf der Basis konkreter Verteilungsgesetze vgl. *E. L. Whalen*, A Rationalization, S. 323 f.

weitgehend von der subjektiven Risikoeinschätzung des über die Geldnachfrage entscheidenden Wirtschaftssubjektes bestimmt; erst die Kenntnis einer konkreten Wahrscheinlichkeitsverteilung ermöglicht die Berechnung konkreter Elastizitätswerte.

Grundsätzlich ergeben sich beim stochastischen Modell die gleichen Probleme und die gleichen Einwände — z. B. hinsichtlich der Aggregation — wie beim oben dargestellten deterministischen Modell, so daß sich eine zwangsläufig ähnliche kritische Erörterung für das stochastische Modell erübrigt.

4. Die Nachfrage nach Aktiva und Passiva im Rahmen der Portfolio-Selektion

a) Die Erträge und Risiken einzelner Aktiva und Passiva

Nach der Beschreibung der verschiedenen Anlageformen, auf die ein Wirtschaftssubjekt (ein Haushalt und eine Unternehmung) sein Vermögen im Rahmen einer Portfolio-Selektion aufteilen kann, der Diskussion der spezifischen Eigenschaften der Anlagealternative „Geld" und der Analyse der Nachfrage nach Geld zu Transaktionszwecken, die schon einen Teil der Vermögensallokation ausmacht, stellt sich im folgenden noch die Aufgabe, zu zeigen, in welchen Aktiva der noch nicht in die Transaktionskasse investierte Teil des Nettovermögens angelegt wird, welches die Determinanten der Nachfrage nach Passiva sind und wie eine Veränderung der Nachfrage nach Passiva, die ceteris paribus mit einer Veränderung des Bilanzvolumens und/oder des Nettovermögens verbunden ist, die Struktur der Passiva beeinflußt.

Eine solche Analyse macht die Größen deutlich, die die Nachfrage nach Geld — definiert als Bargeld plus Sichtdepositen — aus Gründen der Wertaufbewahrung und die Nachfrage nach den übrigen Aktiva und Passiva der Vermögensbilanz eines Haushalts und einer Unternehmung bestimmen.

Wie bereits erläutert wurde, ist eine Streuung des Vermögens auf ein ganzes Spektrum alternativer Anlagen mit unterschiedlichen effektiven Ertragsmöglichkeiten nur dann mit dem Rationalprinzip vereinbar, wenn Faktoren, wie z. B. Unsicherheit hinsichtlich der Ertragserzielung und Wertentwicklung der Aktiva, Friktionen bei der Reallokation des Vermögens, einen Einfluß auf die individuellen Entscheidungen über die Nachfrage und das Angebot und damit über die Struktur des Portefeuilles haben.

Die Darstellung solcher Einflüsse ist Gegenstand der Theorie der Portfolio-Selektion.

Bevor jedoch die theoretische Konzeption der Portfolio-Selektion erörtert wird, soll kurz auf die dafür wichtigen Ertrags- und Risikokomponenten der verschiedenen Aktiva und Passiva eingegangen werden.

Der pekuniäre Ertrag eines Aktivums oder Passivums setzt sich zusammen aus

(1) den Erträgen[37] in Form von nominellen Zins- und Dividendenzahlungen,

(2) den Veränderungen der Kapitalwerte aufgrund von Kursschwankungen[38],

(3) den Veränderungen der Realwerte, d. h. der Werte der Aktiva und Passiva bezogen auf das Preisniveau in einer bestimmten Basisperiode, bei Variation des Preisniveaus[39] und

(4) den Veränderungen der realen Zins- und Dividendenzahlungen bei Variation des Preisniveaus.

Je nach Gewicht und Vorzeichen der einzelnen Ertragskomponenten kann der gesamte pekuniäre Ertrag der einzelnen Aktiva und Passiva durchaus einen negativen Wert haben.

Für die meisten monetären und finanziellen Aktiva und Passiva, wie z. B. für Termindepositen, Wertpapiere und Kredite, gibt es Märkte[40], auf denen Zinsen, Dividenden und Kurse determiniert werden, so daß, da auch das allgemeine Preisniveau statistisch laufend erfaßt wird, eine Zuordnung konkreter Ertragskomponenten ohne weiteres möglich ist.

Dagegen bereitet die Bestimmung pekuniärer Erträge für viele Arten von Sach- bzw. Realkapital erhebliche Schwierigkeiten.

Unter der Position „Realkapital“ sind, wie oben bereits erwähnt wurde, in der Vermögensbilanz einer Unternehmung das Produktivkapital und in der Vermögensbilanz eines Haushalts der Bestand an dauerhaften Konsumgütern subsumiert worden.

Die effektive Verzinsung eines bestimmten Realkapitalbestandes in einer Periode läßt sich nur ermitteln, wenn zum einen der Gewinn bzw. der Ertrag und zum anderen der Wert dieses Bestandes in der betrachteten Periode bekannt sind.

---

[37] Bei einem Passivum haben die „Erträge“ ein negatives Vorzeichen und bedeuten somit Kosten.

[38] Dies ist für Passiva i. d. R. ohne Bedeutung.

[39] Diese Komponente spielt für Passiva selbstverständlich eine wesentliche Rolle.

[40] Vgl. *K. Brunner*, Eine Neuformulierung, S. 9 f.

Für eine Unternehmung stellt sich somit die Aufgabe, den Unternehmensgewinn, korrigiert um die Bestandteile, die aus monetären und finanziellen Anlagen erzielt wurden, den *einzelnen* Realkapitalbeständen zuzurechnen und in jeder Periode eine aktuelle Bewertung der einzelnen Bestände vorzunehmen.

Dem Zurechnungsproblem wird hier aus dem Wege gegangen, indem die Realkapitalbestände in der Vermögensbilanz einer Unternehmung zu einer Position zusammengefaßt werden.

Die aktuelle Bewertung ist allerdings auch für den globalen Realkapitalbestand problematisch.

Für Aktiengesellschaften ließe sich der aktuelle Wert des Realkapitals indirekt aus dem Wert der Beteiligungspapiere ableiten[41]; für die übrigen Unternehmungen ist, da Märkte, auf denen bestehendes Realkapital direkt oder indirekt gehandelt wird, nicht vorhanden sind, eine Bewertung des Realkapitals jedoch eine rein subjektive Ermessenssache[42].

Das Moment der subjektiven Bestimmung des pekuniären Ertrages spielt auch für dauerhafte Konsumgüter eine große Rolle. Zwar geben der Immobilienmarkt für Häuser und der Gebrauchtwagenmarkt für Kraftfahrzeuge eine objektive Orientierungshilfe für die Bewertung dieser Arten von dauerhaften Konsumgütern, jedoch fehlt für die meisten übrigen Arten ein solcher objektiver Maßstab. Darüber hinaus lassen sich den dauerhaften Konsumgütern keine konkreten und objektiven Gewinne oder Erträge zurechnen. Der Nutzen eines dauerhaften Konsumgutes liegt in den Nutzungen, die ein Haushalt aus dem Besitz des Gutes ziehen kann[43]; Gewinn oder Ertrag sind hier also gleichzusetzen mit einem Nutzen; dieser wiederum ist ein rein subjektives Phänomen.

Neben den zuvor erläuterten pekuniären Ertragskomponenten lassen sich den Aktiva und Passiva noch nicht-pekuniäre „Erträge“ zuordnen[44], so z. B. aufgrund von Prestigeeffekten durch den Besitz von Realkapital, aufgrund der Möglichkeiten zur Einflußnahme auf unternehmerische Entscheidungen durch den Besitz von Aktien, aufgrund der Aussicht auf Kredite bei Besitz von Bausparguthaben usw.

---

41 Vgl. *K. Brunner,* Eine Neuformulierung, S. 9.

42 An dieser Stelle muß noch einmal darauf hingewiesen werden, daß sich die vorliegende Erörterung auf bereits bestehendes, d. h. schon genutztes Realkapital und nicht auf neuproduziertes Realkapital bezieht, das auf den Märkten für Investitionsgüter gehandelt wird; die Märkte für Investitionsgüter stehen hier nicht zur Diskussion.

43 Vgl. *B. J. Moore,* S. 69.

44 Vgl. *E. M. Claassen,* S. 155.

Darüber hinaus sind in der Portfolio-Analyse noch Risikokomponenten zu beachten. Die Risikokomponenten beziehen sich unmittelbar auf die Komponenten der pekuniären Erträge, die weiter oben aufgezählt wurden; hier sind vor allem zu nennen die Ungewißheit über die tatsächliche Zinsentwicklung, die Dividendenzahlungen, die Kursschwankungen der Wertpapiere, die Tageswertentwicklung des Realkapitals und nicht zuletzt über die Entwicklung des Preisniveaus und damit über die Realwertveränderung der Aktiva und Passiva.

Es ist ohne weitere Erklärung einsichtig, daß sich die nicht-pekuniären Ertragskomponenten und die Risikokomponenten weit mehr, als dies für die pekuniären Ertragskomponenten der Fall ist, einer objektiven Erfaßbarkeit entziehen.

Die Portfolio-Analyse, das wird weiter unten noch deutlich, ist ein rein entscheidungslogisches Kalkül. Die analysierten Optimalentscheidungen setzen ein in einem vorher definierten Sinne rational handelndes Wirtschaftssubjekt voraus, das konkrete Vorstellungen über Gewinn, Nutzen und Risiko der einzelnen Handlungsalternativen hat; ob Gewinn, Nutzen und Risiko subjektiv oder objektiv bestimmt sind, spielt dabei keine Rolle.

Die zunächst folgende mikroökonomische Portfolio-Analyse wird somit durch die oben diskutierten Probleme der Bewertung von Aktiva und Passiva, sowie der Bestimmung der Ertrags- und Risikokomponenten nicht beeinträchtigt.

Bei der Beschreibung des Wirkungsprozesses und der Wirksamkeit der Geldpolitik im Rahmen des makroökonomischen Modells reicht die reine Entscheidungslogik jedoch nicht aus. Will man dem Anspruch genügen, daß die modelltheoretischen Erkenntnisse den politischen Instanzen eine Entscheidungshilfe geben und auf der Grundlage des Modells u. U. Prognosen möglich machen sollen, dann ist eine explikative Analyse erforderlich. Das aber erfordert eine weitgehend konkrete Kenntnis der Determinanten der Portfolio-Entscheidungen von Wirtschaftsgruppen und folglich auch der gesamtwirtschaftlichen Ertrags- und Risikokomponenten der einzelnen Aktiva und Passiva.

Auf die Möglichkeiten und Grenzen der Konkretisierung dieser gesamtwirtschaftlichen Komponenten soll allerdings erst in der makroökonomischen Analyse näher eingegangen werden.

Eine weitergehende Untersuchung der Ertrags- und Risikokomponenten der Aktiva und Passiva kann hier nicht durchgeführt werden. Für die folgende Portfolio-Analyse der Haushalte und Unternehmungen sollte die gegebene Charakterisierung ausreichen.

b) *Die Grundlagen der Portfolio-Theorie*[45]

Die Portfolio-Analyse vollzieht sich in folgenden Schritten[46]:

(1) Gewinnung der Informationen über die verschiedenen Anlagemöglichkeiten;

(2) Aufstellen von Kriterien für eine Beurteilung der möglichen Portefeuilles unter dem Gesichtspunkt der Vorziehenswürdigkeit und

(3) Auswahl des optimalen Portefeuilles mit Hilfe mathematischer Methoden unter Berücksichtigung der zur Verfügung stehenden Anlagemöglichkeiten und der Präferenzkriterien.

Auf die grundlegenden Anlagemöglichkeiten und die mit den einzelnen Anlagen verbundenen Ertrags- und Risikokomponenten ist zuvor schon eingegangen worden. Weitere Untersuchungen zum Problem der Informationsbeschaffung und zum optimalen Grad der Information, dessen Bestimmung bereits eine Gegenüberstellung von Nutzen und Kosten erfordern würde, sollen hier nicht durchgeführt werden. Es sei unterstellt, daß ein solcher optimaler Grad der Information schon realisiert ist und somit auch Vorstellungen über mögliche Erträge und Risiken alternativer Portefeuilles bestehen. Folglich haben sich die anschließenden Ausführungen nur noch mit den beiden letzten der oben genannten Schritte der Portfolio-Analyse zu beschäftigen.

α) Rationalverhalten und Axiomensystem

In Tabelle 3 sind vier in bezug auf Ertrag und Risiko unterschiedliche Portefeuilles A, B, C und D gegenübergestellt, die einem Wirtschaftssubjekt aufgrund der gegebenen Informationen zur Wahl stehen mögen.

Die Ertragsraten beziehen sich nicht auf einzelne Aktiva und Passiva in einem bestimmten Portefeuille, sondern selbstverständlich auf das für jedes der angegebenen Portefeuilles gleiche Nettovermögen, das in den vorgegebenen Alternativen A, B, C und D jeweils anders auf die einzelnen Aktiva und Passiva verteilt ist.

Jedes der in Tabelle 3 gegenübergestellten Portefeuilles repräsentiert folglich eine ganz bestimmte Portfolio-Struktur.

---

[45] Eine recht ausführliche Diskussion der Portfolio-Theorie bieten *H. M. Markowitz,* Portfolio Selection. Efficient Diversification of Investments. (Cowles Foundation, Monograph 16.) Third Printing, New York, London, Sydney 1967; *J. Tobin,* The Theory of Portfolio Selection. In: The Theory of Interest Rates. Ed. by *F. H. Hahn* und *F. P. R. Brechling,* New York 1966.

[46] Vgl. *H. M. Markowitz,* S. 205.

Tabelle 3: [a] *Gegenüberstellung alternativer Portfolios*

Porte-feuille	Ertragsraten in Prozent	Eintritts-wahrscheinlichkeiten
A	25 16 0	$1/3$ $1/3$ $1/3$
B	36 16 9	$1/10$ $8/10$ $1/10$
C	36 9 0	$10/20$ $1/20$ $9/20$
D	25 16 0	$2/10$ $3/10$ $5/10$

[a] Vgl. *J. Tobin,* Portfolio Selection, S. 13.

Das Eintreten der einzelnen Ertragsraten erwartet der Entscheidende jeweils mit den angegebenen subjektiven Wahrscheinlichkeiten; die Entscheidung für eine der vier Alternativen erfolgt somit unter Risiko.

Bevor eine Aussage darüber getroffen werden kann, welches der Portefeuilles oder, anders ausgedrückt, welche Portfolio-Struktur das entscheidende Wirtschaftssubjekt realisiert, müssen zunächst einmal die Kriterien genannt werden, nach denen eines der Portefeuilles dem anderen vorgezogen wird.

Wie schon mehrmals betont wurde, liegen der hier vorgenommenen Analyse die Entscheidungen und Handlungen eines sich rational verhaltenden Wirtschaftssubjektes zugrunde. Rationales Verhalten bedeutet, daß die Entscheidungen und Handlungen bewußt und überlegt mit Richtung auf ein bestimmtes Ziel erfolgen und daß bei gleichen Ausgangsbedingungen und gleicher Zielvorstellung immer die gleichen Entscheidungs- und Handlungsalternativen gewählt werden.

Die Annahme der Rationalität ist für den Bereich der positiven Ökonomie, um den es in dieser Arbeit geht, zumindest in letzter Konsequenz und für alle Individuen zweifelhaft.

Viele Autoren zur reinen Portfolio-Theorie, wie z. B. Markowitz, verstehen ihre Beiträge deshalb auch weitgehend nur als normativ oder als eine reine Entscheidungslogik, nicht aber als explikativ: „The value of the study of rational behavior is that it supplies us with a new viewpoint on problems of criteria — a viewpoint to be added to common sense to serve as a basis of good judgement[47]."

Um aber für die positive Ökonomie überhaupt noch brauchbare theoretische Aussagen zu gewinnen und nicht von vornherein auf empirische Relationen zurückgreifen zu müssen, ist die Unterstellung eines „common sense" nicht zu vermeiden.

Entsprechende Untersuchungen haben gezeigt, daß diese Annahme für größere Wirtschaftseinheiten, für Produktionsunternehmungen, Banken usw., die den größten Einfluß auf die gesamtwirtschaftliche Aktivität haben, durchaus zulässig ist[48].

In der Theorie der Portfolio-Selektion geht man davon aus, daß ein rational handelndes Wirtschaftssubjekt das Portefeuille wählt, das ihm den vergleichsweise größten Nutzen bringt. Der Nutzen wird als Funktion des Ertrages oder der Ertragsrate[49] eines Portefeuilles ausgedrückt. Bei einer Entscheidung unter Sicherheit läßt sich dann das optimale Portefeuille leicht ermitteln.

Die Entscheidung unter Risiko erfordert dagegen ein Entscheidungsprinzip, das die Ertragswahrscheinlichkeiten in das Nutzenkalkül einbezieht. Ein solches, heute allgemein anerkanntes Prinzip ist das sogenannte Bernoulli-Prinzip.

Nach dem Bernoulli-Prinzip existiert für den Entscheidenden eine Nutzenfunktion, die es erlaubt, die Ertragschancen zu bewerten[50]. Der hier zum Ausdruck kommende sogenannte Bernoulli-Nutzen — auch Risikonutzen oder von Neumann-Morgenstern Nutzen genannt[51] — „mißt ... den subjektiven Wert eines Einkommens ... *in Hinblick auf* das Verhalten bei Risiko[52]".

Der Entscheidende verhält sich dann rational, wenn er das Portefeuille mit dem größten Erwartungswert dieses Nutzens wählt.

---

[47] *H. M. Markowitz,* S. 207.

[48] Vgl. die Beiträge in: Studies of Portfolio Behavior. Ed. by *D. D. Hester* und *J. Tobin.* (Cowles Foundation, Monograph 20.) New York, London, Sydney 1967.

[49] Der Ertrag ergibt sich als Produkt aus Ertragsrate und Nettovermögen. Da das Nettovermögen als konstant vorausgesetzt wird, spielt es für den Optimierungsprozeß keine Rolle, mit welcher der beiden Variablen die funktionale Beziehung formuliert wird.

[50] *H. Schneeweiß,* Entscheidungskriterien bei Risiko. Berlin, Heidelberg, New York 1967, S. 61 ff. — Krelle nennt die Nutzenfunktion „Chancen-Bewertungsfunktion"; vgl. *W. Krelle,* Präferenz- und Entscheidungstheorie. Tübingen 1968, S. 140 ff.

[51] Vgl. *H. Schneeweiß,* S. 61. — *D. Schneider,* Investition und Finanzierung. Lehrbuch der Investitions-, Finanzierungs- und Ungewißheitstheorie. Köln, Opladen 1970, S. 91.

[52] *H. Schneeweiß,* S. 70.

Zur Charakterisierung des Rationalverhaltens in Risikosituationen sind in der Literatur eine Reihe von Axiomen entwickelt worden[53], die gleichzeitig der Untermauerung des Bernoulli-Prinzips dienen[54]. Auf diese Axiome soll im folgenden kurz eingegangen werden.

Axiom 1: Das über die Wahl des Portefeuilles entscheidende Wirtschaftssubjekt muß in der Lage sein, die Entscheidungsalternativen zu vergleichen und in eine bestimmte Präferenzordnung zu bringen, wobei die Präferenzordnung durchgehend transitiv sein muß[55].

Axiom 2: Alternativen, die bei gleichem oder sogar höherem Risiko einen geringeren Ertrag abwerfen als eine andere Alternative oder bei gleichem oder sogar geringerem Ertrag ein höheres Risiko haben, sind von vornherein aus der Kalkulation auszuscheiden (Dominanzprinzip). Vergleicht man z. B. die Alternativen A und D in Tabelle 3, so wird D eindeutig von A dominiert, wenn man berücksichtigt[56], daß die Wahrscheinlichkeit, keinen Verlust zu erleiden, bei beiden zwar 1 beträgt ($W(o) = W(f_3 \cup f_2 \cup f_1) = 1$), jedoch die Wahrscheinlichkeit, mindestens eine Ertragsrate von 16 % zu erzielen, bei A größer ist als bei D ($W^A(16) = W(f^A_1 \cup f^A_2) = 0{,}66 > W^D(16) = W(f^D_1 \cup f^D_2) = 0{,}5$) und die Wahrscheinlichkeit, mindestens eine Ertragsrate von 25 % zu erzielen, bei *A* ebenfalls größer ist (0,33) als bei *D* (0,2).

Axiom 3: Der Entscheidende muß für jede Wahrscheinlichkeitsverteilung ein Sicherheitsäquivalent angeben können. Dieses Sicherheitsäquivalent ist eine mit Sicherheit eintretende Ertragsrate, die zur Wahrscheinlichkeitsverteilung indifferent ist[57]. Die Existenz eines Sicherheitsäquivalents erfordert die Stetigkeit der Nutzenfunktion bzw. das Fehlen von Sprüngen in der Wertschätzung des Entscheidenden[58].

An einem Beispiel läßt sich die Notwendigkeit dieses Axioms zeigen. Angenommen, jemand habe die Wahl zwischen einem sicheren Ertrag von 100 und der Chance, entweder mit einer Wahrscheinlichkeit von 5 % einen Verlust von 10 oder einer Wahrscheinlichkeit von 95 % einen positiven Ertrag von 200 zu erzielen.

---

[53] Vgl. *H. Schneeweiß*, S. 35 ff. und S. 73 ff. — *W. Krelle*, S. 125 ff. — *G. Menges*, Grundmodelle wirtschaftlicher Entscheidungen. Einführung in die modernen Entscheidungstheorien. Köln, Opladen 1969, S. 49 ff. — *John v. Neumann* und *Oskar Morgenstern*, Theory of Games and Economic Behavior. Princeton 1947, S. 26 ff.

[54] Vgl. z. B. *H. Schneeweiß*, S. 73.

[55] Vgl. *D. Schneider*, S. 92.

[56] Ebenda, S. 93.

[57] Ebenda, S. 95. — *H. Schneeweiß*, S. 42.

[58] Vgl. *D. Schneider*, S. 95.

Es ist nun möglich, daß der Entscheidende die Gefahr eines Verlustes trotz ihrer relativ geringen Eintrittswahrscheinlichkeit subjektiv so hoch bewertet, daß die Risikoalternative von vornherein als Entscheidungsmöglichkeit ausscheidet.

Der Vergleich der Erwartungswerte des Nutzens und damit die Anwendung des Bernoulli-Prinzips würden sich in einem solchen Fall a priori erübrigen.

Mit Hilfe der Abbildungen 3 und 4 soll dieser Sachverhalt noch verdeutlicht werden. Dabei wird sich gleichzeitig zeigen, daß die Anwendungsmöglichkeit des Bernoulli-Prinzips die Stetigkeit der zugrunde liegenden Nutzenfunktion erfordert[59].

$U(r)$ sei die Nutzenfunktion des Entscheidenden, r_1 die Ertragsrate, die zum Verlust von 10, r_2 die Ertragsrate, die zum Gewinn von 200 führt. Zu r_1 und r_2 lassen sich jeweils aus $U(r)$ die Nutzen U_1 und U_2 ermitteln. U_1 und U_2 sind jedoch Nutzen, die bei sicherem Eintreten von r_1 und r_2 zu erzielen wären.

Um den Risikonutzen oder Bernoulli-Nutzen zu erhalten, müssen die Nutzenbeträge U_1 und U_2 mit den Eintrittswahrscheinlichkeiten der zugehörigen Ertragsraten gewichtet werden, so daß sich dann ein Erwartungswert des Nutzens $U^e(\bar{r})$ ergibt (Bernoulli-Prinzip).

Abbildung 3: Sicherheitsäquivalent und Risikonutzen[a])

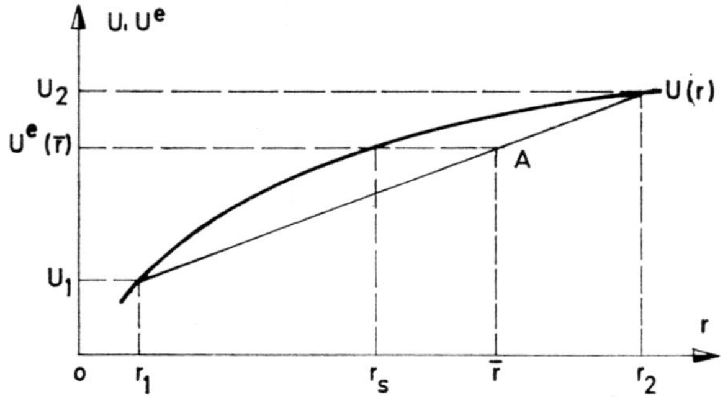

[a]) *Quelle:* Ebenda, S. 62.

In Abbildung 3 ist der Erwartungswert des Nutzens $U^e(\bar{r})$ durch den Ordinatenwert des Punktes A auf der Sehne $\overline{U_1U_2}$ gegeben. Bezeichnet man die Eintrittswahrscheinlichkeiten zu r_1 und r_2 mit f_1 und f_2, so wird die Sehne im Punkt A im Verhältnis der Eintrittswahrscheinlichkeiten $f_2 : f_1 = 0{,}95 : 0{,}05$ geteilt; der zu A gehörige Abszissen-

[59] Vgl. *H. Schneeweiß,* S. 62 f.

wert ist folglich der mathematische Erwartungswert $\bar{r}$ der Ertragsraten r_1 und r_2.

Ein (sicherer) Nutzen, der im Betrag dem Erwartungswert $U^e(\bar{r})$ entspräche, ließe sich bei einer sicheren Ertragsrate von $r_s = S$ erzielen. Diese Ertragsrate bezeichnet man als das Sicherheitsäquivalent S der unsicheren Ereignisse r_1 und r_2.

Hat die Nutzenfunktion $U(r)$ eine Sprungstelle, erfolgt also wie im oben skizzierten Beispiel eine „unstetige" Bewertung, so läßt sich das Sicherheitsäquivalent nicht mehr in jedem Fall, d. h. bei allen möglichen Wahrscheinlichkeiten f_1 und f_2 finden. In Abbildung 4 ist ein solcher Fall dargestellt.

Die Bewertungsunterschiede von r_1 und r_2 sind so groß, daß ein zu $U^e(\bar{r})$ äquivalenter sicherer Nutzen und damit ein Sicherheitsäquivalent zu den unsicheren Ereignissen r_1 und r_2 nicht angegeben werden kann.

Abbildung 4: Unstetige Nutzenfunktion und Risikonutzen[a)]

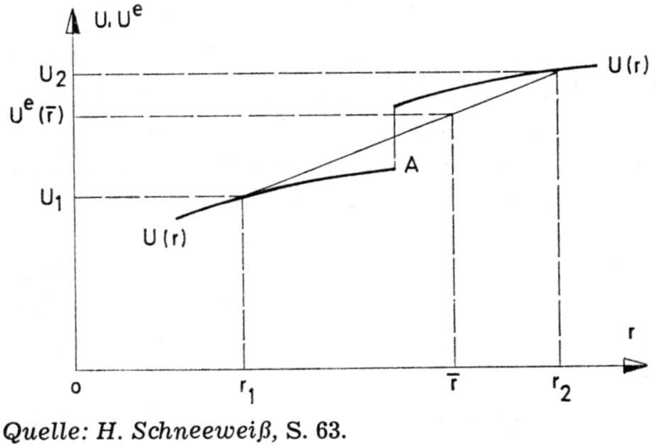

a) *Quelle: H. Schneeweiß,* S. 63.

Axiom 4: Die zu bewertenden Ereignisse, in der Portfolio-Analyse die zu bewertenden Ertragsraten, müssen bei der Bewertung voneinander unabhängig sein. Dies ist keineswegs selbstverständlich, wie an einem Beispiel gezeigt werden soll[60].

In einem Spiel mögen dem Entscheidenden die Alternative I mit der Möglichkeit, entweder mit einer Wahrscheinlichkeit von f_1 *oder* mit einer Wahrscheinlichkeit von $f_2 = (1 - f_1)$ ein Kraftfahrzeug gleichen Typs zu gewinnen, und die Alternative II mit der Möglichkeit, entweder mit einer Wahrscheinlichkeit von $f_3 = f_1$ eine Weltreise oder mit

[60] Ähnlich auch G. *Menges,* S. 61 ff.

einer Wahrscheinlichkeit von $f_4 = f_2 = (1 - f_3)$ ein Kraftfahrzeug zu gewinnen, zur Wahl stehen. Der sichere Besitz eines Kraftfahrzeugs werde einer mit Sicherheit stattfindenden Weltreise vorgezogen. Da der Entscheidende, so wie es auch nach Axiom 1 gefordert wird, selbstverständlich gegenüber dem sicheren Besitz von Kraftfahrzeugen des gleichen Typs indifferent ist, müßte die Alternative I folglich höher bewertet werden als die Alternative II.

Das ist jedoch nur eine logische Schlußfolgerung. In der tatsächlichen Entscheidungspraxis dürfte die Wahl der Alternative I nicht zwingend sein; vielmehr wird es entscheidend von der Höhe der Eintrittswahrscheinlichkeiten f_1 bis f_4 abhängen, welche der beiden Alternativen gewählt wird.

Das Bernoulli-Prinzip ist allerdings nur anwendbar, wenn die Bewertung der Ereignisse konsistent ist und bei vorgegebenen Bedingungen — Ertragsraten, Wahrscheinlichkeiten — logisch deduzierend die vorzuziehende Entscheidungsalternative bestimmt werden kann.

Axiom 4 ist somit ein notwendiger Bestandteil eines in sich konsistenten und logisch eindeutigen Entscheidungskalküls.

Gleichzeitig bildet dieses Axiom aber auch den Hauptangriffspunkt für die Kritiker[61] des Bernoulli-Prinzips oder der Theorie des Risikonutzens. Es wird bezweifelt, ob, hier bezogen auf das obige Beispiel, die Wahl der Alternative I, wie sie nach dem Bernoulli-Prinzip zwingend ist, als rational bezeichnet werden kann. Die kritischen Stimmen machen deutlich, daß zwar mit Hilfe der genannten Axiome rationales Verhalten exakt definiert und auf der Basis des Bernoulli-Prinzips faßbar oder „berechenbar" gemacht wird, dies aber nur eine von vielen denkbaren Möglichkeiten ist, rationales Verhalten zu formulieren und zu umreißen.

Ergänzend zu den vier Axiomen wird von D. Schneider ein fünftes Axiom oder Prinzip genannt, das Prinzip der Beschränkung der Risikonutzenfunktion[62].

Hiernach soll die Gültigkeit der Theorie der rationalen Entscheidung auf jene Alternativen beschränkt bleiben, die auf der einen Seite keine Existenzgefährdung für den Entscheidenden bringen können und auf der anderen Seite auch abnorm hohe Ertragsmöglichkeiten ausschließen. Vor allem der Aspekt der Existenzgefährdung dürfte für ein sich rational verhaltendes Wirtschaftssubjekt von Bedeutung sein,

---

[61] Vgl. z. B. *H. Wold,* Ordinal Preferences or Cardinal Utility? „Econometrica", Vol. 20 (1952), S. 661 ff.

[62] *D. Schneider,* S. 100 ff.

so daß dieses zusätzliche Prinzip oder Axiom durchaus seine Berechtigung hat.

β) Charakterisierung der Nutzenfunktion

Bevor das optimale Portefeuille bei rationaler Entscheidung unter Risiko ermittelt werden kann, muß die Nutzenfunktion, von der bisher nur allgemein Gebrauch gemacht wurde, konkretisiert werden.

Die Gestalt der Nutzenfunktion hängt ab von der vergleichenden Bewertung der Ertrags- und Risikokomponenten der Portfolio-Alternativen bzw. vom Grad der Risikofreudigkeit oder Risikoscheu des Entscheidenden. Hier sind verschiedene Möglichkeiten denkbar[63].

(1) Ein Wirtschaftssubjekt kann sich in bezug auf das Risiko neutral verhalten. Im Entscheidungskalkül wird lediglich die Ertragskomponente berücksichtigt. Ein Portefeuille mit dem mathematischen Erwartungswert des Ertrages von $\bar{r}$ bringt den gleichen Nutzen wie ein Portefeuille mit einem sicheren Ertrag von $r = \bar{r}$. Erwartungswert und Sicherheitsäquivalent stimmen hier überein[64].

(2) Ein Wirtschaftssubjekt kann risikoscheu sein. In diesem Fall hat das Risiko im Rahmen der Entscheidung ein relativ starkes Gewicht, und der Nutzen eines Portefeuilles mit dem Erwartungswert des Ertrages von $\bar{r}$ ist geringer als der eines Portefeuilles mit einem sicheren Ertrag von $r = \bar{r}$. Die Sicherheitsäquivalenz ist somit geringer als der Erwartungswert[65].

Abbildung 5: Risikoeinfluß und Verlauf der Nutzenfunktionen[a]

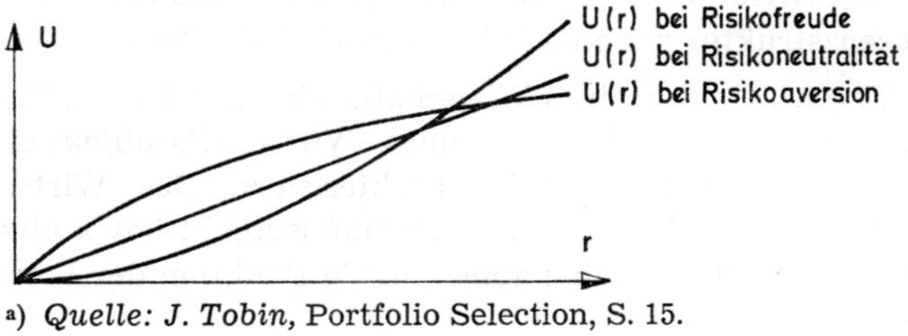

[a] *Quelle: J. Tobin,* Portfolio Selection, S. 15.

(3) Ein Wirtschaftssubjekt kann risikofreudig sein. Umgekehrt zum Fall (2) bringt ein Portefeuille mit einem Erwartungswert des Ertrages von $\bar{r}$ einen höheren Nutzen als ein Portefeuille mit einem

[63] Vgl. *J. Tobin,* Portfolio Selection, S. 13 ff.

[64] Vgl. *D. Schneider,* S. 103. — *H. Schneeweiß,* S. 45. — Vgl. auch Axiom 3.

[65] Ebenda.

sicheren Ertrag von $r = \bar{r}$. Die mit dem Portefeuille, dessen Ertragskomponenten risikobehaftet sind, verbundene Chance, einen höheren Ertrag als r zu erzielen, wird relativ hoch bewertet. Das Sicherheitsäquivalent ist also größer als der Erwartungswert[66].

Die tendenziellen Verläufe der Nutzenfunktionen, die den genannten Einflüssen des Risikos bei der Portfolio-Entscheidung entsprechen, sind in Abbildung 5 skizziert worden.

Selbstverständlich sind auch Fälle denkbar, in denen Risikoscheu und Risikofreudigkeit von der Höhe der Ertragserwartungen abhängen und in denen bei einem Wirtschaftssubjekt beide Verhaltensweisen anzutreffen sind[67]. Hierauf soll jedoch nicht näher eingegangen werden.

Der Grad der absoluten Risikoaversion — Risikoscheu, Risikoneutralität oder Risikofreudigkeit — läßt sich entsprechend dem Verlauf der Nutzenfunktion durch die Relation

$$n = - \frac{\frac{d^2U}{dr^2}}{\frac{dU}{dr}}$$

beschreiben[68].

Bei Risikoneutralität ist $n = 0$, im Falle der Risikoscheu gilt $n > 0$ und bei Risikofreudigkeit ist $n < 0$. Liegen Risikoscheu oder Risikofreudigkeit vor, so ist der Grad der absoluten Risikoaversion n in der Regel eine Funktion des Ertrages bzw. der Ertragsrate r.

Der Grad der Risikoaversion n — einmal die Angabe, ob n positiv, negativ oder Null ist, und zum anderen die Art der Abhängigkeit der Größe n vom Ertrag oder von der Ertragsrate — beschreibt ausreichend die Präferenzstruktur des entscheidenden Wirtschaftssubjektes.

Die Präferenzstruktur eines Wirtschaftssubjektes 1 sei z. B. durch die Nutzenfunktion $U_1 = a \cdot \sqrt{r}$, die eines Wirtschaftssubjektes 2 durch die Nutzenfunktion $U_2 = b \cdot r^2$ charakterisiert. Das Wirtschaftssubjekt 1 ist risikoscheu. Für dieses Wirtschaftssubjekt hat n einen positiven Wert. n ist weiterhin eine abnehmende Funktion der Ertragsrate r, denn es gilt:

$$n = \frac{1}{2 \cdot r} .$$

Der Fall eines risikoscheuen Wirtschaftssubjektes, dessen absolute

66 Ebenda.

67 Vgl. dazu *J. Tobin*, Portfolio Selection, S. 15.

68 Vgl. *K. J. Arrow*, The Theory of Risk Aversion. In: Essays in the Theory of Risk-Bearing. Ed. by *K. J. Arrow*. Amsterdam 1971, S. 94.

Risikoaversion mit steigenden Ertragsmöglichkeiten abnimmt, dürfte in der Realität am häufigsten anzutreffen sein[69].

Für das Wirtschaftssubjekt 2 zeigt die Nutzenfunktion Risikofreudigkeit an. Die Größe n hat hier einen negativen Wert und nimmt — absolut gesehen — mit steigendem Ertrag ab: $n = -\frac{1}{r}$.

Auf der Grundlage der genannten Nutzenfunktionen läßt sich jetzt mit Hilfe des Bernoulli-Prinzips für jedes der beiden Wirtschaftssubjekte das optimale Portefeuille der in Tabelle 3 gegenübergestellten Alternativen bestimmen. Nach dem Bernoulli-Prinzip gilt bekanntlich das Portefeuille mit dem höchsten Erwartungswert des Nutzens als optimal.

Durch Einsetzen der mit ihren Eintrittswahrscheinlichkeiten gewichteten erwarteten Ertragsmöglichkeiten — bezogen auf die Ertragsraten — in die schon oben genannten Nutzenfunktionen $U_1 = a \cdot \sqrt{r}$ und $U_2 = b \cdot r^2$ erhält man den erwarteten Nutzenbeitrag jeder einzelnen Ertragsmöglichkeit und durch anschließende Addition dieser Nutzenbeiträge den erwarteten Gesamtnutzen eines Portefeuilles. Für eine konkrete Berechnung seien a mit 2 und b mit 0,1 angenommen.

Da die Alternative D bereits vorher aufgrund des Dominanzprinzips aus dem Kalkül auszuscheiden ist, sind in Tabelle 4 lediglich für die Alternativen A, B und C die Erwartungswerte des Nutzens jeweils für die Wirtschaftssubjekte 1 und 2 erfaßt worden.

Tabelle 4: Die Erwartungswerte des Nutzens bei unterschiedlichen Präferenzstrukturen

Portfolio	Wirtschaftssubjekt 1	Wirtschaftssubjekt 2
	$U^{e}_{1}(r)$	$U^{e}_{2}(r)$
A	6,0	29,36
B	8,2	34,25
C	6,3	65,21

Das Wirtschaftssubjekt 1 wird somit bei rationaler Entscheidung nach dem Bernoulli-Prinzip das Portefeuille B, das Wirtschaftssubjekt 2 das Portefeuille C wählen.

Zur Ermittlung der Erwartungswerte des Nutzens der verschiedenen Portfolio-Alternativen wurden jeweils mit den entsprechenden Eintrittswahrscheinlichkeiten gewichtete Nutzenbeiträge addiert. Der wer-

---

[69] Ebenda, S. 96.

tende Vergleich der mit Hilfe einer solchen Addition gewonnenen Erwartungswerte des Nutzens, so wie er gerade durchgeführt wurde, ist jedoch nur möglich, wenn der nach den obigen Funktionen gegebene Nutzen kardinal meßbar ist. In der Portfolio-Theorie wird deshalb von den meisten Autoren eine kardinale Nutzenmessung in dem Sinne angenommen, daß die Wertschätzung des entscheidenden Wirtschaftssubjektes bis auf eine lineare Transformation bestimmt ist[70]. Dies bedeutet, daß die Nutzenfunktion mit einem Faktor beliebig multipliziert und/oder um eine additive Konstante beliebig erweitert werden kann, ohne daß sich an der Präferenzordnung etwas ändert.

Die Brauchbarkeit der kardinalen Nutzenkonzeption in der Theorie der Portfolio-Selektion im Vergleich zur güterwirtschaftlichen Seite der Theorie des Haushalts, die lediglich die ordinale Meßbarkeit des Nutzens unterstellt[71], wird öfters wie folgt begründet[72]:

In der Theorie des Haushalts werden beim Nutzenvergleich sich *gegenseitig nicht ausschließende* Mengen *heterogener* Güter (Konsumgüter), in der Portfolio-Theorie dagegen sich *gegenseitig ausschließende* Mengen eines *homogenen* „Gutes“, nämlich die Ertrags- bzw. Einkommenschancen bewertet. Der Tatbestand, daß sich die Einkommenschancen gegenseitig ausschließen, mag zwar die Anwendung der kardinalen Nutzenkonzeption erleichtern, die Annahme der Homogenität der Einkommenschancen dürfte aber zweifelhaft sein, so daß die gegebene Begründung für die Brauchbarkeit der Konzeption nicht befriedigen kann.

Auf eine ausführliche Diskussion des Problems der Meßbarkeit des Nutzens muß hier jedoch verzichtet werden. Die allgemein übliche Annahme der kardinalen Meßbarkeit im oben beschriebenen Sinne, die für die logische Deduktion eines optimalen Portefeuilles erforderlich ist, ist auch im weiteren Verlauf der Portfolio-Analyse zugrunde zu legen.

γ) Vereinfachung des Entscheidungsproblems durch Verdichtung der Wahrscheinlichkeitsverteilung

Ein Portefeuille besteht in der Regel aus einer Vielzahl verschiedener Aktiva und Passiva, denen jeweils Ertrags- und Risikokomponenten zugeordnet werden können. Jede auch nur marginale Ände-

---

70 Vgl. z. B. *D. Schneider*, S. 111 ff.

71 Vgl. *J. Schumann*, Grundzüge der mikroökonomischen Theorie. (Heidelberger Taschenbücher 92.) Berlin, Heidelberg, New York 1971, S. 8 ff.

72 Vgl. *D. Schneider*, S. 112 f.

rung in den Anteilen der Aktiva und Passiva am gesamten Nettovermögen führt zu einer neuen Portfolio-Struktur und damit in dem zuvor gebrauchten Sinne zu einem alternativen Portefeuille, das bei der Optimalentscheidung zu berücksichtigen ist.

Um die Entscheidung vor allem in Hinsicht auf die mathematische Lösbarkeit zu erleichtern, werden die möglichen Erträge (Ertragsraten) und die Wahrscheinlichkeitsverteilung eines jeden Portefeuilles auf repräsentative Werte verdichtet. Dies geschieht in der Regel dadurch, daß der mathematische Erwartungswert $\bar{r}$ als Charakteristikum für die Ertragsmöglichkeiten und die Standardabweichung s der Wahrscheinlichkeitsverteilung als Charakteristikum für die Risiken gewählt werden.

Selbstverständlich sind auch andere Charakteristika der Risiken, z. B. ein Maß für die Verlusterwartung[73], denkbar.

Die ursprüngliche Nutzenfunktion, wie sie weiter oben bereits formuliert wurde, ist dann so zu modifizieren, daß sie die Größen $\bar{r}$ und s als Argumente enthält.

Eine Vereinfachung des Entscheidungsproblems ist jedoch nur dann zulässig, wenn die Axiome einer rationalen Entscheidung weiterhin erfüllt sind und somit das Ergebnis der Optimalentscheidung das gleiche ist wie bei Berücksichtigung der gesamten Wahrscheinlichkeitsverteilung einer Portfolio-Alternative[74].

Bei Wahl von $\bar{r}$ und s als repräsentative Größen ist diese Forderung nur erfüllt, wenn *entweder* die Wahrscheinlichkeitsverteilung eine Normalverteilung ist *oder* die Nutzenfunktion eine quadratische Funktion des Ertrages bzw. der Ertragsrate ist[75].

Doch selbst wenn eine dieser Voraussetzungen, die den Anwendungsbereich der vereinfachenden Größen $\bar{r}$ und s offensichtlich stark einschränken, erfüllt sein sollte, so ist dennoch die Vereinfachung problematisch, weil

(1) Alternativen mit gleichem $\bar{r}$ und s den gleichen Nutzen bringen, obwohl die Alternativen im einzelnen starke Unterschiede in den Ertragsdifferenzen aufweisen können[76], und

---

[73] Vgl. *D. Schneider,* S. 126.

[74] Vgl. z. B. die Diskussion verschiedener vereinfachter Entscheidungsregeln unter diesem Aspekt bei *D. Schneider,* S. 12 ff. — *H. Schneeweiß,* S. 46 ff. — *W. Krelle,* S. 185 ff.

[75] Vgl. *M. S. Feldstein,* Liquidity Preference and Portfolio Selection. „The Review of Economic Studies“, Vol. 36 (1969), S. 10. — *D. Schneider,* S. 126 u. 366.

[76] Vgl. *D. Schneider,* S. 129.

(2) entsprechend Abweichungen nach „unten“, d. h. in den Verlustbereich, nicht anders bewertet werden als Abweichungen nach „oben“.

Als Beispiel dazu werden in Tabelle 5 zwei in Hinsicht auf die Ertragschancen stark unterschiedliche Portefeuilles verglichen.

Tabelle 5: Portfolios mit unterschiedlichen Ertragschancen, aber gleichen Werten von $\bar{r}$ und s[a]

Portefeuille	Ertragsraten in Prozent	Eintrittswahrscheinlichkeiten	$\bar{r}$ in Prozent	s in Prozent
E	20 10 0	1/3 1/3 1/3	10	8,2
F	30 10 −10	0,083 0,833 0,083	10	8,2

[a]) *Quelle: J. Tobin,* Portfolio Selection, S. 13.

Die Werte von $\bar{r}$ und s sind für beide Portefeuilles gleich. Würde ein Wirtschaftssubjekt seine Entscheidung allein an diesen Werten orientieren, so wäre es hinsichtlich der beiden Alternativen indifferent.

Es ist jedoch durchaus denkbar, daß das Wirtschaftssubjekt die Verlustmöglichkeit im Portefeuille F wesentlich höher (negativ) bewertet als — jetzt selbstverständlich positiv — die im Vergleich zur Alternative E höhere Gewinnchance desselben Portefeuilles. Solche Bewertungsunterschiede werden bei der genannten Vereinfachung des Entscheidungsproblems nicht mehr berücksichtigt.

Trotz dieser Einwände arbeitet man in der Literatur bei der Beschreibung der optimalen Portfolio-Entscheidung eines Wirtschaftssubjektes in der Regel mit den repräsentativen Größen $\bar{r}$ und s und legt zur Erfüllung der Axiome eine quadratische Nutzenfunktion der Form $U = a \cdot r - b \cdot r^2$ zugrunde[77].

---

[77] Vgl. *J. Tobin,* Liquidity Preference, S. 76. — *Derselbe,* Portfolio Selection, S. 16 ff. — *H. M. Markowitz,* S. 283 ff. — *M. Willms,* Zinstheoretische Grundlagen der Geldpolitik. (Untersuchungen über das Spar-, Giro- und Kreditwesen, Bd. 53.), Berlin 1971, S. 38. — Zu anderen möglichen Funktionen vgl. *M. J. Gordon, G. E. Paradis, C. H. Rorke,* Experimental Evidence on Alternative Portfolio Decision Rules. „The American Economic Review“, Vol. 62 (1972), S. 112 ff.

Diese Funktion läßt sich ohne weiteres so modifizieren, daß der Erwartungswert des Nutzens eine Funktion des mathematischen Erwartungswertes der Verteilung der Ertragsraten $\bar{r}$ und der Standardabweichung s wird:

$$
\begin{aligned}
U^e(r) &= E(U) = E(a \cdot r - b \cdot r^2) \\
&= \sum (a \cdot r - b \cdot r^2) \cdot f_i = \sum a \cdot r \cdot f_i - \sum b \cdot r^2 \cdot f_i \\
&= a \cdot E(r) - b \cdot \sum r^2 \cdot f_i - [E(r)]^2 + [E(r)]^2 \\
&= a \cdot E(r) - b \cdot \{s^2 + [E(r)]^2\} \\
&= a \cdot \bar{r} - b \cdot (\bar{r}^2 + s^2) \; .
\end{aligned}
$$

Unabhängige Variablen in der Funktion des Erwartungswertes des Nutzens sind somit nur die Größen $\bar{r}$ und s. Bei $o < b < 1$ drückt die Funktion Risikoscheu, bei $-1 < b < o$ Risikofreude des Wirtschaftssubjektes aus[78].

Geht man davon aus, daß mit Ertragssteigerungen auch immer positive Nutzenzuwächse verbunden sind, dann ist der Gültigkeitsbereich der quadratischen Nutzenfunkion bei $r = \frac{a}{2 \cdot b}$ begrenzt, wo die Funktion ihr Maximum hat. Durch entsprechende Wahl der Parameterwerte läßt sich diese Grenze allerdings so weit verschieben, daß empirisch beobachtbare Ertragsraten auf jeden Fall noch in den Gültigkeitsbereich fallen.

Ein anderer Mangel der Funktion läßt sich dagegen nicht ausräumen: die absolute Risikoaversion n eines risikoscheuen Wirtschaftssubjektes nimmt mit steigendem Ertrag bzw. mit steigender Ertragsrate absolut gesehen zu[79].

Das hiermit unterstellte Verhalten dürfte jedoch mit der Realität kaum generell vereinbar sein[80].

Leider ist die quadratische Nutzenfunktion die einzige, die den postulierten Axiomen rationalen Verhaltens genügt und gleichzeitig auch noch den Rechenaufwand bei einer mathematischen Bestimmung des optimalen Portefeuilles in Grenzen hält[81].

Dem mathematischen Kalkül soll deshalb auch im folgenden, wie in der Literatur üblich, trotz ihrer Mängel eine quadratische Nutzenfunktion der Form

---

78 Vgl. *J. Tobin,* Liquidity Preference, S. 76.

79 Vgl. *J. R. Hicks,* Liquidity. „The Economic Journal", Vol. 72 (1962), S. 802. — *K. J. Arrow,* Risk Aversion, S. 97.

80 Zu Untersuchungen über die Risikoaversion vgl. *M. J. Gordon, G. E. Paradis, C. H. Rorke,* S. 107 ff.

81 Vgl. *J. R. Hicks,* Liquidity, S. 802.

(2.15) $$U^e = a \cdot \bar{r} - b \cdot (\bar{r}^2 + s^2)$$

zugrunde gelegt werden.

c) *Die Ermittlung eines optimalen Portefeuilles*

α) Algebraische Bestimmung

Zur Vereinfachung sei eine Vermögensbilanz eines Haushalts oder einer Unternehmung unterstellt, in der eine Reihe von Aktiva und Passiva, die als relativ enge Substitute betrachtet werden können, jeweils zu einer Position zusammengefaßt sind.

Diesen Positionen wird als Ertragskomponente jeweils der Erwartungswert der entsprechend den subjektiven Wahrscheinlichkeiten möglichen Ertrags- bzw. Zinssätze $\bar{r}_i$ und als Risikokomponente jeweils die Standardabweichung s_i, die bekanntlich ein Maß für die Streuung der möglichen Ertragssätze um den Erwartungswert $\bar{r}_i$ ist, zugeordnet. In Tabelle 6 sind die einzelnen Positionen mit ihren Ertrags- und Risikokomponenten erfaßt.

Tabelle 6: Die vereinfachte Vermögensbilanz eines Haushalts oder einer Unternehmung

	$\bar{r}_i$	s_i		$\bar{r}_i$	s_i
Bargeld plus Sichtdepositen = Geld M	$\bar{r}_M = 0$	$s_M = 0$	Kredite L	$\bar{r}_L > 0$	$s_L > 0$
Finanzielle Aktiva W	$\bar{r}_W > 0$	$s_W > 0$	Nettovermögen zum Zeitpunkt t_0 V_0	$\bar{r}$	s
Realkapital (Sachaktiva) E	$\bar{r}_E > 0$	$s_E > 0$			

Der Erwartungswert der Ertragsrate des Gesamtportfolios und damit des Nettovermögens beträgt $\bar{r}$, die entsprechende Standardabweichung als Ausdruck des Risikos s.

Das Portefeuille soll für die Periode t_0 bis t_1 optimal strukturiert werden.

Der in dieser Periode realisierbare Gesamtertrag wird gegeben durch:

(2.16) $$\bar{r} \cdot V_o = \bar{r}_M \cdot M + \bar{r}_W \cdot W + \bar{r}_E \cdot E - \bar{r}_L \cdot L\ .$$

Bezeichnet man mit m, w, e und l die Anteile der Aktiva und Passiva am gesamten Nettovermögen V_0, so läßt sich Gleichung (2.16) schreiben als:

(2.17) $$\bar{r} = \bar{r}_M \cdot m + \bar{r}_W \cdot w + \bar{r}_E \cdot e - \bar{r}_L \cdot L \ .$$

Die Risikokomponente des Gesamtportfolios wird entsprechend ausgedrückt durch:

(2.18) $$s^2 = s_M{}^2 \cdot m^2 + s_W{}^2 \cdot w^2 + s_E{}^2 \cdot e^2 + s_L{}^2 \cdot l^2 \ .$$

Hierbei wird angenommen, daß die möglichen Ertragsraten der einzelnen Aktiva und Passiva voneinander unabhängig sind und die Kovarianzen folglich den Wert Null haben. Die Nutzenfunktion hat die bereits beschriebene Form

(2.19) $$U^e = E\,(U) = a \cdot \bar{r} - b\,(\bar{r}^2 + s^2)$$

mit $o < b < 1$. Für das betrachtete Wirtschaftssubjekt wird somit Risikoscheu unterstellt.

Außerdem ist noch die Bilanzrestriktion zu beachten:

(2.20) $$1 = \frac{M + W + E - L}{V_o} = m + w + e - l \ .$$

Die mathematische Bestimmung des optimalen Portefeuilles erfolgt mit Hilfe des Lagrange Ansatzes.

(2.21) $$LA = U^e - \lambda \cdot (1 - m - w - e + l) \ .$$

Nach Differentiation der Funktion (2.21) jeweils nach den Größen m, w, e, l und λ ergeben sich die Ausdrücke (2.22) bis (2.26). Zur Erfüllung der ersten Bedingung für das Maximum der Funktion (2.21) sind diese Ausdrücke gleich Null gesetzt worden. Die zweite Bedingung für das Maximum, nämlich daß die zweiten Ableitungen der Funktion (2.21) nach den Variablen jeweils negativ sind, wird im folgenden nicht wiedergegeben; sie ist jedoch erfüllt.

(2.22) $$\frac{\delta LA}{\delta m} = \frac{\delta U^e}{\delta \bar{r}} \cdot \bar{r}_M + \frac{\delta U^e}{\delta s} \cdot \frac{1}{s} \cdot s_M{}^2 \cdot m + \lambda = o \ ;$$

(2.23) $$\frac{\delta LA}{\delta w} = \frac{\delta U^e}{\delta \bar{r}} \cdot \bar{r}_W + \frac{\delta U^e}{\delta s} \cdot \frac{1}{s} \cdot s_W{}^2 \cdot w + \lambda = o \ ;$$

(2.24) $$\frac{\delta LA}{\delta e} = \frac{\delta U^e}{\delta \bar{r}} \cdot \bar{r}_E + \frac{\delta U^e}{\delta s} \cdot \frac{1}{s} \cdot s_E{}^2 \cdot e + \lambda = o \ ;$$

(2.25) $$\frac{\delta LA}{\delta l} = -\frac{\delta U^e}{\delta \bar{r}} \cdot \bar{r}_L + \frac{\delta U^e}{\delta s} \cdot \frac{1}{s} \cdot s_L{}^2 \cdot l - \lambda = o \ ;$$

(2.26) $$\frac{\delta LA}{\delta \lambda} = -\,(1 - m - w - e + l) = o \ .$$

Da nach (2.19) $\frac{\delta U^e}{\delta \bar{r}} = a - 2 \cdot b \cdot \bar{r}$ und $\frac{\delta U^e}{\delta s} = - 2 \cdot b \cdot s$ sind und wegen $\bar{r}_M = o$ und $s_M{}^2 = o$ der Lagrange-Multiplikator λ den Wert Null hat, lassen sich die Gleichungen (2.23) bis 2.25) umformen zu:

(2.27) $$\bar{r} \cdot \bar{r}_W + s_W{}^2 \cdot w = \frac{a \cdot \bar{r}_W}{2 \cdot b} \; ;$$

(2.28) $$\bar{r} \cdot \bar{r}_E + s_E{}^2 \cdot e = \frac{a \cdot \bar{r}_E}{2 \cdot b} \; ;$$

(2.29) $$- \bar{r} \cdot \bar{r}_L + s_L{}^2 \cdot l = - \frac{a \cdot \bar{r}_L}{2 \cdot b} \; .$$

Unter Berücksichtigung von Gleichung (2.17) für $\bar{r}$ kann das Gleichungssystem (2.27) bis (2.29) in Matrizenschreibweise wie folgt ausgedrückt werden:

(2.30) $$\begin{bmatrix} (\bar{r}_W{}^2 + s_W 2) & \bar{r}_W \cdot \bar{r}_E & - \bar{r}_W \cdot \bar{r}_L \\ \bar{r}_E \cdot \bar{r}_W & (\bar{r}_E{}^2 + s_E{}^2) & - \bar{r}_E \cdot \bar{r}_L \\ - \bar{r}_L \cdot \bar{r}_W & - \bar{r}_L \cdot \bar{r}_E & (\bar{r}_L{}^2 + s_L{}^2) \end{bmatrix} \cdot \begin{bmatrix} w \\ e \\ - l \end{bmatrix} = \begin{bmatrix} \frac{a \cdot \bar{r}_W}{2 \cdot b} \\ \frac{a \cdot \bar{r}_E}{2 \cdot b} \\ - \frac{a \cdot \bar{r}_L}{2 \cdot b} \end{bmatrix} .$$

Mit Hilfe der Cramerschen Regel werden die Nennerdeterminante $det\,(N)$ und die drei Zählerdeterminanten $det\,(Z_j)$ mit $j = w, e, l$ errechnet:

(2.31) $$det\,(N) = \bar{r}_W{}^2 \cdot s_E{}^2 \cdot s_L{}^2 + \bar{r}_E{}^2 \cdot s_W{}^2 \cdot s_L{}^2 + \bar{r}_L{}^2 \cdot s_W{}^2 \cdot s_E{}^2 + s_W{}^2 \cdot s_E{}^2 \cdot s_L{}^2 > o \; ;$$

(2.32) $$det\,(Z_w) = \frac{a}{2 \cdot b} \cdot \bar{r}_W \cdot s_E{}^2 \cdot s_L{}^2 \; ;$$

(2.33) $$det\,(Z_e) = \frac{a}{2 \cdot b} \cdot \bar{r}_E \cdot s_W{}^2 \cdot s_L{}^2 \; ;$$

(2.34) $$det\,(Z_l) = - \frac{a}{2 \cdot b} \cdot \bar{r}_L \cdot s_W{}^2 \cdot s_E{}^2 \; .$$

Das Portefeuille ist folglich optimal strukturiert, wenn folgende Anteile der einzelnen Aktiva und Passiva am Nettovermögen V_0, das für die betrachtete Periode t_0 bis t_1 als konstant angenommen wurde, realisiert werden:

$$(2.35) \qquad w_{opt.} = \frac{det\,(Z_w)}{det\,(N)}\;;$$

$$(2.36) \qquad e_{opt.} = \frac{det\,(Z_e)}{det\,(N)}\;;$$

$$(2.37) \qquad l_{opt.} = \frac{det\,(Z_l)}{det\,(N)}\;;$$

und unter Berücksichtigung der Bilanzrestriktion (2.20)

$$(2.38) \qquad m_{opt.} = 1 - w_{opt.} - e_{opt.} + l_{opt.}$$

Werden die Anteile nach (2.35) bis (2.38) mit dem Nettovermögen V_0 multipliziert, so ergeben sich die Bestandsnachfragen nach den einzelnen Aktiva und Passiva in der betrachteten Periode.

Durch partielle Differentiation läßt sich die Reaktion der jeweiligen Nachfrage nach den Aktiva und Passiva auf eine Veränderung der Ertrags- und Risikokomponenten feststellen. Bezogen auf die Ertragskomponenten zeigen sich, wie ohne nähere Erläuterung einsichtig ist, die folgenden Reaktionen:

$$\frac{\delta i}{\delta \bar r_E} > o\;, \quad \frac{\delta i}{\delta \bar r_W} < o \quad \text{und} \quad \frac{\delta i}{\delta \bar r_L} < o \text{ mit } i = W,\, E\;;$$

$$\frac{\delta L}{\delta \bar r_L} < o\;, \quad \frac{\delta L}{\delta \bar r_W} > o \quad \text{und} \quad \frac{\delta L}{\delta \bar r_E} > o\,.$$

Die Reaktion der Nachfrage nach Geld auf Veränderungen der Erwartungswerte der Ertrags- bzw. Zinssätze hängt über die Bilanzrestriktion entscheidend von der Reaktion der Nachfrage nach den übrigen Aktiva und Passiva ab, denn es gilt:

$$\frac{\delta M}{\delta \bar r_i} = - \frac{\delta W}{\delta \bar r_i} - \frac{\delta E}{\delta \bar r_i} + \frac{\delta L}{\delta \bar r_i} \text{ mit } i = W,\, E \text{ und } L.$$

Steigt z. B. $\bar r_W$, dann ist $-\frac{\delta W}{\delta \bar r_W} < o$, aber $-\frac{\delta E}{\delta \bar r_W} > o$ und $\frac{\delta L}{\delta \bar r_W} > o$, so daß die Reaktion der Geldnachfrage wie folgt beschrieben werden kann[82]:

$$\frac{\delta M}{\delta \bar r_W} \lesseqgtr o, \text{ wenn } \left| -\frac{\delta W}{\delta \bar r_W} \right| \gtreqless \left| -\frac{\delta E}{\delta \bar r_W} + \frac{\delta L}{\delta \bar r_W} \right|.$$

In der gleichen Weise läßt sich die Veränderung der Geldnachfrage bei Variation von $\bar r_E$ und $\bar r_L$ darstellen.

Auf eine Ableitung der Reaktionen der Nachfrage auf Veränderungen in den Risikokomponenten soll an dieser Stelle verzichtet werden.

[82] Vgl. *M. Willms,* Zinstheoretische Grundlagen, S. 55.

Im allgemeinen steigt die Nachfrage nach einem Aktivum, wenn ceteris paribus das Risiko dieses Aktivums sinkt und/oder die Risiken der übrigen Aktiva zunehmen.

Ein interessanter Aspekt für die Theorie der relativen Preise ist der Vergleich der Zinselastizitäten der einzelnen Aktiva.

Die Elastizität der Nachfrage nach finanziellen Aktiva *W* in bezug auf den entsprechenden Erwartungswert des Zinssatzes r_W hat den Wert

(2.39) $$e\,(W, \bar{r}_W) = 1 - \frac{2 \cdot \bar{r}_W{}^2 \cdot s_E{}^2 \cdot s_L{}^2}{det\,(N)} > o$$

und die Elastizität der Nachfrage nach Realkapital in bezug auf den Erwartungswert des Ertragssatzes $\bar{r}_E$ den Wert

(2.40) $$e\,(E, \bar{r}_E) = 1 - \frac{2 \cdot \bar{r}_E{}^2 \cdot s_W{}^2 \cdot s_L{}^2}{det\,(N)} > o\ .$$

Das Verhältnis der beiden Zinselastizitäten ergibt sich somit als

(2.41) $$n = \frac{e\,(W, \bar{r}_W)}{e\,(E, \bar{r}_E)} = \frac{det\,(N) - 2 \cdot \bar{r}_W{}^2 \cdot s_E{}^2 \cdot s_L{}^2}{det\,(N) - 2 \cdot \bar{r}_E{}^2 \cdot s_W{}^2 \cdot s_L{}^2}$$

mit $n \gtreqless 1$, wenn $\frac{s_W{}^2}{s_E{}^2} \lesseqgtr \frac{\bar{r}_W{}^2}{\bar{r}_E{}^2}$ ist[83].

Die Zinselastizität der Nachfrage nach finanziellen Aktiva steigt also relativ zur Zinselastizität der Nachfrage nach Realkapital — jeweils in bezug auf den Zins- bzw. Ertragssatz des entsprechenden Aktivums —, wenn ceteris paribus das Risiko für Realkapital zunimmt und umgekehrt.

Aus (2.39) bis (2.41) ist der Schluß zu ziehen, daß die Zinselastizität der Nachfrage nach einem Aktivum *i* in bezug auf den Zins- bzw. Ertragssatz dieses Aktivums negativ mit dem eigenen Risiko $s_i{}^2$ und positiv mit den Risiken anderer Aktiva korreliert ist[84].

β) Graphische Darstellung[85]

Zur Vereinfachung der graphischen Darstellung des obigen Entscheidungsproblems wird angenommen, daß das Portefeuille nur die zwei Aktiva „Finanzielle Anlagewerte" und „Realkapital" enthält.

---

[83] Vgl. *M. Willms*, Zinstheoretische Grundlagen, S. 44 f. und S. 56. Willms setzt jedoch: $\bar{r}^2{}_W = \bar{r}^2{}_E$.

[84] Ebenda, S. 45 und S. 56.

[85] Die Darstellung erfolgt in Anlehnung an *J. Tobin*, Portfolio Selection, S. 24 ff.

Für die Ertragsrate des Portefeuilles gilt entsprechend Gleichung (2.17):

(2.42) $$\bar{r} = \bar{r}_W \cdot w + \bar{r}_E \cdot e \ .$$

Anders als zuvor soll die Abhängigkeit zwischen den Ertragsraten der beiden Aktiva nicht von vornherein mit Null angenommen werden, so daß das Risiko des Portefeuilles beschrieben wird durch

(2.43) $$s^2 = s_W{}^2 \cdot w^2 + s_E{}^2 \cdot e^2 + 2 \cdot w \cdot e \cdot s_W \cdot s_E \cdot q$$

mit q als Korrelationskoeffizient[86].

Abbildung 6: Graphische Bestimmung eines optimalen Portefeuilles[a)]

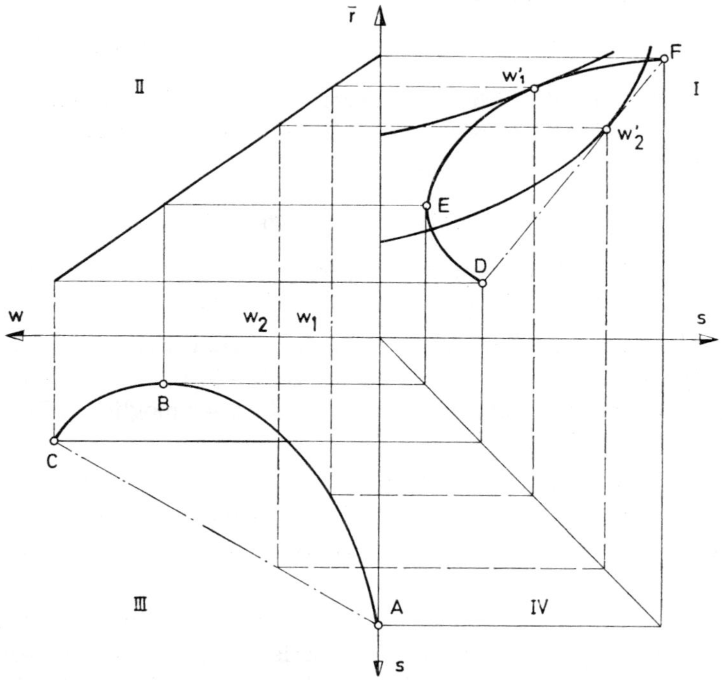

[a)] *Quelle: R. A. Musgrave,* Finanztheorie. Tübingen 1966, S. 278 und S. 281.

Als Budgetrestriktion ist zu beachten:

(2.44) $$e = 1 - w \ .$$

Die Nutzenfunktion bleibt unverändert:

(2.45) $$U^e = a \cdot \bar{r} - b \cdot (\bar{r}^2 + s^2) \quad \text{mit} \quad o < b < 1 \ .$$

---

[86] Vgl. *J. Tobin,* Portfolio Selection, S. 24 f.

Mit Hilfe dieser Funktionen läßt sich das optimale Portefeuille jetzt auf graphischem Wege ermitteln.

Im Quadranten II ist der Kurvenverlauf der Funktion (2.42) dargestellt. Geht man von der realistischen Annahme aus, daß $\bar{r}_E > \bar{r}_W$, dann sinkt mit steigendem Anteil der finanziellen Aktiva w am Nettovermögen der Ertragssatz $\bar{r}$ des Portefeuilles.

Gleichung (2.43) wird durch die Kurven im Quadranten III beschrieben. Der Verlauf dieser Kurven hängt entscheidend von der Korrelation zwischen $\bar{r}_W$ und $\bar{r}_E$, also von der Größe des Korrelationskoeffizienten q ab.

Sind $\bar{r}_W$ und $\bar{r}_E$ voneinander unabhängig und ist q somit gleich Null, dann reduziert sich (2.43) zu

(2.46) $$s^2 = s_W{}^2 \cdot w^2 + s_E2 \cdot e^2 = s_W{}^2 \cdot w^2 + s_E2 \cdot (1 - w)^2 \ .$$

In diesem Fall ergibt sich der Kurvenverlauf ABC. Besteht dagegen zwischen $\bar{r}_W$ und $\bar{r}_E$ eine perfekte positive Korrelation mit $q = 1$, dann erhält man aus (2.43) die Gleichung

(2.47) $$s = s_W \cdot w + s_E \cdot (1 - w) = w \cdot (s_W - s_E) + s_E \ .$$

Unter der realistischen Annahme, daß $s_E > s_W$ ist, folgt daraus im Quadranten III die Gerade AC mit negativer Steigung.

Aus den Kurven in den Quadranten II und III lassen sich jetzt leicht durch Übertragung der entsprechenden Werte die Kurven DEF und DF gewinnen, die die Kombinationen von $\bar{r}$ und s aller möglichen Portfoliorealisationen angeben.

Entsprechend dem Dominanzprinzip scheiden jedoch beim Kurvenverlauf DEF von vornherein die auf dem Kurvenstück DE gelegenen Kombinationen aus dem Kalkül aus. Nur der Kurvenzug EF stellt effiziente Portfolios dar.

Das optimale Portefeuille, das durch *einen* Punkt auf dem Kurvenstück EF oder der Geraden DF charakterisiert ist, kann nur bestimmt werden, wenn die Präferenzen des entscheidenden Wirtschaftssubjektes hinsichtlich der Ertragsrate $\bar{r}$ und des Risikos s bekannt sind. Zur Ermittlung der optimalen Anteile w und e am Nettovermögen müssen deshalb in den Quadranten I zunächt noch Indifferenzkurven eingezeichnet werden, die aus der Nutzenfunktion (2.45) abzuleiten sind.

Für die zugrunde gelegte Nutzenfunktion, die das Verhalten eines risikoscheuen Wirtschaftssubjektes ausdrückt, verlaufen die Indifferenzkurven so, wie sie im Quadranten I der Abbildung 6 dargestellt wurden. Der Kurvenverlauf zeigt, daß ein steigendes Risiko nur durch dazu überproportionale Zuwächse in der Ertragsrate kompensiert werden kann.

Weiterhin ist zu berücksichtigen, daß der Nutzen sinkt, wenn bei gleichem Ertragssatz $\bar{r}$ das Risiko s steigt, so daß also gilt: $U^{e_3} > U^{e_2} > U^{e_1}$.

Optimal ist das Portefeuille mit *der* Kombination von $\bar{r}$ und s, *die* den höchsten Nutzen bringt. Bei einer Korrelation zwischen $\bar{r}_W$ und $\bar{r}_E$ von Null ist dies die Kombination w'_1, die den Anteil w der finanziellen Aktiva am Nettovermögen auf w_1 festlegt.

Bei einer perfekten Korrelation mit $q = 1$ wird der Anteil w entsprechend mit w_2 bestimmt. Die Anteile e_1 und e_2 können bei Kenntnis der Anteile w_1 und w_2 unmittelbar aus der Bilanzrestriktion (2.44) errechnet werden.

Auf eine graphische Ermittlung eines optimalen Portefeuilles bei mehr als zwei Aktiva wird verzichtet, da sich an der grundlegenden Darstellungsform nichts wesentliches ändert[87].

d) Weitere Probleme der Theorie der Portfolio-Selektion

Die dargestellte Lösung zur Wahl einer optimalen Portfolio-Struktur setzte sowohl in Hinsicht auf das Entscheidungsziel als auch auf den temporären Aspekt der Entscheidung eine Reihe von den Aussagegehalt des Modells einschränkenden Annahmen voraus. Als Ziel des Entscheidungssubjektes war die Maximierung des Nutzens, der allein von Ertrags- und Risikokomponenten der Aktiva und Passiva des Portefeuilles beeinflußt wurde, postuliert worden. Zeitlich erfolgte die Entscheidung lediglich für eine in ihrer Länge nicht näher gekennzeichnete Periode.

Die folgende Diskussion soll sich kurz mit diesen Annahmen auseinandersetzen.

(1) Das Portefeuille wird zumindest für die Periodenlänge optimal strukturiert, für die die Determinanten der Anteile und der absoluten Nachfrage der Aktiva und Passiva nicht verändert werden. Solche Zeiträume mit stabilen Werten der Determinanten dürften in der Regel sehr kurz sein. Empirische Untersuchungen haben jedoch gezeigt[88], daß

---

[87] Vgl. dazu *J. Tobin,* Portfolio Selection, S. 30 ff. — *H. M. Markowitz,* S. 138 ff.

[88] Vgl. z. B. *M. J. Hamburger,* The Demand for Money by Households, Money Substitutes, and Monetary Policy. „The Journal of Political Economy", Vol. 74 (1966), S. 600 ff. — *F. de Leeuw,* A Model of Financial Behavior. In: The Brookings Quarterly Econometric Model of the United States. Ed by *J. S. Duesenberry, G. Fromm, L. R. Klein, E. Kuh,* Amsterdam 1965, S. 465 ff.

(a) Verschiebungen in den Relationen der Zins- oder Ertragssätze nicht zu einer unmittelbaren Anpassung der Portfolio-Struktur und damit zu Veränderungen in den relativen Anteilen der Aktiva und Passiva führen, daß vielmehr über einen mehr oder weniger langen Zeitraum das nach der Störung nicht mehr optimale Portefeuille aufrechterhalten wird und daß

(b) trotz Variationen im Nettovermögen die absolute Nachfrage nach den weniger liquiden Aktiva zeitweilig ebenfalls unverändert bleibt, daß also die Anteile der weitgehend liquiden Aktiva — Geld, Spardepositen — am Gesamtportefeuille bei unveränderten Zinssätzen zunächst erhöht werden.

Die Gründe für solche Anpassungsverzögerungen sind in einer zunächst mangelnden Information, in der Existenz von Informationskosten und in dem Anfallen von Kosten bei der Umstrukturierung des Portefeuilles zu sehen[89]. Bei der Konversion von einem Aktivum in ein anderes dürften einmal fixe Kosten anfallen, die das Entscheidungssubjekt veranlassen, die Zahl der Konversionen möglichst gering zu halten, und zum anderen variable Kosten auftreten, die von der Zahl und vom Wert der konvertierten Aktiva abhängen. Sinken die Grenzkosten mit steigender Zahl und steigendem Wert der konvertierten Aktiva, dann führt dies zur Tendenz, erst bei relativ großen Beträgen Umschichtungen vorzunehmen. Die hier vorgebrachten Aspekte wurden schon bei der Ableitung der Geldnachfrage zu Transaktionszwecken weitgehend berücksichtigt. Zur Festlegung der Zeiträume stabiler Portfolio-Strukturen und zur Kennzeichnung von Anpassungsverzögerungen bei Störungen des Portfolio-Gleichgewichts sind diese Determinanten ebenfalls relevant.

Der Informationsstand, die Möglichkeiten zur verstärkten Informationsbeschaffung und die Kosten der Information weisen von Wirtschaftssubjekt zu Wirtschaftssubjekt starke Unterschiede auf, so daß deshalb auch in den Anpassungsgeschwindigkeiten relativ starke Divergenzen festzustellen sind. Eine große Unternehmung wird schneller auf Datenänderungen reagieren als z. B. ein kleiner Unternehmer oder gar ein Arbeitnehmerhaushalt, deren Informationen über die tatsächliche Bedeutung der Datenänderungen für die Rentabilität des Portefeuilles, die alternativen „besseren" Anlagemöglichkeiten und vor allem die voraussichtliche Dauer der Datenänderungen sehr begrenzt sind. Hier wird deutlich, daß der Entscheidende die ursprüngliche Port-

---

[89] Vgl. *J. Tobin,* Portfolio Selection, S. 4 ff. — *E. M. Claassen,* S. 138 ff. — *M. J. Hamburger,* The Demand for Money, S. 602 f.

folio-Struktur bzw. die absolute Nachfrage nach mit hohen Konversionskosten verbundenen Aktiva und Passiva nicht ändert, solange die Opportunitätskosten aus der Beibehaltung des Portfolio-Ungleichgewichts die Anpassungskosten nicht übersteigen[90] und/oder solange mit weiteren u. U. entgegengesetzten Datenänderungen gerechnet wird.

In den späteren makroökonomischen Nachfragefunktionen wird es also erforderlich sein, die beschriebenen Anpassungslags zu berücksichtigen. Inwieweit diese Friktionen in der Anpassung ausreichend sind, um die vor allem von Friedman propagierte Lag-Hypothese im Zusammenhang mit der Wirksamkeit der Geldpolitik zu untermauern, wird noch zu zeigen sein.

(2) Über die bisher angenommene Maximierung des allein vom Ertrag und vom Risiko der Aktiva und Passiva abhängenden Nutzens hinaus dürfte das Entscheidungssubjekt noch andere Ziele verfolgen, die ebenfalls die Portfolio-Zusammensetzung beeinflussen.

(a) Die Höhe der Investitionen einer Unternehmung in Realkapital wird nicht allein von den relativen Ertragssätzen aller möglichen Anlageformen determiniert, sondern in einem großen Maße von allgemeinen unternehmerischen Zielen, die ihrerseits stark vom internen Produktions- und Absatzbereich einerseits und von externen Einflüssen andererseits — z. B. durch die Vorstellungen der Kapitaleigner und Kreditgeber — bestimmt sind.

In der neueren betriebswirtschaftlichen Literatur gibt es eine Fülle von theoretischen Modellen, in denen versucht wird, die noch rational erklärbaren Einflüsse aus dem Produktions- und Absatzbereich auf die unternehmerische Investitionsentscheidung zu erfassen[91]. Im Rahmen dieser Arbeit kann darauf selbstverständlich nicht eingegangen werden.

Auch die Nachfrage eines Haushalts nach dauerhaften Konsumgütern hängt nicht nur von Rentabilitäts- und Risikogesichtspunkten ab. Ein eigenes Haus bringt auch einen Nutzen aus der Unabhängigkeit in der Wohngestaltung o. ä., ein Kraftfahrzeug erhöht z. B. den Nutzen der Freizeit. Nicht nur das laufende Einkommen, das über die Komponente „Nettovermögen" in die Portfolio-Analyse einbezogen werden kann, sondern auch das erwartete zukünftige Einkommen dürfte für

---

[90] Vgl. *U. Westphal*, S. 32.

[91] Vgl. dazu z. B. *D. Schneider*, — *H. Jacob*, Zum Problem der Unsicherheit bei Investitionsentscheidungen. „Zeitschrift für Betriebswirtschaft", Vol. 37 (1967), S. 153 ff.

die Nachfrage nach dauerhaften Gütern, die zu einer langfristigen finanziellen Belastung führen, von Bedeutung sein[92].

Diese Aspekte werden weiter unten in einem Modell der simultanen Konsum- und Portfolio-Entscheidung noch eingehender untersucht.

Es bleibt festzuhalten, daß die obige Analyse der Portfolio-Gestaltung Determinanten der Nachfrage nach Realkapital aufzeigt, die *auch* wirksam, jedoch keineswegs allein bestimmend sind.

(b) Die unter (a) angeschnittenen Probleme deuten schon darauf hin, daß die Nachfrage nach Krediten sowohl der Unternehmen als auch der Haushalte stark mit der Nachfrage nach Sachkapital im Zusammenhang steht. Die Nachfrage eines Haushalts nach Krediten schließt in der Regel die gleichzeitige Nachfrage nach monetären und finanziellen Aktiva außer Geld zu Transaktionszwecken aus. Das Nettovermögen kann in diesem Fall sogar negativ werden.

Für eine Unternehmung gilt dies im allgemeinen nicht. Hier läßt sich selbst bei Aufnahme von Fremdkapital eine Portfolio-Diversifikation zwischen realen, monetären und finanziellen Aktiva feststellen. Der Fremdverschuldungsgrad hängt allerdings außer von den Kreditkosten und der Nachfrage nach Realkapital noch von weiteren Faktoren ab[93], z. B. vom gewünschten Verhältnis zwischen Eigen- und Fremdkapital. Diese Faktoren sollen hier aber nicht weiter erläutert werden.

(c) Die Höhe des Nettovermögens wurde in der theoretischen Analyse als exogen vorgegeben und konstant angenommen. Tatsächlich aber dürfte eine Erhöhung des Nettovermögens, die sich für ein Unternehmen durch Selbstfinanzierung — z. B. durch Einbehalten von Gewinnanteilen — und/oder Neuaufnahme von Eigenkapital und bei Haushalten durch die Ersparnis aus dem laufenden Einkommen ergibt, nicht unabhängig von der Rentabilität des realisierbaren Portefeuilles sein. Weiterhin wird die Portfolio-Struktur ganz entscheidend auch von den Zielen der Vermögensakkumulation mitbestimmt. Spart jemand z. B. zur Sicherung der Versorgung im Alter, dann wird er vor allem die weniger liquiden, aber rentableren Aktiva — langfristige festverzinsliche Papiere, Aktien, Sachkapital, z. B. Mietwohnungen — erwer-

[92] Zu empirischen Untersuchungen über das Portfolio-Verhalten der Haushalte vgl. *H. W. Watts* und *J. Tobin*, Consumer Expenditures and the Capital Account. In: Studies of Portfolio Behavior, S. 1 ff. — *J. Tobin*, Consumer Debt and Spending: Some Evidence from Analysis of a Survey. In: Studies of Portfolio Behavior, S. 40 ff. — *J. Duesenberry*, The Portfolio Approach to the Demand for Money and Other Assets. „The Review of Economics and Statistics", Vol. 45 (1963), Supplement, S. 9 ff.

[93] Vgl. *D. Schneider*, S. 393 ff.

ben, deren größeres Risiko kurzfristiger Wert- und Kursschwankungen bei langfristiger Anlage an Bedeutung verliert. Wird dagegen für eine Ausgabe in naher Zukunft gespart, so richtet sich die Nachfrage vor allem auf kurzfristig ohne großes Kurs- und Wertrisiko liquidierbare Aktiva. Die Entscheidungen über die Höhe der Vermögensakkumulation und über die Portfolio-Struktur stehen also in einem interdependenten Zusammenhang und müßten konsequenterweise simultan analysiert werden.

Eine solche Simultanbetrachtung wird in einem einfachen theoretischen Modell, das lediglich für zwei Perioden konzipiert ist, im folgenden Abschnitt dargestellt.

e) Ein Modell der simultanen Entscheidung über Konsum und Portfolio-Struktur

Repräsentativ für die Simultanentscheidung eines Wirtschaftssubjektes über die Nachfrage nach Strömungsgrößen einerseits und die Nachfrage nach Bestandsgrößen andererseits wird ein einfaches Modell vorgestellt, das die Entscheidungen eines privaten Haushalts über die Höhe der Konsumausgaben und die gleichzeitige Gestaltung des Portefeuilles in zwei aufeinanderfolgenden Perioden analysiert[94].

Ein Wirtschaftssubjekt verfüge zu Beginn eines Zeitraums t_0 bis t_1 über ein Nettovermögen von V_0. Als Anlagemöglichkeiten für V_0 stehe ein Aktivum D — z. B. Spardepositen — mit einem Zinssatz von r_D und ein Aktivum W — z. B. ein festverzinsliches Wertpapier — mit einem Zinssatz von r_W zur Verfügung, wobei $r_W > r_D$ sein möge. Das Aktivum D sei zu den Zeitpunkten t_1, t_2 bis t_n jeweils liquidierbar, das zweite Aktivum W habe eine feste Laufzeit von zwei Perioden, sei also bei Anlage im Zeitpunkt t_0 erst zum Zeitpunkt t_2 in Geld — Bargeld oder Sichtdepositen — konvertierbar.

Risikoaspekte und Kosten der Konversion sollen nicht berücksichtigt werden. Eine Kreditaufnahme sei nicht möglich.

Zum Zeitpunkt t_1 erwarte das Wirtschaftssubjekt ein verfügbares Einkommen von Y_1, zum Zeitpunkt t_2 von Y_2. Der nominelle Konsum im Zeitraum t_1 bis t_2 soll mit C_1, der nominelle Konsum im Zeitraum t_2 bis t_n mit C_2 bezeichnet werden.

---

94 Die Darstellung basiert im wesentlichen auf *J. Tobin*, Portfolio Selection, S. 6 ff., die Grundlagen für die Art dieser Darstellung gehen zurück auf *I. Fisher*, The Theory of Interest. New York 1930. Zu einer anderen, aber dennoch ähnlichen Darstellung vgl. *D. Patinkin*, Money, Interest, and Prices, S. 78 ff.

Zur leichteren geometrischen Darstellung des Modells werden alle relevanten Größen auf das anfängliche Nettovermögen V_0 bezogen, d. h. durch V_0 dividiert, so daß noch folgende Größen zu beachten sind:

$d = 1 - w$ als Anteil des ersten Aktivums D an V_0, $w = 1 - d$ als Anteil des zweiten Aktivums W an V_0, y_1 und y_2 als Symbole für das nominelle verfügbare Einkommen in Relation zu V_0, jeweils versehen mit einem Zeitindex für die Zeitpunkte 1 und 2, sowie c_1 und c_2 als Symbole für die nominellen Konsumausgaben in Relation zu V_0, wiederum jeweils mit einem Zeitindex versehen.

Ziel des Wirtschaftssubjektes sei es, die Höhe der Konsumausgaben so festzulegen und gleichzeitig das Portefeuille so zu gestalten, daß der Nutzen aus dem Konsum zu den Zeitpunkten t_1 — aus dem Konsum c_1 — und t_2 — aus dem Konsum c_2 — maximiert wird[95].

Die Planung der Konsumausgaben und der Portfolio-Struktur erfolge vollständig zum Zeitpunkt t_0.

Die zeitliche Präferenz hinsichtlich der Konsumausgaben, d. h. hinsichtlich der Werte von c_1 und c_2, sei durch die Funktion

(2.48) $$U = U(c_1, c_2)$$

mit $\frac{\delta U}{\delta c_1} > o$, $\frac{\delta^2 U}{\delta c^2_1} < o$, $\frac{\delta U}{\delta c_2} > o$ und $\frac{\delta^2 U}{\delta c^2_2} < o$

charakterisiert.

Eine Anlage in einem der beiden Aktiva über den Zeitpunkt t_2 hinaus soll nicht erfolgen.

Als Nebenbedingungen im Entscheidungskalkül sind somit zu beachten:

(2.49) $$c_1 \leq d \cdot (1 + r_D) + y_1 \; ,$$

d. h. der Konsum zum Zeitpunkt t_1 oder im Zeitraum t_1 bis t_2 kann das Einkommen y_1 zuzüglich des Wertes des Aktivums D zu diesem Zeitpunkt nicht übersteigen.

(2.50) $$c_2 = d \cdot (1 + r_D) + y_1 - c_1 \cdot (1 + r_D) + w \cdot (1 + r_W)^2 + y_2 \; ,$$

d. h. c_2 kann einen Betrag annehmen, der sich aus dem Einkommen y_2, aus dem Wert des zum Zeitpunkt t_2 liquidierbaren Aktivums W

---

[95] Wenn hier und im folgenden von Konsum und Einkommen die Rede ist, so sind dabei jeweils die auf V_0 bezogenen Teile gemeint.

und aus dem Wert des zum Zeitpunkt t_1 gesparten und in dem Aktivum D angelegten Betrages zusammensetzt.

Mit Hilfe einer graphischen Darstellung sollen jetzt die den Nutzen U maximierenden Werte von c_1, c_2, d und w ermittelt werden.

Abbildung 7: Simultanbestimmung von Konsum und Portfolio Struktur[a])

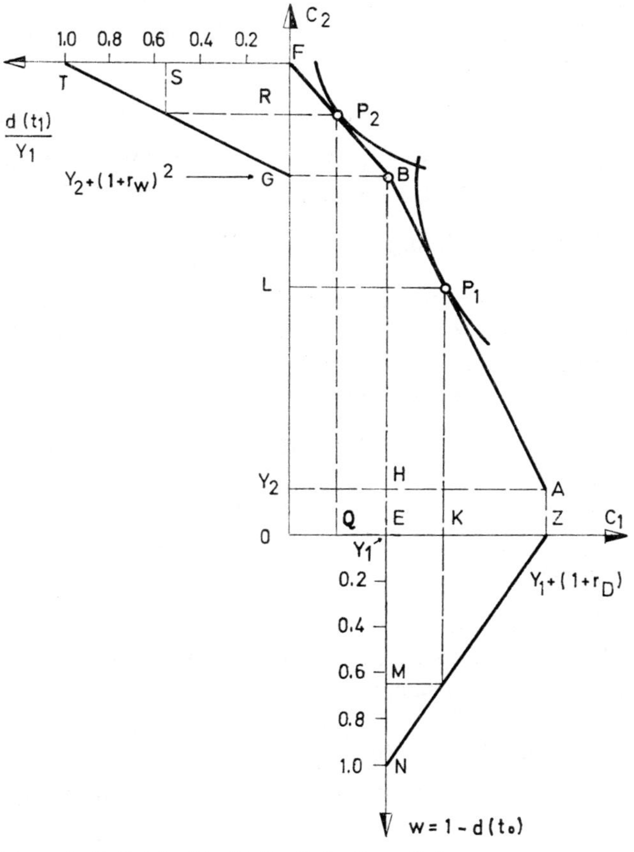

[a]) Ähnlich auch *J. Tobin*, Portfolio Selection, S. 9.

c_1 hat dann seinen größten Wert, wenn das gesamte anfängliche Nettovermögen V_0 in dem Aktivum D investiert, zum Zeitpunkt t_1 liquidiert und zusammen mit y_1 voll konsumiert wird. In diesem Fall gilt $c_1 = y_1 + (1 + r_D)$, da $d = 1$ ist.

c_2 ist dann gleich y_2. Diese Kombination von c_1 und c_2 ist in Abbildung 7 durch den Punkt A gekennzeichnet.

Ist $d = 0$ und $w = 1$, d. h., wird das gesamte anfängliche Vermögen V_0 im zweiten Aktivum W angelegt, dann kann c_1 höchstens den Betrag y_1 annehmen, während c_2 in diesem Fall gleich $y_2 + (1 + r_W)^2$ ist.

Eine Anlage des Anfangsvermögens V_0 vollständig oder zum Teil im Aktivum D, ohne daß dieser Betrag für Konsumzwecke zum Zeitpunkt t_1 liquidiert wird, ist selbstverständlich nicht rational, da wegen $r_W > r_D$ auch $(1 + r_W)^2 > (1 + r_D)$ ist.

Der Punkt B gibt die Kombination von c_1 und c_2 für $d = 0$ an.

Aus der Charakterisierung der beiden Punkte A und B folgt unmittelbar, daß die Kombinationen von c_1 und c_2 für $0 < d < 1$ auf der Geraden AB mit der Steigung $-\frac{(1 + r_W)^2}{1 + r_D}$ liegen.

Auf einer weiteren Koordinate w lassen sich korrespondierend zu A und B bzw. zu den diesen Punkten entsprechenden Werten von c_1, nämlich Z und E, die Größen w und d — letztere mit $d\,(t_0)$ bezeichnet, da die Anlage zum Zeitpunkt t_0 erfolgt — ablesen.

Wird zum Zeitpunkt t_1 völlig auf Konsum verzichtet, dann läßt sich c_2 wegen der Anlage von y_1 zum Zeitpunkt t_1 in dem ersten Aktivum D auf den maximal erreichbaren Betrag von $y_2 + (1 + r_W)^2 + y_1 \cdot (1 + r_D)$ bringen. In Abbildung 7 ist dieser Betrag durch die Strecke OF gegeben.

Hieraus folgt, daß auf der Geraden BF zwischen den Punkten B, in dem c_1 gleich y_1 ist, und F, in dem c_1 gleich Null ist, alle Kombinationen von c_1 und c_2 für $0 < c_1 < y_1$ liegen.

Auf einer weiteren Koordinate $\frac{d\,(t_1)}{y_1} = \frac{D\,(t_1)}{Y_1}$ lassen sich die Prozentanteile des Einkommens Y_1 ablesen, die im Aktivum D angelegt werden.

Werden jetzt noch die der zugrundeliegenden Nutzenfunktion (2.48) entsprechenden Indifferenzkurven in die c_1/c_2 Koordinatenebene eingezeichnet, dann läßt sich leicht ein Tangentialpunkt P finden, der gleichzeitig die optimalen Werte c_1 und c_2 und damit auch C_1 und C_2 für den Konsum und die optimalen Werte w und d und damit auch W und D für die beiden Aktiva des Portefeuilles für beide Perioden festlegt.

Die Lage des Tangentialpunktes hängt u. a. von der spezifischen Gestalt der Nutzenfunktion ab. In Abbildung 7 sind mit den Punkten P_1 und P_2 zwei jeweils nur alternativ gültige Möglichkeiten gekennzeichnet worden. Dem Punkt P_1 entspricht — auch im folgenden immer in Relation zum Vermögen V_0 — ein Konsum von $c_1 = 0K$ zum Zeitpunkt t_1 — oder für den Zeitraum t_1 bis t_2 — und ein Konsum von $c_2 = 0\,L$ zum Zeitpunkt t_2 — oder für den Zeitraum t_2 bis t_n. Die optimale Struktur des Portefeuilles ist gleichzeitig mit $w = EM$ und $d\,(t_0) = MN$ gegeben. Bei Gültigkeit von P_2 beträgt der Konsum $c_1 = 0\,Q$ und der Konsum $c_2 = 0\,R$. Das ursprüngliche Vermögen V_0 wird hier zum Zeitpunkt t_0 vollständig in das Aktivum W investiert, d. h., $w = 1$. Im Aktivum D wird erst zum Zeitpunkt t_1 ein Teil QE des Einkommens y_1 angelegt.

Die Grenzen dieses einfachen Modells sind offensichtlich: Kalkülisierung für nur zwei Perioden; Einbeziehen von lediglich zwei Aktiva; sichere Erwartungen bezüglich der Ertrags- oder Zinssätze und der Einkommen in jeder Periode bzw. zu jedem Zeitpunkt; Konzentration von Konsum und Einkommen auf Zeitpunkte statt auf Zeiträume oder, bei Annahme eines Konsums in den Zeiträumen t_1 bis t_2 und t_2 bis t_n, keine Aussagen über zwischenzeitliche ertragbringende Anlagen der noch nicht konsumierten Beträge.

Ein Modell, das auch nur einige der Restriktionen des vereinfachten Modells überwindet, läßt sich jedoch nicht mehr in der hier praktizierten einfachen Weise darstellen.

In der neueren anglo-amerikanischen Literatur findet sich eine Reihe von Ansätzen, die — zum Teil mit erheblichem mathematischen Aufwand — die Simultanentscheidung über Konsum und Portfolio-Struktur für mehr als zwei Perioden, mehr als zwei Aktiva, Stochastizität in den Ertrags- und Einkommenserwartungen und für einen über einen Zeitraum verteilten Konsum formal-theoretisch analysieren[96].

Auf eine Darstellung dieser umfangreichen Modelle soll hier jedoch verzichtet werden, da auch sie zu den gleichen Determinanten der Nachfrage nach monetären, finanziellen und realen Aktiva und Passiva führen, die bisher in dieser Arbeit im Rahmen formaler Ableitungen oder verbal-logischer Überlegungen gefunden wurden.

---

[96] Vgl. *P. A. Samuelson,* Lifetime Portfolio Selection by Dynamic Stochastic Programming. „The Review of Economics and Statistics", Vol. 51 (1969), S. 239 ff. — *R. C. Merton,* Lifetime Portfolio Selection Under Uncertainty: The Continuous-Time Case. „The Review of Economics and Statistics", Vol. 51 (1969), S. 247 ff.

II. Nachfrage und Angebot der Geschäftsbanken und der paramonetären Finanzinstitute auf den monetären und finanziellen Märkten

1. Begriff und Bedeutung der Geschäftsbanken und der paramonetären Finanzinstitute

Das Angebot und die Nachfrage einer Reihe von Wirtschaftseinheiten sind fast ausschließlich auf die monetären und finanziellen Märkte beschränkt. Diese Wirtschaftseinheiten werden unter dem Begriff der finanziellen Intermediäre — Finanzintermediäre — zusammengefaßt. Der Begriff deutet schon darauf hin, daß die Finanzintermediäre eine Vermittlerstellung einnehmen zwischen den Wirtschaftssubjekten, die auf den monetären und finanziellen Märkten etwas anbieten und denjenigen, die dort etwas nachfragen. Ihre primäre Funktion besteht darin, auf der einen Seite Geldanlagemöglichkeiten für Anlagewillige und auf der anderen Seite Finanzierungsmöglichkeiten für potentielle Kreditnehmer zu schaffen[1]. Bei den finanziellen Intermediären lassen sich wiederum zwei Gruppen unterscheiden: die sogenannten monetären und die nicht-monetären Finanzintermediäre[2]. Als Kriterium für diese Unterscheidung dient die Fähigkeit zur Geldschöpfung, wobei unter Geld nur solche Aktiva zu verstehen sind, die allgemein als Zahlungsmittel akzeptiert werden[3], also nur Bargeld und Sichtdepositen.

Finanzintermediäre sind in der Lage, den Erwerb von Aktiva, z. B. von Wechseln, Schuldscheinen, anderen Wertpapieren, mit gegen sich selbst geschaffenen Forderungen zu bezahlen. Sind diese Forderungen, was für monetäre Finanzinstitute die Regel ist, anerkannte Zahlungsmittel — z. B. Sichtdepositen —, so findet dabei gleichzeitig eine Geldschöpfung statt.

Dagegen werden entsprechend dem obigen Unterscheidungskriterium die Forderungen der nicht-monetären Finanzintermediäre gegen sich selbst nicht als Zahlungsmittel akzeptiert. Der Erwerb von Aktiva

---

[1] Vgl. *J. G. Gurley* und *E. S. Shaw,* Money in a Theory of Finance, S. 192 ff. — *Dieselben,* Financial Intermediaries and the Saving — Investment Process. „The Journal of Finance", Vol. 11 (1956), S. 257 ff.; wiederabgedruckt in: Readings in Money, National Income, and Stabilization Policy. Ed. by *W. L. Smith* und *R. L. Teigen,* Homewood, I11., 1970, S. 218 f.; Zitate nach der letztgenannten Quelle. — *J. Tobin,* Commercial Banks, S. 225 f. — *U. Schirmer,* Der Einfluß paramonetärer Institutionen auf die Vermögensbildung, das Kreditangebot und die Geldpolitik. (Untersuchungen über das Spar-, Giro- und Kreditwesen, Bd. 55) Berlin 1971, S. 40.

[2] Vgl. *J. G. Gurley* und *E. S. Shaw,* Money in a Theory of Finance, S. 192.

[3] Vgl. *J. G. Gurley* und *E. S. Shaw,* Money in a Theory of Finance, S. 192 f. — *Dieselben,* Financial Intermediaries, S. 220.

durch diese Institute ist somit auf keinen Fall mit einer gleichzeitigen Geldschöpfung verbunden.

Es ist üblich, die monetären Finanzintermediäre unter den Begriff „Geschäftsbanken" zu fassen und die nicht-monetären Finanzintermediäre als „paramonetäre Finanzinstitute" zu bezeichnen.

Geschäftsbanken in der Bundesrepublik sind die privatrechtlichen Kreditinstitute wie z. B. Privatbanken in Form von Einzelunternehmen, Personen- und Aktiengesellschaften und Kreditgenossenschaften und die öffentlich-rechtlichen Kreditinstitute wie z. B. Sparkassen, Postscheck- und Postsparkassenämter[4].

Zu den paramonetären Finanzinstituten zählen ebenfalls privatrechtliche und öffentlich-rechtliche Institute, wie z. B. Teilzahlungskreditinstitute, Kreditinstitute mit Sonderaufgaben, Realkreditinstitute, Bausparkassen, Kapitalanlagegesellschaften, Sozialversicherungen, Individualversicherungen und Beteiligungsfinanzierungsgesellschaften[5]. Von diesen sind die Teilzahlungskreditinstitute, die Kreditinstitute mit Sonderaufgaben, die Realkreditinstitute und zu einem großen Teil die Bausparkassen zwar berechtigt, im Rahmen von Passivgeschäften Sichtdepositen hereinzunehmen, doch ist die Bedeutung solcher Passivgeschäfte in Relation zu den übrigen Geschäften und auch in Relation zum Volumen der Sichtdepositen der Geschäftsbanken so gering, daß eine Zuordnung zu den paramonetären Finanzinstituten sinnvoll erscheint[6]. In Hinsicht auf ihr Bilanzvolumen spielen die Sozial- und die Individualversicherungen die größte Rolle[7].

Nach der begrifflichen Abgrenzung muß jetzt noch auf die Bedeutung der hier unterschiedenen Finanzintermediäre für eine Volkswirtschaft und auf den Sinn dieser Unterscheidung eingegangen werden.

In ihrer Funktion als Vermittler zwischen Sparern und Investoren tragen die finanziellen Intermediäre zweifellos ganz entscheidend zu einer Intensivierung der volkswirtschaftlichen Spar- und Investitionstätigkeit und damit im Vergleich mit einer Situation, in der sich Investoren direkt bei den Sparern verschulden müssen, zu einem stärkeren wirtschaftlichen Wachstum bei. Eine Ausbreitung der Finanzintermediäre mit gleichzeitiger Verbesserung der Dienstleistungen auf den mo-

---

4 Vgl. *U. Schirmer*, S. 21. — *G. Diepen*, Der Bankbetrieb. Lehrbuch und Aufgabensammlung. Nach dem gleichnamigen Werk von *K. Fr. Hagenmüller*, 2. Aufl., Wiesbaden 1968, S. 85 ff.

5 Vgl. *U. Schirmer*, S. 21. — *G. Diepen*, S. 85 ff.

6 Vgl. *U. Schirmer*, S. 21 f.

7 Ebenda, S. 32.

netären und finanziellen Märkten dürfte das Wachstum steigern[8]. Diese Zusammenhänge interessieren hier jedoch nur am Rande. Primäres Anliegen ist es, die Bedeutung der Finanzintermediäre für die Transmission der von der Zentralbank ausgelösten monetären Impulse auf die letztlichen Zielgrößen der Politik aufzuzeigen.

Die traditionelle Theorie stellte den Kredit- und Geldschöpfungsprozeß in einer stark simplifizierenden Weise im Rahmen eines weitgehend mechanistischen Ablaufs dar. Bei gegebenem durchschnittlichen Mindestreservesatz und gegebenen Zahlungssitten des Publikums und unter der Annahme, daß keine weiteren „leakages“ außer der Mindestreserve und dem Barabzug des Publikums bestehen, schöpft das Bankensystem hiernach insgesamt ein bestimmtes Vielfaches einer bestimmten Überschußreserve an Geld und Kredit[9]. Bei Annahme konstanter und vom Bankensystem unbeeinflußter Kredit- und Geldschöpfungsmultiplikatoren lag es nahe, Geldangebot und Kreditangebot als von der Zentralbank exakt determinierbar und somit als exogen bestimmt anzunehmen. Daß dies, zumindest im Rahmen kurzer für die Konjunkturpolitik relevanter Perioden, nicht so ist, wird heute kaum noch in Frage gestellt. Die Zentralbank kann die Geldmenge, das Kreditvolumen und das allgemeine Zinsniveau — vor allem die Kreditzinsen — einer Volkswirtschaft nicht direkt beeinflussen. Sie vermag mit Hilfe ihrer bekannten Instrumente nur Daten zu verändern — Mindestreservesatz, Diskontsatz, Ankaufs- und Verkaufssätze für Offenmarktpapiere etc. —, was die Geschäftsbanken veranlassen *kann,* die Struktur ihrer Portefeuilles an die neuen Daten anzupassen und im Rahmen dieser Anpassung das Kredit- und Geldangebot und in Verbindung mit der Kredit- und Geldnachfrage des Publikums auch das gesamtwirtschaftliche Kredit- und Geldvolumen und die Zinsen zu verändern. Daß dabei auch Reaktionen auf seiten des Publikums erfolgen, dürfte nach der weiter oben durchgeführten Portfolio-Analyse klar sein. Das Banken- und Publikumsverhalten determiniert neben der Zentralbankpolitik ganz wesentlich Geld, Kredit und Zins[10]. Eine konsistente Theorie erfordert deshalb eine eingehende Beschäftigung mit diesen Einflüssen.

Zum Sinn der Unterscheidung zwischen Geschäftsbanken und paramonetären Finanzinstituten sollen folgende Fragen beantwortet wer-

---

[8] Vgl. dazu z. B. *J. G. Gurley* und *E. S. Shaw,* Financial Intermediaries, S. 217 ff. — *J. Tobin,* Commercial Banks, S. 224 ff.; vor allem S. 226.

[9] Vgl. *E. Schneider,* Einführung in die Wirtschaftstheorie, Bd. III, Geld, Kredit, Volkseinkommen und Beschäftigung. 10., verb. Aufl., Tübingen 1967, S. 39 ff.

[10] Vgl. *H. G. Johnson,* Monetary Economics, S. 96 ff.

den, die vor allem in der amerikanischen Literatur Gegenstand heftiger Diskussionen waren[11]:

(1) Besteht zwischen den Mikroeinheiten der beiden Arten von Finanzintermediären ein Unterschied?

(2) Sind die paramonetären Finanzinstitute zur multiplen Kreditschöpfung fähig?

(3) .Beeinträchtigt die zunehmende Aktivität der paramonetären Finanzinstitute die Effizienz der Zentralbankpolitik?

Die Mikroeinheiten der Finanzintermediäre unterscheiden sich hinsichtlich ihres Kreditschöpfungsspielraums grundsätzlich nicht[12]. Eine Geschäftsbank versucht, durch attraktive Ausgestaltung der Depositenkonten — Dienstleistungen, Zinsen — in den Besitz von Zentralbankgeld und unter Berücksichtigung der Mindestreserven von Überschußkasse zu kommen. Die Überschußkasse erlaubt dann eine Erweiterung des Kreditangebots, wobei es allerdings einer einzelnen Bank in der Regel nur möglich ist, maximal bis zur Höhe der Überschußkasse Kredit neu zu schöpfen.

Ein paramonetäres Finanzinstitut gelangt durch Ausgabe von in der Regel verbrieften Verpflichtungen, die für die Anleger bzw. Käufer einen bestimmten Nutzen bedeuten, in den Besitz von Zentralbankgeld. Hält das Institut eine Vorsichtskasse — zum Halten von gesetzlichen Mindestreserven sind die paramonetären Institute nicht verpflichtet —, so ergibt sich auch hier eine „Überschußreserve", die zur Kreditvergabe verwendet wird. Auch hier ist die Kreditneuschöpfung maximal gleich der „Überschußreserve".

Kommt die Geschäftsbank durch Erhöhung ihrer Sichtdepositen in den Besitz des Zentralbankgeldes und kommt der Betrag der Kreditneuschöpfung in Form von Geld — Bargeld oder Sichtdepositen — in den Wirtschaftskreislauf, dann erfolgt bei der Geschäftsbank noch eine Geldneuschöpfung in Höhe der Kreditneuschöpfung. Eine solche Geldneuschöpfung ist dem paramonetären Institut ex definitione nicht möglich.

---

[11] Vgl. *J. G. Gurley* und *E. S. Shaw*, Money in a Theory of Finance. — *Dieselben*, Financial Intermediaries. — *J. Tobin*, Commercial Banks. — *W. L. Smith*, Financial Intermediaries and Monetary Controls. „The Quarterly Journal of Economics", Vol. 73 (1959), S. 533 ff.; wiederabgedruckt in: Readings in Money, National Income, and Stabilization Policy. Ed by *W. L. Smith* und *R. L. Teigen*, Homewood, Ill., 1970, S. 232 ff.; Zitate nach der letztgenannten Quelle.

[12] Vgl. *J. Tobin*, Commercial Banks, S. 229 ff.

In bezug auf die Geldschöpfungsfähigkeit ist somit der wesentliche Unterschied der Mikroeinheiten zu sehen.

Dem Bankensektor insgesamt ist i.d.R. eine multiple Kreditschöpfung möglich. Das braucht hier nicht weiter bewiesen zu werden[13]. Die Frage der Fähigkeit zur multiplen Kreditschöpfung[14] durch das System der paramonetären Finanzinstitute ist noch nicht eindeutig beantwortet. Gurley und Shaw bejahen eine solche Fähigkeit, Smith dagegen negiert sie weitgehend[15]. In der BRD, in der die Geschäfte der paramonetären Finanzinstitute zu einem großen Teil anders geartet sind als z. B. in den USA, dürfte die Fähigkeit zur multiplen Kreditschöpfung, falls sie überhaupt möglich ist, stark begrenzt sein. Bei einer Geschäftsbank aufgenommene Kreditbeträge gelangen im Rahmen des allgemein üblichen Zahlungsprozesses in der Regel sehr schnell und zu einem großen Teil zu anderen Geschäftsbanken, die dadurch Überschußreserven erhalten und so wiederum Kredit neu schöpfen können. Kreditbeträge, die ein paramonetäres Institut eingeräumt hat, fließen dagegen, wenn über diese Beträge verfügt wird, kaum zu anderen paramonetären Instituten, sondern eher zu Geschäftsbanken. Es ist nur denkbar, daß der Kreditbetrag bei seiner Verausgabung eine Einkommensexpansion bewirkt, die ihrerseits höhere Ersparnisse bringt, aus denen wiederum ein Teil den paramonetären Instituten zufließt. Mit Hilfe eines solchen Prozesses ließe sich dann eine multiple Kreditschöpfung der paramonetären Institute konstruieren. Der Prozeß nimmt jedoch viel Zeit in Anspruch und bewirkt erhebliche „leakages“[16], so daß die effektive multiple Kreditschöpfung fast unbedeutend sein dürfte. Außerdem ist dieser Prozeß der multiplen Kreditschöpfung nicht uneingeschränkt mit dem der Geschäftsbanken vergleichbar.

Es bleibt jetzt noch die Frage nach der Beeinträchtigung der Effizienz der Zentralbankpolitik zu beantworten.

Beeinträchtigung der Effizienz bedeutet, daß die Zielrealisation der Zentralbankpolitik — Expansion, Kontraktion oder Niveaustabilisierung der wirtschaftlichen Aktivität — nicht den Grad erreicht, der ohne den Störfaktor, hier angeblich den Einfluß der paramonetären Finanzinstitute, erreichbar gewesen wäre. Wie zuvor schon deutlich geworden

[13] Vgl. *E. Schneider,* S. 39 ff.

[14] Zur Diskussion der multiplen Kreditschöpfung der paramonetären Finanzinstitute vgl. z. B. *A. Lindbeck,* A Study, S. 193 ff. — *R. S. Thorn,* Nonbank Financial Intermediaries, Credit Expansion, and Monetary Policy. „International Monetary Fund, Staff Papers“, Vol. 4 (1957—58), S. 369 ff.

[15] *J. G. Gurley* und *E. S. Shaw,* Financial Aspects of Economic Development. „The American Economic Review, Vol. 45 (1955), S. 515 ff., insbesondere S. 534—536. *W. L. Smith,* Financial Intermediaries, S. 232 ff.

[16] Vgl. *W. L. Smith,* Financial Intermediaries, S. 235.

ist, bieten die paramonetären Finanzinstitute durch attraktive Ausgestaltung ihrer „Verpflichtungen“ den Sparern einen Anreiz zur Aufnahme solcher „Verpflichtungen“ oder Aktiva in ihr Portefeuille, wodurch die Institute in den Besitz von Zentralbankgeld gelangen. Werden diese Aktiva als relativ enge Substitute zum Geld — Bargeld plus Sichtdepositen — betrachtet[17], so kann der Erwerb der Aktiva mit einer Verringerung der Geldnachfrage der Anleger einhergehen[18]. *Ruhende Bestände* an Bargeld im Portefeuille *eines* Wirtschaftssubjektes, d. h. vor allem Geldbestände, die zur Wertaufbewahrung gehalten werden, sind in bezug auf die wirtschaftliche Aktivität inaktiv, d. h. sie stellen sogenanntes „idle money“ dar. Wird dieses „idle money“ durch die genannten Aktiva ersetzt und gelangt es durch die paramonetären Institute in die Hände der Investoren, dann wird aus dem vorher inaktiven nun aktiv im Wirtschaftskreislauf eingesetztes Geld. Es ist klar, daß dieser Prozeß zu einer Erhöhung der Umlaufgeschwindigkeit des Geldes führt[19]. Findet eine solche Aktivierung von „idle money“ in einer Situation kontraktiver Bemühungen der Zentralbank statt. so liegt eine Beeinträchtigung der Effizienz der Zentralbankpolitik vor. Empirische Untersuchungen haben gezeigt, daß die Umlaufgeschwindigkeit des Geldes in Boomperioden bei schon einsetzender kontraktiver Geldpolitik beachtlich ansteigt. Die Aktivierung von „idle money“ durch die paramonetären Institute kann dafür eine Teilerklärung sein.

Für die BRD ist zu beachten, daß die „Verpflichtungen“ der paramonetären Institute für die Sparer bzw. Anleger relativ langfristige und schwer liquidierbare Aktiva darstellen, so daß die angenommene enge Substitutionsbeziehung zwischen dem Aktivum Geld und diesen Aktiva bezweifelt werden kann. In der amerikanischen Literatur werden in der Regel spezifische Sparbanken, die es in den USA, nicht aber in der BRD gibt, zu den paramonetären Finanzinstituten gezählt. Das Depositenvolumen dieser Banken ist beträchtlich. Da Spardepositen tatsächlich in relativ enger Substition zum Geld stehen, mag die von Gurley und Shaw behauptete Beeinträchtigung der Effizienz der Zentralbankpolitik durch die paramonetären Institute für die USA zutreffen. Eine Übertragung ihrer Überlegungen auf die Bundesrepublik ist jedoch ohne weiteres nicht möglich.

Ob der oben beschriebene störende Einfluß der paramonetären Institute eine wesentliche Bedeutung auch in der BRD hat, kann letztlich nur im Rahmen einer empirischen Analyse geklärt werden.

---

17 *Gurley* und *Shaw* nehmen eine solche enge Substitutionalität an. Vgl. sämtliche oben angegebenen Arbeiten dieser Autoren.

18 Vgl. *H. G. Johnson,* Monetary Economics, S. 36 f.

19 Vgl. *U. Schirmer,* S. 15 f.

Unabhängig davon ist es jedoch einleuchtend, daß die paramonetären Finanzinstitute im Rahmen ihrer Portfolio-Politik, d. h. durch ihre Nachfrage- und Angebotsaktivität auf den monetären und finanziellen Märkten, einen Einfluß auf die Höhe der auf diesen Märkten relevanten Zinsen haben, wodurch wiederum das Angebot an und die Nachfrage nach Aktiva und Passiva sowohl der Geschäftsbanken als auch des Publikums beeinflußt werden. Dieser Einfluß ist es, der nach Meinung des Verfassers die Aktivität der paramonetären Finanzinstitute für den monetären Transmissionsmechanismus zu wesentlicher Bedeutung gelangen läßt und der deshalb einer besonderen Berücksichtigung im Rahmen des theoretischen Modells bedarf.

Nach der Analyse des Portfolio-Verhaltens einer Geschäftsbank wird deshalb auch noch kurz die Portfolio-Politik eines paramonetären Finanzinstituts untersucht.

2. Nachfrage und Angebot einer Geschäftsbank

a) Die Bilanz einer Geschäftsbank

Zunächst soll die Bedeutung der wichtigsten Aktiva und Passiva der Bankbilanz für den Aktionsspielraum einer Geschäftsbank diskutiert werden.

Tabelle 7: Die Bilanz einer Geschäftsbank

Reserven:		Sichteinlagen	D
Mindestreserven	MR	Termineinlagen	TD
Zusatzreserven	ZR	Spareinlagen	SD
Geldmarktpapiere	G	Aufgenommene Gelder	AG
Kapitalmarktpapiere	KP	Sonstige Passiva	SP
Kredite	L		
Übrige Aktiva	ÜA		

Die Bank ist verpflichtet, einen von der Zentralbank bestimmten Anteil der Sicht-, Termin- und Spardepositen, wobei die Anteile für die einzelnen Depositenarten in der Regel unterschiedlich hoch sind, in Form von Guthaben bei der Zentralbank festzulegen. Darüber hinaus wird eine Bank noch weitere Reserven in Form von Bargeld oder in Form von Sichtdepositen bei anderen Bankinstituten zur Vermeidung von Liquiditätsengpässen im täglichen Zahlungsverkehr halten. Diese Nachfrage nach Liquiditätsreserven läßt sich mit der Nachfrage eines Wirtschaftssubjektes nach Transaktionskasse im Falle stochastischer Ein- und Auszahlungsprozesse vergleichen und auch mit Hilfe des gleichen Instrumentariums erklären.

Zu den Geldmarktpapieren zählen einmal die sogenannten Offenmarktpapiere der Zentralbank, nämlich Schatzwechsel und unverzinsliche Schatzanweisungen, für die die Zentralbank die Abgabesätze im Rahmen ihrer Offenmarktoperationen variiert, und zum anderen die Privatdiskonten, die zum großen Teil der Rediskontierung bei der Zentralbank dienen können. Vor allem Schatzwechsel und Privatdiskonten sind relativ liquide Papiere und werden deshalb von der Bank auch als Liquiditätsreserven gehalten[20].

Die Kapitalmarktpapiere umfassen längerfristige Aktiva in Form von festverzinslichen Papieren oder Dividendenpapieren, darunter ebenfalls vor allem Emissionen der öffentlichen Hand. Diese Papiere werden primär aus Rentabilitätsgründen gehalten. Sie können zwar auch relativ schnell in liquide Mittel umgewandelt werden, doch betrachtet die Bank sie wegen der hohen Opportunitätskosten einer solchen Umwandlung in der Regel nicht als Liquiditätsreserven.

Unter der Position „Kredite" sind Ausleihungen der Bank mit unterschiedlichen Laufzeiten und auf der Grundlage stark unterschiedlicher Sicherheiten zu subsumieren, z. B. Kontokorrentkredite, Wechseldiskontkredite, Lombardkredite, Ratenkredite, Akzept- und Avalkredite. Es ist jedoch nicht erforderlich, im Rahmen der theoretischen Analyse eine exakte Differenzierung vorzunehmen. Es wird eine allgemeine Kreditangebotsfunktion entwickelt, die alle möglichen Kreditarten umfaßt. Als Kreditzins wird ein durchschnittlicher Zins zugrunde gelegt.

Der gewünschte wertmäßige Umfang des Aktivums „Kredite" entspricht selbstverständlich dem (gewünschten) Kreditangebot.

Vergibt die Bank Kredite z. B. auf der Basis von Schuldscheinen oder Wechseln, so ist das Kreditangebot mit einer gleichzeitigen Nachfrage nach solchen Papieren verbunden. Ähnliche Fälle wurden bereits für die Haushalte und Unternehmen genannt, wo einer Nachfrage zugleich ein Angebot entsprach[21].

Da die Nachfrage nach Papieren, auf deren Grundlage Kredite vergeben werden, stets auf ein entsprechendes Kreditangebot zurückgeführt werden kann und da auch Kredite ohne Hereinnahme solcher Papiere gewährt werden, wird im folgenden generell nur vom Angebot an Krediten gesprochen.

Die übrigen Aktiva enthalten Positionen, die für die Bankpolitik nur geringe Bedeutung haben, wie z. B. Sachaktiva. Diese Aktiva werden im folgenden vernachlässigt.

---

[20] Vgl. z. B. *G. Diepen*, S. 411 ff.

[21] Vgl. Seite 56 in dieser Arbeit.

Für die Analyse des Kreditangebots sind die einzelnen Aktiva insofern von Bedeutung, als eine Bank z. B. durch den Verkauf von Geldmarkt- und/oder Kapitalmarktpapieren und/oder durch Verringerung der freiwilligen Reserven ceteris paribus sogenannte Überschußreserven in Form von Zentralbankgeld ansammeln und auf dieser Grundlage ihr Kreditangebot steigern kann.

Für die Portfolio-Politik und damit auch das Kreditangebot einer einzelnen Bank sind allerdings die Positionen der Passivseite der Bilanz von weit größerer Relevanz. Die Höhe der Sicht-, Termin- und Spareinlagen richtet sich nach der entsprechenden Nachfrage des Publikums. Die Bank kann zwar mit Hilfe von Zinsen und Dienstleistungsangebot die Depositenkonten attraktiv gestalten, doch entscheidet letztlich das Publikum über das Volumen der Depositen. Jeder durch eine höhere Nachfrage des Publikums verursachte Zuwachs auf diesen Konten bringt der Bank unter Berücksichtigung der erforderlichen Mindestreserven und der freiwilligen Zusatzreserven eine Überschußreserve, die wiederum ein größeres Kreditangebot möglich macht. Während die Steigerung des Depositenvolumens vom Willen der Bank weitgehend unabhängig ist, hängt die Kreditaufnahme — die Position „aufgenommene Gelder“ — zu einem großen Teil von den Nachfragepräferenzen der Bank selbst ab. Jedoch ist zu beachten, daß einerseits die Eigenkapitalbasis und die Struktur der Aktivseite aufgrund gesetzlicher Vorschriften[22] und andererseits der Bestand an Privatdiskonten, der ja eine Refinanzierung und damit eine Kreditaufnahme bei der Zentralbank möglich macht, und die Rediskontkontingente der Zentralbank ein Limit für die Nachfrage nach Krediten setzen.

Die sonstigen Passiva enthalten das Eigenkapital, das im folgenden als konstant angenommen werden soll.

Die Basis der Handlungsaktivitäten einer Bank ist das Zentralbankgeld. Nur wenn die Bank überschüssiges Zentralbankgeld besitzt, ist sie in der Lage, zusätzlich Kredite und Geld zu schöpfen und zusätzlich sonstige Aktiva zu erwerben.

Eine vollständige Analyse der Portfolio-Entscheidungen einer Bank hat sich deshalb mit zwei Fragen auseinanderzusetzen:

(1) Welches sind die Quellen von — zusätzlichem — Zentralbankgeld?

(2) Wie wird das — zusätzliche — Zentralbankgeld von der Bank verwendet?

---

[22] Eine solche gesetzliche Vorschrift ist in der BRD z. B. das Kreditwesengesetz. Vgl. dazu *G. Diepen*, S. 253 ff.

Die folgenden Abschnitte werden sich mit der Beantwortung dieser Fragen beschäftigen.

Zunächst werden die i.d.R. allgemein bekannten Quellen des Zentralbankgeldes aufgezählt und kurz erläutert. Hieran schließt sich eine Reihe von theoretischen Analysen an, die in der Weise, in der sie aneinandergereiht sind, eine Chronologie der Entwicklung der theoretischen Forschung wiedergeben.

Ausgehend von einem einfachen Modell, in dem in Anlehnung an die traditionelle Kredit- und Geldangebotstheorie das maximal mögliche Kreditangebot — und zugleich auch das maximal mögliche Geldangebot — einer Bank aus einem bestimmten Betrag an zusätzlichem Zentralbankgeld — Überschußreserve — abgeleitet wird, werden unter Berücksichtigung der kritischen Einwände gegen eine solche simplifizierende Ableitung modifizierte und neue theoretische Konzeptionen vorgestellt, die die Entstehung und Verwendung von Zentralbankgeld fundierter als in der herkömmlichen Theorie analysieren.

b) Die Quellen zusätzlichen Zentralbankgeldes[23]

Die gesamten Reserven GR_j einer Bank j setzen sich aus den Mindestreserven MR_j und den gewünschten freiwilligen Zusatzreserven ZR_j zusammen:

$$GR_j = MR_j + ZR_j \; . \tag{2.51}$$

Die freiwilligen Zusatzreserven ZR_j enthalten i.d.R. einen von der Höhe der Depositen abhängigen Teil $z_D \cdot D_j + z_{TD} \cdot TD_j + z_{SD} \cdot SD_j$ und einen Teil z_0, der von anderen Bilanzgrößen abhängt, z. B. von der Aktivstruktur der Bilanz, von der Höhe der Refinanzierungskredite und von verschiedenen Zinssätzen, die Ausdruck der Opportunitätskosten der zinslosen Reservehaltung sind[24].

Ein Überschuß an Zentralbankgeld — eine Überschußreserve liegt vor, wenn der tatsächliche Bestand an Gesamtreserven GR_{jt} den notwendigen plus gewünschten Bestand GR_j übersteigt. Werden mit k_D, k_{TD} und k_{SD} die von der Zentralbank fixierten Mindestreservesätze auf Sicht-, Termin- und Spardepositen bezeichnet, so wird die Überschußreserve beschrieben durch:

---

[23] Die folgenden Ausführungen basieren weitgehend auf *K. Brunner*, A Schema for the Supply Theory of Money. „International Economic Review", Vol. 2 (1961), S. 79 ff.

[24] Vgl. *K. Brunner*, Ebenda. S. 81.

$$(2.52)\qquad \ddot{U}R_j = GR_{jt} - ZR_j - k_D \cdot D_j - k_{TD} \cdot TD_j - k_{SD} \cdot SD_j \,.$$

Für die Mindestreservesätze gilt i. d. R. die Beziehung:

$$k_D > k_{TD} > k_{SD} \,.$$

Unter Berücksichtigung der unterschiedlichen Mindestreservesätze und mit einem Blick auf die Bilanz einer Geschäftsbank lassen sich die Quellen zusätzlichen Zentralbankgeldes leicht aufzählen.

(1) Erhöhungen der Sicht-, Termin- und Spareinlagen aufgrund von Nachfragesteigerungen oder aufgrund einer Transponierung von anderen Banken zu der hier betrachteten Bank j führen ceteris paribus zu einer Überschußreserve von

$$(2.53)\qquad \ddot{U}R_{j1} = (1 - k_D - z_D) \cdot \Delta D_j + (1 - k_{TD} - z_{TD}) \cdot \Delta TD_j + (1 - k_{SD} - z_{SD}) \cdot \Delta SD_j \,.$$

(2) Umschichtungen von Sichteinlagen zu Termin- oder Spareinlagen und Umschichtungen von Termin- zu Spareinlagen setzen wegen der unterschiedlichen Mindestreservesätze vorher bei der Zentralbank gebundene Reserven frei. Wird ein Betrag von ΔD_{j1} der Sichtdepositen in Termindepositen, ein Betrag von ΔD_{j2} der Sichtdepositen in Spardepositen und ein Betrag von ΔT_j der Termindepositen in Spardepositen transferiert, dann folgt daraus eine Überschußreserve von[25]:

$$(2.54)\qquad \ddot{U}R_{j2} = (k_D + z_D) \cdot (\Delta D_{j1} + \Delta D_{j2}) - (k_{TD} + z_{TD}) \cdot (\Delta D_{j1} - \Delta T_j) - (k_{SD} + z_{SD}) \cdot (\Delta D_{j2} + \Delta T_j) \,.$$

(3) Erhöht die Bank ihre Refinanzierungskredite F bei der Zentralbank — und ihre sonstigen aufgenommenen Kredite, die hier nicht mit einer gesonderten Größe bezeichnet werden sollen — um ΔF, so bedeutet dies, wenn der Teil z_0 der freiwilligen Zusatzreserven davon tangiert wird, eine Überschußreserve von:

$$(2.55)\qquad \ddot{U}R_{j3} = \Delta F - \Delta ZR_j \,.$$

Es ist anzunehmen, daß der Bestand an Zusatzreserven positiv mit den Krediten F korreliert.

(4) Bei einer Verringerung der Mindestreservesätze einerseits und einem Abbau von Zusatzreserven andererseits gelangt die Bank in den Besitz von Überschußreserven, die sich wie folgt beschreiben lassen:

---

[25] Vgl. hierzu auch die Ausführungen bei *J. M. Lishan* und *W. R. Allen*, Time Deposits, The Banking System, and Inflation. „The Southern Economic Journal", Vol. 25 (1958), S. 133 ff.

(2.56) $$\ddot{U}R_{j4} = -(\Delta k_D + \Delta z_D) \cdot D_j - (\Delta k_{TD} + \Delta z_{TD}) \cdot TD_j - (\Delta k_{SD} + \Delta z_{SD}) \cdot SD_j \; .$$

(5) Schließlich gelangt die Bank noch durch den Verkauf von Geldmarktpapieren — Offenmarktpapieren — oder von Kapitalmarktpapieren in den Besitz von Überschußreserven:

(2.57) $$\ddot{U}R_{j5} = -(\Delta G + \Delta KP) \; .$$

Die gesamte Überschußreserve $\ddot{U}R_j$ einer Bank j ergibt sich als Summe der durch die Gleichungen (2.53) bis (2.57) gegebenen einzelnen Komponenten.

c) Das maximale Kredit- und Geldangebot einer Bank — Ableitung im Rahmen eines einfachen Modells der traditionellen Kredit- und Geldangebotslehre

Mit ΔL_j sei das aus der Überschußreserve $\ddot{U}R_j$ maximal möglich zusätzliche Kreditangebot der Bank j bezeichnet. Während sich für das gesamte Bankensystem (Geschäftsbanken) die sogenannten „leakages" aus der Kreditvergabe nicht nur aus der effektiven Inanspruchnahme von Bargeld durch das Publikum zusammensetzen und diese vor allem in Volkswirtschaften mit hochentwickelten Geld- und Finanzmärkten relativ gering sind, kann es bei einer einzelnen Bank kurzfristig zu beträchtlichen Abflüssen von Zentralbankgeld kommen. Ein von einer Bank j vergebener Kredit löst allerdings längerfristig eine Reihe von Zahlungsvorgängen aus, die der Bank j wieder Zuflüsse von Zentralbankgeld bringen. Diese späteren Zuflüsse sind aber für die ursprüngliche Kreditvergabe ΔL_j nicht relevant, da die Bank zu jedem Zeitpunkt, d. h. also auch sehr kurzfristig, auf Liquiditätssicherung bedacht sein muß. Für sie ist zunächst nur der unmittelbar nach Kreditvergabe eintretende Abfluß an Zentralbankgeld für die Höhe von ΔL_j entscheidend. Die späteren, nur aufgrund von ΔL_j erfolgenden Zuflüsse sind als erneute Überschußreserve zu betrachten, auf deren Grundlage wiederum eine Steigerung des Kreditangebots erfolgen kann.

Zur Feststellung der „leakages" sind Überlegungen zum Verbleib der zusätzlichen Kredite sinnvoll[26].

(1) Ein Kreditnehmer soll z. B. über einen Betrag von $c_L \cdot \Delta L_j$ in bar verfügen.

(2) Der Betrag von $g_1 \cdot \Delta L_j$ verbleibe in Form von Sichtdepositen auf einem Konto des Kreditnehmers bei der Bank j.

---

[26] Vgl. hierzu auch K. *Brunner*, A Schema, S. 82 ff.

(3) $g_2 \cdot \Delta L_j$ sei der Betrag, den der Kreditnehmer auf laufende Konten anderer Wirtschaftssubjekte bei der Bank j überweist und der dort zunächst verbleibt.

(4) $g_3 \cdot \Delta L_j$ werde auf Konten bei anderen Banken überwiesen.

(5) Zudem soll noch durch entsprechende Überweisungen das Volumen der Termin- und Spareinlagen aus ΔL_j um $t_L \cdot \Delta L_j + s_L \cdot \Delta L_j$ erhöht werden.

Es gilt selbstverständlich: $c_L + g_1 + g_2 + g_3 + t_L + s_L = 1$.

In Hinsicht auf den Betrag $g_3 \cdot \Delta L_j$, der vom Kreditnehmer auf eigene Konten oder Konten anderer Wirtschaftssubjekte bei anderen Banken überwiesen wird, ist noch eine tiefergehende Analyse erforderlich[27].

(4a) $h_1 \cdot g_3 \cdot \Delta L_j$ sei z. B. der Betrag, der von $g_3 \cdot \Delta L_j$ in Form von Zentralbankgeld an die anderen Banken abfließt.

(4b) Geht man davon aus, daß die Bank j einen Teil ihrer freiwilligen Zusatzreserven in Form von laufenden Konten — Nostrokonten — bei anderen Banken unterhält, was durchaus üblich ist, so können die den Betrag $g_3 \cdot \Delta L_j$ empfangenden Banken die Konten der Bank j belasten. Der Betrag, mit dem die Konten der Bank j belastet werden, soll mit $h_2 \cdot g_3 \cdot \Delta L_j$ bezeichnet werden. Um diesen Betrag verringern sich dann allerdings die freiwilligen Zusatzreserven der Bank j und damit ceteris paribus auch die Überschußreserven.

(4c) Berücksichtigt man, daß die anderen Banken ebenfalls laufende Konten — Nostrokonten — bei der Bank j unterhalten können, so besteht noch die Möglichkeit, daß die Bank j z. B. diesen Konten einen Betrag von $h_3 \cdot g_3 \cdot \Delta L_j$ gutschreibt. Für Nostrokonten besteht in der Regel keine Mindestreservepflicht. Wenn noch angenommen wird, daß auch keine freiwilligen Zusatzreserven dafür gehalten werden, dann ergibt sich somit durch diesen Betrag kein Einfluß auf die Überschußreserve. Auch für die h-Anteile gilt selbstverständlich: $h_1 + h_2 + h_3 = 1$.

Die Überschußreserve $\ddot{U}R_j$ muß ausreichen, um die „leakages" aus der Kreditneuschöpfung zu decken:

$$\begin{aligned} \ddot{U}R_j = {} & c_L \cdot \Delta L_j + (k_{TD} + z_{TD}) \cdot t_L \cdot \Delta L_j + (k_{SD} + z_{SD}) \cdot s_L \cdot \Delta L_j \\ & + h_1 \cdot g_3 \cdot \Delta_{Lj} + h_2 \cdot g_3 \cdot \Delta L_j \\ & + (k_D + z_D) \cdot (1 - c_L - t_L - s_L - h_1 \cdot g_3) \cdot \Delta L_j \ . \end{aligned} \tag{2.58}$$

Darin ist $c_L \cdot \Delta L_j$ der Abfluß von Zentralbankgeld an das Publikum und $h_1 \cdot g_3 \cdot \Delta L_j$ an die anderen Banken.

---

[27] Vgl. K. *Brunner*, A Schema, S. 83 ff.

$(k_{TD} + z_{TD}) \cdot t_L \cdot \Delta L_j$ bezeichnet die Reservehaltung — gesetzliche plus freiwillige — für die zusätzlichen Termindepositen und $(k_{SD} + z_{SD}) \cdot s_L \cdot \Delta L_j$ die Reservehaltung für die zusätzlichen Spardepositen.

$h_2 \cdot g_3 \cdot \Delta L_j$ ist der Verlust an Reserven durch die Belastung der Nostrokonten der Bank j bei anderen Banken. Der letzte Summand gibt den Reservebetrag an, der für die zusätzlichen Sichtdepositen zu halten ist.

Wird Gleichung (2.58) durch ΔL_j dividiert, so erhält man den von Brunner so benannten Verlustkoeffizienten v[28]:

$$v = \frac{\ddot{U}R_j}{\Delta L_j} . \tag{2.59}$$

Dieser Koeffizient zeigt an, welcher Betrag an Überschußreserve pro Währungseinheit der Kreditneuschöpfung verlorengeht.

Das zusätzliche maximale Kreditangebot einer Bank j aus einer Überschußreserve $\ddot{U}R_j$ ist folglich:

$$\Delta L_j = \ddot{U}R_j \cdot v^{-1} . \tag{2.60}$$

Die maximale zusätzliche Geldschöpfung der Bank j auf der Basis der Überschußreserve $\ddot{U}R_j$ läßt sich jetzt beschreiben als:

$$\begin{aligned} \Delta M_j &= c_L \cdot \Delta L_j + (1 - c_L - t_L - s_L - h_1 \cdot g_3) \cdot \Delta L_j \\ &= (1 - t_L - s_L - h_1 \cdot g_3) \cdot \ddot{U}R_j \cdot v^{-1} . \end{aligned} \tag{2.61}$$

Unter „Geld“ wird hier die Summe aus dem Bargeld und den Sichtdepositen des Publikums verstanden.

Gleichung (2.61) enthält allerdings noch nicht den Betrag an zusätzlicher Geldschöpfung, der den anderen Banken — außer der Bank j — infolge der Kreditexpansion der Bank j möglich ist.

d) Erweiterungen und Modifikationen der traditionellen Theorie des Kredit- und Geldangebots

α) Programmatische Vorschläge zur Verbesserung und Modifikation

Das zuvor dargestellte einfache Modell des Kredit- und Geldangebots einer einzelnen Bank ist lediglich ein im Detail verfeinerter Bestandteil der traditionellen Kredit- und Geldangebotstheorie. Die Struktur des Modells ist deterministischer Art, die Beziehung $\Delta L_j = \ddot{U}R_j \cdot v^{-1}$

[28] Vgl. *K. Brunner*, A Schema, S. 84.

bezeichnet die maximal mögliche Kreditexpansion einer Bank aus der Überschußreserve $ÜR_j$, so daß also andere Verwendungsmöglichkeiten des überschüssigen Zentralbankgeldes unbeachtet bleiben.

Um zu gehaltvolleren Aussagen zu gelangen, sind eine Reihe von Erweiterungen und Verbesserungen des Modells erforderlich.

(1) Die im Modell implizit enthaltene Zielsetzung der Bank, die Kreditbetragsmaximierung, ist nicht vertretbar und muß durch Ziele wie z. B. Gewinn- oder Nutzenmaximierung ersetzt werden. In weit stärkerem Maße noch als andere Wirtschaftseinheiten des privaten Bereichs gestalten die Banken ihr Portefeuille unter rationalen Gesichtspunkten, d. h., sie beziehen betriebliche Zielsetzungen explizit in ihre Kalkulationen ein und realisieren eine den Zielsetzungen entsprechende Portfolio-Struktur. Die Entscheidung über die Verwendung der Überschußreserve erfolgt aufgrund solcher Rationalkalküle, so daß auch das Kreditangebot in diesem weiteren Rahmen zu analysieren ist.

(2) Als Determinanten der freiwilligen Zusatzreserven waren weiter oben die Aktivstruktur der Bilanz, die Höhe der Refinanzierungskredite und Zinssätze genannt worden. Erst die Portfolio-Analyse, die die optimale Struktur der Aktiva und Passiva bei einer bestimmten Relation der Zinssätze aufzeigt, macht dies deutlicher. Wie die Nachfrage nach und das Angebot an anderen Aktiva, so ergibt sich auch die Höhe der freiwilligen Zusatzreserven eindeutig aus der Entscheidung der Bank über die Struktur des Portefeuilles.

(3) Das Entstehen von Überschußreserve kann, das wurde zuvor schon deutlich gemacht, einmal auf Quellen, die vom Einfluß der *einzelnen* Bank weitgehend unabhängig sind, und zum anderen auf bewußte Aktionen der Bank selbst zurückgeführt werden.

Vom Einfluß der Bank unabhängig sind alle Maßnahmen der Zentralbank. Da einige dieser Maßnahmen die Relation der für eine Bank relevanten Zinssätze zueinander verändern, ist zu erwarten, daß die Bank bei solchen Veränderungen mit Anpassungen in der Zusammensetzung ihres Portefeuilles reagiert. Zur Erfassung der Reaktionen ist somit die Portfolio-Analyse unbedingt erforderlich.

Die Depositeneinlagen des Publikums sind vom Einfluß der einzelnen Bank ebenfalls weitgehend unbeeinflußt. Die Höhe des Einlagenvolumens ergibt sich aus der Nachfrage des Publikums nach Geld zu Transaktionszwecken, hier in Form von Sichtdepositen, und der Nachfrage nach Sicht-, Termin- und Spardepositen im Rahmen der Portfolio-Selektion. Die Determinanten dieser Nachfrage wurden bereits aus entsprechenden theoretischen Modellen abgeleitet.

Vom Verhalten und Willen der Bank abhängige Quellen der Überschußreserve sind der Verkauf von Geld- und Kapitalmarktpapieren, der einen Aktivtausch bewirkt, und die Aufnahme von Krediten bzw. die Erhöhung des Refinanzierungsvolumens, die zu einer Bilanzverlängerung führt. Aus den bisherigen Ausführungen zur Portfolio-Selektion ist schon bekannt, daß die Bank ihre Nachfrage nach Geld- und Kapitalmarktpapieren nur verändert, wenn die Relationen der Zinssätze und/oder der Risiken der Aktiva und Passiva verschoben werden, so daß auch zur Erfassung dieser Quellen der Überschußreserve die Portfolio-Analyse brauchbar ist.

Die Nachfrage nach Refinanzierungskrediten bestimmt sich für eine Bank im Rahmen entsprechender Gewinn-Kosten bzw. Nutzen-Kosten Überlegungen, die ebenfalls noch eingehender zu untersuchen sind.

(4) Die Annahme, daß die Banken hinsichtlich ihrer Entscheidungsparameter und ihrer Aktionsgrößen vollkommene Information besitzen, ist nicht haltbar. Vielmehr wird die Bank eine ganze Reihe von Unsicherheitselementen in ihrem Entscheidungskalkül zu berücksichtigen haben:

(a) Die Ertragssätze der Aktiva und die Kostensätze der Passiva unterliegen während des Planungszeitraums in der Regel Schwankungen, die nicht exakt vorhersehbar sind. Es ist deshalb sinnvoll, die Ertrags- und Kostensätze durch entsprechende Risikokomponenten zu ergänzen.

(b) Für an das Publikum vergebene Kredite besteht zumindest zu einem gewissen Grade ein Rückzahlungsrisiko, das ohne Zweifel die Höhe des Kreditangebots beeinflußt.

(c) Bei einer Kreditexpansion ist die Höhe des Abzugs an Zentralbankgeld durch das Publikum ungewiß. Wird der „Verlustbetrag" an Zentralbankgeld nicht in ausreichender Höhe antizipiert, dann ergeben sich für die Bank Liquiditätsengpässe, die nur durch eine Bilanzverlängerung — zusätzliche Kreditaufnahme — und/oder einen Aktivtausch — Verkauf von Geldmarkt- oder Kapitalmarktpapieren —, beides Maßnahmen, die in dieser Situation zu einem Ungleichgewicht in der Portfolio-Struktur führen, beseitigt werden können. Um das zu vermeiden, wird die Bank von vornherein Wahrscheinlichkeitswerte über den Abzug an Zentralbankgeld in ihrer Entscheidung über die Höhe des Kreditangebots aus einer bestimmten Überschußreserve einbeziehen.

(d) Das Bilanzvolumen wird für eine Bank primär durch die Höhe der Sicht-, Termin- und Spareinlagen des Publikums bestimmt. Je größer der Umfang der gesamten Depositen, desto mehr liquide Mittel stehen für die Aufteilung auf die alternativen Aktiva, die im Rahmen der Entscheidung über die Struktur des Portefeuilles erfolgt, zur Verfügung. Die Höhe des Depositenvolumens ist für den Planungszeitraum von der Bank in der Regel nicht exakt vorhersehbar. Es kann z. B. zu unerwarteten Auflösungen von Depositenkonten kommen. Das Risiko von Variationen im Einlagenvolumen müßte bei den Entscheidungen über die Portfolio-Struktur Berücksichtigung finden.

(e) Weiterhin dürfte die Bank über die Höhe der bei ihr wirksamen Kreditnachfrage des Publikums keine vollständige Information besitzen. Eine Divergenz von Kreditangebot und Kreditnachfrage bei einem bestimmten, der Entscheidung der Bank zugrundegelegten Kreditzins muß aber entweder zu einer Revision dieses Zinssatzes führen, wenn nämlich die Bank diesen autonom festlegen kann, und/oder Anpassungen in der Höhe des Kreditangebots bewirken, wenn die Bank nicht über die Preisautonomie verfügt.

Beide Maßnahmen haben aber wiederum einen Einfluß auf die Portfolio-Struktur und können u. U. vorübergehend ein Ungleichgewicht hervorrufen.

Die Bank wird deshalb bemüht sein, ihr Kreditangebot und damit auch die Struktur ihres Portefeuilles unter Beachtung verschiedener wahrscheinlicher Werte der Kreditnachfrage zu bestimmen.

Zusammenfassend ergeben sich also folgende Forderungen in Hinsicht auf eine Erweiterung und Verbesserung des einfachen Modells zum Kreditangebot einer einzelnen Bank: Analyse der Portfolio-Gestaltung unter Einbeziehen einer explizit formulierten Zielfunktion der Bank, eingehendere Untersuchungen über die Nachfrage der Bank nach Refinanzierungskrediten und Einbau stochastischer Relationen in das Modell.

Im folgenden soll versucht werden, diesen Forderungen im Rahmen verschiedener Modellerweiterungen zu entsprechen[29].

---

[29] Umfassende mikroökonomische Modelle zur Kredit- und Geldangebotstheorie, die alle für die Entscheidungen einer Bank relevanten Aspekte berücksichtigen, gibt es bisher noch nicht. Außer in den anschließend zugrunde gelegten Ansätzen sind Teilaspekte zu finden bei *R. C. Porter,* A Model of Bank Portfolio Selection. „Yale Economic Essays", Vol. 1 (Fall 1961), S. 323 ff. — *W. R. Bryan* und *W. T. Carleton,* Short-Run Adjustments of an Individual Bank, „Econometrica", Vol. 35 (1967), S. 321 ff. — *Dieselben,* Deposit Expansion and Federal Reserve-Banking System Interaction: A Micro Unit Simulation. „The American Economic Review", Vol. 61 (1971), S. 901 ff. — *D. J. Aigner* und *W. R. Bryan,* A Model of Short-Run Bank Behavior. „The Quarterly Journal of Economics", Vol. 85 (1971), S. 97 ff.

β) Das Kreditangebot einer Bank bei Stochastizität der Liquiditätsverluste

Schöpft eine Bank aus einer bestimmten Überschußreserve einen Kredit, so wird in der Regel ein Teil dieses Kredits vom Publikum in bar abgerufen oder an andere Banken überwiesen, so daß die kredit- und geldschöpfende Bank einen Teil ihrer liquiden Mittel verliert. Der Verlust an Liquidität läßt sich von der Bank, anders als in der traditionellen Geldangebotstheorie angenommen wurde, jedoch nicht exakt vorhersehen. Fast jede Entscheidung einer Bank über die Höhe der Kreditneuschöpfung ist wegen des ungewissen Liquiditätsabflusses eine Entscheidung unter Risiko oder gar unter Unsicherheit.

Im folgenden soll in Anlehnung an den stochastischen Ansatz von Orr und Mellon die optimale Entscheidung einer einzelnen Bank über die Kreditneuschöpfung aus einer bestimmten Überschußreserve untersucht werden[30].

ÜR sei die Überschußreserve, *L* das in der betrachteten Periode neu geschöpfte Kreditvolumen, *LV* der Liquiditätsverlust in der Periode und *k* der Reservesatz. Zugrundegelegt wird folgendes Gleichungssystem[31]:

$$\text{(2.62)} \qquad \ddot{U}R - LV \geq k \cdot (L - LV)$$

Der Betrag an liquiden Mitteln, der nach dem Liquiditätsabfluß *LV* noch vorhanden ist, muß größer oder zumindest gleich der Reservedeckung der neu geschöpften Depositen (*L* — *LV*) sein.

Der maximal zulässige Liquiditätsabfluß ist dann:

$$\text{(2.63)} \qquad LV_{max} = \frac{\ddot{U}R - k \cdot L}{1 - k} .$$

Die Liquiditätsverluste sollen zufalls- und normalverteilt sein, und zwar mit einer Varianz von $s^2 = 1$ und einem Mittelwert von $u = n \cdot L$. Die entsprechende Wahrscheinlichkeitsfunktion sei mit $f(LV)$ bezeichnet[32].

Der Zinssatz für von der Bank vergebene Kredite betrage einheitlich r_L. Bei einer Verletzung der Nebenbedingung (2.62) sollen mit der Höhe des Reservefehlbetrages variierende Kosten anfallen, z. B. aufgrund eines Sonderzinses, den die Zentralbank bei einer Unter-

---

30 *D. Orr* und *W. G. Mellon,* Stochastic Reserve Losses and the Expansion of Bank Credit. „The American Economic Review". Vol. 51 (1961), S. 614 ff.

31 Ebenda. S. 616 ff.

32 Ebenda, S. 617 f.

deckung in den Mindestreservebeständen der Bank erhebt, oder aufgrund von Zinszahlungen, die der Bank durch eine evtl. notwendige Kreditaufnahme — bei der Zentralbank, bei anderen Banken oder bei sonstigen Kreditgebern — entstehen. w bezeichne die Kosten je Einheit fehlender Reserven. Darüber hinaus werde die Bank noch mit fixen Kosten, das sind von der Höhe des Reservefehlbetrages unabhängige Kosten, in Höhe von K_f belastet.

Unter Berücksichtigung der Wahrscheinlichkeitsfunktion $f(LV)$ läßt sich somit die folgende Gewinnfunktion formulieren:

$$Q = r_L \cdot L - K_f \cdot \int_{L_{max}}^{\infty} f(LV) \cdot dLV - w \cdot \int_{L_{max}}^{\infty} LV \cdot f(LV) \cdot dLV \, . \tag{2.64}$$

Ziel der Bank sei es, den Kreditbetrag aus der gegebenen Überschußreserve zu ermitteln, der unter den Neben- und Risikobedingungen den Gewinn Q maximiert.

Zur Bestimmung dieses Kreditbetrages ist die Funktion (2.64) nach L zu differenzieren[33]:

$$\frac{dQ}{dL} = r_L - \left[\frac{w\,(\ddot{U}R - k \cdot L)}{(1-k)^2} + K_f \cdot \frac{n+k}{1-k}\right] \cdot f\,\frac{(\ddot{U}R - k \cdot L)}{1-k} - w \cdot \left[1 - f\,\frac{(\ddot{U}R - k \cdot L)}{1-k}\right] = 0 \tag{2.65}$$

Die hinreichende Bedingung für das Gewinnmaximum ist erfüllt. Sie soll hier jedoch nicht abgeleitet werden. Die folgenden Berechnungen des optimalen Kreditvolumens, die der Arbeit von Orr und Mellon entnommen sind, sollen der Erläuterung einiger wichtiger Ergebnisse des theoretischen Modells dienen.

Tabelle 8a): Berechnungen zum optimalen Kreditvolumen

Fall	K_f	w	r_L	n	k	ÜR	L	L_0
1	20	0,01	0,0025	0,7	0,2	10	8,9	13,16
2	20	0,01	0,0025	0,7	0,2	1000	1311,0	1316,00

a) *Quelle: D. Orr* und *W. G. Mellon,* S. 619.

L_0 bezeichnet die maximal mögliche Kreditschöpfung aus der Überschußreserve $\ddot{U}R$, wenn, wie es in der traditionellen Theorie üblich ist, die Stochastizität der Liquiditätsverluste nicht berücksichtigt wird:

$$L_0 = \frac{\ddot{U}R}{n + k\,(1-n)} \, .$$

[33] Ebenda, S. 618.

Wie ein Vergleich der Fälle 1 und 2 zeigt, besteht bei dieser herkömmlichen Bestimmung der Kreditschöpfung zwischen der marginalen Kreditexpansionsrate $\frac{dL}{d\ddot{U}R}$ und der durchschnittlichen Kreditexpansionsrate $\frac{L}{\ddot{U}R}$ kein Unterschied.

Erfolgt die Bestimmung des Kreditangebots dagegen auf der Basis der Stochastizität der Liquiditätsverluste (Spalte 8), dann zeigt sich, daß die marginale Kreditexpansionsrate kleiner ist als die durchschnittliche: ist z. B. $d\ddot{U}R = 10$, so ist im 1. Fall $\frac{dL}{d\ddot{U}R} = 0{,}89$, während im 2. Fall $\frac{L}{\ddot{U}R} = 1{,}31$ ist.

Die Diskrepanz zwischen marginaler und durchschnittlicher Kreditexpansionsrate deutet darauf hin, daß das Risiko von Liquiditätsverlusten bei einer Kreditexpansion auf der Grundlage geringer Überschußreserven relativ größer eingeschätzt wird als bei einer Kreditausweitung auf der Grundlage hoher Überschußreserven[34].

Dies zeigt auch, daß die Kreditexpansion aller Banken insgesamt entscheidend von der Verteilung der Überschußreserven auf die einzelnen Banken abhängt[35]. Wird z. B. die Reserve von 1000 (Fall 2) gleichmäßig auf einhundert Banken verteilt, so ergibt sich für jede einzelne Bank nach Fall 1 in der betrachteten Periode eine Kreditexpansion von 8,9; das entspricht einer Kreditexpansion von 890 für das Bankensystem. Wäre die Überschußreserve von $\ddot{U}R = 1000$ nur bei einer Bank konzentriert gewesen, so hätte der zusätzliche Kredit in der betrachteten Periode $L = 1311$ betragen (Fall 2). Zu beachten ist jedoch, daß das vorliegende Modell lediglich für eine einzelne Bank konstruiert ist; genaue Aussagen über den Einfluß der Verteilung der Überschußreserven auf das Kreditangebot des gesamten Geschäftsbankensystems lassen sich nur im Rahmen eines makroökonomischen Modells ableiten.

Die genannte Verteilungswirkung dürfte dann, allerdings quantitativ verschieden, bestätigt werden.

γ) Das optimale Portefeuille einer Bank

Im Rahmen der Ableitung der Geldnachfragefunktionen der Haushalte und Unternehmungen wurden die Grundlagen der Portfolio-

---

[34] Vgl. *D. Orr* und *W. G. Mellon*, S. 618 f. — *H. G. Johnson*, Monetary Economics, S. 43.

[35] Vgl. *D. Orr* und *W. G. Mellon*, S. 620 f. — *H. G. Johnson*, Monetary Economics, S. 43.

Analyse schon eingehend erörtert, so daß an dieser Stelle darauf verzichtet werden kann. Das optimale Portefeuille, daran sei erinnert, wird gewonnen, indem der Erwartungswert des Nutzens des Gesamt-Portefeuilles maximiert wird. Die zugrundeliegende Nutzenfunktion ist expliziter Ausdruck der Zielvorstellung des entscheidenden Wirtschaftssubjektes. Sie enthält sowohl die Ertrags- als auch die Risikokomponenten der verschiedenen Aktiva und Passiva der Bilanz, wobei jeweils aus Gründen der Vereinfachung die Ertragskomponente durch den mathematischen Erwartungswert der wahrscheinlichkeitstheoretisch möglichen Ertragsraten und die Risikokomponente durch die Standardabweichung dieser Wahrscheinlichkeitsverteilung ausgedrückt sind. Aus den subjektiven Risiko- und Ertragspräferenzen des Entscheidenden ergibt sich die genaue Form der zu maximierenden Nutzenfunktion.

Rechentechnische Gründe lassen auch hier die Annahme einer quadratischen Nutzenfunktion sinnvoll erscheinen.

$$U^e = a \cdot \bar{r} - b \cdot (\bar{r}^2 + s^2) \quad \text{mit } 0 < b < 1 \,. \tag{2.66}$$

Zur Formulierung der Bilanzrestriktion sei eine vereinfachte Vermögensbilanz der hier untersuchten Bank zugrunde gelegt. In der Tabelle 9 sind gleichzeitig der Erwartungswert der Ertragssätze und die Standardabweichung für die einzelnen Aktiva angegeben.

Tabelle 9: Die vereinfachte Bilanz einer Bank

	r_i	s_i	
Mindestreserven .... MR	0	0	Depositen .... D
Zusatzreserven .... ZR	0	0	Sichtdepositen
Geldmarktpapiere .... G	$\bar{r}_G$	s_G	Termindepositen
Kapitalmarktpapiere .... KP	$\bar{r}_{KP}$	s_{KP}	Spardepositen
Kredite L	$\bar{r}_L$	s_L	Refinanzierungskredite .. F
			Saldo der übrigen Posten.. SA

i = G, KP, L.

Die Reserven bringen keinen Ertrag und sind ein risikoloses Aktivum. Die Höhe der Mindestreserven *MR* ist durch den vorgegebenen durchschnittlichen Mindestreservesatz k gesetzlich bestimmt. Die Höhe der Zusatzreserven *ZR* soll sich dagegen allein aus den Entscheidungen der Bank über die Portfolio-Struktur ergeben.

Den übrigen Aktiva ist jeweils eine Ertrags- und eine Risikokomponente zugeordnet.

Das Volumen der Depositeneinlagen ist für die Bank ein Datum. Der Saldo der übrigen Positionen sei ebenfalls fixiert.

Da die Nachfrage der Bank nach Refinanzierungskrediten im nächsten Abschnitt noch gesondert analysiert wird, soll hier zunächst eine gegebene Höhe an Refinanzierungskrediten F unterstellt werden.

Somit lassen sich folgende Gleichungen formulieren:

(2.67) $$D + F + SA = V = MR + ZR + G + KP + L \;;$$

(2.68) $$\bar{r} \cdot V = \bar{r}_G \cdot G + \bar{r}_{KP} \cdot KP + \bar{r}_L \cdot L \;;$$

(2.69) $$s^2 \cdot V^2 = s_G{}^2 \cdot G^2 + s_{KP}{}^2 \cdot KP^2 + s_L{}^2 \cdot L^2 \;.$$

Mit Hilfe des Lagrange-Ansatzes läßt sich unter Berücksichtigung dieser Beziehungen das optimale Portefeuille ermitteln. Da hierbei im Prinzip kein Unterschied zur Bestimmung des optimalen Portefeuilles eines Haushalts oder einer Unternehmung besteht, soll hier auf eine Beschreibung der einzelnen Rechenschritte und der Zwischenergebnisse verzichtet werden.

Die letztlich wichtigen Funktionen der Bestandsnachfrage und des Bestandsangebots der betrachteten Bank bei Realisation einer optimalen Portfolio-Struktur ergeben sich aus der Berechnung als:

(2.70) $$G = \frac{\frac{a}{2 \cdot b} \cdot \bar{r}_G \cdot s_{KP}{}^2 \cdot s_L{}^2}{det\,(N)} \cdot V \;;$$

(2.71) $$KP = \frac{\frac{a}{2 \cdot b} \cdot \bar{r}_{KP} \cdot s_G{}^2 \cdot s_L{}^2}{det\,(N)} \cdot V \;;$$

(2.72) $$L = \frac{\frac{a}{2 \cdot b} \cdot \bar{r}_L \cdot s_G{}^2 \cdot s_{KP}{}^2}{det\,(N)} \cdot V \;;$$

mit $det\,(N) = \bar{r}_G{}^2 \cdot s_{KP}{}^2 \cdot s_L{}^2 + \bar{r}_{KP}{}^2 \cdot s_G{}^2 \cdot s_L{}^2 + \bar{r}_L{}^2 \cdot s_G{}^2 \cdot s_{KP}{}^2 + s_G{}^2 \cdot s_{KP}{}^2 \cdot s_L{}^2 \;.$

Die Nachfrage nach Zusatzreserven ZR läßt sich jetzt leicht unter Berücksichtigung der gesetzlich vorgeschriebenen Mindestreserven $MR = k \cdot D$ und der Funktionen (2.70) bis (2.72) aus der Bilanzrestriktion (2.67) gewinnen.

Durch partielle Differentiation kann gezeigt werden, daß die Nachfrage nach Geldmarktpapieren, die Nachfrage nach Kapitalmarktpapieren und das Angebot an Krediten jeweils positiv mit den zugehörigen (eigenen) Ertragsraten, negativ mit dem zugehörigen Risiko und positiv mit den Risiken der alternativen Anlagen korrelieren.

Die gewünschten freiwilligen Zusatzreserven sinken mit steigenden Ertragsraten und steigen mit zunehmenden Risiken der alternativen Anlagen. Weiter besteht eine direkte Proportionalität zwischen der Höhe der Aktiva G, KP, L und ZR und dem Bilanzvolumen V.

Während die genannten Einflußrichtungen der Ertragsraten und der Risiken auch für andere Formen der Nutzenfunktion Gültigkeit haben, ergibt sich die direkte Proportionalität zwischen G, KP, L und ZR einerseits und V andererseits speziell aus der Annahme der quadratischen Nutzenfunktion. An anderer Stelle wurde schon erörtert, daß dieses Ergebnis der Realität kaum entspricht, daß vielmehr die Anteile der einzelnen Aktiva am Gesamtportefeuille auch vom Bilanzvolumen beeinflußt werden. Man kann annehmen, daß mit steigendem Bilanzvolumen eine relative Verlagerung zu den rentableren Anlagen, also z. B. zu den Kapitalmarktpapieren und den Krediten stattfindet. Um zu einem solchen Ergebnis zu gelangen, müßte eine Nutzenfunktion zugrunde gelegt werden, die Ausdruck einer abnehmenden absoluten Risikoaversion ist[36]. Da der Rechenvorgang dadurch jedoch erheblich kompliziert würde, soll auf eine entsprechende Modifizierung der Nutzenfunktion verzichtet werden.

δ) Die Nachfrage einer Bank nach Refinanzierungskrediten

Nachdem die Nachfrage der Bank nach einzelnen Aktiva mit Hilfe der Theorie der Portfolio-Selektion abgeleitet wurde, soll jetzt näher auf die Determinanten der Nachfrage nach Refinanzierungskrediten, die neben den Sicht-, Termin- und Spareinlagen die hauptsächlichen Passiva bilden, eingegangen werden.

Grundsätzlich besteht für die Bank die Möglichkeit, die Bilanz zu verlängern, indem sie sich bei der Zentralbank verschuldet — in der BRD durch Aufnahme von Wechselrediskont- und Lombardkrediten[37] —, sogenannte Geldmarktkredite, das sind Kredite von inländischen Banken, aufnimmt, eigene Schuldverschreibungen — z. B. Sparkassenbriefe — emittiert oder sich Kredite im Ausland beschafft. Von diesen Möglichkeiten spielen die Zentralbankkredite und Geldmarktkredite die größte Rolle. Für die Erklärung des Transmissionsmechanismus, hier für die Wirkung der Diskontpolitik, sind vor allem die Zentralbankkredite von Bedeutung. Deshalb wird auch nur für sie eine Nachfragefunktion entwickelt.

---

[36] Vgl. *K. J. Arrow*, The Theory of Risk Aversion, S. 94 ff.

[37] Vgl. § 19 des Gesetzes über die Deutsche Bundesbank. Geschäftsbericht der Deutschen Bundesbank 1957, S. 123 f.

Es ist einleuchtend, daß für die Höhe der Kreditaufnahme einerseits die dabei anfallenden Kosten und andererseits die Erträge, die durch eine Anlage der Kredite in Aktiva erzielt werden können, die entscheidende Rolle spielen.

Angenommen, die Bank beschaffe sich durch Diskontierung von zentralbankfähigen Wechseln einen Wechseldiskontkredit bei einem Diskontsatz von q; dies ist solange möglich, als die von der Zentralbank festgelegten Rediskontkontingente noch nicht voll ausgeschöpft sind. Die Bilanzverlängerung soll einer Kreditexpansion dienen. Der von der Bank geforderte Kreditzins sei mit r_L bezeichnet.

Die Differenz zwischen dem Kreditzins r_L und dem Diskontsatz q gibt nun — bei Vernachlässigung sonstiger möglicher Kosten — an, welcher Gewinn in Prozent pro Währungseinheit des aufgenommenen Kredits erzielt werden kann. Bei rationalem Verhalten müßte die Bank die Nachfrage nach Zentralbankkrediten solange erhöhen, bis die Differenz $(r_L - q)$ Null wird.

Eine solche Erhöhung ist allerdings ausgeschlossen, wenn die Rediskontkontingente bereits ausgeschöpft sind, die Kreditnachfrage des Publikums völlig unelastisch ist, die Bank nicht über die Autonomie verfügt, den Zins r_L zu senken, um zusätzliche Nachfrage zu gewinnen, oder die Bank auf Zinssatzsenkungen verzichtet, weil sie, wie es vor allem in der für den Geschäftsbankenbereich typischen oligopolistischen Konkurrenzform anzutreffen ist, Reaktionen der anderen Banken befürchtet, die zu Gewinnschmälerungen führen können.

Empirische Untersuchungen haben gezeigt, daß sich die Banken sogar mit steigender positiver Differenz $(r_L - q)$ ein oberes Limit für die Kreditaufnahme setzen, ohne daß die zuvor genannten Einschränkungen wirksam sind[38]. Dieser Sachverhalt soll mit einem theoretischen Instrumentarium erklärt werden, das weitgehend einem von Polakoff entwickelten Modell entnommen ist[39].

---

[38] Zu einer Analyse der Kreditaufnahme der Banken vgl. *M. E. Polakoff*, Reluctance Elasticity, Least Cost, And Member Bank Borrowing: A Suggested Interpretation. „The Journal of Finance", Vol. 15 (1960), S. 1 ff. — *W. G. Dewald*, Free Reserves, Total Reserves, And Monetary Control. „The Journal of Political Economy", Vol. 71 (1963), S. 142 f. — *W. L. Smith*, The Instruments of General Monetary Control. „National Banking Review", Vol. I (1963), S. 47 ff. — *S. M. Goldfeld* und *E. G. Kane*, The Determinants of Member Bank Borrowing; An Econometric Study. „The Journal of Finance", Vol. 21 (1966), S. 499 ff. — *M. E. Polakoff* und *W. L. Silber*, Reluctance and Member-Bank Borrowing: Additional Evidence. „The Journal of Finance", Vol. 22 (1967), S. 88 ff.

[39] *M. E. Polakoff*, Reluctance Elasticity.

Betrachtet wird eine einzelne Bank. Auf der Grundlage eines bestimmten Refinanzierungsvolumens F vermag diese Bank einen Gewinn Q zu realisieren, der sich wie folgt beschreiben läßt:

$$Q = r_L \cdot F - q \cdot F = F \cdot (r_L - q) \quad (2.73)$$

Nebenkosten der Kreditaufnahme und der Kreditverwendung — Bearbeitungsgebühren o. ä. — seien in r_L und q berücksichtigt. Der Gewinn Q bedeutet für die Bank einen positiven Nutzen.

Die Aufnahme von Krediten ermöglicht der Bank jedoch nicht nur das „Schöpfen" gewinnbringender Forderungen, sondern begründet zugleich Verbindlichkeiten. Wie bei den meisten privaten Wirtschaftssubjekten, so dürfte auch bei den Banken eine Abneigung gegen das Eingehen von Verbindlichkeiten zu beobachten sein. Eine denkbare Erklärung ist z. B. die Ungewißheit über den Grad der zukünftigen Synchronisation zwischen den aufgrund der Verbindlichkeiten fälligen Auszahlungen und den aufgrund der entsprechenden Forderungen (oder Investitionen) fälligen Einzahlungen.

Die Abneigung gegen das Eingehen von Verbindlichkeiten läßt sich für die Bank als ein negativer Nutzenbestandteil beschreiben.

Die relative Gewichtung des positiven Nutzenbeitrags durch den Gewinn Q und des negativen Nutzenbeitrags durch die Aufnahme der Refinanzierungskredite F sei durch die folgende Funktion gegeben[40]:

$$U = U(Q, F) \quad \text{mit} \quad \frac{\delta U}{\delta Q} > 0 \quad \text{und} \quad \frac{\delta U}{\delta F} < 0 \; . \quad (2.74)$$

Es soll angenommen werden, daß der Grenznutzen der Gewinne mit steigenden Gewinnen sinkt und die marginale Abneigung gegen die Verschuldung (gegen die Verbindlichkeiten) mit zunehmenden Krediten absolut steigt.

In Abbildung 8 sind Gewinnlinien entsprechend der Funktion (2.73) für verschiedene positive Differenzen $(r_L - q)$ eingezeichnet. Mit zunehmender positiver Differenz $(r_L - q)$ nimmt die Steigung der Gewinnlinien zu. Weiterhin sind aus der Schar der Indifferenzkurven, die sich aus der Nutzenfunktion (2.74) ableiten lassen, diejenigen eingezeichnet, die von den Gewinnlinien tangiert werden. Die Indifferenzkurven haben die Steigung:

$$\left| \frac{\delta U}{\delta F} \right| : \frac{\delta U}{\delta Q} \; .$$

[40] Vgl. auch *W. G. Dewald,* S. 142 f. — *S. M. Goldfeld* und *E. G. Kane,* S. 499 ff.

Das in den Indifferenzkurven zum Ausdruck kommende Nutzenniveau nimmt mit steigenden Gewinnen zu und mit zunehmender Verschuldung ab.

Abbildung 8: Das optimale Refinanzierungsvolumen[a)]

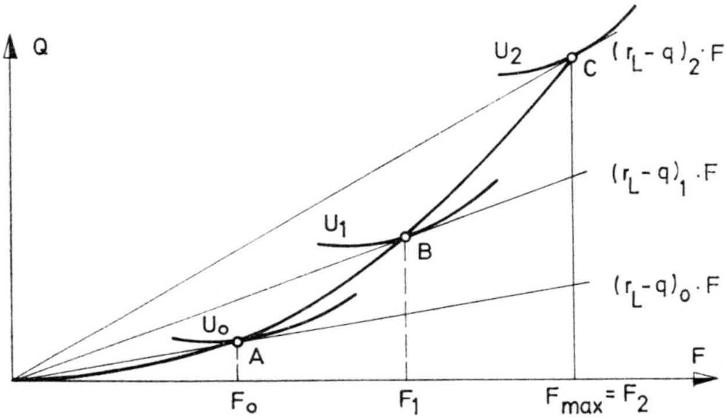

a) *Quelle: M. E. Polakoff,* Reluctance Elasticity. S. 5.

Der bei gegebener Differenz (r_L — q) maximal erreichbare Nutzen ist dann realisiert, wenn gilt[41]:

$$\left|\frac{\delta U}{\delta F}\right| : \frac{\delta U}{\delta Q} = (r_L - q) \; . \tag{2.75}$$

Der Nutzen wird also dann maximiert — und das strebt die Bank bei rationalem Verhalten an —, wenn das Verhältnis von marginaler Abneigung gegen die Verschuldung und Grenznutzen des Gewinns gleich ist der Differenz zwischen dem Kreditzinssatz r_L und dem Diskontsatz q. Die Steigung des Expansionspfades, der Ortslinie der Punkte der optimalen Verschuldung (der Nutzenmaximierung), nimmt mit zunehmender Höhe der Refinanzierungskredite nach der Voraussetzung über die Gestalt der Nutzenfunktion ständig zu und muß entsprechend

---

41 Das totale Differential ist gleich:

(a) $$dU = \frac{\delta U}{\delta Q} \cdot dQ - \left|\frac{\delta U}{\delta F}\right| \cdot dF \quad \left(\text{mit } \frac{\delta U}{\delta F} < 0\right)$$

Weiterhin ist aus Gleichung (2.73) gegeben:

(b) $$dQ = (r_L - q) \cdot dF \; .$$

Eingesetzt in (a) und dividiert durch dF ergibt:

(c) $$\frac{dU}{dF} = \frac{\delta U}{\delta Q} \cdot (r_L - q) - \left|\frac{\delta U}{\delta F}\right| = 0 \; ; \; \frac{dU}{dF}$$ muß wegen der geforderten Nutzenmaximierung gleich Null gesetzt werden. Aus Gleichung (c) folgt dann:

(d) $$(r_L - q) = \left|\frac{\delta U}{\delta F}\right| : \frac{\delta U}{\delta Q} = \frac{\delta Q}{dF} \; .$$

der bereits erwähnten empirischen Beobachtung, nach der sich die Banken freiwillig eine obere Grenze für die Kreditaufnahme setzen, bei einer bestimmten positiven Differenz $(r_L - q)_2$ einen unendlichen Wert annehmen.

Aus der Ortslinie der Punkte der optimalen Verschuldung läßt sich jetzt leicht die Nachfrage der Bank nach Refinanzierungskrediten bei variablem Kreditzinssatz r_L und konstantem Diskontsatz q ableiten.

Abbildung 9 zeigt einen möglichen Verlauf der Nachfragekurven bei unterschiedlichen Diskontsätzen q_1 und q_2.

Abbildung 9: Die Nachfrage nach Refinanzierungskrediten[a)]

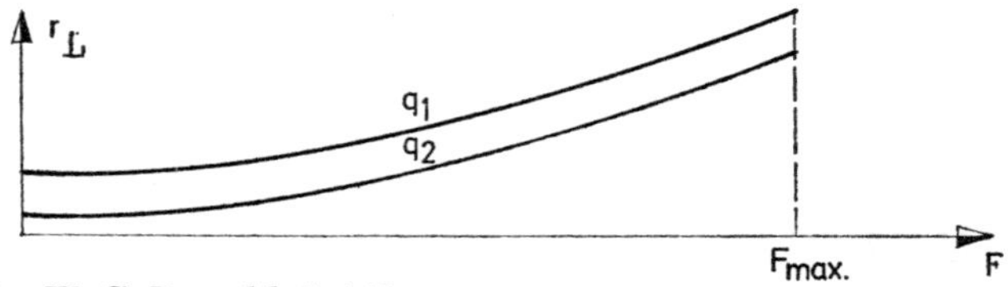

a) *Quelle: W. G. Dewald,* S. 143.

Sinkt der Diskontsatz von q_1 auf q_2, dann steigt die Nachfrage nach Refinanzierungskrediten F bei jedem vorgegebenen Kreditzinssatz r_L.

Die Nachfrage nach Geldmarktkrediten und Krediten aus dem Ausland läßt sich analog zum vorangegangenen Modell darstellen, wenn der Diskontsatz q durch die jeweiligen Zinssätze für Geldmarktkredite und für Auslandskredite ersetzt wird.

Wird berücksichtigt, daß die Bank nicht nur durch Wechselrediskontkredite, sondern auch durch Inanspruchnahme der anderen Kreditquellen einerseits oder durch einen Aktivtausch andererseits, vor allem durch Verkauf von Geldmarkt- und Kapitalmarktpapieren, in den Besitz von Zentralbankgeld und für eine Kreditexpansion nötige Überschußreserve gelangen kann, so wird deutlich, daß die oben abgeleitete Nachfrage nach Refinanzierungskrediten auch von den Zinssätzen für Geldmarktkredite r_{GK}, für Auslandskredite r_A, für Geldmarktpapiere r_G und für Kapitalmarktpapiere r_{KP} beeinflußt wird.

Nach den Ergebnissen der Portfolio-Analyse ist weiterhin zu erwarten, daß die Risiken, die mit den zum Wechselrediskontkredit alternativen Kreditaufnahmen verbunden sind, z. B. das Risiko der plötzlichen Aufkündigung eines Kredits oder das Wechselkursrisiko bei Auslandskrediten, ebenfalls einen Einfluß haben. Diese Risiken seien mit s_{GK} und s_A bezeichnet.

Die Aufnahme von Wechselrediskontkrediten ist dagegen weitgehend risikolos in dem zuvor genannten Sinne. Die Risiken der Geld- und Kapitalmarktpapiere bestimmen zwar entscheidend die Aktivstruktur der Bilanz, dürften jedoch für die Nachfrage nach dem Passivum „Refinanzierungskredite" nur eine sehr geringe Bedeutung haben, so daß sie hier nicht gesondert berücksichtigt werden sollen. Da die Refinanzierungskredite zum größten Teil als Basis für die aktive Kreditvergabe der Banken dienen, dürfte allerdings das Risiko des Aktivums „Kredite" s_L als Determinante der Nachfrage nach Refinanzierungskrediten eine Rolle spielen.

Darüber hinaus wird die Höhe der Refinanzierungskredite einer Bank vom gesamten Einlagenvolumen D_T der Bank abhängen. Erklären läßt sich das z. B. mit dem bei steigendem Einlagenvolumen zunehmenden Bestand an zentralbankfähigen Wechseln oder mit dem höheren Bedarf an Zentralbankgeld für die mit steigendem Einlagenvolumen zunehmenden täglichen Zahlungsverpflichtungen.

Zusammenfassend kann die Nachfrage nach Refinanzierungskrediten demnach wie folgt formuliert werden:

$$F = F\,(q, r_L, r_{GK}, r_A, r_G, r_{KP}, s_{GK}, s_A, s_L, D_T) \quad . \tag{2.76}$$

ε) Die optimale Portfolio-Struktur einer Bank bei Stochastizität des Depositenvolumens und der Kreditnachfrage des Publikums

Die bisher dargestellten Portfolio-Entscheidungen einer Bank beruhten auf den Annahmen, daß das Volumen der Sicht-, Termin- und Spareinlagen eine vorgegebene und für die Bank exakt bekannte Größe sei und daß die Kreditnachfrage des Publikums zum einen immer ausreiche, um das Angebot der Bank zu absorbieren, und zum anderen der Bank ebenfalls hinreichend genau bekannt sei.

Im Gegensatz dazu dürfte es realistisch sein, anzunehmen, daß eine Bank sowohl über die Höhe des Einlagenvolumens als auch über die Höhe der Kreditnachfrage keine vollkommene Information besitzt.

In einem weiteren Modell, wie es ähnlich von Modigliani, Rasche und Cooper entwickelt wurde[42], soll deshalb gezeigt werden, wie eine Bank ihr Portefeuille optimal strukturiert, wenn sie lediglich Vorstellungen über wahrscheinliche Werte des Einlagenvolumens und der Kreditnach-

---

[42] *F. Modigliani, R. Rasche, J. P. Cooper,* Central Bank Policy, the Money Supply, and the Short-Term Rate of Interest. „The Journal of Money, Credit, and Banking", Vol. 2 (1970), S. 180 ff.

frage und damit über Wahrscheinlichkeitsverteilungen dieser Größen hat.

Die Sichtdepositen D, die Termindepositen TD, die Spardepositen SD und die Kreditnachfrage L_P des Publikums sind demnach in dem hier darzustellenden Modell Zufallsvariablen. Zur Unterscheidung von den sicheren Größen werden diese Zufallsvariablen mit einem Index versehen: D', TD', SD' und L'_P.

Die Größen $\overline{D}$, $\overline{TD}$, $\overline{SD}$ und $\overline{L_P}$ seien die mathematischen Erwartungswerte dieser Variablen und die Größen u_D, u_{TD}, u_{SD} und u_L entsprechend den Wahrscheinlichkeitsverteilungen die Abweichungen der Zufallsvariablen von den Erwartungswerten[43].

Der Portfolio-Entscheidung der hier betrachteten Bank soll eine Bilanz zugrundeliegen, die im wesentlichen der schon in Tabelle 7 aufgestellten Bilanz einer Geschäftsbank entspricht.

Tabelle 10: Die Bilanz einer Geschäftsbank (II)

Mindestreserven	MR	Sichtdepositen	D
Zusatzreserven in Liquiditätsanlagen	G	Termindepositen	TD
Kapitalmarktpapiere	KP	Spardepositen	SD
Kredite an das Publikum	L	Refinanzierungskredite	F
		Saldo der übrigen Positionen	SA

Es soll angenommen werden, daß die Bank

(1) die Zusatzreserven ZR vollständig in Form von kurzfristig liquidierbaren Wertpapieren G hält, für die ein Zins von r_G erzielt wird,

(2) erst dann Refinanzierungskredite zu einem Diskontsatz von q in Anspruch nimmt, wenn die Zusatzreserven $ZR = G$ gleich Null sind, und

(3) den Zins r_L für an das Publikum vergebene Kredite als ein Datum hinnehmen muß und die bei diesem Zins wirksam werdende Kreditnachfrage voll befriedigt.

Zur Formulierung der im folgenden Modell nach Tabelle 10 gültigen Bilanzrestriktion wird der Begriff der freien Reserven eingeführt, der vor allem in der anglo-amerikanischen Literatur zur Geldangebotstheorie eine besondere Rolle spielt[44] und der auch in der späteren makroökonomischen Analyse noch von Bedeutung ist.

---

[43] Ebenda, S. 181.

[44] Vgl. z. B. *A. J. Meigs*, Free Reserves and the Money Supply. Chicago, London 1962; — *W. G. Dewald*.

Die freien Reserven sind definiert als Differenz der Zusatzreserven und der Refinanzierungskredite:

$$FR = ZR - F \ . \tag{2.77}$$

Je nach Gewicht von ZR und F können die freien Reserven auch einen negativen Wert annehmen.

Nach der zweiten der obigen Annahmen entsprechen im vorliegenden Modell die positiven freien Reserven den Zusatzreserven und — absolut gesehen — die negativen freien Reserven dem Volumen der Refinanzierungskredite.

Die Mindestreservesätze auf Sicht-, Termin- und Spardepositen seien mit k_D, k_{TD} und k_{SD} bezeichnet.

Als Bilanzrestriktion ist beim Optimierungsprozeß somit zu beachten:

$$\begin{aligned} FR &= D + TD + SD - MR - KP - L + SA \\ &= (1 - k_D) \cdot D + (1 - k_{TD}) \cdot TD + (1 - k_{SD}) \cdot SD \\ &\quad - KP - L + SA \ . \end{aligned} \tag{2.78}$$

Unter Berücksichtigung der Stochastizität der Größen D, TD, SD und L — wobei nach der obigen 3. Voraussetzung $L = L_P$ ist — wird Gleichung (2.78) zu:

$$\begin{aligned} FR' &= (1 - k_D) \cdot \overline{D} + (1 - k_{TD}) \cdot \overline{TD} + (1 - k_{SD}) \cdot \overline{SD} \\ &\quad - KP - \overline{L} + SA + (1 - k_D) \cdot u_D + (1 - k_{TD}) \cdot u_{TD} \\ &\quad + (1 - k_{SD}) \cdot u_{SD} - u_L \\ &= \overline{FR} + u_{FR} \ . \end{aligned} \tag{2.79}$$

FR' deutet an, daß die freien Reserven als eine Zufallsvariable zu verstehen sind; $\overline{FR}$ ist der mathematische Erwartungswert der FR' und u_{FR} die Abweichung von diesem Erwartungswert.

Es sind:

$$\begin{aligned} \overline{FR} &= (1 - k_D) \cdot \overline{D} + (1 - k_{TD}) \cdot \overline{TD} + (1 - k_{SD}) \cdot \overline{SD} \\ &\quad - KP - \overline{L} + SA \end{aligned} \tag{2.80}$$

und

$$u_{FR} = (1 - k_D) \cdot u_D + (1 - k_{TD}) \cdot u_{TD} + (1 - k_{SD}) \cdot u_{SD} - u_L \ . \tag{2.81}$$

Mit der Wahrscheinlichkeitsverteilung der Größen D, TD, SD und L ist eindeutig auch die Wahrscheinlichkeitsverteilung für die Abweichungsgrößen u_{FR} bestimmt; diese Verteilung sei mit $f(u_{FR})$ bezeichnet. Aus der Wahrscheinlichkeitsfunktion $f(u_{FR})$ läßt sich die entsprechende Verteilungsfunktion $F(u_{FR})$ gewinnen, die die Wahrscheinlichkeit dafür angibt, daß höchstens ein bestimmter Wert u_{FR} eintritt.

Bei Zinssätzen von r_G für die Liquiditätsanlagen, r_{KP} für die Kapitalmarktpapiere, r_L für die Kredite und q für in Anspruch genommene Refinanzierungskredite läßt sich für die Bank die folgende Gewinnfunktion aufstellen:

(2.82)
$$Q = Q_0 + r_{KP} \cdot KP + r_L \cdot \overline{L} + r_G \int_{u_{FR} = -\overline{FR}}^{u_{FR} = \infty} (\overline{FR} + u_{FR}) \cdot F(u_{FR}) \cdot du_{FR} + q \int_{u_{FR} = -\infty}^{u_{FR} = -\overline{FR}} (\overline{FR} + u_{FR}) \cdot F(u_{FR}) \cdot du_{FR} \quad \text{oder}$$

(2.83)
$$Q = Q_0 + r_{KP} \cdot KP + r_L \cdot \overline{L} + r_G \cdot \overline{FR} + (q - r_G) \cdot \int_{u_{FR} = -\infty}^{u_{FR} = -\overline{FR}} (\overline{FR} + u_{FR}) \cdot F(u_{FR}) \cdot du_{FR} \, .$$

Q_0 enthält alle Gewinn- und *Kosten*bestandteile, die die Portfolio-Entscheidung nicht beeinflussen, wie z. B. die auf die Depositen gezahlten Zinsen; $r_{KP} \cdot KP$ bezeichnet die Gewinne aus der Anlage in Kapitalmarktpapieren und $r_L \cdot \overline{L}$ die Gewinne aus dem aktiven Kreditgeschäft.

Aus Gründen der Vereinfachung wird von einem Ertragsrisiko bei den Aktiva abgesehen. Dies macht es möglich, auf eine Nutzenfunktion als Ausdruck der Präferenzen zwischen Ertrag und Risiko zu verzichten und das optimale Portefeuille unmittelbar aus der Maximierung der Gewinnfunktion zu ermitteln.

Der vierte Summand in der Gewinngleichung (2.82) kennzeichnet den Gewinn aus einer Anlage in kurzfristig liquidierbaren Wertpapieren, die nach Voraussetzung im Betrag den positiven freien Reserven entsprechen. Positive freie Reserven ergeben sich bei $u_{FR} > -\overline{FR}$, woraus sich der Integralausdruck bei Beachtung der Verteilungsfunktion $F(u_{FR})$ erklärt[45].

Schließlich werden noch die Kosten berücksichtigt, die bei Aufnahme von Refinanzierungskrediten anfallen.

---

[45] Ist $\overline{FR}$ positiv, so wird u_{FR} bei $u_{FR} > -\overline{FR}$ folglich negativ und umgekehrt.

Die Bank verschuldet sich nach Voraussetzung nur dann, wenn die Zusatzreserven gleich Null und somit voll „verbraucht" sind. Die Refinanzierungskredite entsprechen dann — absolut gesehen — den negativen freien Reserven, und eine Kreditaufnahme erfolgt demnach, wenn $u_{FR} < -\overline{FR}$ ist. Unter Berücksichtigung dieser Beziehung und der Verteilungsfunktion gelangt man zum verwendeten Integralausdruck.

Die Summe der beiden Integrale

$$\int_{u_{FR}=-\overline{FR}}^{u_{FR}=\infty} \quad \text{und} \quad \int_{u_{FR}=-\infty}^{u_{FR}=-\overline{FR}}$$

ist gleich $\overline{FR}$, so daß aus Gleichung (2.82) die vereinfachte Gleichung (2.83) folgt.

Da die Höhe der Zusatzreserven oder der freien Reserven, ebenso wie das Volumen der Einlagen und der Kredite an das Publikum, stochastischen Einflüssen unterliegen, die Größe *SA* als konstant angenommen werden soll und die Mindestreserven gesetzlich fixiert sind, bleibt der Bank als einzige autonome und exakt bestimmbare Aktionsgröße das Aktivum „Kapitalmarktpapiere".

Die Gewinnfunktion ist deshalb im Rahmen des Optimierungsprozesses nach der Größe *KP* zu differenzieren[46].

$$(2.84) \quad \frac{dQ}{dKP} = r_{KP} + r_G \cdot \frac{d\overline{FR}}{dKP} + (q - r_G) \cdot \int_{u_{FR}=-\infty}^{u_{FR}=-\overline{FR}} \frac{d\overline{FR}}{dKP} \cdot F(u_{FR}) \cdot du_{FR} = 0 \; .$$

Aus Gleichung (2.80) ergibt sich für $\frac{d\overline{FR}}{dKP}$ ein Wert von -1.

Wird der Integralausdruck in Gleichung (2.84) mit $g(-\overline{FR})$ bezeichnet, womit angedeutet wird, daß dieser nur von Relevanz ist, wenn die freien Reserven negativ sind, so läßt sich jetzt (2.84) umformen zu[47]:

$$(2.85) \quad \frac{dQ}{dKP} = r_{KP} - r_G - (q - r_G) \cdot g(-\overline{FR}) = 0 \; .$$

Funktion (2.85) kann jetzt wie folgt nach dem mathematischen Erwartungswert der freien Reserven aufgelöst werden[48]:

$$(2.86) \quad \overline{FR} = -F^{-1}\left[\frac{r_{KP} - r_G}{q - r_G}\right] \; ;$$

darin ist F^{-1} die Inverse zur Verteilungsfunktion $F(u_{FR})$.

---

[46] *F. Modigliani, R. Rasche, J. P. Cooper*, S. 184.

[47] Ebenda.

[48] Ebenda.

Setzt man (2.86) in die Bilanzrestriktion (2.80) ein, so erhält man — aufgelöst nach KP — die den Gewinn maximierende und damit dem optimalen Portefeuille entsprechende Nachfrage der Bank nach Kapitalmarktpapieren[49]:

$$KP = (1 - k_D) \cdot \overline{D} + (1 - k_{TD}) \cdot \overline{TD} + (1 - k_{SD}) \cdot \overline{SD} - \overline{L} + SA + F^{-1} \left[\frac{r_{KP} - r_G}{q - r_G} \right] . \tag{2.87}$$

Die Nachfrage der Bank nach Kapitalmarktpapieren ist abhängig von den Wahrscheinlichkeitsverteilungen der Sicht-, Termin- und Spardepositen und der Kreditnachfrage des Publikums einerseits und von den Zinssätzen r_{KP} und r_G, den verschiedenen Mindestreservesätzen und vom Diskontsatz q andererseits.

Zwischen KP und r_{KP} besteht eine positive, zwischen KP und q eine negative Korrelation.

Der Zinssatz r_G und der Diskontsatz q haben einen Einfluß auf KP, weil die Bank

(1) die Möglichkeit hat, Liquiditätsengpässe statt durch Verschuldung auch durch den Verkauf von Kapitalmarktpapieren zu überbrücken, und

(2) bei Existenz positiver Bestände an freien Reserven Teile dieser Aktiva in Kapitalmarktpapiere transferieren wird, wenn die Rendite dieser Papiere im Verhältnis zu der der Geldmarktpapiere steigt, wobei allerdings eine völlige Auflösung der freien Reserven auf diese Weise ausgeschlossen ist, da die Kapitalmarktpapiere relativ illiquide sind und die Bank zu jedem Zeitpunkt über Liquiditätsreserven verfügen muß.

Aufgrund der Annahme, daß die Bank die bei jedem vorgegebenen Kreditzins r_L wirksam werdende Kreditnachfrage des Publikums immer voll befriedigt, ist der Zins r_L keine Determinante der Nachfrage nach Kapitalmarktpapieren.

Eine volle Befriedigung der Kreditnachfrage ist der Bank jedoch nur möglich, wenn ihr zu jeder Zeit die dazu notwendigen Liquiditätsreserven zur Verfügung stehen.

Im obigen Modell wurde dies dadurch gesichert, daß der Umfang der Refinanzierungskredite und damit auch der negative Betrag der freien Reserven nicht begrenzt waren.

---

[49] Ebenda.

Tatsächlich aber sind der Beschaffung von Liquidität in der Regel mehr oder weniger enge Grenzen gesetzt, z. B. durch den Bestand an rediskontfähigen Wechseln, durch Rediskontkontingente, durch die schon diskutierte Aversion der Bank gegen die Kreditaufnahme oder durch Rentabilitätserwägungen aus dem Vergleich des vorgegebenen Kreditzinssatzes und des Diskontsatzes.

Die obige Verhaltensannahme müßte unter Berücksichtigung solcher Restriktionen modifiziert werden.

Es wäre denkbar, daß die Bank

(1) eine Kreditrationierung im Rahmen einer qualitativen Kreditpolitik, z. B. durch Veränderung der Bonitätsanforderungen an die Kreditnehmer, betreibt und so indirekt auf die Kreditkosten einwirkt oder

(2) zumindest innerhalb bestimmter Grenzen den direkt meßbaren Kreditzins entgegen der obigen Annahme autonom fixieren kann und darüber das Volumen der an das Publikum vergebenen Kredite reguliert.

Die zuerst genannte Möglichkeit spielt in der zu Beginn der Arbeit diskutierten „credit-availability"-Theorie eine bedeutende Rolle.

Werden die aufgezeigten alternativen Verhaltensweisen im obigen Modell berücksichtigt, so geht auch der Kreditzins r_L als Determinate in die Funktion der Nachfrage nach Kapitalmarktpapieren ein.

Sind der Beschaffung von Liquidität Grenzen gesetzt, so ist das bei der Ermittlung des optimalen Portefeuilles durch eine Nebenbedingung zu berücksichtigen.

Im obigen Modell würde bei Unterstellung einer der beiden alternativen Verhaltensweisen neben dem Bestand an Kapitalmarktpapieren auch das Volumen der an das Publikum vergebenen Kredite eine im Optimierungsprozeß zu bestimmende Größe sein.

Das dem optimalen Portefeuille adäquate Kreditangebot der Bank wird je nach Wettbewerbssituation auf dem Kreditmarkt u. U. noch von anderen Größen als den im obigen Modell explizit berücksichtigten Variablen abhängen.

Die von den übrigen Kreditgebern geforderten Zinsen oder die von diesen gestellten Bonitätsforderungen werden im Optimierungskalkül der Bank um so bedeutender sein, je größer die Markttransparenz der Kreditnehmer ist und je stärker die Interdependenzen zwischen den Aktionen und Reaktionen — jeweils in bezug auf Preis bzw. Zins und Menge — der Mitwettbewerber sind.

Auf dem Kreditmarkt — oder streng genommen den Kreditmärkten — sind neben den Geschäftsbanken auch die paramonetären Finanzinstitute als Anbieter tätig.

Beachtet man dies, so dürfte die Zahl der Anbieter auf den Kreditmärkten recht groß sein.

A priori läßt sich deshalb noch nicht sagen, ob, wie oft behauptet wird, die Kreditmärkte durch eine oligopolistische Wettbewerbssituation gekennzeichnet sind.

Ob das tatsächlich so ist, soll hier nicht untersucht werden.

Die Überlegungen machen jedoch deutlich, daß die Wettbewerbssituation auf dem Kreditmarkt oder den Kreditmärkten und evtl. auch noch auf anderen für die Bank relevanten Märkten bei der Gestaltung des Portefeuilles eine nicht unerhebliche Rolle spielen kann.

3. Nachfrage und Angebot eines paramonetären Finanzinstituts

Die Herleitung der für die Problemstellung dieser Arbeit interessierenden Nachfrage- und Angebotsfunktionen eines paramonetären Finanzinstituts hat ebenfalls auf der Grundlage einer Portfolio-Analyse zu erfolgen. Gegenüber der zuvor für eine Geschäftsbank vorgenommenen Bestimmung eines optimalen Portefeuilles ergibt sich dabei kein wesentlicher Unterschied, so daß hier eine Wiederholung der Modelldarstellungen nicht erforderlich ist[50].

Auf einige Besonderheiten und Abweichungen des Bereichs der paramonetären Finanzinstitute gegenüber dem Bereich der Geschäftsbanken und ihrer Bedeutung für die Nachfrage- und Angebotsfunktionen soll jedoch kurz eingegangen werden.

Betrachtet sei die Bilanz eines paramonetären Finanzinstituts.

Tabelle 11: Die Bilanz eines paramonetären Finanzinstituts[a])

Bargeld	C	Verbindlichkeiten	W
Sichtdepositen	D		
Kurz- und langfristige Wertpapiere (vor allem Staatspapiere)	S	Sonstige Passiva	SP
Kredite	L		
Übrige Aktiva	ÜA		

a) Zu einer detaillierten Beschreibung der Bilanzpositionen der paramonetären Finanzinstitute vgl. *G. A. B. Kartsaklis,* Theoretische Untersuchungen zum mikro- und makroökonomischen Kreditangebot. (Untersuchungen über das Spar-, Giro- und Kreditwesen, Bd. 48.) Berlin 1970. S. 58 ff.

---

50 Formale Analysen der Angebots- und Nachfrageentscheidungen der Mikroeinheiten „Paramonetäre Finanzinstitute" sind in der Literatur kaum zu finden. Eine Ausnahme bildet z. B. *A. Lindbeck,* A Study, S. 212 ff.

Die Struktur der Aktiva unterscheidet sich kaum von der in der Bilanz einer Geschäftsbank. Auf den ersten Blick mag dies auch auf die Passiva zutreffen. Jedoch ist zu beachten, daß es sich bei den Verbindlichkeiten gegenüber dem Publikum nicht um Sicht-, Termin- oder Spareinlagen handelt, sondern um spezifisch von der Art des Instituts abhängende weitgehend langfristige Verbindlichkeiten, z. B. in Form von Versicherungsverbindlichkeiten (bei Versicherungsunternehmen), Investmentzertifikaten (bei Investmentfonds), Pfandbriefen (bei Hypothekenbanken), Immobilienverpflichtungen (bei Immobiliengesellschaften) und Obligationen, die bei verschiedenen Arten von Instituten zu finden sind.

Wie von einer Geschäftsbank die Höhe der Sicht-, Termin- und Spareinlagen, so kann das Volumen der Verbindlichkeiten gegenüber dem Publikum von einem paramonetären Finanzinstitut durch entsprechende Werbetätigkeit und attraktive Dienstleistungen zwar beeinflußt, nicht aber exakt determiniert werden. Das Passivum „Verbindlichkeiten gegenüber dem Publikum“ ist somit auch hier eine stochastische Größe.

Die Möglichkeit zur Aufnahme von Refinanzierungskrediten bei der Zentralbank besteht für paramonetäre Finanzinstitute nicht.

Da die paramonetären Finanzinstitute keine Verpflichtungen aus vom Publikum in relativ kurzer Zeit liquidierbaren Sicht-, Termin- oder Spareinlagen haben, sind sie auch gesetzlich nicht verpflichtet, dafür Liquiditätsreserven — Mindestreserven — zu halten. Jedoch wird in der Regel aus Transaktions- und Vorsichtsgründen dennoch ein Teil der Aktiva aus Bargeld und Sichtdepositen bei Geschäftsbanken bestehen. Diese Liquiditätsreserven sind freiwillig und entsprechen damit den freiwilligen Zusatzreserven der Geschäftsbanken.

Über die Kreditnachfrage des Publikums wird das paramonetäre Finanzinstitut, ebenso wie eine Geschäftsbank, keine vollständige Information besitzen.

Aus den bisherigen Portfolio-Modellen ist bekannt, daß das Verhältnis der Höhe der Aktiva und Passiva zueinander von den relativen Zinssätzen, den relativen Ertrags- und Anlagerisiken und den Wahrscheinlichkeitsverteilungen — hier der Kreditnachfrage des Publikums und der Verbindlichkeiten gegenüber dem Publikum — bestimmt ist und die absolute Nachfrage nach und das absolute Angebot an diesen Aktiva und Passiva von eben den gleichen Größen und zudem vom Bilanzvolumen abhängig sind.

Ein wesentlicher Unterschied gegenüber der bisherigen Analyse besteht jedoch hinsichtlich des maximal möglichen Kreditangebots aus einer bestimmten Überschußreserve. Für eine Geschäftsbank ergab sich dies nach Gleichung (2.60) als $\Delta L = \ddot{U}R \cdot v^{-1}$, wobei v den sogenannten Verlustkoeffizienten darstellt. Die Struktur der Passiva der Bilanz eines paramonetären Finanzinstituts legt den Schluß nahe, daß der Verlustkoeffizient für ein solches Institut wesentlich größer ist als für eine Geschäftsbank[51]:

(1) Ein Teil der an das Publikum vergebenen Kredite bleibt der Geschäftsbank in Form von Sicht-, Termin- oder Spardepositen unmittelbar erhalten, da die Kreditnehmer in der Regel Teilbeträge des Kredits auf Konten der kreditgebenden Bank halten oder auf Konten anderer Wirtschaftssubjekte bei dieser Bank überweisen. Diese Möglichkeit ist bei einem paramonetären Finanzinstitut unmittelbar nicht gegeben.

(2) Die Geschäftsbank kann damit rechnen, daß ein nicht unbeträchtlicher Teil der vergebenen Kredite im Zuge des multiplen Zahlungsverkehrs auch dann in Form von Depositen an sie zurückfließt, wenn die Kredite unmittelbar nach Kreditvergabe vom Kreditnehmer auf Konten bei anderen Banken überwiesen wurden. Dagegen ist die Möglichkeit, daß für das paramonetäre Finanzinstitut gerade aufgrund der Kreditvergabe eine merkliche Erhöhung der Verbindlichkeiten gegenüber dem Publikum eintritt, als sehr gering einzuschätzen.

Nach diesen Überlegungen muß für ein paramonetäres Finanzinstitut ein Verlustkoeffizient mit einem Wert von annähernd 1 angenommen werden.

Mit dieser kurzen Aufzählung der wesentlichen Unterschiede zwischen den Aktionsspielräumen einer Geschäftsbank und eines paramonetären Finanzinstituts soll die mikroökonomische Analyse abgeschlossen werden.

Die Bedeutung der Akteure auf den Märkten der monetären, finanziellen und realen Aktiva und Passiva für die Wirksamkeit der Zentralbankpolitik wird, aufbauend auf der damit gesetzten Basis, im Rahmen der anschließenden makroökonomischen Analyse eingehender als bisher herausgearbeitet.

---

[51] Zwar gibt es eine Reihe von Untersuchungen über den makroökonomischen Kreditschöpfungsmultiplikator der Gesamtheit der paramonetären Finanzinstitute, aber nicht über den mikroökonomischen Verlustkoeffizienten.

DRITTER TEIL

Makroökonomische Analyse des monetären Transmissionsmechanisnus

I. Die makroökonomischen Angebots- und Nachfragefunktionen auf den Märkten der monetären finanziellen und realen Aktiva und Passiva

1. Zur Problematik der Aggregation

a) Allgemeine Überlegungen

In der vorangegangenen mikroökonomischen Analyse wurden im Rahmen einer Reihe verschiedener theoretischer Modelle die Faktoren aufgezeigt, die die Entscheidungen eines Haushalts, einer Unternehmung, einer Geschäftsbank und eines paramonetären Finanzinstituts über die Nachfrage nach und das Angebot an Aktiva und Passiva determinieren.

Aufbauend auf den bisherigen Ergebnissen, sollen zunächst in allgemeiner Form die gesamtwirtschaftlichen Angebots- und Nachfragefunktionen formuliert werden, die Grundlage sind für die Austauschbeziehungen auf den Märkten der monetären Aktiva, wie z. B. Zentralbankgeld und Sichtdepositen, der finanziellen Aktiva und Passiva, darunter vor allem Wertpapiere und Kredite, und der realen Aktiva, des produktiven Sachkapitals und der dauerhaften Konsumgüter.

Die Angebots- und Nachfragerelationen bilden wiederum die grundlegenden Bestandteile des später zu konstruierenden makroökonomischen Modells, mit dessen Hilfe den primären Zielsetzungen dieser Arbeit entsprochen werden soll.

Das charakteristische Merkmal eines makroökonomischen Modells ist darin zu sehen, daß es durch eine auf größere Aggregate gerichtete übersichtliche Darstellung einen Einblick in gesamtwirtschaftliche Wirkungszusammenhänge gibt und so dem praktischen Politiker als eine operationale Entscheidungshilfe dient.

Um diesem Anspruch zu genügen, sind bei der Konstruktion eines solchen Modells die Fülle der in einer Volkswirtschaft zu findenden, mehr oder weniger stark heterogenen Güter — darunter auch Aktiva und Passiva — zu wenigen Güteraggregaten zusammenzufassen, sind die individuellen Wirtschaftseinheiten einer Volkswirtschaft zu einigen wenigen Wirtschaftssektoren oder Wirtschaftsgruppen zu vereinigen und sind die aufgestellten Relationen über einen mehr oder weniger langen Zeitraum zu definieren.

Bei der Formulierung der makroökonomischen Relationen und vor allem auch bei der Ableitung dieser Relationen aus den bereits bekannten mikroökonomischen Beziehungen sieht man sich also zwangsläufig mit dem Problem einer geeigneten Aggregation konfrontiert, einer Aggregation über Güter, über Individuen und über die Zeit[1].

Bei jedem dieser drei Aggregationsobjekte stellt sich erstens die Frage nach dem Grad der Aggregation (bzw. der Disaggregation), also die Frage, *was* und *wieviel* jeweils zu einem Aggregat zusammengefaßt oder über *welchen* Zeitraum eine Relation definiert werden soll, und zweitens die Frage nach der Technik der Aggregation, also die Frage, *wie* diese Aggregate aus den dafür vorgesehenen Einzelelementen oder wie Zeiträume als Ausdruck von Zeitpunkten zusammenfassend gewonnen werden.

(1) Der Grad der Aggregation bzw. Disaggregation hängt im wesentlichen davon ab, für welche Zwecke und zur Erklärung welcher spezifischer Phänomene das makroökonomische Modell gebraucht wird, ob es z. B. als Entscheidungshilfe für eine gesamtwirtschaftlich globale oder eine sektorale differenzierende Politik dienen soll oder ob es kurz- oder langfristig wirkende Zusammenhänge erklären und damit z. B. Entscheidungsgrundlage kurzfristiger Konjunktur- oder langfristiger Wachstumspolitik sein soll.

Der Wirkungsprozeß und die Wirkung der Geldpolitik werden sicherlich dann vollständig und exakt analysiert, wenn *alle* einzelnen Märkte, die für die Übertragung monetärer Impulse auf die letztlich interessierenden ökonomischen Größen, in dieser Arbeit vor allem das nominelle Sozialprodukt, von Bedeutung sind und alle sich differenzierenden Wirtschaftsgruppen, die auf diesen Märkten tätig sind, im Modell explizit Berücksichtigung finden und wenn weiterhin die zeitlichen Sequenzen des Transmissionsmechanismus im einzelnen erfaßt werden.

Eine zu starke Aggregation, wie sie z. B. im Keynesschen Modell erfolgt ist und wie sie heute in Form einer Konstruktion von „single

---

[1] Vgl. *H. Theil,* Linear Aggregation of Economic Relations. Amsterdam 1954, S. 3.

equation“ Modellen als Grundlage empirischer Untersuchungen vor allem von den Monetaristen angewandt wird[2], führt leicht zur Verschleierung von für die Wirksamkeit der Geldpolitik wichtigen Zusammenhängen.

Andererseits gehen die oben skizzierte Vollständigkeit und Exaktheit auf Kosten der Übersichtlichkeit und Operationalität, also der notwendigen Charakteristika eines makroökonomischen Modells. Zwischen diesen beiden Widerparts gilt es, selbstverständlich unter Beachtung des Untersuchungsziels, eine optimale Kombination und damit einen optimalen Grad der Aggregation bzw. Disaggregation zu finden. Diese Aufgabe stellt sich auch dann, wenn von vornherein auf eine mikroökonomische Fundierung des Makromodells verzichtet wird.

Möglichkeiten eines optimalen Grades der Aggregation oder Disaggregation sollen hier allerdings nicht diskutiert werden.

Bereits im Rahmen der mikroökonomischen Analyse wurde der Bereich der nach Meinung des Verfassers wichtigen Güter, hier der Aktiva und Passiva, abgegrenzt und mit der getrennten Analyse des Nachfrage- und Angebotsverhaltens eines Haushalts *oder* einer Unternehmung, beides Wirtschaftseinheiten, die in der Literatur dem umfassenderen Bereich „Publikum“ zugeordnet werden, einer Geschäftsbank und eines paramonetären Finanzinstituts die Grundlage für die Differenzierung der Wirtschaftssektoren im Makromodell geschaffen.

Der Zeitraum, über den eine Nachfrage- oder Angebotsbeziehung definiert sein sollte, blieb dagegen unbestimmt; es war jeweils lediglich von *der* oder *einer* Periode die Rede.

Auch im makroökonomischen Modell wird die Länge *einer* oder *der* Periode nicht exakt bestimmt. Da es im wesentlichen darum geht, den Einfluß kurzfristiger Maßnahmen der Zentralbank — im Rahmen der Konjunkturpolitik — auf die Zielgrößen, hier vor allem auf das nominelle Sozialprodukt, aufzuzeigen, und da Wachstumsphänomene explizit aus der Betrachtung ausgeschlossen worden sind, ist die Ausdehnung des betrachteten Zeitraums a priori nicht allzu groß.

Der insgesamt betrachtete Zeitraum wird später so abgegrenzt, daß er ausreicht, um die *vollständige* Wirkung einer *einzelnen* Maßnahme der Zentralbank auf die letztliche Zielgröße zu zeigen; die über einen solchen Zeitraum definierten Relationen werden als „langfri-

---

[2] Vgl. z. B. *M. Friedman*, und *D. Meiselmann*, The Relative Stability. — *L. C. Andersen* und *J. L. Jordan*, Monetary and Fiscal Actions: A Test of Their Relative Importance in Economic Stabilization; „The Federal Reserve Bank of St. Louis. Review“, Vol. 50 (1968), S. 11 ff.

stige“ Funktionalbeziehungen bezeichnet. Für die dynamische Analyse, die vor allem zur Erklärung des Lags in der Wirksamkeit der Geldpolitik benötigt wird, wird dieser Zeitraum jedoch noch durch die Formulierung „kurzfristiger“ Beziehungen aufgeteilt.

(2) Unter dem technischen Aspekt ergeben sich für die Aggregation über die Zeit keine nennenswerten Probleme. Eine über einen bestimmten Zeitraum definierte Nachfrage nach einem Gut der Strömungsrechnung ist die Summe der Nachfragemengen in den einzelnen Zeitpunkten dieses Zeitraums, eine Nachfrage nach einem Gut der Bestandsrechnung — Aktiva und Passiva der Vermögensbilanzen — läßt sich als Durchschnitt der Bestandsnachfragen zu einzelnen marginalen Zeiträumen des umfassenderen Zeitraums darstellen.

Auch die Aggregation über Güter ist problemlos, wenn, wie bereits in der mikroökonomischen Analyse geschehen, die einzelnen *wertmäßigen* Nachfragemengen — ausgedrückt in einer bestimmten Währungseinheit — der zu aggregierenden Güter addiert werden.

Addition oder Durchschnittsbildung stellen in den genannten Beispielen also adäquate Techniken der Aggregation dar.

Erhebliche Schwierigkeiten bereitet dagegen die Aggregation über Individuen, ein Problem, das auftritt, wenn die makroökonomischen Funktionalbeziehungen, so wie es hier beabsichtigt ist, aus den mikroökonomischen Relationen gewonnen werden sollen. Eine Aggregation über Individuen liegt dann vor, wenn die individuelle Nachfrage nach oder das individuelle Angebot an einem Gut oder einem Güteraggregat in einer Nachfrage- oder Angebotsrelation einer Wirtschaftsgruppe, die die betrachteten Individuen einschließt, zusammengefaßt werden.

Bei dieser Aggregation sind nicht nur die individuellen Nachfrage- und Angebotsmengen bzw. -werte, sondern auch die diese Mengen oder Werte bestimmenden Größen, die einzelnen Determinanten von Nachfrage und Angebot, in den globalen Relationen geeignet zu erfassen; und hierin ist das entscheidende Problem zu sehen.

Das weitgehend übliche Verfahren, die Makrorelationen aus den Mikrorelationen zu gewinnen, ist das des Analogie-Schlusses[3]: hängt z. B. die Nachfrage eines Individuums nach einem Gut *A* in einer bestimmten Periode vom Vermögen dieses Individuums in der Periode ab, so wird daraus eine makroökonomische Beziehung formuliert, die die gesamtwirtschaftliche Nachfrage nach einem Gut *A* vom Gesamtvermögen der Volkswirtschaft abhängig macht, wobei dann zwar die Para-

[3] Vgl. *H. Theil,* S. 6.

meter der Mikro- und Makrorelationen, nicht aber die grundsätzliche Einflußrichtung der Determinanten differieren.

Es lassen sich leicht Beispiele finden, die zeigen, daß ein solches Vorgehen zu Trugschlüssen führen kann.

Angenommen, für die Nachfrage nach einem Gut *A* gelte der bekannte Snobeffekt[4]. Steigt das Vermögen des Snobs bei unverändertem Vermögen der übrigen Wirtschaftssubjekte, die keine Snobs sein sollen, so wird die Nachfrage der Nicht-Snobs nach dem Gut *A* ceteris paribus unverändert bleiben und die des Snobs zunehmen. Gesamtwirtschaftlich steigen sowohl Vermögen als auch Nachfrage nach dem Gut *A*, eine Relation, die durch den Analogie-Schluß zumindest aus den Mikrobeziehungen der nicht als Snobs fungierenden Wirtschaftssubjekte gewonnen werden kann. Steigt das Vermögen lediglich dieser Wirtschaftssubjekte oder aller Wirtschaftssubjekte, so besteht aufgrund des Snobeffektes die Möglichkeit, daß die Nachfrage nach Gut *A* insgesamt nicht zunimmt. Der zuvor richtige Analogie-Schluß wäre hier also falsch. Neben dem Vermögen selbst hätten noch die Verteilung des zusätzlichen Vermögens und die spezifischen, nicht für alle Individuen gleichen Relationen beachtet werden müssen.

Nun ist es aber denkbar, daß der Analogie-Schluß zwar bei einer Aggregation lediglich in bezug auf die Individuen, im vorangegangenen Beispiel also bei einer Aggregation der individuellen Nachfragerelationen für das Gut *A*, zu falschen Ergebnissen führt, nicht aber bei einer Aggregation sowohl in bezug auf die Individuen als auch auf alle Güter: Der Snob wird zwar bei einer allgemeinen Vermögenssteigerung die Nachfrage nach dem Gut *A* einschränken, dafür aber sicherlich die Nachfrage nach einem oder mehreren anderen Gütern ausdehnen, und zwar so, daß sein Gesamtverbrauch mit steigendem Vermögen zunimmt. Die Beziehung, daß die gesamtwirtschaftliche Nachfrage nach einem alle hier relevanten Güter umfassenden Güteraggregat mit einer Erhöhung des Volksvermögens steigt, ist damit also vereinbar.

Hier wird deutlich, daß die Brauchbarkeit einer Aggregationsmethode auch von der Art der Aggregation abhängt.

Läßt sich, wie gerade gezeigt wurde, durch eine geeignetere komplexere Aggregation mit Hilfe des Analogie-Schlusses auch die grundsätzliche Einflußrichtung der Determinanten von den Mikro- auf die Makrorelationen übertragen, so ist es dennoch nicht möglich, den Ein-

---

[4] Vgl. *J. Schumann*, S. 60 ff.

fluß z. B. der Vermögensverteilung auf die Parameter der Makrorelationen auszuschließen[5].

Bei Anwendung des Analogie-Schlusses ist also Vorsicht geboten.

Trotz einiger nicht unerheblicher Einwände gegen dieses Verfahren wird im folgenden in Anlehnung an die übliche Verfahrensweise kein anderer Weg der Aggregation gewählt. Das einmal wegen der einfachen Handhabung und zum anderen wegen des Mangels an grundlegend besseren Aggregationsmethoden[6].

b) Spezifische Überlegungen zu den Modelldeterminanten

Bevor die makroökonomischen Angebots- und Nachfragerelationen formuliert werden, sollen kurz die mit der Aggregation auf der Grundlage des Analogie-Schlusses verbundenen möglichen Probleme der Determinanten in den Makrorelationen erörtert werden.

(1) Die Ertragssätze der Aktiva und Passiva (Zinssätze) sind Erwartungsgrößen, die sich jedoch in der Regel weitgehend mit den tatsächlichen Ertragssätzen (Zinssätzen) parallel entwickeln, so daß die letzteren ohne weiteres als Argumente in die makroökonomischen Funktionen übernommen werden können. Da diese Marktzinssätze für alle Individuen gleichermaßen objektive Größen darstellen, ergibt sich durch sie kaum ein Aggregationsproblem.

(2) Die Risiken der Aktiva und Passiva unterliegen einer rein individuellen subjektiven Bestimmung. Die Ermittlung eines hier notwendigen durchschnittlichen gesamtwirtschaftlichen Risikos für alle Aktiva und Passiva wäre mangels entsprechender Daten nur auf dem Wege einer Repräsentativ-Befragung möglich, deren Ergebnisse jedoch nur kurzfristig und nur unter Vorbehalt richtig sein dürften. In den späteren ökonomischen Modellen wird deshalb unterstellt, daß bei Aktionen der Zentralbank das durchschnittliche von den Wirtschaftssubjekten erwartete Risiko unverändert bleibt und so von den Risikokomponenten kein nennenswerter Einfluß auf die Veränderung in der Nachfrage und im Angebot ausgeht.

---

[5] Am Beispiel eines additiven Aggregationsverfahrens zeigt dies für die Einkommensverteilung *H. Stöwe,* Ökonometrie und makroökonomische Theorie — Stochastische Wirtschaftsforschung als notwendige Ergänzung der Theorie. (Ökonomische Studien, Heft 3.) Stuttgart 1959, S. 16 ff.

[6] In den 40er und 50er Jahren entwickelte sich eine lebhafte Diskussion um das Aggregationsproblem, aus der sich jedoch auch keine befriedigenden Lösungen ergaben. Vgl. *L. R. Klein,* Macroeconomics and the Theory of Rational Behavior. „Econometrica", Vol. 14 (1946), S. 93 ff. — *Derselbe,* Remarks on the Theory of Aggregation. „Econometrica", Vol. 14 (1946), S. 303 ff. — *K. May,* The Aggregation Problem for a One-Industry Model. „Econometrica", Vl. 14 (1946), S. 285 ff. — *Derselbe,* Technological Change and Aggregation. „Econometrica", Vol. 15 (1947), S. 51 ff.

(3) Für die Parameterwerte der individuellen Nutzenfunktionen, die Ausdruck der Präferenzen zwischen Ertrag und Risiko sind, gilt das gleiche wie für die Risikokomponenten.

(4) Die Nettovermögen der einzelnen Wirtschaftssubjekte werden sektoral addiert. Die grundsätzliche Einflußrichtung des Vermögens verändert sich in den makroökonomischen Relationen gegenüber der in den mikroökonomischen nicht. Für ökonometrische Studien des ökonomischen Modells ist jedoch zu beachten, daß die Verteilung zusätzlichen Vermögens immer dann einen Einfluß auf die Struktur von Angebot und Nachfrage hat, wenn der absolute Grad der Risikoaversion eines jeden Wirtschaftssubjektes von der Höhe seines Vermögens abhängt.

(5) Die Determinante „Transaktionsvolumen" wird durch die Größe „Einkommen" — hier verfügbares Einkommen — ersetzt, die sich erfahrungsgemäß zur ersten Größe annähernd direkt proportional verhält.

Dem Makromodell liegen dann die aus der volkswirtschaftlichen Gesamtrechnung bekannten Einkommensgrößen zugrunde. Auch für diese ergeben sich im ökonometrischen Modell Verteilungsprobleme, die z. B. mit den „economies of scale" bei der Nachfrage nach Transaktionskasse zu erklären sind.

(6) Das absolute Preisniveau als Variable ist ohne weiteres auch in die Makrorelation zu übernehmen.

(7) Die Erwartungen hinsichtlich der Preissteigerungsrate dürften kurzfristig intersubjektiv unterschiedlich sein, so daß hier Durchschnittswerte zu ermitteln wären, was die gleichen Schwierigkeiten beinhaltet wie die Bestimmung des durchschnittlichen gesamtwirtschaftlichen Risikos.

Auf etwas längere Sicht jedoch wird die erwartete mit der tatsächlichen Preissteigerungsrate der unmittelbaren Vergangenheit parallel laufen, so daß dann keine Erfassungsschwierigkeiten mehr vorliegen.

(8) Die Position „Realkapital" setzt sich selbstverständlich aus einer Reihe heterogener Teile zusammen. Wie in makroökonomischen Modellen üblich, wird aber auch hier eine Indexgröße gewählt, die das produktive Sachkapital der Unternehmen und die dauerhaften Konsumgüter der Haushalte umfaßt.

(9) Zentralbankgeld einerseits und sämtliche Depositen andererseits stellen jeweils völlig homogene Aktiva dar — bei Banken Passiva —, so daß ihre Aggregation kein Problem ist.

(10) Einige Wertpapierarten, Kreditarten und Schuldtitel der paramonetären Finanzinstitute werden, wie schon angedeutet, durch repräsentative Größen mit zugeordneten repräsentativen Ertrags- bzw. Zinssätzen ausgedrückt. Dieses Vorgehen ist immer dann vertretbar und mit nur geringem Informationsverlust verbunden, wenn zwischen den genannten Größen jeweils — d. h. z. B. zwischen den zu einer Größe aggregierten Wertpapierarten — enge Substitutionsbeziehungen bestehen. Dies kann für eine Vielzahl von Wertpapieren und auch für eine Reihe von Kreditarten durchaus angenommen werden. Für die Schuldtitel der paramonetären Finanzinstitute ist eine enge Substitutionsbeziehung dagegen zweifelhaft[7].

Über diese Probleme hinausgehend, ist ein wesentlicher Unterschied zwischen mikro- und makroökonomischer Betrachtung in bezug auf die Kredit- und Geldschöpfung der Geschäftsbanken zu beachten.

Wie schon aus der traditionellen Kredit- und Geldangebotstheorie bekannt ist, sind die Geschäftsbanken in ihrer Gesamtheit zur multiplen Kredit- und Geldschöpfung in der Lage.

Das konnte in der mikroökonomischen Betrachtung nur angedeutet, nicht aber formal hinreichend zum Ausdruck gebracht werden, so daß im folgenden darauf noch näher einzugehen ist.

Es wurde bereits darauf hingewiesen, daß die paramonetären Finanzinstitute die Kredit- und Geldschöpfungskapazität des Geschäftsbankensystems u. U. beeinflussen können. Auch dieser Vorgang läßt sich nur im makroökonomischen Modell verfolgen.

2. Die Nachfragefunktionen des Publikums

a) Abgrenzung der Determinanten der Nachfrage nach Aktiva und Passiva

Die Größen, die die Nachfrage eines einzelnen Haushalts oder einer einzelnen Unternehmung nach den Aktiva und Passiva, die in dieser Arbeit unterschieden wurden, determinieren, sind im Rahmen der mikroökonomischen Analyse bereits eingehend erklärt worden.

In die makroökonomischen Funktionen gehen die gleichen Determinanten ein, wobei allerdings die zuvor aufgezeigten möglichen Fehlerquellen des Analogie-Schlusses auf jeden Fall beachtet werden müssen.

---

[7] Vgl. dagegen *J. G. Gurley* und *E. S. Shaw,* Money in a Theory of Finance, die eine enge Substitutionsbeziehung annehmen.

Die Nachfrage nach Geld zu Transaktionszwecken wird somit auch gesamtwirtschaftlich im wesentlichen von den Opportunitätskosten, nämlich den Ertragssätzen r_i von zum Geld alternativen Anlagemöglichkeiten i, den Kosten für die Konversion von Geld in alternative Anlagen und umgekehrt, die hier mit K_k gekennzeichnet seien, und vom Gesamtvolumen der von den Haushalten einerseits und den Unternehmen andererseits durchgeführten Transaktionen bestimmt.

In der Regel werden diese Transaktionsvolumina durch passende Einkommensgrößen aus der volkswirtschaftlichen Gesamtrechnung charakterisiert, z. B. für den Haushaltssektor durch das verfügbare Einkommen aller Haushalte. Dies ist jedoch nur dann zulässig, wenn zwischen diesen Größen und den Transaktionsvolumina eine direkt proportionale Beziehung besteht.

Neben den genannten Bestimmungsgrößen ist bei der Nachfrage derjenigen Wirtschaftssubjekte, vor allem der Unternehmen, die sich einem stochastischen Ein- und Auszahlungsprozeß gegenübersehen, noch eine Risikokomponente s zu berücksichtigen.

Die Determinanten der Nachfrage nach Geld aus Gründen der Wertaufbewahrung sind entsprechend den Ergebnissen der Portfolio-Analyse die gleichen wie die der Nachfrage nach den übrigen Aktiva und Passiva der Vermögensbilanzen.

Hier sind zu nennen: die erwarteten Ertrags- bzw. Kostensätze (Zinssätze) aller Aktiva und Passiva; die Risikokomponenten — z. B. als Ausdruck möglicher Wertverluste — der Aktiva und Passiva; das gesamte Nettovermögen des Publikums (Haushalte und Unternehmungen); die erwartete Preissteigerungsrate; eine Größe, die Ausdruck der in Hinsicht auf den Konsum temporären Präferenzen der Haushalte ist, sowie eine Größe, die den im Unternehmenssektor üblichen Verschuldungsgrad (Verhältnis von Eigen- zu Fremdkapital) widerspiegelt.

Die Einkommensgröße, die die Transaktionsvolumina repräsentiert, wird im folgenden mit Y bezeichnet; das Nettovermögen des Publikums erhält das Symbol V_P. Die erwarteten Ertrags- und Kostensätze (Zinssätze) der Aktiva und Passiva korrelieren i.d.R. eng mit den entsprechenden tatsächlichen Zinssätzen, die sich auf den Märkten der Aktiva und Passiva objektiv bilden; deshalb werden die statistisch nicht feststellbaren erwarteten Zinssätze durch die tatsächlichen repräsentiert; diese Zinssätze seien mit r_i bezeichnet — mit i als Index für ein bestimmtes Aktivum oder Passivum.

Wie bereits angedeutet worden ist, entstehen in Hinsicht auf die Risikokomponenten der Aktiva und Passiva, in Hinsicht auf die erwartete

Preissteigerungsrate und in Hinsicht auf alle Größen, die Ausdruck von subjektiven Präferenzen sind, erhebliche Schwierigkeiten bei der Aggregation.

Das gleiche kann für die Größe K_k der Konversionskosten gelten, wenn hierin subjektive Elemente, wie z. B. Nutzeneinbußen durch Unbequemlichkeiten der Konversion von einem Aktivum in ein anderes, enthalten sind.

Alle Größen, die sich statistisch nicht objektiv feststellen lassen — das gilt für die zuletzt genannten Determinanten —, werden in Anbetracht der Aggregationsschwierigkeiten durch lediglich eine Größe repräsentiert; diese Größe sei im folgenden mit x bezeichnet.

In der vorangegangenen mikroökonomischen Theorie wurde die Nachfrage nach Geld — zum Teil aus didaktischen Gründen — im Hinblick auf die von Keynes unterschiedenen Motive der Geldhaltung getrennt untersucht. Da es zum einen für empirische Tests unmöglich ist, die verschieden motivierten Teile der Geldnachfrage auseinanderzuhalten, und weil zum anderen auch die Geldhaltung zu Transaktionszwecken als Teil der Aktiva in die Vermögensbilanz eingeht, wird die Geldnachfrage des Sektors „Publikum“ durch nur eine Funktion beschrieben.

Somit ergeben sich folgende makroökonomischen Nachfragefunktionen — und auch Angebotsfunktionen[8] — für die einzelnen Aktiva und Passiva:

$$A_{iP} = A_{iP} (r_i, Y, V_P, x_P) \tag{3.1}$$

mit i als Index für die relevanten Aktiva und Passiva und P als Index für das Publikum.

b) Kurz- und langfristige Angebots- und Nachfragefunktionen

Im Anschluß an die mikroökonomische Portfolio-Analyse ist bereits auf die Möglichkeit hingewiesen worden, daß die Wirtschaftssubjekte auf Datenänderungen, wenn überhaupt, erst mit einer gewissen zeitlichen Verzögerung reagieren. Einige Gründe dafür und auch Schlußfolgerungen daraus für die praktische Geldpolitik wurden dort ebenfalls genannt. Empirische Tests haben gezeigt, daß solche Reaktionslags tatsächlich sowohl bei den Haushalten als auch bei den Unternehmen bestehen[9].

---

[8] Vgl. dazu die Erläuterungen auf S. 56.

[9] Vgl. *M. J. Hamburger*, The Demand for Money by Households. — *Derselbe*, Household Demand for Financial Assets. „Econometrica“, Vol. 36 (1968), S. 98 f. — *H. König*, Einkommenskreislaufgeschwindigkeit des Geldes

Definiert man allerdings die Nachfragefunktionen (3.1) für Zeiträume, in denen Anpassungen an Datenänderungen vollständig abgeschlossen werden, so sind diese Lags bedeutungslos. Es genügte dann eine statische Konzeption für die Funktionen der Nachfrage nach den Aktiva und Passiva. Noch bis vor kurzer Zeit basierten empirische Untersuchungen auf solchen statischen Relationen[10].

Passen die Wirtschaftssubjekte jedoch ihre tatsächlichen Nachfragemengen erst mit zeitlichen Verzögerungen der gewünschten Nachfrage an, dann muß ein solches Vorgehen der Statistik, bei dem ja die Funktionen als Ausdruck der *gewünschten* Nachfrage getestet werden, zwangsläufig zu verzerrten Ergebnissen führen.

Gleichsam und vor allem für die auf die Konjunkturstabilisierung, d. h. also auf relativ kurze Zeiträume gerichtete Wirtschaftspolitik, ist der Definitionszeitraum der statischen Nachfragefunktion zu lang. Zu Prognosezwecken ist die Kenntnis kurzfristiger Reaktionen der Wirtschaftssubjekte auf von den wirtschaftspolitischen Instanzen initiierte Datenänderungen erforderlich.

Es ist deshalb sinnvoll, zwischen kurzfristigen und langfristigen Nachfragefunktionen zu unterscheiden[11].

Die langfristigen Funktionen sind Ausdruck der gleichgewichtigen Nachfrage, d. h. der gewünschten Nachfrage nach Abschluß einer über einen bestimmten Zeitraum erfolgenden Anpassung an Datenänderungen. Die kurzfristigen Funktionen stellen „Momentaufnahmen" während des Zeitraums einer Anpassung dar.

Da sich im Rahmen des Wirtschaftsprozesses permanent irgendwelche der die Nachfrage nach den Aktiva und Passiva bestimmenden Größen ändern dürften, kommt den kurzfristigen Funktionen und damit den ungleichgewichtigen Nachfragesituationen die bei weitem größte Bedeutung zu[12].

Zur Beschreibung der zeitlichen Reaktionsverzögerungen der Nachfrage sind eine Reihe verschiedener Erklärungsansätze entwickelt worden, die hier im einzelnen jedoch nicht wiedergegeben werden sollen[13].

---

und Zinssatzveränderungen: Eine ökonometrische Studie über die Geldnachfrage der BRD. „Zeitschrift für die gesamte Staatswissenschaft", Bd. 124 (1968), S. 78 ff. — *F. de Leeuw,* A Model of Financial Behavior. — *G. C. Chow,* On the Long-Run and Short-Run Demand for Money, „The Journal of Political Economy", Vol. 74 (1966), S. 111 ff.

[10] Vgl. *U. Westphal,* S. 32.

[11] Vgl. *G. C. Chow,* S. 111 ff.

[12] Vgl. *W. C. Brainard* und *J. Tobin,* Pitfalls in Financial Model Building. „The American Economic Review", Vol. 58 (1968), Papers and Proceedings, S. 99 ff.

Im großen und ganzen lassen sich diese Ansätze auf den im folgenden verwendeten allgemeinen Typ der Charakterisierung einer Lag-Struktur zurückführen[14].

X sei z. B. ein Index für die in die langfristigen und gleichgewichtigen Nachfragefunktionen (3.1) eingehenden unabhängigen Variablen r_i, Y, V_P und evtl. auch x_P. X_t sei der tatsächliche Wert dieser Variablen zum Zeitpunkt t und X'_t der Wert, der entsprechend der Parameter der Funktion (3.1) die Nachfrage in der Periode t determiniert.

Eine Differenz zwischen X_t und X'_t bedeutet, daß sich die Nachfrage noch nicht an die tatsächlichen Werte der Variablen angepaßt hat[15].

Die Anpassungsverzögerung sei durch folgende Relation beschrieben:

(3.2)
$$X'_t = \sum_{m=t-n}^{t} b_{X,m} \cdot X_m \; .$$

Hierin ist $b_{X,m}$ der Anpassungskoeffizient, der die Lag-Struktur charakterisiert. Hat $b_{X,m}$ für $m = t$ einen Wert von 1 und für $m < t$ einen Wert von 0, so liegt keine Reaktionsverzögerung vor. Der Wertebereich für $b_{X,m}$ muß wie folgt abgesteckt werden:

$$\sum_{m=t-n}^{t} b_{X,m} = 1 \quad \text{mit } 0 < b_{X,m} < 1 \; .$$

Die oben erwähnten Ansätze zur Erklärung der Reaktionsverzögerung weisen lediglich Unterschiede in der Definition des Anpassungskoeffizienten auf. Am häufigsten wird der Anpassungskoeffizient durch $b_{X,m} = a_X \cdot (1 - a_X)^{t-m}$ ausgedrückt, womit eine geometrische Lag-Struktur unterstellt wird[16]. Die Reaktion auf eine Datenänderung ist danach in der Periode der Änderung am größten und nimmt an Intensität in den kommenden Perioden entsprechend einer geometrischen Reihe ab[17].

Der zuvor gewählte allgemeine Ansatz (3.2) erlaubt dagegen jede nur denkbare Lag-Struktur, z. B. zunächst nur eine geringe Reaktion, dann Steigerung der Reaktionsintensität und zuletzt allmähliches Abflachen der Wirkung von Datenänderungen[18].

---

[13] z. B. *Z. Griliches*, Distributed Lags: A Survey. „Econometrica", Vol. 35 (1967), S. 16 ff. — *R. M. Solow*, On a Family of Lag Distributions. „Econometrica", Vol. 28 (1960), S. 393 ff. — *L. M. Koyck*, Distributed Lags and Investment Analysis. (Contributions to Economic Analysis, 4.) Amsterdam 1954. — *H. König*, S. 83.

[14] Zu diesem allgemeinen Typ in linearer Form vgl. *H. König*, S. 83.

[15] Vgl. *M. J. Hamburger*, The Demand for Money by Households, S. 603.

[16] Vgl. *M. J. Hamburger*, The Demand for Money by Households. — *L. M. Koyck*, — *R. M. Solow*.

[17] Vgl. *H. König*, S. 83.

Weiterhin werden in den meisten theoretischen und empirischen Ansätzen in bezug auf alle Determinanten in der Funktion (3.1) die gleichen Wirkungslags angenommen, d. h. $b_{X,m}$ ist für alle X gleich. Diese Annahme ist mit den Beobachtungen in der Realität nicht vereinbar[19], so daß es angebracht scheint, eine Differenzierung des Anpassungskoeffizienten für alternative X beizubehalten.

Über die Größe $b_{X,m}$ in Gleichung (3.2) ließe sich, betrachtet man einmal die Gründe für die Existenz von Anpassungsverzögerungen[20], eine umfangreiche Theorie entwickeln. Es soll hier jedoch darauf verzichtet werden, den Anpassungskoeffizienten $b_{X,m}$ als Abhängige einer Reihe von weitgehend nicht quantifizierbaren Einflüssen zu formulieren. Letztlich bleibt es doch Aufgabe der empirischen Forschung, die Größe dieses Koeffizienten zu bestimmen.

Auf einen wichtigen Punkt ist allerdings noch hinzuweisen. Erfolgt eine Anpassung in der Nachfrage nach einem Aktivum oder Passivum aufgrund einer Datenänderung, so muß wegen der vorgegebenen Bilanzrestriktionen simultan eine Anpassung in der Nachfrage nach einem oder mehreren anderen Aktiva oder Passiva erfolgen[21]. Die Lag-Strukturen und die Größe der Anpassungskoeffizienten stehen also zwangsläufig in einem mehr oder weniger starken interdependenten Zusammenhang.

Dieser Zusammenhang ist in dem späteren Simulationsmodell zu beachten.

3. Die Angebots- und Nachfragefunktionen des Geschäftsbankensektors

a) Deduktion der Determinanten von Angebot und Nachfrage aus der mikroökonomischen Analyse

Die Aktiva und Passiva, die vom Geschäftsbankensektor nachgefragt werden, lassen sich unmittelbar aus der konsolidierten Vermögensbilanz dieses Sektors entnehmen.

Bei der Konsolidierung der einzelwirtschaftlichen Bilanzen werden die Forderungen und Schulden, die im Geld- und Kreditverkehr *zwischen* den Banken entstanden sind, saldiert. Die für eine einzelne

---

18 Vgl. z. B. *Z. Griliches,* S. 27 ff.

19 Vgl. *W. C. Brainard* und *J. Tobin,* Pitfalls, S. 117.

20 Vgl. *M. J. Hamburger,* The Demand for Money by Households, S. 602 f.

21 Vgl. *W. C. Brainard* und *J. Tobin,* Pitfalls. S. 117.

Bank recht wichtigen Geldmarktkredite spielen somit im makroökonomischen Modell keine Rolle. Dagegen bleiben die darüber hinaus bedeutenden Nachfrage- und Angebotsobjekte der einzelnen Banken auch nach der Aggregation erhalten.

Von den in der mikroökonomischen Analyse abgeleiteten Determinanten des Angebots an und der Nachfrage nach den Aktiva und Passiva läßt sich bei Anwendung des Analogie-Schlusses auch unmittelbar auf die in den makroökonomischen Funktionen relevanten Determinanten schließen.

Von diesen Determinanten spielen die erwarteten Ertrags- und Kostensätze (Zinssätze) für die Banken die größte Rolle. Da angenommen werden darf, daß die Erwartungsgrößen meistens in enger positiver Korrelation mit den tatsächlichen Größen — Zinssätzen — stehen, werden lediglich die letzteren in die makroökonomischen Funktionen aufgenommen. Probleme der Aggregation ergeben sich für diese Determinanten bekanntlich nicht.

Weitere Determinanten, wie die verschiedenen Risikokomponenten und die Größen, die Ausdruck der einzelwirtschaftlichen Präferenzen sind — Präferenzen in bezug auf Ertrag und Risiko, Abneigung gegen Verschuldung oder ähnliches —, lassen sich weder sinnvoll aggregieren noch empirisch auch nur annähernd exakt erfassen. Sie werden deshalb durch eine Größe x_B repräsentiert. In dieser Größe soll auch die erwartete Preissteigerungsrate erfaßt werden.

Wie bereits erwähnt wurde, spielt das Eigenkapital der Banken und damit das Nettovermögen V_B in Relation zum gesamten Bilanzvolumen nur eine bescheidene Rolle. Die für den Bankensektor wichtige „Skalargröße", d. h. eine Größe, die primär die absolute Höhe der Aktiva und Passiva in der Bilanz, dagegen nur geringfügig oder nicht, wie oft angenommen wird, die Struktur des Portefeuilles bestimmt, ist das gesamte Depositenvolumen D_g — Sicht-, Termin- und Spardepositen.

In Hinsicht auf die Determinante D_g ergeben sich nur dann keine Schwierigkeiten bei der Aggregation, wenn D_g tatsächlich keinen Einfluß auf die Struktur der Portefeuilles der einzelnen Banken hat und somit die Höhe des absoluten nominellen Bestandes an Aktiva und Passiva in bezug auf D_g bei allen Banken homogen vom Grade 1 ist; denn allein in diesem Fall ist die Verteilung der Depositen auf die einzelnen Banken unerheblich für die makroökonomischen Angebots- und Nachfragerelationen.

Für den Bankensektor lassen sich somit folgende Angebots- und Nachfragefunktionen formulieren:

(3.3) $$A_{iB} = A_{iB}\,(r_i, q, k_j, D_g, V_B, x_B)$$

worin der Index i stellvertretend für alle Aktiva und Passiva steht, die Aktionsgrößen der Geschäftsbanken sind und für die im makroökonomischen Modell Märkte vorhanden sind, und worin der Index j die Sicht-, Termin- und Spardepositen bezeichnet.

Die Bestandsnachfrage der Banken nach Zentralbankgeld setzt sich zusammen aus einem gesetzlich vorgeschriebenen Teil, der von der Höhe der Mindestreservesätze k_j und dem Umfang der Depositen abhängt, und einem freiwillig gehaltenen Teil.

Der Bestand an freiwilligen Zusatzreserven der Banken ist vergleichbar mit der Transaktionskasse der Haushalte und Unternehmen. Die Banken halten Zusatzreserven, um Diskrepanzen zwischen Aus- und Einzahlungen auszugleichen. Determinanten dieser Zusatzreserven sind vor allem die Zinssätze r_i als Ausdruck der Opportunitätskosten der Reservehaltung und das Depositenvolumen als repräsentative Größe für den täglichen Zahlungsmittelbedarf der Banken bzw. für die mögliche Höhe der Diskrepanzen zwischen den Aus- und Einzahlungen.

Es ist selbstverständlich, daß das Gewicht der einzelnen Determinanten in den durch (3.3) gegebenen Funktionen jeweils unterschiedlich sein kann. Exakte Aussagen darüber lassen sich jedoch nur mit empirischen Forschungen gewinnen.

Da für die Geschäftsbanken wie für die Haushalte und Unternehmungen gilt, daß sie auf Datenänderungen, wenn überhaupt, mit zeitlichen Verzögerungen und nur allmählich reagieren[22], ist auch hier die Unterscheidung zwischen kurzfristigen und langfristigen Funktionen erforderlich.

Zur Beschreibung des Anpassungsverhaltens der Banken wird deshalb — für die kurzfristigen Funktionen — die schon ausführlich erörterte Beziehung (3.2) zugrundegelegt.

Die in (3.3) zum Ausdruck kommenden makroökonomischen Angebots- und Nachfragefunktionen des Geschäftsbankensektors sind mit Hilfe des Analogie-Schlusses aus den entsprechenden, für individuelle Banken abgeleiteten Relationen gewonnen worden.

Eine einzelne Bank, darauf wurde bereits hingewiesen, schöpft Geld — unabhängig von der gewählten Geldmengendefinition —, indem sie Kredite an das Publikum vergibt oder sonstige Aktiva, z. B. Wertpapiere, gegen Hingabe von Geld vom Publikum erwirbt.

Die Geldschöpfung erfolgt also *mittelbar* über die Veränderung der Nachfrage der Bank nach Aktiva. Das Angebot an Geld ist folglich *implizit* in der Nachfrage nach und dem Angebot an Aktiva, *die zwi-*

---

[22] Vgl. z. B. *U. Westphal*, S. 129 ff.

schen der Bank und dem Publikum gehandelt werden, enthalten. Somit schließt auch die allgemeine Beziehung (3.3) nur eine *implizite,* nicht aber eine *explizite* Funktion des Geldangebots des Geschäftsbankensektors ein. Eine solche explizite Funktion des gesamtwirtschaftlichen Geldangebots wird im folgenden Abschnitt im Zuge eines tautologischen Deduktionsverfahrens hergeleitet.

b) Entwicklung einer gesamtwirtschaftlichen Geldangebotsfunktion des Geschäftsbankensektors

α) Die monetäre Basis

Der Zugang zu einigen der im makroökonomischen Modell relevanten Märkte steht lediglich der Zentralbank und den Geschäftsbanken offen. Solche Märkte sind der Markt für Offenmarktpapiere[23], der Markt für die Reserven der Banken und der Markt für Refinanzierungs- bzw. Zentralbankkredite.

Durch Fixierung der Abgabesätze oder der Mengen der Offenmarktpapiere, des Diskontsatzes und der Mindestreservesätze setzt die Zentralbank auf diesen Märkten Daten, die unmittelbar in das Kalkül der Banken eingehen und darüber auf die übrigen Märkte des Modells Einfluß nehmen.

Die primäre Größe, die auf den genannten Märkten gehandelt wird, ist Zentralbankgeld, auf deren Basis allein die Kredit- und Geldschöpfung der Banken erfolgen kann. Das Zentralbankgeld bildet also die Grundlage des heutigen Systems der Geldwirtschaft.

Das Volumen des auf den drei Märkten gehandelten Zentralbankgeldes läßt sich jeweils getrennt nach Herkunft oder nach Verwendung in einer Größe fassen, die unmittelbar aus der Bilanz der Zentralbank entnommen werden kann, und die man in Hinsicht auf die grundlegende Bedeutung des Zentralbankgeldes die „monetäre Basis" nennt[24].

Betrachtet sei die folgende vereinfachte Bilanz der Zentralbank[25]:

---

[23] Das galt lange Zeit für die BRD; seit einiger Zeit ist in der BRD wie in vielen anderen Ländern, darunter auch den USA, der Markt für Offenmarktpapiere auch für das Publikum zugänglich.

[24] Vgl. *L. C. Andersen* und *J. L. Jordan,* The Monetary Base. Explanation and Analytical Use. „Federal Reserve Bank of St. Louis, Review", Vol. 50 (August 1968); *M. Friedman,* A Program, S. 31 und S. 106; Friedman bezeichnet die monetäre Basis mit „high powered money".

[25] Als Beispiel wird die Zentralbank der BRD gewählt; in anderen Ländern können geringe Änderungen notwendig sein, die jedoch an der grundsätzlichen Funktion und Zusammensetzung der monetären Basis nichts ändern.

Tabelle 12: Die Bilanz der Zentralbank

Gold und Devisen	GD	Sichteinlagen der Banken zur Reservehaltung	SD_B
Ausgleichsforderungen	AF	Umlaufende Scheidemünzen ..	Sch
Offenmarkttitel	G	Umlaufende Banknoten	BN
Refinanzierungsvolumen	F		
Kassenkredite abzüglich Einlagen öffentlicher Stellen ..	KA-ES		
Umlaufende Scheidemünzen	Sch		
Saldo der übrigen Positionen	SA		

Die Bilanz ist bereits so konstruiert worden, daß die monetäre Basis nach ihrer Entstehung durch die Positionen im Aktivum und nach ihrer Verwendung durch diejenigen im Passivum angegeben wird[26]:

(3.4) $$MB = GD + AF + G + F + (KA - ES) + Sch + SA$$

oder

(3.5) $$MB = SD_B + Sch + BN = C_B + C_P \ ,$$

wobei C_B das gesamte Zentralbankgeld im Besitz der Banken — worunter auch die Sichtdepositen der Banken bei der Zentralbank fallen — und C_P das gesamte Zentralbankgeld in Händen des Publikums darstellen.

Die Entstehungsseite macht deutlich, daß eine Erhöhung des Bestandes an Offenmarkttiteln bei der Zentralbank und eine Erhöhung des Refinanzierungsvolumens ceteris paribus die monetäre Basis aufblähen. Ob dadurch allerdings auch das Kredit- und Geldvolumen der Wirtschaft steigt, läßt sich nur durch eine Analyse der Verwendung des zusätzlichen „Basisgeldes" zeigen.

Zwei volkswirtschaftlich wichtige Positionen, die zur Entstehung der monetären Basis beitragen, sind die Aktiva „Gold und Devisen" und „Kassenkredite abzüglich Einlagen der öffentlichen Hand". Ein Zahlungsbilanzüberschuß und eine Verschuldung des Staates bei der Zentralbank bedeuten, sofern keine kompensatorischen Maßnahmen der Zentralbank wirksam werden, eine Zunahme des Zentralbankgeldes in Händen der Banken und des Publikums und damit eine Verbreiterung der Kredit- und Geldschöpfungsbasis oder unmittelbar eine Steigerung der Geldmenge in der Volkswirtschaft.

Auf den Bestand an Gold und Devisen, der hier auch alle Geldanlagen im Ausland, alle Forderungen an das Ausland und die Kredite an

[26] Vgl. *J. Siebke* und *M. Willms*, Das Geldangebot in der Bundesrepublik Deutschland. Eine empirische Analyse für die Periode von 1958 bis 1968. „Zeitschrift für die gesamte Staatswissenschaft", Bd. 126 (1970), S. 66 f.; *L. C. Andersen* und *J. L. Jordan*, The Monetary Base.

die Weltbank enthält[27], hat die Zentralbank, wenn überhaupt, nur einen mittelbaren Einfluß — z. B. über von ihr verursachte Zinsvariationen; eine genaue Kontrolle darüber ist der Zentralbank nicht möglich[28]. Die Nettoverschuldung des Staates erfolgt ebenfalls weitgehend unabhängig vom Willen der Zentralbank. Somit bilden die beiden Positionen Teile der monetären Basis, die von der Zentralbank nicht exakt kontrolliert werden können.

Im weiteren Verlauf der makroökonomischen Analyse soll jedoch angenommen werden, daß diese Aktivposten in ihrem Volumen keine Änderung erfahren und daß deshalb eine Beschränkung der Analyse auf die genannten Märkte möglich ist.

Doch selbst bei Gültigkeit dieser Annahme ist es zweifelhaft, ob die Zentralbank die monetäre Basis in ihrer Höhe hinreichend genau steuern kann. Es hat sich nämlich z. B. gezeigt, daß die Geschäftsbanken einen großen Teil der Wirkung von Offenmarktoperationen durch entsprechend entgegengerichtete Aktionen auf dem Markt für Refinanzierungskredite kompensieren[29], d. h. daß sie bei restriktiver Offenmarktpolitik selbst bei gleichzeitiger Erhöhung des Diskontsatzes das Refinanzierungsvolumen steigern, so daß also die von der Zentralbank beabsichtigte Änderung der monetären Basis nicht oder nicht im gewünschten Maße eintritt.

Brunner und Meltzer, die neben Tobin zu den bekanntesten Vertretern der neueren Geldangebotstheorie zählen, verwenden deshalb eine um das Refinanzierungsvolumen korrigierte Form der monetären Basis — Adjusted base[30] —: $MB^a = MB - F$.

Die korrigierte monetäre Basis enthält als Entstehungsgrößen — neben den als konstant vorausgesetzten Positionen „Gold und Devisen" und „Nettoverschuldung des Staates" — nur noch den Bestand an Offenmarktpapieren. Betreibt die Zentralbank auf dem Markt für Offenmarktpapiere Mengenfixierung[31], so kann also MB^a von ihr weitgehend exakt gesteuert werden.

---

27 Vgl. *J. Siebke* und *M. Willms*, S. 66.

28 Das zeigte sich in der BRD sehr deutlich, wenn die Zentralbank zum An- und Verkauf von Devisen verpflichtet oder zur Intervention auf den Devisenmärkten gezwungen war.

29 Vgl. *J. Siebke* und *M. Willms*, S. 68.

30 Vgl. *K. Brunner* und *A. H. Meltzer*, Liquidity Traps, S. 31; *Dieselben*, Some Further Investigations of Demand and Supply Functions for Money. „The Journal of Finance", Vol. 19 (1964), S. 251; *K. Brunner*, Some Major Problems in Monetary Theory. „The American Economic Review", Vol. 51 (1961), Papers and Proceedings, S. 48 ff.

31 In der BRD werden von der Zentralbank die Abgabesätze, nicht die Mengen festgesetzt, so daß auch die Kontrolle von MB^a nicht gewährleistet ist. Vgl. *M. Willms*, Bankenverhalten und Offenmarktpolitik. „Jahrbücher für Nationalökonomie und Statistik", Vol. 184 (1970), S. 158 ff.

Die Geld- und Kreditschöpfung des Bankensektors wird deshalb im folgenden Abschnitt auf der Grundlage der korrigierten monetären Basis dargestellt.

β) Ein Modell zur Bestimmung des Geldangebots

Im Rahmen eines einfachen, aber alle volkswirtschaftlich relevanten Größen umfassenden statischen Geldangebotsmodells soll die gesamtwirtschaftliche Geldangebotsfunktion des Geschäftsbankensektors hergeleitet werden. Für die gesamtwirtschaftliche Geldmenge werden zwei Definitionen zugrundegelegt:

Eine Geldmenge M_1 setze sich zusammen aus dem Bargeld in Händen des Publikums C_P und den Sichtdepositen D_P des Publikums $(M_1 = C_P + D_P)$.

Eine Geldmenge M_2 enthalte zusätzlich noch die Termindepositen TD und die Spardepositen SD des Publikums $(M_2 = M_1 + TD + SD)$.

Das Modell enthalte die folgenden Gleichungen[32]:

$$MR = k_D \cdot D_P + k_{TD} \cdot TD + k_{SD} \cdot SD \quad . \tag{3.6}$$

Die gesetzlichen Mindestreserven ergeben sich entsprechend dem Einlagenvolumen und den Mindestreservesätzen für Sicht-, Termin- und Spareinlagen.

$$ZR = k_{ZR}\,(r_i, q, u) \cdot (D_P + TD + SD) \quad . \tag{3.7}$$

Die Nachfrage nach freiwilligen Zusatzreserven ZR sei homogen vom Grade 1 in bezug auf das gesamte Depositenvolumen. Der Reservesatz k_{ZR} hänge in Übereinstimmung mit Funktion (3.3) von den verschiedenen Zinssätzen r_i der Aktiva und Passiva, dem Diskontsatz q und einer Größe u ab, die die restlichen Determinanten in Gleichung (3.3) repräsentiert.

$$F = b\,(r_i, q, u) \cdot (D_P + TD + SD) \quad . \tag{3.8}$$

Die Nachfrage nach Refinanzierungskrediten F bestimmt sich in der gleichen Weise wie die Nachfrage nach Zusatzreserven ZR.

Für die Nachfrage des Publikums nach Bargeld C_P, Sichtdepositen D_P, Termindepositen TD und Spardepositen SD mögen die folgenden Beziehungen gelten:

$$C_P = c_P\,(r_i, Y, x_P) \cdot V_P \quad , \tag{3.9}$$

---

[32] Vgl. z. B. *K. Brunner* und *A. H. Meltzer*, Liquidity Traps, S. 31 f.; *Dieselben*, Some Further Investigations, S. 251.

$$(3.10)\qquad D_P = d_P\,(r_i, Y, x_P) \cdot V_P\ ,$$

$$(3.11)\qquad TD = t_P\,(r_i, Y, x_P) \cdot V_P \quad \text{und}$$

$$(3.12)\qquad SD = s_P\,(r_i, Y, x_P) \cdot V_P\ .$$

Die Nachfrage des Publikums nach den bezeichneten Aktiva ist jeweils homogen vom Grade 1 in bezug auf das Nettovermögen V_P des Publikums. Determinanten der Anteilswerte c_P, d_P, t_P und s_P sind die aus Funktion (3.3) bekannten Größen.

Wird Gleichung (3.10) nach V_P aufgelöst und wird der so gewonnene Ausdruck in (3.9), (3.11) und (3.12) eingesetzt, dann ergeben sich:

$$(3.13)\qquad C_P = \frac{c_P\,(r_i, Y, x_P)}{d_P\,(r_i, Y, x_P)} \cdot D_P = c_P{}'\,(r_i, Y, x_P) \cdot D_P\ .$$

$$(3.14)\qquad TD = \frac{t_P\,(r_i, Y, x_P)}{d_P\,(r_i, Y, x_P)} \cdot D_P = t_P{}'\,(r_i, Y, x_P) \cdot D_P \quad \text{und}$$

$$(3.15)\qquad SD = \frac{s_P\,(r_i, Y, x_P)}{d_P\,(r_i, Y, x_P)} \cdot D_P = s_P{}'\,(r_i, Y, x_P) \cdot D_P\ .$$

Die korrigierte monetäre Basis ist definiert als:

$$(3.16)\qquad MB^a = C_P + MR + ZR - F\ .$$

Unter Berücksichtigung der zuvor beschriebenen Beziehungen wird diese Funktion zu:

$$
\begin{aligned}
(3.17)\qquad MB^a &= c_P{}'(\ ) \cdot D_P + k_D \cdot D_P + k_{TD} \cdot t_P{}'(\ ) \cdot D_P \\
&\quad + k_{SD} \cdot s_P{}'(\ ) \cdot D_P + k_{ZR}(\ ) \cdot D_P \cdot [1 + t_P{}'(\ ) + s_P{}'(\ )] \\
&\quad - b(\ ) \cdot D_P \cdot [1 + t_P{}'(\ ) + s_P{}'(\ )] \\
&= D_P \{c_P{}'(\ ) + k_D + k_{TD} \cdot t_P{}'(\ ) + k_{SD} \cdot s_P{}'(\ ) \\
&\quad + [k_{ZR}(\ ) - b(\ )] \cdot [1 + t_P{}'(\ ) + s_P{}'(\ )]\} \\
&= D_P \cdot m\ .
\end{aligned}
$$

Der Gesamtbestand an Sichtdepositen bei den Geschäftsbanken auf der Grundlage einer korrigierten monetären Basis von MB^a ist danach:

$$(3.18)\qquad D_P = \frac{1}{m} \cdot MB^a\ .$$

Die gesamtwirtschaftliche Geldmenge und dementsprechend das gesamtwirtschaftliche Geldangebot ergibt sich folglich als:

$$(3.19)\qquad M_1 = C_P + D_P = \frac{1 + c_P{}'(\ )}{m} \cdot MB^a \quad \text{und}$$

$$(3.20) \qquad M_2 = M_1 + TD + SD = \frac{1 + c_P'(\ ) + t_P'(\ ) + s_P'(\ )}{m} \cdot MB^a \, .$$

Das gesamtwirtschaftliche Kreditangebot läßt sich unter Beachtung des Volumens und der Struktur der Vermögensbilanz des Geschäftsbankensektors auf der Grundlage der vorstehenden Ableitungen leicht gewinnen.

Da die Determinanten des Kreditangebots jedoch bereits bekannt sind, soll darauf verzichtet werden.

Die Ausdrücke $\frac{M_1}{MB^a}$ und $\frac{M_2}{MB^a}$ in den Beziehungen (3.19) und (3.20) werden allgemein als Geldschöpfungsmultiplikatoren bezeichnet.

In der traditionellen Geldangebotslehre wurde generell die Konstanz dieser Multiplikatoren angenommen. Auch Friedman geht in seinen theoretischen Analysen davon aus, daß die Geldschöpfungsmultiplikatoren konstant sind und Veränderungen in der gesamtwirtschaftlichen Geldmenge deshalb ausschließlich auf Veränderungen in der monetären Basis zurückzuführen sind.

Die nach den Beziehungen (3.7) bis (3.15) gegebenen Komponenten der Geldschöpfungsmultiplikatoren sind weitgehend autonome Entscheidungsgrößen des Geschäftsbankensektors und des Publikums, deren Werte im Rahmen der Portfolio-Selektion der genannten Sektoren determiniert werden. Berücksichtigt man dies, so erscheint die Annahme der Konstanz der Multiplikatoren fragwürdig. In einer Reihe empirischer Untersuchungen ist nachgewiesen worden, daß die Multiplikatoren tatsächlich relativ starken Schwankungen unterworfen sind[33]. Sämtliche Ursachen, die zu Umschichtungen in den Portefeuilles der Geschäftsbanken und des Publikums führen, können gleichzeitig solche Schwankungen bewirken.

Im folgenden seien exemplarisch zwei Fälle diskutiert, bei denen eine Aktion der Zentralbank Portfolio-Veränderungen auslöst, die ihrerseits Veränderungen in den Multiplikatoren nach sich ziehen.

Angenommen, die Zentralbank erhöhe durch den Kauf von Offenmarktpapieren bei den Geschäftsbanken die korrigierte monetäre Basis. Als Reaktionen der hier relevanten Sektoren sind dann z. B. denkbar:

(1) Die Banken verwenden das zusätzliche Zentralbankgeld vollständig zur Tilgung von Refinanzierungskrediten; dadurch sinkt b und

---

[33] Vgl. *J. Ahrensdorf* und *F. Kanesathasan*, Variations in the Money Multiplier and Their Implications for Central Banking. „International Monetary Fund, Staff Papers“, Vol. 8 (1960), S. 126 ff.

damit auch der Wert des Multiplikators derart, daß das Geldangebot unverändert bleibt.

(2) Die Banken erhöhen ihr Kreditangebot und steigern ihre Nachfrage nach Wertpapieren — außer Offenmarktpapieren; das zusätzliche Angebot und die zusätzliche Nachfrage werden ceteris paribus zu Zinssenkungen bei Krediten und Wertpapieren führen.

Dies wiederum kann die Banken veranlassen, ihre Zusatzreserven zu erhöhen und ihr Refinanzierungsvolumen zu verringern; folglich werden die Größen k_{ZR} und b entsprechend verändert.

Darüber hinaus dürften die Zinssatzsenkungen auch Portfolio-Umschichtungen beim Publikum auslösen, die sich z. B. bei unveränderten Zinsen auf Termin- und Spardepositen in einer Erhöhung der Größen t'_P und s'_P äußern könnten.

Die genannten Veränderungen in den Größen k_{ZR}, b, t'_P und s'_P bewirken auf jeden Fall eine Verringerung des Multiplikators für die Geldmenge M_1, wodurch zumindest ein Teil der positiven Wirkung der Erhöhung von MB^a auf M_1 aufgehoben wird[34].

Ob und in welche Richtung sich der Multiplikator für die Geldmenge M_2 verändert, hängt von der Veränderung der Größen t'_P und s'_P ab, die in den Zähler des Multiplikators eingehen und dadurch die eintretende Erhöhung des Nenners u. U. kompensieren oder gar überkompensieren können.

Die Beispiele machen deutlich, daß eine Aussage über die Entwicklung des Geldangebots bei Anwendung geldpolitischer Maßnahmen nur im Rahmen eines makroökonomischen Modells möglich ist, in dem simultan alle die Multiplikatoren beeinflussenden Größen bestimmt werden.

In Abbildung 10 ist die Beziehung zwischen der gesamtwirtschaftlichen Geldmenge M_1 — dem gesamtwirtschaftlichen Geldangebot — und einem Zinsvektor r', der sich aus einem Kreditzins und einem Wertpapierzins zusammensetzen soll, dargestellt worden. Die Darstellung nimmt unmittelbar Bezug auf das zweite der oben diskutierten Beispiele.

Im Quadranten III ist angezeigt, daß der Multiplikator $\frac{1 + c'_P}{m}$ aus Gleichung (3.19) mit steigendem Zins r' zunimmt, weil, wie oben erläutert wurde, die Größen k_{ZR}, t'_P und s'_P voraussichtlich sinken und die Größe b steigt. Die Funktion (3.19) ist im Quadranten IV für alternative Werte von MB^a dargestellt.

---

[34] Eine theoretische Analyse dieses Falls und ähnlicher Fälle finden sich bei *K. Brunner* und *A. H. Meltzer*, Liquidity Traps.

Abbildung 10: Geldangebot und Zinssatzvariation

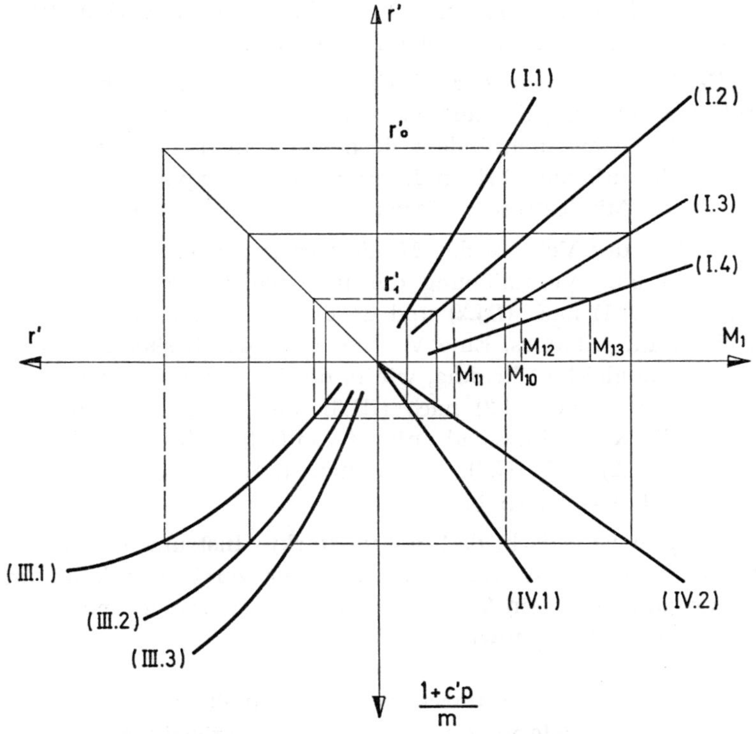

Auf der Grundlage der Kurven in den Quadranten III und IV und der 45°-Linie im Quadranten II läßt sich das Geldangebot M_1 in Abhängigkeit vom Zinsvektor r' skizzieren.

Bei unveränderten Mindestreservesätzen und unverändertem Diskontsatz äußert sich eine Erhöhung der korrigierten monetären Basis in einer Rechtsverschiebung der im Quadranten I eingezeichneten Kurve.

Wird die korrigierte monetäre Basis von $MB^a{}_0$ auf $MB^a{}_1$ erhöht, so dreht sich die der Funktion (3.19) entsprechende Kurve im Quadranten IV von (IV.1) nach (IV.2). Bei einem unveränderten Vektor der Mindestreservesätze von k'_0 und einem unveränderten Diskontsatz q_0 wird die Kurve, die im Quadranten I die Beziehung zwischen dem Zinsvektor r' und M_1 wiedergibt, von (I.1) nach (I.2) verschoben.

Ob und in welche Richtung sich jetzt die Geldmenge M_1 ändert, hängt von der Veränderung des Zinsvektors r' und der damit verbundenen Veränderung des Geldschöpfungsmultiplikators ab.

Es ist durchaus möglich, daß die gesamtwirtschaftliche Geldmenge (M_1) trotz einer expansiven Politik der Zentralbank sinkt. Wird das

Zinsniveau durch diese Politik z. B. von r'_0 auf r'_1 gesenkt, so verringert sich bei dem in Abbildung 10 gewählten Kurvenverlauf (III.1) im Quadranten III die Geldmenge von M_{10} auf M_{11}.

Die Zentralbank kann der Abschwächung oder Aufhebung der beabsichtigten Wirkung der auf eine Erhöhung von M_1 gerichteten Aktion nur entgegenwirken, indem sie neben dem Instrument der Offenmarktpolitik auch die übrigen Instrumente im expansiven Sinne einsetzt, d. h., die Mindestreservesätze und den Diskontsatz senkt.

Ein Sinken des Vektors der Mindestreservesätze, z. B. von k'_0 nach k'_1, bewirkt eine Verschiebung der im Quadranten III dargestellten Kurve von (III.1) nach (III.2) und darüber ceteris paribus eine Erhöhung des Multiplikators. Eine Verringerung des Diskontsatzes von q_0 auf q_1 hat die gleiche Wirkung, wie in der Verschiebung der Kurve im Quadranten III von (III.2) nach (III.3) angedeutet ist. Entsprechend wird auch die Kurve im Quadranten I von (I.2) nach (I.3) — korrespondierend zu (IV.2) und (III.2) — bzw. nach (I.4) — korrespondierend zu (IV.2) und (III.3) — verschoben.

Zu beachten ist jedoch, daß der verstärkte Instrumenteneinsatz der Zentralbank den Zinsvektor r' noch weiter verringern kann und so wiederum zumindest ein Teil der ohne diese Verringerung eintretenden Wirkung aufgehoben wird.

4. Die Nachfrage- und Angebotsfunktionen des Sektors der paramonetären Finanzinstitute

a) Die Determinanten von Angebot und Nachfrage

Die primären Passiva der paramonetären Finanzinstitute sind eigene Schuldtitel, die sie den Unternehmen und vor allem den Haushalten anbieten. Charakteristisch für diese Schuldtitel ist die besondere Art ihrer Ertragssätze, die bei einigen vollständig — z. B. bei Sozialversicherungen — und bei anderen zu einem großen Teil — z. B. bei Lebensversicherungen und Bausparkassen — impliziter Natur sind; die Erträge, die diesen Schuldtiteln zuzurechnen sind, ergeben sich weitgehend aus dem subjektiven Nutzen, den die Nachfrager den in den Schuldtiteln verbürgten Leistungen der paramonetären Institute beimessen.

Diese Leistungen dürften sich in längeren Zeitabschnitten zwar ändern, doch sind sie nicht kurzfristigen, vom Markt her bestimmten Schwankungen unterworfen.

Infolge der oligopolistischen Marktstruktur gleichartiger paramonetärer Finanzinstitute — z. B. Lebensversicherungen, Bausparkassen — werden zudem auch die objektiven Ertragsbestandteile — die Zinssätze — kaum verändert. Sowohl die aus den Leistungen resultierenden subjektiven als auch die durch die Zinssätze gegebenen objektiven Teile der Ertragssätze sind also zumindest kurzfristig weitgehend fixiert.

Die paramonetären Finanzinstitute werden in der Regel die gesamte bei diesen Ertragssätzen wirksam werdende Nachfrage befriedigen, so daß die Gleichgewichtsmengen allein durch die Nachfrage bestimmt sind.

Auf dem Markt für Schuldtitel der paramonetären Finanzinstitute herrscht somit a priori Gleichgewicht.

Die Arten der Aktiva der paramonetären Finanzinstitute unterscheiden sich nicht wesentlich von denen der Geschäftsbanken. Es werden Reserven in Form von Bargeld und in Form von Sichtdepositen bei den Geschäftsbanken gehalten, für die es allerdings keine gesetzlichen Vorschriften gibt. Weiter enthalten die Aktiva Wertpapiere sowohl privater Emittenten als auch des Staates. Und schließlich bieten die paramonetären Institute Kredite an, deren Anteil an den gesamten Aktiva, wie bei den Banken, bei weitem am größten ist.

Gleichfalls unterscheiden sich die Determinanten in den entsprechenden makroökonomischen Nachfrage- und Angebotsfunktionen grundsätzlich nicht von denen in den Funktionen des Geschäftsbankensektors, so daß auf eine Wiederholung der Erklärungen, vor allem zu den Aggregationsschwierigkeiten der einzelnen Größen, verzichtet werden kann.

Es ist selbstverständlich, daß Mindestreservesätze und der Diskontsatz für die Nachfrage und das Angebot der paramonetären Institute unmittelbar keine Rolle spielen und daß an die Stelle des Volumens der Depositen D_g bei den Geschäftsbanken hier das nominelle Volumen der Schuldtitel W tritt.

Somit lassen sich folgende Nachfrage- und Angebotsfunktionen formulieren:

$$A_{il} = A_{il}(r_i, W, V_I, x_I) \, . \tag{3.21}$$

Die kurzfristigen Anpassungsverzögerungen werden wiederum mit Hilfe der bereits abgeleiteten Beziehung (3.2) erklärt.

b) Die multiple Kreditschöpfung des Sektors der paramonetären Finanzinstitute

Die rasch zunehmende Geschäftstätigkeit der paramonetären Finanzinstitute seit Beginn der 50er Jahre löste vor allem in den USA heftige Diskussionen um die Bedeutung dieser Institute für den gesamten Geld- und Kreditverkehr aus.

Es ging dabei vor allem um die Fragen, ob

(1) die paramonetären Finanzinstitute in ihrer Gesamtheit zur multiplen Kreditschöpfung in der Lage sind,

(2) die paramonetären Finanzinstitute die Kreditschöpfungsfähigkeit des Bankensektors beeinflussen,

(3) die paramonetären Finanzinstitute die Wirksamkeit der Geldpolitik vermindern und

(4) zwischen den paramonetären Finanzinstituten und den Geschäftsbanken ein wesentlicher Unterschied besteht.

Es ist hier selbstverständlich nicht der Platz, auf die Diskussionen über die einzelnen Fragen einzugehen. Die für diese Arbeit wichtigen Details wurden bereits im Rahmen der mikroökonomischen Analyse erörtert. Dort ist auch schon die vierte der obigen Fragen beantwortet worden.

In diesem Abschnitt soll zunächst auf der Grundlage eines einfachen Modells eine Antwort auf die Frage gegeben werden, ob die paramonetären Finanzinstitute zur multiplen Kreditschöpfung in der Lage sind.

Im danach folgenden Abschnitt wird der Einfluß dieser Institute auf die Kreditschöpfung des Geschäftsbankensektors untersucht und damit die zweite Frage beantwortet.

Die endgültige Beantwortung der dritten der obigen Fragen, die das Problem der Einwirkung der Finanzinstitute auf die Effizienz der Geldpolitik berührt, ergibt sich erst später aus der Diskussion der Ergebnisse der Simulationen im makroökonomischen Modell.

Um eine Grundlage für die Diskussion der Fähigkeit der paramonetären Finanzinstitute zur multiplen Kreditschöpfung zu erhalten, wird ein Kreditschöpfungsmultiplikator abgeleitet, der eine Reihe von für diesen Sektor relevanten Größen als Komponenten umfaßt.

Die Abteilung erfolgt in Analogie zur Herleitung des Kreditschöpfungsmultiplikators für den Geschäftsbankensektor, so wie sie ähnlich bei Erich Schneider zu finden ist[35]. Aus diesem Grund erübrigen sich im folgenden ausführliche Erläuterungen zu dieser Ableitung[36].

ΔW_a sei der Betrag an Schuldtiteln, der von den paramonetären Instituten zu einem bestimmten Ausgangszeitpunkt zusätzlich verkauft

---

[35] *E. Schneider*, S. 39 ff.

[36] Die Ableitung basiert auf einem vom Verfasser formulierten Ansatz. Ähnliche Ansätze sind zu finden bei *A. Lindbeck*, A Study, S. 193 ff. — *R. S. Thorn*, *F. Argy*, Non-Banking Financial Intermediaries and the Process of Credit Creation. „The Economic Record", Vol. 36 (1960), S. 530 ff.

wird. Dieser Betrag ist vergleichbar mit den Überschußreserven in Form von Zentralbankgeld bei den Geschäftsbanken.

Auf der Grundlage von ΔW_a mögen die paramonetären Institute zusätzlich Kredite in Höhe von ΔL_I vergeben.

Von den neu geschöpften Krediten fließe ein Teil
$\Delta W_i = (1 - a) \cdot \Delta L_I$ — sichtbar in einer weiteren Erhöhung des Betrages an Schuldtiteln W — wieder an die Institute zurück.

Der Teil $a \cdot \Delta L_I$ ist folglich ein „leakage" im Verlaufe der Kreditschöpfung.

Der Betrag an Schuldtiteln — das sind die Passiva in der Vermögensbilanz — hat sich unter Berücksichtigung der anfänglichen Änderung nach Beendigung des Kreditschöpfungsprozesses um
$\Delta W = \Delta W_a + \Delta W_i$ verändert.

Für den täglichen Zahlungsverkehr und als Schutz gegen unerwartete Liquiditätsabflüsse mögen die Institute Reserven in Form von Bargeld und in Form von Sichtdepositen bei den Geschäftsbanken halten.

Die entsprechenden marginalen Reservesätze seien mit
$c_I = \frac{\Delta C_I}{\Delta W}$ und $d_I = \frac{\Delta D_I}{\Delta W}$ bezeichnet.

Die wichtigsten Aktiva in der Vermögensbilanz des Sektors der paramonetären Institute sind neben den Reserven und den — in der Regel an das Publikum vergebenen — Krediten verschiedene Arten von Wertpapieren, die unter der Position S_I zusammengefaßt seien[37].

Es wird angenommen, daß die Institute den Teil $\Delta S_I = s_I \cdot \Delta W$ des gesamten zusätzlichen Betrages an Schuldtiteln für den Kauf von Wertpapieren verwenden.

Die zusätzliche Kreditschöpfung auf der Basis von ΔW_a ergibt sich somit aus der folgenden Beziehung:

$$\begin{aligned}(3.22)\qquad \Delta W_a = c_I \cdot \Delta W_a + d_I \cdot \Delta W_a + s_I \cdot \Delta W_a + a \cdot \Delta L_I \\ + (1 - a) \cdot \Delta L_I \cdot (c_I + d_I + s_I)\ .\end{aligned}$$

Aufgelöst nach ΔL_I wird daraus:

$$(3.23)\qquad \Delta L_I = \frac{1 - c_I - d_I - s_I}{a + (1 - a) \cdot (c_I + d_I + s_I)} \cdot \Delta W_a = m_I \cdot \Delta W_a\ .$$

Die Größe m_I ist der Kreditschöpfungsmultiplikator.

Die Fähigkeit der paramonetären Institute zur multiplen Kreditschöpfung hängt von der Größe a ab. Ist $a = 1$, so folgt aus 3.23):

---

[37] Vgl. Tabelle 10. Die dort dargestellte Bilanz ändert sich bei der Aggregation strukturell nicht.

$$\Delta L_I = (1 - c_I - d_I - s_I) \cdot \Delta W_a = l_I \cdot \Delta W_a \, .$$

Eine multiple Kreditschöpfung ist in diesem Fall nicht möglich[38].

Es wird allgemein angenommen, daß die Größe a einen Wert von annähernd 1 hat und deshalb der Spielraum zur multiplen Kreditschöpfung für die paramonetären Institute nur sehr gering ist[39].

Einen Aufschluß über den tatsächlichen Wert von a können nur empirische Untersuchungen bringen.

Exakte Ergebnisse dürften dabei allerdings nicht zu erwarten sein, weil eine eindeutige Zurechnung bestimmer Beträge von beim Publikum neu untergebrachten Schuldtiteln zu bestimmten Ursachenkomplexen, hier zur zusätzlichen Kreditschöpfung ΔL_I, aus einem Betrag ΔW_a kaum möglich ist.

Die Schwierigkeit der Zurechnung folgt aus der Tatsache, daß eine Kreditexpansion *auch* und eine Geldmengenexpansion *nur* von den Geschäftsbanken betrieben wird, so daß über das anfängliche ΔW_a hinausgehende Erhöhungen des Volumens der Passiva bei den paramonetären Instituten u. U. vollständig auf Kredit- und Geldmengenexpansionen des Geschäftsbankensektors zurückzuführen sind. Andererseits ist es aber auch denkbar, daß die Kreditschöpfung der paramonetären Finanzinstitute ihrerseits die Basis für die Kredit- und Geldschöpfung der Geschäftsbanken vergrößert.

Hier wird deutlich, daß sich die Kreditschöpfungen der paramonetären Institute und der Geschäftsbanken gegenseitig beeinflussen und somit eine Partialanalyse — nämlich die Betrachtung nur eines der beiden Intermediäre — den gesamtwirtschaftlichen Kreditschöpfungsprozeß nicht hinreichend beschreiben kann.

Im späteren makroökonomischen Modell werden die Interdependenzen zwischen den Aktionen und Reaktionen des Geschäftsbankensektors und des Sektors der paramonetären Finanzinstitute voll berücksichtigt.

Da die dort sehr komplexen Interdependenzen jedoch den hier angesprochenen spezifischen Sachverhalt nicht mehr klar in Erscheinung treten lassen, soll darauf im folgenden Abschnitt — noch abstrahierend von weiteren Wechselwirkungen auf den untersuchten Märkten — kurz eingegangen werden.

---

[38] Unter multipler Kreditschöpfung ist hier selbstverständlich nicht, wie z. B. bei Erich Schneider, zu verstehen, daß ein Vielfaches der ursprünglichen Überschußreserve — hier ΔW_a — an zusätzlichen Krediten geschöpft wird. Da hier, anders als bei Schneider, konsequent die Struktur der Vermögensbilanz beachtet wird, liegt eine multiple Kreditschöpfung vor, wenn mehr als $l_I \cdot \Delta W_a$ an zusätzlichen Krediten geschöpft wird.

[39] Vgl. *W. L. Smith*, Financial Intermediaries, S. 235.

5. Der Einfluß der paramonetären Finanzinstitute auf die Kreditschöpfung des Geschäftsbankensektors

Ausgehend von einem Gleichgewicht auf dem gesamten Kreditmarkt und auf dem Geldmarkt sollen die Geschäftsbanken, z. B. durch den Verkauf von Offenmarktpapieren an die Zentralbank, in den Besitz von Zentralbankgeld in Höhe von ΔZ gelangen.

Auf dieser Grundlage erfolge von seiten des Geschäftsbankensektors eine Kreditneuschöpfung von ΔL_B.

Die für die multiple Kreditschöpfung der paramonetären Finanzinstitute bereits erläuterten Beziehungen, die in den Funktionen (3.22) und (3.23) zusammengefaßt sind, mögen unverändert gültig sein.

Für die Kreditschöpfung des Geschäftsbankensektors seien die folgenden Relationen von Bedeutung:

(3.24) $$\Delta C_P = c_P \cdot \Delta L_B$$

Teil der zusätzlichen Kredite ΔL_B, über den das Publikum in bar verfügt,

(3.25) $$\Delta W_a = b \cdot \Delta L_B$$

Teil von ΔL_B, der vom Publikum zum Kauf von Schuldtiteln der paramonetären Finanzinstitute verwendet wird,

(3.26) $$\Delta D_I = d_I \cdot b \cdot \Delta L_B + d_I \cdot (1 - a) \cdot \Delta L_I$$

zusätzliche Reserven der paramonetären Finanzinstitute in Form von Sichtdepositen bei den Geschäftsbanken,

(3.27) $$\Delta D_P = (a - e) \cdot \Delta L_I$$

der Betrag der zusätzlichen Kreditschöpfung der paramonetären Finanzinstitute, der in Form von Sichtdepositen auf Konten des Publikums bei den Geschäftsbanken fließt.

Unter Berücksichtigung von (3.23) und (3.25) werden (3.26) und (3.27) zu:

(3.28) $$\Delta D_I = d_I \cdot b \cdot \Delta L_B \cdot [1 + (1 - a) \cdot m_I] \quad \text{und}$$

(3.29) $$\Delta D_P = b \cdot \Delta L_B \cdot (a - e) \cdot m_I \ .$$

Die Reserven der Banken mögen nur aus den gesetzlich vorgeschriebenen Mindestreserven MR bestehen, für die der Reservesatz von k_D gelte.

Bezogen auf das gesamte zusätzliche Volumen an Sichtdepositen ergibt sich ein zusätzlicher Betrag an Mindestreserven von:

(3.30) $$\Delta MR = k_D \cdot (\Delta D_I + \Delta D_P) = k_D \cdot \Delta D \ .$$

Es wird angenommen, daß die Geschäftsbanken den Teil $\Delta G = g \cdot (1 - k_D) \cdot \Delta D$ des frei disponiblen Betrages der zusätzlichen Depositen für den Kauf zusätzlicher Wertpapiere verwenden.

Die Überschußreserve ΔZ teilt sich wie folgt auf die verschiedenen Verwendungsmöglichkeiten und „leakages" auf:

$$
\begin{aligned}
(3.31) \quad \Delta Z = {} & c_P \cdot \Delta L_B + b \cdot \Delta L_B + g \cdot (1 - k_D) \cdot [\Delta L_B - c_P \cdot \Delta L_B - \\
& - b \cdot \Delta L_B + d_I \cdot b \cdot \Delta L_B + d_I \cdot b \cdot m_I \cdot (1 - a) \cdot \Delta L_B + \\
& + b \cdot m_I \cdot (a - e) \cdot \Delta L_B] - d_I \cdot b \cdot \Delta L_B - \\
& - d_I \cdot b \cdot m_I \cdot (1 - a) \cdot \Delta L_B - b \cdot m_I \cdot (a - e) \cdot \Delta L_B + \\
& + k_D \cdot \Delta L_B \cdot \{1 - c_P - b - g \cdot (1 - k_D) \cdot [1 - c_P - \\
& - b + d_I \cdot b + d_I \cdot b \cdot m_I \cdot (1 - a) + b \cdot m_I \cdot (a - e)] + \\
& + d_I \cdot b + d_I \cdot b \cdot m_I \cdot (1 - a) + b \cdot m_I \cdot (a - e)\} = \\
= {} & \frac{1}{m_B} \cdot \Delta L_B \; .
\end{aligned}
$$

Wird die Beziehung (3.31) nach ΔL_B aufgelöst, so ergibt sich die zusätzliche Kreditschöpfung des Geschäftsbankensektors aus der Überschußreserve ΔZ. Die Größe m_B ist der Kreditschöpfungsmultiplikator.

Zur Vereinfachung der weiteren Untersuchung sei angenommen, daß die Geschäftsbanken keine zusätzlichen Wertpapiere erwerben und folglich die Größe g den Wert Null hat.

Der Kreditschöpfungsmultiplikator setzt sich dann wie folgt zusammen:

$$
\begin{aligned}
(3.32) \quad \frac{1}{m_B} = {} & c_P + b - d_I \cdot b - d_I \cdot b \cdot m_I \cdot (1 - a) - b \cdot m_I \cdot (a - e) + \\
& + k_D \cdot [1 - c_P - b + d_I \cdot b + d_I \cdot b \cdot m_I \cdot (1 - a) + b \cdot m_I \cdot (a - e)] \; .
\end{aligned}
$$

Der Einfluß der paramonetären Institute auf die Kreditschöpfung des Geschäftsbankensektors hängt vom Wert des Ausdrucks (3.33) ab, der in (3.32) enthalten ist:

$$
(3.33) \quad b \cdot [1 - d_I - d_I \cdot m_I \cdot (1 - a) - m_I \cdot (a - e)] \; .
$$

Ist dieser Ausdruck größer als Null, dann wird die Kreditschöpfungsfähigkeit des Geschäftsbankensektors durch die Existenz der paramonetären Institute beeinträchtigt.

(3.33) hat einen Wert von Null, wenn $b = 0$ ist oder wenn zugleich $a = 1$, $e = 0$, $c_I = 0$ und $s_I = 0$ sind. Sind diese Voraussetzungen alternativ gegeben, so reduziert sich der obige Kreditschöpfungsmultiplikator m_B zu der bekannten einfachen Form, wie sie bei Erich Schneider zu finden ist:

$$\frac{1}{m'_B} = c_P + k_D \cdot (1 - c_P) \ . \qquad (3.34)$$

Die Kreditschöpfung des Geschäftsbankensektors läßt sich nach dieser Beziehung nur bei Gültigkeit der oben genannten Voraussetzungen — darunter auch $g = 0$ — beschreiben.

Die Bedingungen, die notwendig sind, damit der Ausdruck (3.33) den Wert Null hat, dürften realiter kaum erfüllt sein. Deshalb ist festzustellen, daß die zusätzliche Kreditschöpfung der Geschäftsbanken aus der Überschußreserve ΔZ ceteris paribus infolge der Aktivität der paramonetären Institute auf dem Kreditmarkt geringer ist als im bislang in der Kreditangebotslehre dargestellten Fall, der die Existenz paramonetärer Institute nicht berücksichtigt.

Die zusätzliche gesamtwirtschaftliche Kreditschöpfung $\Delta L_G = \Delta L_B + \Delta L_I$ dürfte dagegen durch die Existenz der paramonetären Institute im positiven Sinne beeinflußt werden.

II. Ein gesamtwirtschaftliches Modell zur Analyse des Wirkungsprozesses und der Wirksamkeit der Geldpolitik

1. Die Grundstruktur des Modells — eine Zusammenfassung der makroökonomischen Relationen

Die in den vorangegangenen Abschnitten formulierten gesamtwirtschaftlichen Angebots- und Nachfragefunktionen (3.1), (3.3) und (3.21) der drei unterschiedenen Sektoren „Publikum", „Geschäftsbanken" und „Paramonetäre Finanzinstitute" lassen in der angegebenen allgemeinen Form einen beliebigen Grad der Aggregation oder Disaggregation hinsichtlich der Aktiva und Passiva zu.

Für das formale Modell, mit dessen Hilfe den Zielsetzungen der Arbeit entsprochen werden soll, ist jedoch eine stärkere Konkretisierung der einzelnen Angebots- und Nachfragerelationen erforderlich.

Das bedeutet gleichzeitig eine Entscheidung für einen bestimmten Grad der Aggregation oder Disaggregation, der, wie es weiter oben bereits angedeutet wurde, nach Gesichtspunkten der Zweckmäßigkeit und Operationalität festgelegt wird.

Das Modell wird so konstruiert[1], daß auf der einen Seite die in Hinsicht auf die Ziele der Arbeit noch offenen Fragen hinreichend ge-

[1] Zu im Aufbau und in der Struktur ähnlichen Modellen vgl. *J. Tobin* und *W. C. Brainard*, Pitfalls, *W. C. Brainard*, Financial Intermediaries and a Theory of Monetary Control. In: Financial Markets and Economic Activity. Ed. by *D. Hester* und *J. Tobin*. (Cowles Foundation, Monograph 21.) New York, London, Sydney 1967, S. 55 ff.

nau beantwortet werden können und auf der anderen Seite eine noch übersichtliche rechentechnische Handhabung möglich ist.

Die in Gleichung (3.1) allgemein gefaßten Angebots- und Nachfragefunktionen des Publikums erhalten im Modell die folgenden konkreten Formen.

(3.35) $$C_P = c_P(r_i, Y, x_P) \cdot V_P$$

die Nachfrage des Publikums nach Bargeld hängt ab von verschiedenen für die Portfolio-Entscheidungen des Publikums relevanten Ertrags- und Zinssätzen r_i, die später noch genauer benannt werden, vom Volkseinkommen Y, von einer Größe x_P, die die restlichen Determinanten der Nachfrage umfaßt, und vom Vermögen V_P des Publikums.

In die weiteren Verhaltensfunktionen des Publikums gehen die gleichen Determinanten ein.

(3.36) $$D_P = d_P(r_i, Y, x_P) \cdot V_P$$

Nachfrage nach Sichtdepositen,

(3.37) $$T_P = t_P(r_i, Y, x_P) \cdot V_P$$

Nachfrage nach Termin- und Spardepositen und nach Schuldtiteln der Geschäftsbanken, z. B. nach Sparkassenbriefen,

(3.38) $$S_P = s_P(r_i, Y, x_P) \cdot V_P$$

Nachfrage nach Schuldtiteln der öffentlichen Hand,

(3.39) $$W_P = w_P(r_i, Y, x_P) \cdot V_P$$

Nachfrage nach Schuldtiteln der paramonetären Finanzinstitute,

(3.40) $$L_{PB} = l_{PB}(r_i, Y, x_P) \cdot V_P$$

Nachfrage nach Krediten von den Geschäftsbanken und Angebot an Schuldtiteln des Publikums an die Geschäftsbanken[2],

(3.41) $$L_{PI} = l_{PI}(r_i, Y, x_P) \cdot V_P$$

Nachfrage nach Krediten von den paramonetären Finanzinstituten und Angebot an Schuldtiteln des Publikums an diese Institute[2],

(3.42) $$E_P = e_P(r_i, Y, x_P) \cdot V_P$$

Nachfrage nach Realkapital.

---

[2] Dem Angebot an Schuldtiteln des Publikums, z. B. dem Angebot an Aktien oder Obligationen, entspricht eine Nachfrage nach Eigen- oder Fremdkapital. Aus Gründen der Vereinfachung wird diese Nachfrage bzw. dieses Angebot unter die Kreditnachfrage gefaßt.

Aus Gründen der Vereinfachung wird angenommen, daß die Nachfrage nach den einzelnen Aktiva und Passiva jeweils homogen vom Grade 1 in bezug auf das Vermögen V_P ist. Diese Art des Einflusses von V_P hatte sich schon im Rahmen der mikroökonomischen Portfolio-Analyse aufgrund der dort gewählten spezifischen Voraussetzungen für die Nachfragerelationen einzelner Wirtschaftssubjekte ergeben.

Die von daher übernommene Annahme eines Homogenitätsgrades von 1 ließe sich mit dem Hinweis auf einige empirische Untersuchungen begründen, die für makroökonomische Geldnachfragefunktionen in etwa einen solchen Homogenitätsgrad in bezug auf das Vermögen des Publikums feststellen[3].

Ob dieser Nachweis jedoch allgemeine Gültigkeit beanspruchen kann und ob die für die Geldnachfragefunktionen gefundenen Ergebnisse auch auf die Nachfrage nach den anderen Aktiva und Passiva übertragen werden können, soll hier nicht näher geprüft werden.

Es genügt, festzustellen, daß die genannte Annahme den für eine zweckmäßige Analyse des monetären Transmissionsprozesses erforderlichen Erklärungswert des Modells kaum beeinträchtigt und die Einführung anderer Einflußarten von V_P ohne weiteres — allerdings zu Lasten des rechentechnischen Aufwandes — möglich ist.

Während die Nachfrageobjekte in den Gleichungen (3.35) bis (3.41) keiner Erläuterung mehr bedürfen[4], ist zur Nachfrage nach Realkapital — Funktion (3.42) — noch eine ergänzende Erklärung nötig.

Unter die Position „Realkapital" sind der Bestand an produktivem Sachkapital der Unternehmungen und der Bestand an dauerhaften Konsumgütern der Haushalte zu subsumieren.

Es ist mit Sicherheit anzunehmen, daß vor allem der Einfluß der Ertrags- oder Zinssätze auf die Nachfrage nach produktivem Sachkapital einerseits und nach dauerhaften Konsumgütern andererseits starke Unterschiede aufweist. Dennoch soll hier mit dem Hinweis auf die bereits diskutierten Schwierigkeiten der Erfassung und Bewertung eines Teils der Sachaktiva — besonders der dauerhaften Konsumgüter — auf eine stärkere Differenzierung und damit eine Disaggregation der Funktion (3.42) verzichtet werden.

Aktien und sonstige Anteilswerte an Unternehmungen in Händen der privaten Haushalte stellen ein Äquivalent für Teile des produktiven Sachkapitals der Unternehmungen dar. Durch die Saldierung einander entsprechender Positionen bei der Aggregation der Vermögensbilanzen

---

3 Vgl. *A. H. Meltzer,* The Demand for Money.

4 Die wesentlichen Charakteristika dieser Aktiva und Passiva sind bereits im mikroökonomischen Teil und zu Beginn des makroökonomischen Teils erörtert worden.

der Haushalte und der Unternehmungen zur Vermögensbilanz des Publikums erscheinen jedoch nur entweder die Aktien *oder* die dazu äquivalenten Bestände an produktiven Sachaktiva in der Vermögensbilanz des Publikums.

Da sich die Kurse der Aktien, nicht aber unmittelbar die Preise der entsprechenden produktiven Sachkapitalbestände an einem beobachtbaren Markt — der Börse — bilden, sollen unter der Position „Realkapital" E_P Aktien und sonstige Anteilswerte an Unternehmungen erfaßt werden, sofern diesen produktives Sachkapital in den Vermögensbilanzen der Unternehmungen entspricht.

Die in Gleichung (3.3) allgemein ausgedrückten Angebots- und Nachfragefunktionen des Geschäftsbankensektors werden im Modell durch die folgenden Relationen konkret beschrieben.

(3.43) $$MR = k_D \cdot D + k_T \cdot T$$

Bestand an gesetzlichen Mindestreserven bei einem Reservesatz von k_D auf das Volumen der Sichtdepositen D und einem Reservesatz von k_T auf das Volumen der Termin- und Spardepositen,

(3.44) $$FR = f_D (r_i\,,\ q) \cdot (1 - k_D) \cdot D + f_T (r_i\,,\ q) \cdot (1 - k_T) \cdot T$$

Nachfrage nach freien Reserven $FR = ZR - F$, die von den für die Banken relevanten Zinssätzen r_i, dem Diskontsatz q und von dem Teil der Depositen abhängt, der sich nach Abzug der gesetzlichen Mindestreserven ergibt, über den die Banken also frei disponieren können,

(3.45) $$G = g_D (r_i\,,\ q) \cdot (1 - k_D) \cdot D + g_T (r_i\,,\ q) \cdot (1 - k_T) \cdot T$$

Nachfrage nach Geldmarkt- bzw. Offenmarktpapieren,

(3.46) $$S_B = s_D (r_i\,,\ q) \cdot (1 - k_D) \cdot D + s_T (r_i\,,\ q) \cdot (1 - k_T) \cdot T$$

Nachfrage nach Schuldtiteln der öffentlichen Hand, die nicht Objekte von Offenmarktoperationen der Zentralbank sind,

(3.47) $$L_B = l_{BD} (r_i\,,\ q) \cdot (1 - k_D) \cdot D + l_{BT} (r_i\,,\ q) \cdot (1 - k_T) \cdot T$$

Angebot an Krediten an das Publikum und gleichzeitig Nachfrage nach Schuldtiteln des Publikums[5].

In den Verhaltensfunktionen (3.44) bis (3.47) des Geschäftsbankensektors wird in Analogie zu den Angebots- und Nachfragefunktionen

---

[5] Die Nachfrage des Bankenbereichs nach Schuldtiteln des Publikums umfaßt solche Papiere, auf deren Basis Kredite vergeben werden (z. B. Schuldscheine, Wechsel) und von der Kreditvergabe unabhängige private Anlagepapiere, wie vom Publikum emittierte Aktien und Obligationen (vgl. die Fußnote auf Seite 176). Die Nachfrage nach den zuletzt genannten Papieren wurde aus Gründen der Vereinfachung unter der Position „Kreditangebot" erfaßt.

des Publikums ein Homogenitätsgrad von 1 in bezug auf die Depositen unterstellt.

Die Nachfrage der Banken nach Refinanzierungskrediten findet entsprechend der schon weiter oben gegebenen Definition der freien Reserven — Freie Reserven FR = Zusatzreserven ZR minus Refinanzierungskredite F — in der Funktion (3.44) Berücksichtigung.

In der Funktion (3.47) wird zugleich die Nachfrage der Banken nach Schuldtiteln des Publikums erfaßt[6].

Dieses vereinfachte Vorgehen scheint insofern berechtigt, als solche Titel, wie z. B. in Form von Schuldscheinen, Finanzwechseln o. ä. oftmals eine Voraussetzung der Kredittransaktion sind und deshalb nicht getrennt von den Krediten gesehen werden können.

Die Subsumierung von Papieren des Publikums, die nicht im Rahmen eines Kreditgeschäftes erworben werden, unter die Position L_B ist wegen der geringen Bedeutung dieser Aktiva im Portefeuille der Geschäftsbanken vertretbar.

Die Vermögensbilanz des Sektors der paramonetären Finanzinstitute unterscheidet sich in einigen Positionen von der des Geschäftsbankensektors.

Eine gesetzliche Vorschrift zum Halten von Mindestreserven gibt es für paramonetäre Institute nicht. Statt dessen sichern sich diese Institute in der Regel durch einen freiwillig fixierten Bestand an Reserven in Form von Bargeld oder in Form von Sichtdepositen bei den Geschäftsbanken gegen mögliche Liquiditätsengpässe ab. Im Modell sollen jedoch nur die im Umfang recht bedeutenden Reserven in Form von Sichtdepositen berücksichtigt werden.

Von der Refinanzierung bei der Zentralbank sind die paramonetären Institute in der Regel ausgeschlossen, so daß eine den freien Reserven entsprechende Position in ihrer Bilanz nicht zu finden ist.

Da die Zentralbank mit den paramonetären Instituten in der BRD nur in seltenen Ausnahmefällen Offenmarktgeschäfte auf der Basis relativ kurzfristiger Geldmarktpapiere betreibt, ist auch eine Nachfrage nach Geld- oder Offenmarktpapieren im Modell nicht berücksichtigt worden.

Somit erhält die allgemeine Funktion (3.21) für den Sektor der paramonetären Finanzinstitute im Modell die folgenden konkreten Ausgestaltungen.

(3.48) $$D_I = d_I (r_i) \cdot W$$

[6] Zu diesem Vorgehen vgl. z. B. *K. Brunner* und *A. H. Meltzer,* Liquidity Traps.

die Nachfrage nach freiwilligen Reserven in Form von Sichtdepositen bei den Geschäftsbanken ist abhängig von den für die paramonetären Institute relevanten Zinssätzen r_i und dem wertmäßigen Bestand an Schuldtiteln im Passivum der Vermögensbilanz,

(3.49) $$S_I = s_I(r_i) \cdot W$$

Nachfrage nach Schuldtiteln der öffentlichen Hand,

(3.50) $$L_I = l_I(r_i) \cdot W$$

Angebot an Krediten an das Publikum und zugleich Nachfrage nach Schuldtiteln des Publikums[7].

Auch hier wird in den einzelnen Funktionen eine Homogenität vom Grade 1 in bezug auf das Volumen der Schuldtitel W, also der Passiva vorausgesetzt.

Die Größen V_B und V_I, die das Vermögen der beiden indizierten Sektoren bezeichnen, und die Größen x_B und x_I, die die sonstigen Determinanten von Angebot und Nachfrage beschreiben, wurden, obwohl sie in den allgemeinen Funktionen (3.3) und (3.21) enthalten sind, nicht in die obigen Verhaltensfunktionen der Sektoren der Geschäftsbanken und der paramonetären Finanzinstitute aufgenommen. Dies scheint zur Vereinfachung gerechtfertigt, weil die Position „Nettovermögen" in den Vermögensbilanzen der beiden Sektoren in Relation zu den übrigen Positionen wertmäßig verschwindend gering ist und weil die Einflüsse der Zinssätze auf das Angebot und die Nachfrage der beiden Sektoren bei weitem dominierend und somit die Einflüsse der übrigen Determinanten wahrscheinlich von nur sehr geringer Bedeutung sind.

Neben den fünfzehn Verhaltensgleichungen und der einen institutionell bedingten Gleichung für die Mindestreserven der Geschäftsbanken enthält das Modell noch eine Reihe von Identitätsgleichungen, die im folgenden erläutert werden sollen.

(3.51) $$MB^a = C_P + MR + FR$$

die korrigierte monetäre Basis umfaßt den Bargeldbestand des Publikums, sowie den Bestand an Mindestreserven und an freien Reserven des Geschäftsbankensektors,

(3.52) $$H + NA = MB^a + G + S$$

die Verbindlichkeiten der öffentlichen Hand H gegenüber der übrigen Volkswirtschaft und die Nettoauslandsposition NA haben ihr Äquivalent in der korrigierten monetären Basis, dem Bestand an Offenmarktpapieren G in der Bilanz des Geschäftsbankensektors und dem Bestand

[7] Vgl. die Fußnote auf Seite 178. Das dort Gesagte gilt auch für die paramonetären Finanzinstitute.

an Schuldtiteln der öffentlichen Hand in den Bilanzen der drei privaten Sektoren.

Zwar sind die korrigierte monetäre Basis MB^a und die Offenmarktpapiere G Objekte der Zentralbank im Zuge ihrer geldpolitischen Aktionen, doch ist zu beachten, daß den Verbindlichkeiten der Zentralbank, die im monetären System der BRD in der Regel nur gegenüber Geschäftsbanken bestehen, genau die Forderungen der Zentralbank gegen die öffentliche Hand und gegen das Ausland — Devisenforderungen — entsprechen, so daß die primären Verbindlichkeiten letztlich den beiden zuletzt genannten Sektoren zuzuordnen sind.

Aus den Gleichungen (3.35) bis (3.52) läßt sich die Identität

$$V_P = H + NA + E_P \tag{3.53}$$

ableiten, denn es gilt:

$$\begin{aligned} V_P &= C_P + D_P + T_P + S_P + W_P + E_P - L_{PB} - L_{PI} = \\ &= C_P + D_P + T_P + S_P + W_P + E_P - D_P - T_P + MR + FR + \\ &+ G + S_B - W_P + D_I + S_I = \\ &= C_P + MR + FR + G + S + E_P = \\ &= MB^a + G + S + E_P = H + NA + E_P \,. \end{aligned}$$

Das Nettovermögen des Publikums ist also betragsmäßig identisch mit der Summe aus den Verbindlichkeiten der öffentlichen Hand, der Nettoauslandsposition und dem Bestand an Realkapital.

Werden alle inländischen Sektoren — Publikum, Geschäftsbanken, Paramonetäre Institute, Öffentliche Hand, Zentralbank — zur gesamten Volkswirtschaft zusammengefaßt, so ist das Nettovermögen dieser Volkswirtschaft bekanntlich gleich der Summe aus ihrem Realkapitalbestand und ihrer Nettoauslandsposition, was sich auch unmittelbar aus (3.53) entnehmen läßt.

Bereits früher wurde betont, daß nach der Theorie der relativen Preise der Preis für Realkapital das Bindeglied zwischen den Märkten der monetären, finanziellen und realen Aktiva und Passiva — den Märkten der Bestandsgrößen — einerseits und den Märkten für Investitions- und Konsumgüternachfrage — den Märkten der Stromgrößen — andererseits ist. Dieser Preis sei mit p bezeichnet. Er bildet sich durch das Zusammenspiel von Angebot und Nachfrage auf den Märkten — im Modell lediglich *dem* Markt — für Realkapital, sofern solche Märkte vorhanden sind.

An anderer Stelle ist schon gezeigt worden daß es für eine Reihe von Realkapitalarten keine Märkte gibt, so daß hier die Bildung von

Schattenpreisen erforderlich ist. Auf die Problematik einer solchen Preisbildung soll hier jedoch nicht mehr eingegangen werden.

Der gesamtwirtschaftliche wertmäßige Bestand an Realkapital zu einem Zeitpunkt t_0, der die Basis der Analyse sein soll, sei mit R bezeichnet. Das Realkapital R werfe während seiner Nutzungszeit einen wertmäßigen Ertrag oder Nutzen von Z ab.

Die Nutzungszeit des Realkapitals kann in gesamtwirtschaftlicher Betrachtung, solange die Reinvestitionen ausreichen, um den Bestand R aufrechtzuerhalten, mit unendlich angenommen werden.

Der tatsächliche Ertragssatz oder der interne Zins des Realkapitals R ergibt sich somit als $z = \frac{Z}{R}$.

In der Vermögensbilanz des Publikums wird der Wert des Realkapitals zu einem bestimmten Betrachtungszeitpunkt — dem Zeitpunkt t_0 oder einem Zeitpunkt danach — mit E_P bezeichnet.

Dieser Bilanzposition entspricht die durch Funktion (3.42) gegebene wertmäßige Nachfrage des Publikums nach Realkapital zu einem bestimmten Zeitpunkt.

Der Nachfrage wird auf dem Markt für Realkapital das Angebot R entgegengesetzt. Der Ausgleich zwischen Angebot und Nachfrage erfolgt über den Preis p, so daß der Wert E_P des Realkapitals in jedem Zeitpunkt durch die Beziehung $E_P = p \cdot R$ bestimmt wird.

Zum Zeitpunkt t_0 sei $p = 1$. Folglich ist dann $E_P = R$. Steigt der Preis p des fixierten Realkapitalbestandes R, so nimmt E_P entsprechend zu.

Bei unverändertem Ertrag oder Nutzen Z aus dem Realkapital R wird bei einem auf dem Markt gebildeten Preis p der Ertragssatz r_E des Realkapitals, der auch als Marktzins bezeichnet werden kann, durch $r_E = \frac{Z}{E_P} = \frac{Z}{p \cdot R} = \frac{z}{p}$ bestimmt.

Im Modell ist somit die folgende Beziehung zwischen dem Marktzins r_E, dem Preis p und dem internen Zinsfuß z des Realkapitals zu berücksichtigen:

(3.54) $$r_E \cdot p = z \; .$$

Da einerseits die Auslösung monetärer Impulse durch die Zentralbank den Zweck hat, gesamtwirtschaftliche Zielgrößen — in dieser Arbeit geht es nur um die Zielgröße „nominelles Sozialprodukt" — zu beeinflussen und andererseits die Größen auf den Märkten für Bestandsgrößen auch von Größen der Märkte für Stromgrößen, z. B. vom Volkseinkommen, tangiert werden, wobei hier vor allem die feed-back-Effekte von Relevanz sind, erfordert eine vollständige Analyse des Transmissionsprozesses die Berücksichtigung der dafür bedeutenden Beziehungen auf den Märkten für Stromgrößen.

Es kann allerdings nicht die Aufgabe dieser Arbeit sein, für diese Märkte in gleicher Weise detaillierte und fundierte Relationen einzuführen wie für den Bereich der monetären, finanziellen und realen Aktiva und Passiva. Für die Erklärung und das Verständnis des Übertragungsmechanismus' monetärer Impulse ist das auch nicht erforderlich. Es genügt, wenn einfache Beziehungen eingeführt werden, aus denen sich bestimmte Reaktionen der Größen des Stromgrößenbereichs auf Veränderungen bestimmter Größen des Bestandsgrößenbereichs ableiten lassen. Diese Beziehungen könnten dann im Rahmen eines alle wirtschaftlichen Bereiche oder Märkte umfassenden Modells beliebig vervollständigt werden, ohne daß sich der grundsätzliche Erklärungswert der hier durchgeführten Analyse wesentlich verändern dürfte.

In dem hier zugrunde gelegten Modell soll zunächst von einfachen Relationen ausgegangen werden, die sich eng an die aus der Keynesschen Theorie bekannten Funktionen anlehnen.

(3.55) $$I = I(p) = I'(r_E)$$

die Investitionsnachfrage hängt ab vom Preis p für Realkapital oder auch wegen (3.54) vom Marktzins r_E, wobei gilt: $\frac{dI}{dp} > o$ oder $\frac{dI}{dr_E} < o$.

(3.56) $$Y = \frac{1}{1-b} \cdot [I(p) + Y_a]$$

das nominelle Sozialprodukt (Volkseinkommen) wird über die bekannte Multiplikatorbeziehung von einer induzierten Komponente $I(p)$ und einer autonomen Komponente Y_a bestimmt; b bezeichnet die marginale Konsumquote der Volkswirtschaft.

(3.57) $$x = x(Y)$$

die Größe x, die in den allgemeinen Angebots- und Nachfragefunktionen des Publikums eine Reihe verschiedener Einflußkomponenten umfaßt, ist vom nominellen Volkseinkommen, von der nominellen gesamtwirtschaftlichen Nachfrage Y abhängig; im weiteren Verlauf der Arbeit wird x lediglich mit der erwarteten Preissteigerungsrate identifiziert; von den übrigen Komponenten in x gehe, das sei angenommen, kein Einfluß auf das Angebot und die Nachfrage des Publikums aus.

Die Beziehungen (3.55) bis (3.57) werden zur Diskussion spezifischer Sachverhalte später noch modifiziert. Vorerst genügen jedoch die hier beschriebenen einfachen Reaktionsannahmen.

Die Mindestreservesätze k_D und k_T, der interne Zins z, der Kapitalstock R, das Angebot an Schuldtiteln der öffentlichen Hand S, an Offenmarktpapieren G und an korrigierter monetärer Basis MB^a sind exogene Größen des Modells.

Die bisher noch nicht näher bezeichneten endogenen Zinssätze oder Ertragssätze werden in dem folgenden konkreten Simulationsmodell explizit eingeführt.

2. Konkretisierung des Modells in Form eines linearen Simulationsmodells

a) Wesen und Zweck des Simulationsmodells

Um den Zielsetzungen dieser Arbeit weitgehend Rechnung zu tragen, wurde für die weitere Analyse — vor allem für die Analyse der Wirksamkeit der Geldpolitik und der Problematik der Indikatorwahl — ein umfassendes interdependentes Modell entwickelt. Das Modell ist, obwohl in ihm teilweise relativ hochaggregierte Größen enthalten sind, so komplex, daß sich z. B. die Reaktionen der letztlichen Zielgrößen auf bestimmte geldpolitische Maßnahmen im Rahmen der allgemein gehaltenen Beziehungen nicht oder nur sehr schwer ermitteln lassen.

Erst wenn die Parameter oder Koeffizienten in den Funktionen des Modells durch bestimmte konkrete numerische Werte gekennzeichnet werden und durch das Modell folglich ein bestimmter Zustand der Wirklichkeit simuliert wird, sind die Reaktionen der Zielgrößen mit Hilfe von Computerprogrammen berechenbar.

Das Simulationsmodell sollte ein möglichst genaues Abbild der Wirklichkeit sein. Dazu müßten die Parameter- oder Koeffizientenwerte in den Funktionalbeziehungen des Modells im Wege empirischer Forschungen bestimmt werden.

Wie die Diskussion im ersten Kapitel dieser Arbeit gezeigt hat, gibt es hinsichtlich der Beurteilung der Wirksamkeit der Geldpolitik und der Auswahl eines geeigneten monetären Indikators unterschiedliche Lehrmeinungen.

Die kontroversen Standpunkte der hier nur grob unterschiedenen monetaristischen Lehrmeinung einerseits und der postkeynesianischen Lehrmeinung andererseits basieren nicht zuletzt zu einem großen Teil auf voneinander abweichenden empirischen Ergebnissen.

So wird z. B. auf der Grundlage empirischer Untersuchungen auf der einen Seite eine statistisch nicht signifikante und auf der anderen Seite eine relativ hohe Zinsabhängigkeit der Geldnachfrage behauptet.

Beim Studium der umfangreichen empirischen Literatur zwingt sich der Verdacht auf, daß sich gegensätzliche Theorien verifizieren lassen, wenn nur geschickt genug mit den statistischen Daten und Methoden manövriert wird.

Die Gründe für die oftmals divergierenden empirischen Ergebnisse sind vielfältiger Art. Sie mögen darin liegen, daß die statistischen Methoden noch nicht genügend ausgereift sind, als daß mit ihnen *eindeutige* Ergebnisse erzielt werden könnten, oder darin, daß meistens nur aus interdependenten Gesamtsystemen herausgegriffene Teilbeziehungen Gegenstand empirischer Untersuchungen sind — z. B. Geldnachfragefunktionen —, oder auch darin, daß „single equation" Modelle getestet werden, die weitgehend ad hoc intuitiv, nicht aber durch strenge Reduktion der zahlreichen verschiedenen Beziehungen gewonnen wurden.

Hierauf kann jedoch im einzelnen nicht eingegangen werden.

In dieser Arbeit soll auf einen weiteren Marginalbeitrag auf dem Gebiet der empirischen Forschung verzichtet werden.

Statt dessen werden in tendenzieller Anlehnung an die unterschiedlichen empirischen Ergebnisse entsprechend *verschiedene konkrete Strukturen* der Märkte für monetäre, finanzielle und reale Aktiva und Passiva simuliert und dadurch Kern und Inhalt der kontroversen Lehrmeinungen in Hinsicht auf die Ziele dieser Arbeit manifest gemacht.

Der Verzicht auf eine eigene empirische Bestimmung der Parameter- oder Koeffizientenwerte des Modells heißt nicht, daß die Bedeutung und Notwendigkeit der empirischen Forschung unterschätzt wird.

Der Verfasser ist jedoch der Meinung, daß nur noch Tests simultaner Gleichungsmodelle — z. B. der oben dargestellten Art — neue und tiefere Erkenntnisse über die wahre Beschaffenheit der Realität bringen können, sieht sich jedoch außerstande, die damit verbundene gewaltige Arbeitsleistung, die zugleich auf eine Verbesserung und Verfeinerung der statistischen Methoden gerichtet sein müßte, im Alleingang zu erbringen.

Auch ohne eine spezifische empirische Fundierung erfüllt das Simulationsmodell eine Reihe von für Theorie und Praxis wesentlichen Aufgaben: es erlaubt einen relativ exakten Einblick in gesamtwirtschaftliche Wirkungszusammenhänge, es erlaubt eine klare Abgrenzung und Beurteilung der kontroversen theoretischen Standpunkte und es macht Fehler offensichtlich, die sich bei empirischen Tests von Teilfunktionen des Gesamtsystems ergeben können.

b) Der Aufbau des Simulationsmodells

Für die Simulationsanalyse wird das obige Modell aus Gründen der rechentechnischen Vereinfachung als ein lineares Gleichungssystem formuliert.

Dies impliziert, daß die zugrundeliegenden Funktionalbeziehungen lediglich lineare Abhängigkeiten beinhalten oder daß einige oder alle dieser Abhängigkeiten zwar nicht-linearer Art sind, aber mit Hilfe logarithmischer Transformationen auf lineare Gleichungen zurückgeführt werden können.

Diese Vereinfachung schmälert den Erklärungswert des Simulationsmodells für die Beschreibung des Transmissionsprozesses und für die weitere in Hinsicht auf die Ziele der Arbeit notwendige Analyse kaum.

Die Wahl bestimmter Funktionstypen ist weitgehend eine Frage der Zweckmäßigkeit in bezug auf das Erklärungsziel. Dem ist durch die Annahme der Linearität voll und ganz Rechnung getragen.

Es wird selbstverständlich nicht unterstellt, daß die konkrete Ausgestaltung eines der im folgenden gebrauchten Simulationsmodelle, was die Funktionstypen angeht, der Realität annähernd exakt entspricht. Es werden lediglich in der Realität *denkbare* Zustände simuliert und alternative Situationen miteinander verglichen.

Bedenkt man, daß es beliebig viele Möglichkeiten nicht-linearer Funktionstypen gibt, so bliebe auch für eine nicht-lineare Formulierung des Modells die Wahl willkürlich und die Entscheidung für einen bestimmten Typ nach wie vor angreifbar. Auch die empirische Forschung vermag hier keine eindeutige Entscheidungsalternative anzubieten.

Die bereits erläuterten Verhaltensfunktionen des Publikums, der Geschäftsbanken und der paramonetären Finanzinstitute erhalten im Simulationsmodell die folgende konkrete Ausgestaltung:

$$A_{iP} = (a_{i1} + a_{i2} \cdot r_T + a_{i3} \cdot r_S + a_{i3} \cdot r_W + a_{i4} \cdot r_{LB} + a_{i5} \cdot r_{LI} + a_{i6} \cdot r_E + a_{i7} \cdot Y + a_{i8} \cdot x) \cdot V_P \tag{3.58}$$

Nachfrage und Angebot des Publikums; $i = C_P, D_P, T_P, S_P, W_P, L_{PB}, L_{PI}$ und E_P.

$$A_{jB} = (b_{j1} + b_{j3} \cdot r_G + b_{j4} \cdot r_S + b_{j5} \cdot r_{LB} + b_{j6} \cdot q) \cdot (1 - k_D) \cdot D + (b_{j2} + b_{j3} \cdot r_G + b_{j4} \cdot r_S + b_{j5} \cdot r_{LB} + b_{j6} \cdot q) \cdot (1 - k_T) \cdot T \tag{3.59}$$

Nachfrage und Angebot des Geschäftsbankensektors; $j = FR, G, S_B$ und L_B.

$$A_{kI} = (c_{k1} \cdot + c_{k2} \cdot r_S + c_{k3} \cdot r_{LI}) \cdot W \tag{3.60}$$

Nachfrage und Angebot des Sektors der paramonetären Finanzinstitute: $k = D_I$, S_I und L_I.

Der weiter oben in den Funktionen des Publikums verwendete Zins r enthält hiernach die Zinssätze für Termin- und Spardepositen r_T, für Staatspapiere r_S, für Schuldtitel der paramonetären Institute r_W, für Realkapital r_E und für die Kredite von Geschäftsbanken r_{LB} und von paramonetären Instituten r_{LI}. Für Bargeld und auch für Sichtdepositen existiert keine Ertragsrate.

In die Nachfrage- und Angebotsfunktionen des Geschäftsbankensektors gehen neben dem Diskontsatz q die Zinssätze für Offenmarktpapiere r_G, für Staatspapiere r_S und für Kredite r_{LB} ein. Die Mindestreservesätze finden dadurch Berücksichtigung, daß das um die gesetzlich fixierten Mindestreserven — die selbstverständlich auch Bestandteil des Portefeuilles der Banken sind — korrigierte Depositenvolumen, das disponible Depositenvolumen, als Determinante des Angebots an und der Nachfrage nach *den* Aktiva dient, über deren Umfang die Banken im Rahmen ihrer Portfolio-Selektion frei entscheiden.

In den Nachfrage- und Angebotsfunktionen der paramonetären Institute sind lediglich zwei Zinssätze enthalten, nämlich der Zins für Staatspapiere r_S und der Kreditzins r_{LI}.

Es ist zu beachten, daß wegen des notwendigen Bilanzgleichgewichts die Summe der a_{i1}, der b_{j1} und b_{j2}, sowie der c_{k1} jeweils gleich 1, die Summe der Koeffizienten a_{il} ($l = 2, 3, \ldots, 8$), der Koeffizienten b_{jm} ($m = 3, 4, 5, 6$) und der Koeffizienten c_{kn} ($n = 2, 3$) jeweils gleich Null sein muß.

Verändert sich nämlich z. B. das Vermögen des Publikums, so verändert sich die Nachfrage nach jedem Aktivum und Passivum in der Vermögensbilanz des Publikums wegen der Homogenitätsannahme — Homogenitätsgrad von 1 — ceteris paribus jeweils proportional dazu und der Gesamtbestand an Aktiva um eben den gleichen Veränderungsbetrag. Dabei wird der Kreditbestand als negatives Aktivum betrachtet.

Das gleiche läßt sich für die Geschäftsbanken und die paramonetären Finanzinstitute sagen, wenn an die Stelle des Vermögens das disponible Depositenvolumen bzw. der Wert der Schuldtitel gesetzt werden.

Wird eine beliebige andere Größe, z. B. ein Zinssatz, variiert, so kann sich zwar die Zusammensetzung der Portefeuilles, nicht aber ihr Gesamtvolumen verändern.

Die numerische Bestimmung der einzelnen Koeffizienten und die Konkretisierung der hier noch nicht genannten Funktionen erfolgen weiter unten jeweils gesondert für die dort spezifischen Problemstellungen. Dabei werden dann auch die gerade genannten Bedingungen des Bilanzgleichgewichts offensichtlich.

3. Märkte und Gleichgewichtsbedingungen des Modells

Aus den Verhaltens- und Identitätsgleichungen des Modells folgt zwingend die Existenz einer Reihe von Märkten, für die wiederum jeweils eine Gleichgewichtsbedingung formuliert werden kann.

Diese Märkte und Bedingungen sind im einzelnen:

(3.61) $$\begin{aligned} MB^a &= C_P + MR + FR = \\ &= c_P\,() \cdot V_P + [f_D\,() \cdot (1 - k_D) + k_D] \cdot d_P\,() \cdot V_P + \\ &+ [f_T\,() \cdot (1 - k_T) + k_T] \cdot t_P\,() \cdot V_P \end{aligned}$$

der Markt für Zentralbankgeld (base money), auf dem die Nachfrage des Publikums nach Bargeld zuzüglich der um die Refinanzierungskredite korrigierten Nachfrage der Banken nach Zentralbankgeld der von der Zentralbank exogen fixierten korrigierten monetären Basis entsprechen muß; die nicht ausgefüllten Klammern bezeichnen die in den vorangegangenen Abschnitten erläuterten Determinanten der jeweiligen Angebots- oder Nachfragekomponenten.

(3.62) $$\begin{aligned} S &= S_P + S_B + S_I = \\ &= s_P\,() \cdot V_P + s_{BD}\,() \cdot 1 - k_D) \cdot d_P\,() \cdot V_P + \\ &+ s_{BT}\,() \cdot (1 - k_T) \cdot t_P\,() \cdot V_P + s_I\,() \cdot w_P\,() \cdot V_P \end{aligned}$$

der Markt für Schuldtitel der öffentlichen Hand, auf dem das exogen fixierte Angebot S auf die Nachfrage des Publikums, der Banken und der paramonetären Institute stößt.

(3.63) $$G = g_D\,() \cdot (1 - k_D) \cdot d_P\,() \cdot V_P + g_T\,() \cdot (1 - k_T) \cdot t_P\,() \cdot V_P$$

der Markt für Offenmarktpapiere, zu dem nach Voraussetzung nur die Geschäftsbanken Zutritt haben; betreibt die Zentralbank Offenmarktpolitik, so greift sie in diesen Markt ein, indem sie entweder die Menge der angebotenen Papiere oder aber den Zinssatz dieser Papiere autonom festsetzt; im ersten Fall wird also auf diesem Markt der Zins, im zweiten Fall die Menge der Papiere determiniert.
Die Wirksamkeit dieser alternativen Strategien ist weiter unten noch Gegenstand einer eingehenderen Untersuchung.

(3.64) $$\begin{aligned} D &= D_P + D_I = \\ &= d_P\,() \cdot V_P + d_I\,() \cdot w_P\,() \cdot V_P \end{aligned}$$

der Markt für Sichtdepositen.

(3.65) $$T = t_P\,() \cdot V_P$$

der Markt für Termin- und Spardepositen.

Das Modell enthält keine Angebotsfunktionen des Geschäftsbankensektors für die Märkte der Sicht-, Termin- und Spardepositen.

Das entspricht der Realität der Bankpraxis, nach der die Banken die gesamte zu den herrschenden Zinssätzen auftretende Nachfrage nach Sicht-, Termin- und Spardepositen befriedigen. D und T passen sich folglich jeweils der Nachfrage an, so daß auf den entsprechenden Märkten a priori und immer Gleichgewicht herrscht.

(3.66)
$$\begin{aligned} 0 &= L_B - L_{PB} = \\ &= l_{BD}() \cdot (1 - k_D) \cdot d_P() \cdot V_P + \\ &+ l_{BT}() \cdot (1 - k_T) \cdot t_P() \cdot V_P - l_{PB}() \cdot V_P \end{aligned}$$

der Markt für Bankkredite,

(3.67)
$$\begin{aligned} 0 &= L_I - L_{PI} = \\ &= l_I() \cdot w_P() \cdot V_P - l_{PI}() \cdot V_P \end{aligned}$$

der Markt für Kredite der paramonetären Finanzinstitute.

(3.68)
$$p \cdot R = e_P() \cdot V_P$$

der Markt für Realkapital, auf dem das Angebot durch den Wert $p \cdot R$ des im Modell als exogen betrachteten Realkapitalbestandes R gegeben ist. Der Preis p und damit auch der Zins r_E bilden sich, wie bereits erläutert wurde, auf diesem Markt.

Da die beiden Märkte für Sichtdepositen und für Termin- und Spardepositen bei jeder beliebigen Konstellation der Zinssätze im Gleichgewicht sind und somit keinen Beitrag zur Ermittlung der gleichgewichtigen Zinssätze liefern können und da aufgrund des sogenannten Gesetzes von Walras die Gleichgewichtspreise (Gleichgewichtszinssätze) auf einem weiteren Markt unmittelbar und zwangsläufig aus den Gleichgewichtspreisen (Gleichgewichtszinssätzen) der übrigen Märkte folgen, verbleiben für die Bestimmung der gleichgewichtigen Preise (Zinssätze) noch fünf Märkte.

Der nach dem Gesetz von Walras aus der mathematischen Gleichgewichtsbetrachtung zu eliminierende Markt kann willkürlich gewählt werden. Im folgenden sei dies der Markt für Realkapital.

Auf den restlichen fünf Märkten sind die sieben Zinssätze r_T, r_S, r_W, r_G, r_{LB}, r_{LI} und r_E, der Preis p für Realkapital, das Volkseinkommen Y und die erwartete Preissteigerungsrate x zu bestimmen.

Die Größen p, Y und x werden aufgrund der Beziehungen (3.54), (3.56) und (3.57) gleichzeitig mit der Größe r_E festgelegt, so daß noch sieben Variablen übrigbleiben, deren Werte zu ermitteln sind.

Um das System lösen zu können, wird unterstellt, daß der Zins auf Termin- und Spardeposisten T von den Geschäftsbanken und der Zins auf Schuldtitel W von den paramonetären Finanzinstituten jeweils autonom fixiert werden. Diese Annahme dürfte der Realität weitgehend entsprechen. Über die Art der Festsetzung dieser beiden Zinssätze sind eine Reihe von Möglichkeiten denkbar, wie z. B. eine bestimmte Bindung an den Diskontsatz oder an die Kreditzinssätze.

Hier sei angenommen, daß die Geschäftsbanken den Zins auf Termin- und Spardeposisten r_T um einen Betrag m unter dem Kreditzins r_{LB} und die paramonetären Finanzinstitute den Zinssatz ihrer Schuldtitel r_W um einen Betrag n unter dem Kreditzins r_{LI} festsetzen. Die Werte von m und n mögen fest vorgegeben sein, so daß m und n zwei weitere exogene Größen des Modells sind.

Die Zahl der Märkte entspricht jetzt der Zahl der Variablen respektive Zinssätze, die auf diesen Märkten zu bestimmen sind.

III. Wirkung und Wirkungsprozeß der Geldpolitik

1. Vorbemerkungen

a) Die Übertragung monetärer Impulse nach der Theorie der relativen Preise — Wiederholung und Ergänzung

Der monetäre Transmissionsmechanismus, der in dem folgenden Simulationsmodell formalisiert wird, beruht auf der von den Geldtheoretikern heute weithin akzeptierten Theorie der relativen Preise. Obwohl diese Theorie verbal bereits dargestellt wurde, soll sie hier noch einmal kurz skizziert werden.

Ausgangsbasis sei eine Situation des allgemeinen Portfolio-Gleichgewichts, in dem die Haushalte, Unternehmungen, Geschäftsbanken und paramonetären Finanzinstitute die Struktur ihrer Portefeuilles den auf den einzelnen Märkten bestehenden Preisen bzw. Zinssätzen ihren Wünschen entsprechend angepaßt haben. Dies impliziert gleichzeitig ein Gleichgewicht auf allen Märkten des hier dargestellten Modells.

Wird die Zentralbank nun im Rahmen ihrer Offenmarktpolitik aktiv oder verändert sie den Diskontsatz oder die Mindestreservesätze, so wird zunächst auf den Märkten, auf denen sich die Zentralbank und die Geschäftsbanken begegnen und auf denen die Zentralbank im Rahmen ihrer Politik Daten ändert, das Gleichgewicht gestört. Dies dürfte die Banken veranlassen, auch die zunächst nicht unmittelbar betroffenen Positionen ihres Portefeuilles, wie z. B. das Kreditangebot, den neuen Gegebenheiten anzupassen, die durch die exogene Störung aus dem Gleichgewicht geratene Portfolio-Struktur also wieder auf den gewünschten Stand zu bringen.

Damit aber werden die Märkte tangiert, auf denen neben den Geschäftsbanken auch das Publikum, die Haushalte und Unternehmen und die paramonetären Finanzinstitute tätig sind.

Die von der Zentralbank ausgelösten Störimpulse pflanzen sich folglich allmählich auf alle übrigen Märkte fort, beeinflussen dort Mengen und Preise und wirken sich letztlich auch auf den Markt für Realkapital aus. Die veränderte Situation auf dem Markt für Realkapital wiederum hat einen Einfluß auf die Nachfrage nach Investitionsgütern — Produktivkapital und dauerhafte Konsumgüter —, was ceteris paribus zu einer Veränderung des nominellen Sozialprodukts führt. Hierdurch wird schließlich auch die Nachfrage nach nicht-dauerhaften Konsumgütern beeinflußt.

Die Veränderung der Nachfrage auf den Märkten für Stromgrößen wirkt wieder auf die Bestandsnachfragen des Publikums zurück, verursacht also erneute Portfolio-Anpassungen mit Einflüssen auf die monetären, finanziellen und realen Märkte.

Im Lichte dieser Theorie erscheint somit die Übertragung der von der Zentralbank ausgelösten Impulse als ein relativ langwieriger Prozeß, der sich über Anpassungsvorgänge auf den einzelnen Märkten vollzieht und der infolge der Interdependenzen auf den Märkten letztlich noch von Feed-back-Effekten weitergetragen wird.

b) Zum Problem der Stabilität

Das einfachste und in der Theorie bislang noch am meisten gebräuchliche Verfahren, die Wirkung von Störungen in einem ökonomischen System darzustellen, ist die komparative Statik, bei der, ausgehend von einem Anfangsgleichgewicht, der Zustand des nach der Absorption der Störung eintretenden Endgleichgewichts beschrieben und aus einem Vergleich der beiden Gleichgewichtssituationen auf die Wirkung der Störung geschlossen wird. Mit diesem Verfahren wird zunächst im Rahmen des Simulationsmodells ebenfalls gearbeitet.

Durch entsprechende Modifikationen der zuerst gewählten konkreten Struktur des Modells sollen dabei auch einige der oben wiederholt gestellten Fragen beantwortet werden.

In dem hier zugrundeliegenden System interdependenter Märkte hängt die Nachfrage nach jedem Aktivum und Passivum jeweils von mehreren oder von allen im Modell relevanten Preisen oder Zinssätzen ab. Eine Störung auf irgendeinem einzelnen Markt führt deshalb, das wurde oben beschrieben, auch zu Störungen auf den anderen Märkten. Ob und unter welchen Voraussetzungen das System nach einer Störung des Ausgangsgleichgewichts zu einem neuen Gleichgewicht zurückfindet, läßt sich ohne Kenntnis der konkreten Struktur des Modells und der Art der Reaktionen auf den Märkten nicht ohne weiteres sagen. Es ist möglich, daß zwar für das Gleichungssystem mathematisch eindeutig ein neues statisches „Gleichgewicht" ermittelt werden kann, daß aber aufgrund der spezifischen Struktur des Modells und aufgrund der Aktionen und Reaktionen der Anbieter und Nachfrager nach Verlassen des Ausgangsgleichgewichts unter ökonomischen Gesichtspunkten ein neues Gleichgewicht nicht wieder erreicht wird.

In einer komparativ-statischen Analyse, in der es an einer expliziten Formulierung und Berücksichtigung der Anpassungsprozesse fehlt, die nach Störung des Ausgangsgleichgewichts einsetzen, wird dieser Sachverhalt zu leicht übersehen, obwohl er von entscheidender Relevanz ist.

Zwei Problemkreise sind also im folgenden zu beachten. Der erste ist der der mathematisch eindeutigen Lösbarkeit, der zweite der der ökonomischen Stabilität des Systems, wobei die mathematische Lösbarkeit eine notwendige, nicht aber eine hinreichende Bedingung für die ökonomische Stabilität ist.

Zudem ist selbstverständlich darauf zu achten, ob das System eine *ökonomisch sinnvolle* Lösung hat.

Betrachtet man den Aufbau des obigen Modells, in dem auf einigen Märkten die Angebotsmengen exogen vorgegeben und nicht variabel sind, so bietet sich hinsichtlich der Reaktionen auf den einzelnen Märkten die Walrassche Verhaltensannahme an, nach der in einer Situation, in der die Nachfrage nach einem Gut das Angebot übersteigt, die Konkurrenz unter den Nachfragern zu einem Anstieg des Preises dieses Gutes führt und nach der bei einem Angebotsüberschuß entsprechend die Konkurrenz unter den Anbietern eine Preissenkung bewirkt[1].

Auf dem Markt für Offenmarktpapiere tritt die Zentralbank als alleiniger Anbieter auf, so daß hier also eine Preissenkung nicht auf die Konkurrenz unter Anbietern zurückgeführt werden kann. Dennoch simuliert die Zentralbank auf diesem Markt ein Konkurrenzverhältnis, indem sie nämlich bei einer Mengenpolitik den Zins auf Offenmarktpapiere senkt, wenn die Nachfrage das fixierte Angebot übersteigt, und erhöht, wenn das Angebot nicht voll absorbiert wird, was wiederum mit der Walrasschen Verhaltensannahme konsistent ist.

Ebenfalls dürfte auch für den Markt der Staatspapiere die Walrassche Verhaltensannahme zutreffen. Gibt es auch hier nur einen Anbieter, den Staat, so läßt sich doch beobachten, daß die Staatspapiere und die Papiere privater Emittenten für die Käufer enge Substitute sind und sich hierdurch ein relativ starkes Konkurrenzverhältnis ergibt,

---

[1] Vgl. *J. Schumann*, S. 150 ff.

das eine gleichzeitige Mengen- und Preisfixierung durch den Staat nicht zuläßt.

Was *den* Preis oder *den* Zins angeht, so ist noch einmal auf bereits früher Gesagtes hinzuweisen. Für die Gleichgewichtsanalyse sind nicht nur die statistisch unmittelbar erfaßbaren *direkten* Preise der Güter — hier vor allem der Aktiva und Passiva — relevant, sondern auch die *indirekten* Preisbestandteile, wie z. B. bestimmte Bonitätsanforderungen, Rückzahlungskonditionen o. ä. Dies gilt insbesondere für die Kreditmärkte, auf denen Diskrepanzen zwischen Angebot und Nachfrage zu einem großen Teil durch eine Variation der indirekten Preisbestandteile beseitigt werden.

Während es für einen einzelnen isolierten Markt einfach ist, die Bedingungen für eine Stabilität des Gleichgewichts unter Verwendung der Walrasschen Verhaltensannahme aufzuzeigen[2], ergeben sich darin für ein System interdependenter Märkte erhebliche Schwierigkeiten. Es gibt eine Fülle von theoretischen Arbeiten, die sich mit den Problemen der Stabilität auf multiplen Märkten auseinandersetzen[3].

Ein Ergebnis der zahlreichen mathematisch recht diffizilen Lösungsansätze, die hier nicht nachvollzogen werden sollen, ist für das dieser Arbeit zugrundeliegende Modell von besonderer Bedeutung[4]: Es existiert immer dann ein Gleichgewicht, das lokal stabil ist, und unter bestimmten Bedingungen auch ein Gleichgewicht, das global stabil ist, wenn alle im Modell erfaßten Güter Substitute in dem Sinne sind, daß gilt[5]:

$$\frac{\delta f_i}{\delta p_j} \geq o \text{ mit } i \neq j; \; i = 1, 2, \ldots, n \qquad j = 1, 2, \ldots, n,$$

d. h., wenn die Nachfrage f_i nach einem Gut i positiv mit dem Preis eines Gutes j — mit $i \neq j$ — korreliert oder aber f_i von p_j unabhängig ist. Grundsätzlich ist also eine Komplementarität der Güter ausgeschlossen. Ein Gleichgewicht wird lokal stabil genannt[6], wenn von

---

2 Vgl. *J. Schumann*, S. 152 ff. — *R. G. D. Allen*, Mathematische Wirtschaftstheorie. Berlin 1971, S. 24 ff. — *J. M. Henderson* und *R. E. Quandt*, Mikroökonomische Theorie. Eine mathematische Darstellung. 2. Auflage, Berlin, Frankfurt 1970, S. 115 ff.

3 Vgl. z. B. die Literatur bei *J. M. Henderson* und *R. E. Quandt*, S. 172.

4 Vgl. *K. J. Arrow* und *L. Hurwicz*, On the Stability of the Competitive Equilibrium, I. „Econometrica", Vol. 26, 1958, S. 529. — Dieselben und *H. D. Block*, On the Stability of the Competitive Equilibrium, II. „Econometrica" Vol. 27 (1959), S. 82 ff. — *W. C. Brainard*, Appendix.

5 Vgl. *K. J. Arrow* und *L. Hurwicz*, S. 545.

6 Samuelson nennt diesen Zustand „stability of the first kind in the small". Vgl. *P. A. Samuelson*, Foundations of Economic Analysis. Cambridge, Mass., 1966, S. 261 f.

einem Preisvektor p_0 in einer bestimmten *näheren Umgebung* eines Gleichgewichts mit dem Preisvektor p immer eine Bewegung ausgeht, die zu diesem Gleichgewicht p führt[7], und es wird global stabil genannt[8], wenn von *jedem beliebigen* Preisvektor p_0 *außerhalb* des Gleichgewichts p dieses Gleichgewicht erreicht wird[9].

Die Voraussetzung, unter der eine lokale Stabilität des Gleichgewichts existiert, ist im hier zugrundeliegenden Modell voll erfüllt. Sinkt der Zins — steigt also der Preis — irgendeines Aktivums j, so steigt ceteris paribus die Nachfrage nach den übrigen Aktiva i — bei $i \neq j$ —, während die Nachfrage nach dem Aktivum j abnimmt[10]. Dies aber bedeutet, daß die Aktiva und Passiva (negative Aktiva) untereinander mehr oder weniger starke Substitute sind. Damit ist die lokale Stabilität des Gleichgewichts auf jeden Fall gesichert. Ob auch die Bedingungen für eine globale Stabilität erfüllt sind, soll wegen des dazu notwendigen erheblichen mathematischen Aufwands nicht geprüft werden.

Da im Rahmen des Simulationsmodells ausschließlich nur die Wirkung geringfügiger Änderungen in den exogenen Größen untersucht wird und dabei die verschiedenen Zinssätze, wie noch zu zeigen ist, ebenfalls nur kleine oder sogar nur marginale Änderungen erfahren, dürfte die Existenz der lokalen Stabilität ausreichen, um nach der Störung die Erlangung eines Gleichgewichts zu gewährleisten.

Das in der komparativ-statischen Analyse mathematisch ermittelte Gleichgewicht entspricht hiernach also dem ökonomischen Gleichgewicht, und es ist folglich nur noch zu prüfen, ob das System überhaupt eine mathematische Lösung hat und ob diese Lösung ökonomisch sinnvolle Werte für die relevanten Variablen des Modells liefert.

Im Rahmen der dynamischen Analyse, die sich weiter unten als Erweiterung der komparativ-statischen Analyse anschließt, wird der — ungleichgewichtige — Prozeß nach einer Störung eines Ausgangsgleichgewichts durch Einbau bestimmter Annahmen über eine verzögerte Anpassung von Angebot und Nachfrage explizit berücksichtigt. Arrow und Hurwicz haben gezeigt[11], daß unter der obengenannten Substitutionalitätsbedingung auch im Falle eines *verzögerten* Anpassungspro-

---

[7] Vgl. *K. J. Arrow* und *L. Hurwicz,* S. 523 f.

[8] Samuelsons „stability of the first kind in the large". Vgl. *P. A. Samuelson,* Foundations, S. 261 f.

[9] Vgl. *K. J. Arrow* und *L. Hurwicz,* S. 524.

[10] Die Kreditbestandsnachfrage des Publikums wird dabei als negatives Aktivum betrachtet, so daß diese Aussage auch dafür gilt. Das Kreditbestandsangebot der Banken ist ein Aktivum, das auch als eine Nachfrage der Banken nach einer ertragbringenden Anlage angesehen werden kann.

[11] Vgl. *K. J. Arrow* und *L. Hurwicz,* S. 522 ff.

zesses[12] — lag adjustment process — ein lokal- bzw. global-stabiles Gleichgewicht existiert.

Doch selbst wenn sich das neue Gleichgewicht, wie es auch bei lediglich komparativ-statischer Betrachtung hätte ermittelt werden können, als ökonomisch sinnvoll herausstellen sollte, so heißt das noch nicht, daß auch alle während des Anpassungsprozesses eintretenden Werte der Variablen des Modells ökonomisch sinnvoll sind. Es ist z. B. durchaus möglich, daß die Zinssätze einiger Aktiva — oder Passiva — im Laufe des Anpassungsprozesses *vorübergehend* ökonomisch nicht erklärbare negative oder abnorm hohe positive Werte annehmen, sich aber schließlich doch auf ein ökonomisch sinnvolles Niveau einpendeln. Bedingungen, die solche ökonomisch nicht vertretbaren Variationen in den Variablen ausschließen, sind bisher jedoch allgemein noch nicht formuliert worden. Bei den Berechnungen im Rahmen des dynamischen Modells ist deshalb jeweils zu prüfen, ob die mathematische Lösung *sowohl* des Anpassungsprozesses *als auch* des neuen Gleichgewichts ökonomisch sinnvolle Werte liefert.

2. Komparativ-statische Analyse

a) Vergleich der Wirksamkeit der Geldpolitik in Simulationsmodellen mit verschiedenen Substitutionsverflechtungen zwischen den Aktiva und Passiva

α) Die allgemeinen Lösungen für alternative Instrumenteneinsätze

Die kontroversen Lehrmeinungen in der Geldtheorie beruhen, das wurde bereits diskutiert, zu einem großen Teil auf unterschiedlichen Auffassungen über die Stärke der Substitutionsbeziehungen zwischen den einzelnen Aktiva und Passiva in den Vermögensbilanzen der Sektoren und — damit zwangsläufig verbunden — über die Höhe der Zinselastizitäten der Nachfrage nach und des Angebots an Aktiva und Passiva[13].

Die Stärke der Substitutionsbeziehungen aber ist entscheidend für den Grad der Wirksamkeit der Geldpolitik. Um diese Zusammenhänge zu verdeutlichen, werden durch geeignete Wahl der Koeffizientenwerte des oben dargestellten allgemeinen Simulationsmodells drei Modelltypen konstruiert, die zwar in ihrer allgemeinen Struktur gleich sind,

---

[12] In der Regel wird die Stabilität unter der Annahme einer unverzüglichen Anpassung — instantaneous adjustment process — geprüft; dies aber bedeutet, daß die dynamische Analyse in eine komparativ-statische übergeht.

[13] Vgl. *W. L. Silber*, Portfolio Substitutability, S. 197. — *E. L. Feige*, The Demand for Liquid Assets. A Temporal Cross-Section Analysis. Englewood-Cliffs, N. Y., 1964.

aber in ihrer konkreten Form jeweils verschieden starke Substitutionsbeziehungen zum Ausdruck bringen. Ein Typ *B* entspricht dabei in etwa den Vorstellungen der Monetaristen, darunter vor allem Friedman, und ein Typ *C* den Vorstellungen einer extremen Gruppe von Postkeynesianern. Ein Typ *A* stellt eine Synthese zwischen den beiden extremen Positionen dar.

Um festzustellen, wie das oben formulierte Gleichungssystem auf Störeinflüsse als Ausdruck bestimmter Maßnahmen der Zentralbank reagiert, müssen zunächst die Veränderungen der Zinssätze oder Preise auf den für die Gleichgewichtsanalyse relevanten Märkten bestimmt werden. Sind diese Veränderungen bekannt, so läßt sich aus dem gesamten Gleichungssystem auch leicht der Einfluß auf die übrigen Größen des Systems berechnen.

Da die Wirkung der Offenmarktpolitik, der Diskontpolitik und der Mindestreservenpolitik in Simulationsmodellen mit unterschiedlichen Koeffizientenwerten geprüft werden soll, ist es sinnvoll, die Veränderungen der Zinssätze oder Preise auf den im Modell unterschiedenen fünf Märkten vorab in allgemeingültiger Form — für beliebige Koeffizientenwerte — darzustellen.

Hierbei wird für jede der drei Politiken die Matrix-Schreibweise gewählt: $\mathbf{A} \cdot \mathbf{X} = \mathbf{Y}$ mit $\mathbf{A}$ als Matrix der (konstanten) Koeffizienten, $\mathbf{X}$ als Spaltenvektor der Variablen und $\mathbf{Y}$ als Spaltenvektor der gegebenen Konstanten, den exogenen Größen des Modells.

Zur Ermittlung der Reaktion der fünf unabhängig voneinander zu bestimmenden Zinssätze, die im Spaltenvektor der Variablen zum Ausdruck kommt, ist die Anwendung der Differentialrechnung erforderlich, so daß also die Matrix der Koeffizienten die partiellen Ableitungen der Gleichungen (3.61), (3.62), (3.63), (3.66) und (3.67) nach den fünf Zinssätzen enthält und somit eine Jacobische Matrix ist, die im folgenden mit J_1 bezeichnet werden soll. Diese Matrix wird durch (3.69) beschrieben.

Welche Gestalt der Spaltenvektor der Variablen und der Spaltenvektor der gegebenen Konstanten für die verschiedenen Politiken der Zentralbank annehmen, ist im einzelnen zu diskutieren.

Offenmarktpolitik mit Hilfe von Mengenoperationen

Im Rahmen dieser Politik setzt die Zentralbank die — in Währungseinheiten ausgedrückte — Menge der Offenmarktpapiere auf dem entsprechenden Markt fest. Der Zinssatz dieser Papiere variiert dann immer derart, daß auf dem Markt für Offenmarktpapiere Gleichgewicht herrscht.

Ist die Offenmarktpolitik expansiv orientiert, so steht der Abnahme an Offenmarktpapieren in den betroffenen Sektoren — im Modell nur der Geschäftsbankensektor — ceteris paribus eine adäquate Zunahme an Zentralbankgeld und somit eine Zunahme der korrigierten monetären Basis — im folgenden kurz mit B bezeichnet — gegenüber. Bei kontraktiv orientierter Offenmarktpolitik gilt dies umgekehrt.

Für eine expansiv orientierte Offenmarktpolitik ist demnach die folgende Beziehung zu formulieren:

$$(3.70) \qquad J_1 \cdot \begin{bmatrix} \frac{dr_E}{dB} \\ \frac{dr_S}{dB} \\ \frac{dr_G}{dB} \\ \frac{dr_{LB}}{dB} \\ \frac{dr_{LI}}{dB} \end{bmatrix} = \begin{bmatrix} 1 \\ 0 \\ -1 \\ 0 \\ 0 \end{bmatrix}$$

Offenmarktpolitik mit Hilfe von Preisoperationen

Aktionsparameter der Zentralbank ist in diesem Fall der Zins bzw. der Preis der Offenmarktpapiere. Zu dem von ihr fixierten Zins befriedigt die Zentralbank jede beliebige Nachfrage. Von den fünf Märkten des Modells ist deshalb der Markt für Offenmarktpapiere ständig im Gleichgewicht, so daß er für die Gleichgewichtsanalyse unbedeutend ist und für die mathematische Ermittlung der Variablen eliminiert werden kann.

Dies bedeutet das Ausscheiden der dritten Zeile und der dritten Spalte in der Jacobischen Matrix J_1 (Gleichung 3.69). Wird zudem berücksichtigt, daß einer Veränderung des Volumens der Offenmarktpapiere eine gleich große Veränderung — allerdings mit umgekehrtem Vorzeichen — der korrigierten monetären Basis gegenübersteht, so tritt an die Stelle von J_1 die entsprechend modifizierte Matrix J_2 (Gleichung 3.71). Die Symbolik in (3.71) wird in Anlehnung an Gleichung (3.69) gebraucht.

$$(3.71) \qquad J_2 = \begin{bmatrix} Z_{11} + Z_{31} & Z_{12} + Z_{32} & Z_{14} + Z_{34} & Z_{15} + Z_{35} \\ Z_{21} & Z_{22} & Z_{24} & Z_{25} \\ Z_{41} & Z_{42} & Z_{44} & Z_{45} \\ Z_{51} & Z_{52} & Z_{54} & Z_{55} \end{bmatrix}$$

Die Lösung im Falle einer expansiv orientierten Politik mit dem Preis der Offenmarktpapiere als Aktionsparameter erfolgt jetzt nach der Beziehung (3.72).

Bei einer kontraktiv orientierten Offenmarktpolitik sind alle von Null verschiedenen Elemente im Spaltenvektor der vorgegebenen Konstanten in der Beziehung (3.72) mit einem positiven Vorzeichen zu versehen.

Diskont- und Mindestreservepolitik

Die Reaktion des Systems auf Veränderungen des Diskontsatzes und der Mindestreservesätze läßt sich wieder mit Hilfe der Jacobischen Matrix J_1 (Gleichung 3.69) darstellen. Der Spaltenvektor der Variablen und die Spaltenvektoren der gegebenen Konstanten wechseln selbstverständlich mit der Art der geldpolitischen Maßnahmen. Die Wirkung einer Diskontpolitik wird durch (3.73), die Wirkung eine Veränderung des Reservesatzes k_D für Sichtdepositen durch (3.74) und die Wirkung einer Veränderung des Reservesatzes k_T für Termin- und Spardepositen durch (3.75) beschrieben. Die Ausdrücke haben jeweils für eine expansiv orientierte Politik Gültigkeit.

$$(3.74) \qquad J_1 \cdot \begin{bmatrix} \frac{dr_E}{dk_D} \\ \frac{dr_S}{dk_D} \\ \frac{dr_G}{dk_D} \\ \frac{dr_{LB}}{dk_D} \\ \frac{dr_{LI}}{dk_D} \end{bmatrix} = \begin{bmatrix} -(f_D - 1) \cdot (d_P + d_I \cdot w_P) \cdot V_P \\ -s_{BD} \cdot (d_P + d_I \cdot w_P) \cdot V_P \\ -g_D \cdot (d_P + d_I \cdot w_P) \cdot V_P \\ -l_{BD} \cdot (d_P + d_I \cdot w_P) \cdot V_P \\ 0 \end{bmatrix}$$

$$(3.75) \qquad J_1 \cdot \begin{bmatrix} \frac{dr_E}{dk_T} \\ \frac{dr_S}{dk_T} \\ \frac{dr_G}{dk_T} \\ \frac{dr_{LB}}{dk_T} \\ \frac{dr_{LI}}{dk_T} \end{bmatrix} = \begin{bmatrix} -(f_T - 1) \cdot t_P \cdot V_P \\ -s_{BT} \cdot t_P \cdot V_P \\ -g_T \cdot t_P \cdot V_P \\ -l_{BT} \cdot t_P \cdot V_P \\ 0 \end{bmatrix}$$

$$(3.72)\qquad J_2 \cdot \begin{bmatrix} \frac{dr_E}{dr_G} \\ \frac{dr_S}{dr_G} \\ \frac{dr_{LB}}{dr_G} \\ \frac{dr_{LI}}{dr_G} \end{bmatrix} = \begin{bmatrix} -(1-k_D)\cdot V_P\cdot(d_P+d_I\cdot w_P)\cdot\left(\frac{\delta f_D}{\delta r_G}+\frac{\delta g_D}{\delta r_G}\right)-(1-k_T)\cdot V_P\cdot t_P\cdot\left(\frac{\delta f_T}{\delta r_G}+\frac{\delta g_T}{\delta r_G}\right) \\ -(1-k_D)\cdot V_P\cdot\frac{\delta s_{BD}}{\delta r_G}\cdot(d_P+d_I\cdot w_P)-(1-k_T)\cdot V_P\cdot\frac{\delta s_{BT}}{\delta r_G}\cdot t_P \\ -(1-k_D)\cdot V_P\cdot\frac{\delta l_{BD}}{\delta r_G}\cdot(d_P+d_I\cdot w_P)-(1-k_T)\cdot V_P\cdot\frac{\delta l_{BT}}{\delta r_G}\cdot t_P \\ 0 \end{bmatrix}$$

$$(3.73)\qquad J_1 \cdot \begin{bmatrix} \frac{dr_E}{dq} \\ \frac{dr_S}{dq} \\ \frac{dr_G}{dq} \\ \frac{dr_{LB}}{dq} \\ \frac{dr_{LI}}{dq} \end{bmatrix} = \begin{bmatrix} -(1-k_D)\cdot V_P\cdot(d_P+d_I\cdot w_P)\cdot\left(\frac{\delta f_D}{\delta r_S}+\frac{\delta f_D}{\delta r_G}+\frac{\delta f_D}{\delta r_{LB}}\right)-(1-k_T)\cdot V_P\cdot t_P\cdot\left(\frac{\delta f_T}{\delta r_S}+\frac{\delta f_T}{\delta r_G}+\frac{\delta f_T}{\delta r_{LB}}\right) \\ -(1-k_D)\cdot V_P\cdot(d_P+d_I\cdot w_P)\cdot\left(\frac{\delta s_{BD}}{\delta r_S}+\frac{\delta s_{BD}}{\delta r_G}+\frac{\delta s_{BD}}{\delta r_{LB}}\right)-(1-k_T)\cdot V_P\cdot t_P\cdot\left(\frac{\delta s_{BT}}{\delta r_S}+\frac{\delta s_{BT}}{\delta r_G}+\frac{\delta s_{BT}}{\delta r_{LB}}\right) \\ -(1-k_D)\cdot V_P\cdot(d_P+d_I\cdot w_P)\cdot\left(\frac{\delta g_D}{\delta r_S}+\frac{\delta g_D}{\delta r_G}+\frac{\delta g_D}{\delta r_{LB}}\right)-(1-k_T)\cdot V_P\cdot t_P\cdot\left(\frac{\delta g_T}{\delta r_S}+\frac{\delta g_T}{\delta r_G}+\frac{\delta g_T}{\delta r_{LB}}\right) \\ -(1-k_D)\cdot V_P\cdot(d_P+d_I\cdot w_P)\cdot\left(\frac{\delta l_{BD}}{\delta r_S}+\frac{\delta l_{BD}}{\delta r_G}+\frac{\delta l_{BD}}{\delta r_{LB}}\right)-(1-k_T)\cdot V_P\cdot t_P\cdot\left(\frac{\delta l_{BT}}{\delta r_S}+\frac{\delta l_{BT}}{\delta r_G}+\frac{\delta l_{BT}}{\delta r_{LB}}\right) \\ 0 \end{bmatrix}$$

Um eine kontraktive Politik auszudrücken, müssen die von Null verschiedenen Elemente im Spaltenvektor der gegebenen Konstanten in den Beziehungen (3.73) bis (3.75) jeweils positive Vorzeichen erhalten.

β) Zur Lösbarkeit des Systems

Dem Simulationsmodell ist ein System linearer Gleichungen zugrunde gelegt worden. Daraus folgt, daß auch das zuvor dargestellte Lösungssystem $\mathbf{A} \cdot \mathbf{X} = \mathbf{Y}$ lediglich lineare Gleichungen beinhaltet.

Dieses System hat immer dann eine mathematisch eindeutige Lösung, wenn die Matrix **A** nicht singulär und der Vektor **Y** ungleich Null sind[14].

Eine nicht singuläre Matrix **A** bedeutet, daß der Wert der aus **A** gewonnenen Determinante A von Null verschieden ist. Dies wiederum ist der Fall, wenn die Zeilen und Spalten der Matrix linear unabhängig sind.

Für sämtliche Variationen des Simulationsmodells wurde ein Determinantenwert von $|A| \neq 0$ festgestellt.

Da **Y** in den zuvor erörterten Lösungssystemen zumindest einige von Null verschiedene Elemente enthält, hat das System folglich eine eindeutige Lösung.

Ob diese Lösung auch ökonomisch sinnvoll ist, läßt sich leicht durch Einsetzen der berechneten Werte der verschiedenen Zinssätze in die Gleichungen des Modells feststellen.

γ) Die konkrete Form der Modelltypen A, B und C

In der Tabelle 13 sind die Koeffizientenwerte der hier unterschiedenen Modelltypen *A, B* und *C* erfaßt worden.

Bei Milton Friedman bilden die Aktiva C_P, D_P und T_P die Komponenten der gesamtwirtschaftlichen Geldmenge. Aufgrund empirischer Tests glaubt Friedman festgestellt zu haben, daß die Zinselastizität der Nachfrage nach dem Aktivum „Geld“ nur sehr gering ist[15] und daß deshalb das Aktivum „Geld“ als Substitut für andere Aktiva eine relativ unbedeutende Rolle spielt. Zinssatzänderungen können demnach die Wirtschaftssubjekte ceteris paribus nicht — oder in nur sehr gering-

---

[14] Vgl. *R. G. D. Allen,* Mathematische Wirtschaftstheorie, S. 516 ff. und S. 545 ff.

[15] Vgl. z. B. *M. Friedman,* The Demand for Money: Some Theoretical and Empirical Results.

Tabelle 13: Die Koeffizientenwerte in den Modelltypen A, B und C

1. Portefeuille des Publikums:

		Konst.	r_T	r_S	r_W	r_{LB}	r_{LI}	r_E	Y	x	Anteile in t_0
Typ *A*	C_P	0,000	—0,010	0,000	0,000	0,000	0,000	0,0000	0,015	—0,010	c_P = 0,050
	D_P	0,070	—0,030	—0,020	—0,020	0,000	0,000	0,0000	0,060	—0,020	d_P = 0,200
	T_P	0,080	0,300	—0,130	—0,120	0,000	0,000	0,0000	0,000	—0,010	t_P = 0,150
	S_P	0,150	—0,150	0,350	—0,150	0,000	0,000	—0,0500	0,000	0,000	s_P = 0,250
	W_P	0,075	—0,060	—0,150	0,350	0,000	0,000	—0,0500	0,000	0,000	w_P = 0,125
	$-L_{PB}$	0,000	0,000	0,000	0,000	0,200	0,000	—0,0500	—0,130	—0,010	l_{PB} = −0,250
	$-L_{PI}$	0,000	0,000	0,000	0,000	0,000	0,150	—0,0500	—0,080	—0,010	l_{PJ} = −0,075
	E_P	0,625	—0,050	—0,050	—0,060	—0,200	—0,150	0,2000	0,135	0,060	e_P = 0,550
Typ *B*	C_P	—0,050	0,000	0,000	0,000	0,000	0,000	0,0000	0,015	—0,010	c_P = 0,050
	D_P	—0,050	—0,050	0,000	0,000	0,000	0,000	0,0000	0,060	—0,020	d_P = 0,200
	T_P	0,010	0,050	—0,010	0,000	0,000	0,000	0,0000	0,000	—0,010	t_P = 0,150
	S_P	0,310	0,000	0,240	—0,200	0,000	0,000	—0,0500	0,000	0,000	s_P = 0,250
	W_P	0,405	0,000	—0,180	0,260	0,000	0,000	—0,0500	0,000	0,000	w_P = 0,125
	$-L_{PB}$	0,000	0,000	0,000	0,000	0,200	0,000	—0,0500	—0,130	—0,010	l_{PB} = −0,250
	$-L_{PI}$	0,000	0,000	0,000	0,000	0,000	0,150	—0,0500	—0,080	—0,010	l_{PJ} = −0,075
	E_P	0,375	0,000	—0,050	—0,060	—0,200	—0,150	0,2000	0,135	0,060	e_P = 0,550
Typ *C*	C_P	0,000	—0,010	0,000	0,000	0,000	0,000	0,0000	0,015	—0,010	c_P = 0,050
	D_P	0,070	—0,030	—0,020	—0,020	0,000	0,000	0,0000	0,055	—0,010	d_P = 0,200
	T_P	0,230	0,330	—0,130	—0,120	0,000	0,000	0,0000	—0,030	—0,010	t_P = 0,150
	S_P	0,250	—0,180	0,300	—0,150	0,000	0,000	0,0000	—0,020	0,010	s_P = 0,250
	W_P	0,225	—0,110	—0,150	0,290	0,000	0,000	0,0000	—0,020	0,020	w_P = 0,125
	$-L_{PB}$	0,000	0,000	0,000	0,000	0,000	0,000	—0,0250	0,000	0,000	l_{PB} = −0,250
	$-L_{PI}$	0,000	0,000	0,000	0,000	0,000	0,000	—0,0075	0,000	0,000	l_{PJ} = −0,075
	E_P	0,225	0,000	0,000	0,000	0,000	0,000	0,0325	0,000	0,000	e_P = 0,550

2. Portefeuille des Geschäftsbankensektors:

		Konst. in bezug auf		r_G	r_S	r_{LB}	q	Anteile in t_0	
		$(1 - k_D) \cdot D$	$(1 - k_T) \cdot T$						
Typen A, B und C	FR	0,050	0,000	—0,040	—0,050	—0,080	0,2425	f_D = —0,1200	f_T = —0,1700
	G	0,350	0,200	0,280	—0,100	—0,100	—0,0300	g_D = 0,2300	g_T = 0,0800
	S_B	0,300	0,200	—0,160	0,290	—0,100	—0,0538	s_{BD} = 0,2248	s_{BT} = 0,1248
	L_B	0,300	0,600	—0,080	—0,140	0,280	—0,1587	l_{BD} = 0,6652	l_{BT} = 0,9652

3. Portefeuille des Sektors der paramonetären Finanzinstitute:

		Konst.	r_S	r_{LI}	Anteile in t_0
Typen A, B und C	D_I	0,380	—0,030	0,000	d_I = 0,200
	S_I	0,220	0,280	—0,200	s_I = 0,200
	L_I	0,400	—0,250	0,200	l_I = 0,600

fügigem Maße — veranlassen, Umschichtungen im Portefeuille zugunsten oder zu Lasten des Geldbestandes vorzunehmen.

Diesem Sachverhalt wird im Modelltyp *B* dadurch Rechnung getragen, daß im Portefeuille des Publikums lediglich über den Zins auf Staatspapiere r_S eine nur äußerst schwache Substitutionsbeziehung zwischen den Termindeposíten — und damit dem Geldbestand in der Definition Friedmans — und den übrigen Aktiva und Passiva konstruiert wurde.

Die Termin- und Spardeposíten einerseits und die Sichtdeposíten andererseits sind über den Zins r_T auf Termin- und Spardeposíten Substitute. Die durch Veränderungen von r_T ausgelösten Substitutionsprozesse zwischen den beiden genannten Aktiva haben jedoch ceteris paribus auf den Bestand des Aktivums „Geld" nach der Definition Friedmans keinen Einfluß.

Tabelle 14: Vermögensbilanzen zum Zeitpunkt t_0 für die Modelltypen A, B und C

Publikum

C_P	2,00	V_P	40,00
D_P	8,00	L_{PB}	10,00
T_P	6,00	L_{PI}	3,00
S_P	10,00		
W_P	5,00		
E_P	22,00		

Geschäftsbanken

MR	2,40	D	9,00
G	2,09	T	6,00
S_B	2,29	FR	1,78
L_B	10,00		

Paramonetäre Finanzinstitute

D_I	1,00	W	5,00
S_I	1,00		
L_I	3,00		

Nach Meinung der extremen Richtung der Postkeynesianer bestehen zwar zwischen den finanziellen Aktiva selbst enge Substitutionsbeziehungen, nicht aber zwischen den finanziellen Aktiva einerseits und den realen andererseits[16]. Veränderungen der Zinssätze der finanziellen Aktiva — hier vor allem der Zinssätze auf Staatspapiere — können die Wirtschaftssubjekte demnach nicht veranlassen, ihr Portefeuille zu-

[16] Die hier dargestellte extreme Richtung der Postkeynesianer läßt sich nicht auf einen Autor oder eine konkrete Literaturstelle zurückführen. Fast alle Portfolio Theoretiker der Keynesianischen Schule (Tobin, Brainard, Okun, Samuelson) weisen auf die Möglichkeit der hier im Modelltyp *C* explizit ausgedrückten extremen Substitutionsbeziehungen hin, ohne daß allerdings von ihnen ein empirischer Nachweis solcher Situationen erbracht worden ist. Der größte Teil der Postkeynesianer dürfte sicherlich den Substitutionsbeziehungen zustimmen, wie sie im Modelltyp *A* zum Ausdruck kommen.

gunsten oder zu Lasten der Bestandsnachfrage nach Realkapital zu verändern.

Dies wird im Modelltyp *C* dadurch zum Ausdruck gebracht, daß zwar zwischen den verschiedenen monetären und finanziellen Aktiva, nicht aber zwischen diesen Aktiva und dem Aktivum „Realkapital" enge Substitutionsverflechtungen konstruiert sind.

Der Modelltyp *A* schließlich enthält mehr oder weniger starke Substitutionsverflechtungen zwischen sämtlichen Aktiva und Passiva im Portefeuille des Publikums.

In allen drei Modelltypen wird die Verbindung zwischen den Märkten der Bestandsgrößen auf der einen und den Märkten der Stromgrößen auf der anderen Seite durch die folgenden einfachen Beziehungen hergestellt:

(3.76) $$I = I_p + \bar{I} = p + \bar{I}$$

Nachfrage nach Investitionsgütern mit I_p als vom Preis für Realkapital abhängige und $\bar{I}$ als autonome Investitionen;

(3.77) $$Y = \frac{1}{1 - b} \cdot (I_p + \bar{Y})$$

gesamtwirtschaftlich nominelle Nachfrage (nominelles Sozialprodukt, Volkseinkommen) mit b als marginaler Konsumquote und $\bar{Y}$ als von p unabhängiger Teil der gesamtwirtschaftlichen Nachfrage.

Im folgenden wird eine marginale Konsumquote von $b = 0{,}8$ unterstellt, so daß gilt:

(3.78 a) $$\frac{dY}{dp} = 5 \; .$$

Bei der Untersuchung der Reaktion des Systems kommt es lediglich auf den Wert des Differentials $\frac{dY}{dp}$ an, so daß die obigen Gleichungen (3.76) und (3.77) auch andere Formen annehmen könnten, sofern nur (3.78 a) gewährleistet ist.

Auch hinsichtlich der erwarteten Preissteigerungsrate x interessiert nur ihre Veränderung, die ohne die hier nicht relevante nähere Spezifizierung der grundlegenen Beziehungen zwischen Y und x mit

(3.78 b) $$\frac{dx}{dY} = 1$$

angenommen sei.

Die Zinssätze und die erwartete Preissteigerungsrate sind in der Einheit „Prozent" ausgedrückt, so daß z. B. $r_S = 6$ einen Zinssatz auf

Staatspapiere von 6 % bedeutet. Den übrigen Größen liegt als Einheit ein bestimmtes Vielfaches der Währungseinheit zugrunde.

Tabelle 14 zeigt die Vermögensbilanzen der Sektoren „Publikum“, „Geschäftsbanken“ und „paramonetäre Finanzinstitute“ im Ausgangsgleichgewicht.

In der Ausgangssituation haben die verschiedenen Zinssätze Werte von $r_T = 5\,\%$, $r_W = 5\,\%$, $r_S = 6\,\%$, $r_{LB} = 8\,\%$, $r_{LI} = 8\,\%$ und $r_E = 10\,\%$; das Volkseinkommen beträgt $Y = 10$, der interne Zins $z = 10\,\%$ und somit der Preis für Realkapital $p = 1$; die erwartete Preissteigerungsrate ist mit $x = 5\,\%$ angenommen worden.

Im folgenden ist zu zeigen, wie sich die Variablen des Modells gegenüber diesen Ausgangswerten aufgrund bestimmter Maßnahmen der Zentralbank im Rahmen der Modelltypen *A*, *B* und *C* verändern.

δ) Ein Vergleich der Wirkungen alternativer geldpolitischer Maßnahmen in den Modellen *A*, *B* und *C*

Die Wirkungen alternativer, *expansiv orientierter* Maßnahmen der Zentralbank auf die einzelnen Zinssätze und auf das Volkseinkommen — das nominelle Sozialprodukt Y — sind in der Tabelle 15 erfaßt worden.

Bei der Offenmarktpolitik wurden zwei Möglichkeiten unterschieden: einmal eine Politik, die lediglich die Geldmarktpapiere *G* in ihre Operationen einbezieht und die deshalb auch nur auf den Geschäftsbankenbereich beschränkt ist, und zum anderen eine Politik, die mit den Staatspapieren *S* operiert, die von den drei privaten Sektoren des Modells — Publikum, Geschäftsbanken und paramonetäre Institute — im Portefeuille gehalten werden.

Bei beiden Politiken kann wiederum entweder die Menge oder der Preis Aktionsgröße sein, wie es zuvor bereits beschrieben wurde.

Die Politik, die über die Geldmarktpapiere *G* unmittelbar nur die Geschäftsbanken betrifft, soll im folgenden als „engere“ Offenmarktpolitik, die Politik, die über die Staatspapiere *S* den gesamten privaten Bereich der Wirtschaft einbezieht, soll als „weitere“ Offenmarktpolitik bezeichnet werden.

Die Bundesbank in der BRD beschränkte sich lange Zeit auf die „engere“ Offenmarktpolitik. Erst in jüngerer Zeit ist man, wenn auch nur zaghaft, zur „weiteren“ Offenmarktpolitik übergegangen.

Wie ein Vergleich der Ergebnisse der beiden Anwendungsmöglichkeiten der Offenmarktpolitik zeigt — Tabelle 15 —, führt die „weitere“ Offenmarktpolitik unter Einbeziehen der Staatspapiere *S* zu einer grö-

Tabelle 15: Die Wirkung der Geldpolitik im Rahmen der Modelltypen A, B und C

Politische Maßnahme	Typ	Δr_G	Δr_S	Δr_W	Δr_T	Δr_{LB}	Δr_{LI}	Δr_E	Δp	ΔY
Offenmarktpolitik mit Geldmarktpapieren (Mengenpolitik) $\Delta G = -\Delta B = -1$	*A*	—0,56	—0,31	—0,18	—0,15	—0,15	—0,18	—0,75	+0,075	+0,375
	B	—0,56	—0,43	—0,29	—0,10	—0,10	—0,29	—0,82	+0,082	+0,410
	C	—0,53	—0,33	—0,30	—0,29	—0,29	—0,30	0	0	0
Offenmarktpolitik mit Staatspapieren *S* (Mengenpolitik) $\Delta S = -\Delta B = -1$	*A*	—0,33	—0,39	—0,22	—0,17	—0,17	—0,22	—0,87	+0,087	+0,435
	B	—0,33	—0,54	—0,35	—0,10	—0,10	—0,35	—0,96	+0,096	+0,480
	C	—0,31	—0,41	—0,36	—0,33	—0,33	—0,36	0	0	0
Diskontpolitik $\Delta q = -0{,}5\,\%$	*A*	—0,56	—0,50	—0,30	—0,28	—0,28	—0,30	—1,28	+0,128	+0,640
	B	—0,57	—0,68	—0,47	—0,21	—0,21	—0,47	—1,40	+0,140	+0,700
	C	—0,50	—0,52	—0,49	—0,50	—0,50	—0,49	0	0	0
Mindestreservenpolitik $\Delta k_D = -5\,\%$	*A*	—0,18	—0,17	—0,10	—0,09	—0,09	—0,10	—0,42	+0,042	+0,210
	B	—0,19	—0,23	—0,16	—0,07	—0,07	—0,16	—0,46	+0,046	+0,230
	C	—0,17	—0,18	—0,16	—0,17	—0,17	—0,16	0	0	0
Mindestreservenpolitik $\Delta k_T = -5\,\%$	*A*	—0,11	—0,12	—0,07	—0,07	—0,07	—0,07	—0,30	+0,030	+0,150
	B	—0,12	—0,16	—0,11	—0,05	—0,05	—0,11	—0,33	+0,033	+0,165
	C	—0,10	—0,12	—0,11	—0,12	—0,12	—0,11	0	0	0

ßeren Effizienz. Das ist nicht verwunderlich, da bei einer solchen „weiteren“ Politik *unmittelbar* ein Zins oder eine Menge (r_S oder S) verändert werden, die die Portfolio-Entscheidungen des Publikums *direkt* beeinflussen, während bei der „engeren“ Offenmarktpolitik zunächst nur die lediglich für die Geschäftsbanken relevanten Größen r_G oder G tangiert werden und über die Portfolio-Anpassungen der Geschäftsbanken erst *mittelbar* Portfolio-Anpassungen des Publikums ausgelöst werden *können*.

Zudem ist die Gefahr, daß die für die Zielerfüllung wichtigen Portfolio-Anpassungen geringer sind als erwartet oder gar völlig ausbleiben, offensichtlich bei der „engeren“ Offenmarktpolitik größer als bei der „weiteren“. So ist es verständlich, daß eine Reihe von Ökonomen auch für die BRD eine auf alle Sektoren der Wirtschaft ausgedehnte Basis für die Offenmarktpolitik forderten[17].

Bei der Berechnung im Rahmen der alternativen Modelltypen wurde jeweils der Bestand einmal der Geldmarktpapiere G und zum anderen der Staatspapiere S um eine Einheit vermindert. Das bedeutet zwangsläufig eine Erhöhung der korrigierten monetären Basis um ebenfalls eine Einheit.

Eine Offenmarktpolitik mit Hilfe der Zinssätze r_G oder r_S bringt die gleichen Ergebnisse, wenn r_G entsprechend den Werten in der ersten und r_S entsprechend den Werten in der zweiten Spalte verändert werden.

Im Rahmen der Diskontpolitik wurde der Diskontsatz jeweils um 0,5 % vermindert.

Die Mindestreservenpolitik bestand in einer Senkung der beiden Reservesätze um jeweils 5 %.

Bei der Interpretation der Ergebnisse in Tabelle 15 ist Vorsicht geboten:

(1) Die absoluten Änderungen des Volkseinkommens folgen aus den mehr oder weniger willkürlichen Annahmen über die Reaktion auf den Märkten der Stromgrößen. Sie können in Wirklichkeit ein Vielfaches oder auch nur einen Teil der angegebenen Veränderungen ausmachen.

(2) Ein Vergleich der Effizienz der alternativen Instrumenteneinsätze der Zentralbank ist ohne Erkenntniswert. Daß z. B. eine Veränderung des Diskontsatzes um 0,5 % eine stärkere Wirkung auf Y hat als eine Erhöhung der korrigierten monetären Basis um eine Einheit oder eine

---

[17] Vgl. z. B. Sachverständigenrat zur Begutachtung der gesamtwirtschaftlichen Entwicklung. Konjunktur im Umbruch. Risiken und Chancen. Jahresgutachten 1970/71. Stuttgart, Mainz 1971, Zi. 321, S. 90.

Verringerung der Reservesätze um 5 %, hängt mit der mehr oder weniger willkürlich gewählten konkreten Modellstruktur zusammen. Andere Koeffizientenwerte im Modell, die einen geringeren Einfluß des Diskontsatzes auf die Portfolio-Entscheidungen der Geschäftsbanken anzeigen, können zu völlig anderen Effizienzunterschieden und damit auch zu umgekehrten Ergebnissen führen.

Ähnlich verhält es sich mit den beiden Varianten der Mindestreservenpolitik. Die Verringerung des Reservesatzes für Sichtdepositen hat nur deshalb eine größere Wirkung als die Verringerung des Reservesatzes für Termin- und Spardepositen, weil der Anteil der Sichtdepositen an den gesamten Depositen im Modell größer gewählt wurde als der entsprechende Anteil der Termin- und Spardepositen und somit bei einer Senkung von k_D mehr Reserven frei werden als bei einer Senkung von k_T.

Jeweils bezogen auf eine bestimmte politische Maßnahme, ergeben sich demgegenüber — zumindest für die theoretische Forschung — brauchbare Erkenntnisse aus einem Vergleich der Ergebnisse für die drei zugrunde gelegten Modelltypen.

Die Effizienz der Geldpolitik ist im Modelltyp *B* bei jeder Art von Politik am größten, während im Modelltyp *C* die Geldpolitik jeweils ohne Wirkung auf *Y* bleibt. Dieses Ergebnis entspricht den durch die beiden Modelltypen charakterisierten extremen Lehrmeinungen.

Durch die besondere Art der bereits erläuterten Substitutionsbeziehungen im Modelltyp *C* führt die Erhöhung des Bestandes an Zentralbankgeld lediglich zu Anpassungen in der Nachfrage nach und im Angebot an monetären und finanziellen Aktiva und Passiva — Geld, Wertpapiere und Kredite —, nicht aber in der Nachfrage nach Realkapital. Dieser Fall ist vergleichbar mit der aus dem Keynesschen Modell bekannten Liquiditätsfalle. Hier wie dort vermag eine Erhöhung der Liquidität — im Keynesschen Modell der Geldmenge — den für die Investitionsnachfrage *relevanten* Zins nicht zu verändern[18].

Anders als im Keynesschen Modell erfolgt hier jedoch keine Beschränkung auf einen repräsentativen Zins, bei Keynes auf den Zins für langfristige Staatspapiere, so daß trotz Existenz einer Liquiditätsfalle die Zinssätze der monetären und finanziellen Aktiva und Passiva verändert werden. Das wiederum bewirkt nicht nur — wie im Keynesschen Modell — eine Absorption der zusätzlichen „Geldmenge" — hier Liquidität — in Form von Bargeld und Sichtdepositen in der Spekulationskasse, sondern löst Portfolio-Umschichtungen aus, die alle monetären und finanziellen Aktiva und Passiva tangieren.

---

[18] Bei Keynes wurde unmittelbar die Geldmenge exogen verändert.

Die Substitutionsverflechtungen im Modelltyp *B* sind, wie bereits dargelegt wurde, so beschaffen, daß die allgemeinen Zinssenkungen ceteris paribus direkt nicht zu einer höheren Nachfrage nach Geld, zusammengesetzt aus Bargeld, Sichtdepositen und Termin- und Spardepositen führen.

Wenn aber ein neues Portfolio-Gleichgewicht erreicht werden soll, so muß es irgendwie zu einer freiwilligen Absorption der zusätzlichen Liquidität in den Portefeuilles der Geschäftsbanken oder des Publikums kommen. Eine solche freiwillige Absorption kann auf folgenden Wegen bewirkt werden:

(1) Aus einer höheren Nachfrage des Publikums nach Schuldtiteln der paramonetären Finanzinstitute, verursacht durch eine *relativ* zur Entwicklung des Zinses für Staatspapiere günstige Zinsentwicklung dieser Titel, resultiert eine stärkere Nachfrage der paramonetären Finanzinstitute nach Sichtdepositen. Das wiederum erfordert eine Erhöhung der gesetzlichen und freiwilligen Reserven der Geschäftsbanken und damit eine Festlegung vorher frei verfügbarer liquider Mittel.

(2) Aufgrund der Erhöhung des Volkseinkommens steigt die Nachfrage nach Bargeld oder Sichtdepositen — z. B. für Transaktionszwecke. Die zusätzliche Bargeldnachfrage und die zusätzliche Reservehaltung der Geschäftsbanken bei Erhöhung des Volumens der Sichtdepositen bedeutet wiederum eine freiwillige Absorption von Zentralbankgeld.

Die Herstellung eines neuen Portfolio-Gleichgewichts ist also nur möglich, wenn die Nachfrage nach Schuldtiteln der paramonetären Finanzinstitute steigt oder das Volkseinkommen zunimmt.

Wenn auch der Modelltyp *B* in bezug auf die Zinselastizität der Geldnachfrage den Vorstellungen Friedmans entspricht, so weicht dieses Ergebnis doch von dem der Friedmanschen Theorie ab. Zur Klarstellung sei diese Theorie kurz skizziert[19].

Die Verringerung des Bestandes an Offenmarktpapieren verursacht Zinssenkungen und führt gleichzeitig zu einem höheren Bestand an Zentralbankgeld in den Portefeuilles des Publikums und der Geschäftsbanken[20]. Da die Geldnachfrage des Publikums nach Friedman jedoch weitgehend zinsunabhängig ist, ist dieser höhere Bestand unerwünscht.

Das Publikum versucht deshalb, durch Portfolio-Umschichtungen diesen Bestand abzubauen. Es kauft Wertpapiere und steigert schließlich auch die Nachfrage nach Realkapital. Das wiederum ist mit einem

[19] Vgl. z. B. *M. Friedmann* und *A. J. Schwartz*, Money and Business Cycles.

[20] Friedman geht von der Situation in den USA aus, wo in die Offenmarktpolitik auch das Publikum einbezogen ist.

Sinken des Zinses auf Realkapital verbunden. Die Steigerung der Nachfrage nach Realkapital und das Sinken des Realkapitalzinses erhöhen schließlich, wie es bereits beschrieben wurde, die gesamtwirtschaftliche Güternachfrage, wodurch es zu einer Erhöhung des Volkseinkommens kommt — zu einer Steigerung des realen Sozialprodukts und/oder des Preisniveaus.

Der Transmissionsprozeß in der Friedmanschen Theorie entspricht also vollständig der hier zugrunde gelegten Theorie der relativen Preise. Nach Friedman ist die höhere Nachfrage des Publikums nach Geld fast ausschließlich auf die Zunahme des Volkseinkommens, aufgrund der angenommenen äußerst geringen Zinselastizität der Geldnachfrage jedoch nur in unbedeutendem Maße auf die allgemeine Zinssenkung zurückzuführen. Friedman stellt deshalb fest, daß das Publikum in dem Bestreben, die unerwünschten Kassenbestände abzubauen, so lange Portfolio-Anpassungen — die im komparativ-statischen Modell selbstverständlich nicht explizit erfaßt sind — vornimmt, bis das Volkseinkommen soweit gestiegen ist, daß die dadurch bewirkte zusätzliche Geldnachfrage genau dem zusätzlichen Bestand an Zentralbankgeld in Händen des Publikums entspricht. Werden die Zustände des Ausgangs- und des Endgleichgewichts betrachtet, so läßt sich nach dieser Theorie eine annähernd proportionale Beziehung zwischen der Geldmenge und dem Volkseinkommen feststellen.

Zu beachten ist allerdings, daß die Verbindung zwischen der Geldmenge und dem Volkseinkommen in dieser „neuen Quantitätstheorie" wesentlich komplexer und theoretisch fundierter ist als in der älteren Quantitätstheorie.

Leider vermißt man bei Friedman eine detaillierte Formalisierung seiner Theorie, wie sie z. B. hier mit dem Modelltyp *B* versucht wurde. Dadurch bleiben bei Friedman einige Zusammenhänge unklar:

(1) Erhöht wird nicht unmittelbar die Geldmenge — $C_P + S_P + T_P$ —, sondern die monetäre Basis.

Die von Friedman angenommene direkt proportionale Beziehung zwischen der monetären Basis und der Geldmenge M_2 kann, wie bereits erläutert wurde, vor allem durch Präferenzänderungen im Geschäftsbankenbereich gestört werden. Im Rahmen der „engeren" Offenmarktpolitik kann dadurch der zusätzliche Bestand an Zentralbankgeld unter Umständen voll in den Portefeuilles der Geschäftsbanken absorbiert werden, so daß es nicht zu Veränderungen der Kassenbestände des Publikums und somit zu den oben beschriebenen Anpassungsprozessen kommt.

(2) Der Einfluß der paramonetären Finanzinstitute wird von Friedman nicht explizit berücksichtigt.

Die im vorliegenden Modelltyp *B* gegebene Möglichkeit, daß *Teile* der zusätzlichen Zentralbankgeldmenge dadurch freiwillig absorbiert werden, daß über eine Erhöhung der Nachfrage des Publikums nach Schuldtiteln dieser Institute das Volumen der Sichtdepositen und damit die Reserveanforderungen bei den Geschäftsbanken steigen, wird daher nicht beachtet[21].

Hierin liegt nun der wesentliche Unterschied in den Ergebnissen. Beim Modelltyp *B* ist trotz relativer Zinsunabhängigkeit der Geldnachfrage — nicht nur des Publikums, sondern auch der paramonetären Institute — der Fall denkbar und konstruierbar, daß selbst dann, wenn es nicht zu den unter (1) genannten Präferenzänderungen kommt, die zusätzliche Zentralbankgeldmenge freiwillig gehalten wird — nämlich hier von den Geschäftsbanken —, ohne daß sich das Volkseinkommen wesentlich verändert.

Das zeigt, daß nicht nur die von Friedman offensichtlich gemeinten *unmittelbaren,* sondern auch die *mittelbaren* Verbindungen der Geldnachfrage mit den Zinsen für die Wirksamkeit der Geldpolitik von Relevanz sind.

Solche Zusammenhänge lassen sich allerdings kaum in Modellen mit nur einer Gleichung zeigen, so wie sie Friedman mit Vorliebe verwendet.

Die Beschäftigung mit den Modelltypen *B* und *C* hat einige wichtige Voraussetzungen der Friedmanschen Theorie offenkundig gemacht, die, obwohl sie zuvor schon zumindest implizit genannt wurden, noch einmal kurz skizziert seien:

(1) Direkt proportionaler Zusammenhang zwischen der unmittelbaren Aktionsgröße der Offenmarktpolitik, der monetären Basis, und der Geldmenge M_2, d. h. also Nichtexistenz von Präferenzänderungen der Geschäftsbanken im Laufe des Transmissionsprozesses.

(2) Keine nennenswerte Zinsabhängigkeit der Geldnachfrage, d. h. keine *unmittelbare* nennenswerte Beziehung zwischen Geldnachfrage und Zinsen.

(3) Existenz von Substitutionsverflechtungen zwischen den finanziellen Aktiva und dem Realkapitel.

(4) Kein nennenswerter Einfluß der paramonetären Finanzinstitute, d. h. keine *mittelbare* Beziehung zwischen Geldnachfrage und Zins für Schuldtitel dieser Institute.

---

[21] Friedman begründet seine Theorie auf dem Geldsystem der USA, wo auch Nichtbanken auf dem Markt für Offenmarktpapiere tätig sind und folglich das Publikum unmittelbar in den Besitz von Zentralbankgeld gelangen kann. Ist das so, dann werden zwar die unter (1) genannten Zusammenhänge zum Teil hinfällig, nicht aber die hier unter (2) diskutierten Einwände.

Friedman glaubt, die Gültigkeit der ersten drei Voraussetzungen empirisch nachgewiesen zu haben. Eine große Zahl von Untersuchungen vor allem aus dem Lager der Postkeynesianer stellt diese Testergebnisse jedoch in Frage.

Auf die vierte Voraussetzung geht Friedman an keiner dem Verfasser bekannten Literaturstelle ein.

Gerade aus den Reihen der Postkeynesianer sind, darauf wurde bereits hingewiesen, seit Ende der fünfziger Jahre eine Anzahl theoretischer und empirischer Analysen durchgeführt worden, die die große Bedeutung der paramonetären Institute für die Wirksamkeit der Geldpolitik betonen, so daß auch die Gültigkeit dieser letzten Annahme, vor allem was Volkswirtschaften mit hochentwickelten Finanzmärkten angeht, bezweifelt werden muß.

Die ausführliche Diskussion der Ergebnisse der beiden Modelltypen *B* und *C* erübrigt eine detaillierte Stellungnahme zu denen des Modelltyps *A*.

Es ist nach den obigen Ausführungen unmittelbar einsichtig, daß die Wirkung alternativer geldpolitischer Maßnahmen im Rahmen dieses Modelltyps mit Substitutionsverflechtungen über das gesamte Spektrum monetärer, finanzieller und realer Aktiva und Passiva größer ist als die im Typ *C* und geringer als die im Typ *B*.

Eine Entscheidung für einen der drei Modelltypen aufgrund theoretischer Überlegungen ist selbstverständlich nicht möglich. Dazu sind empirische Forschungen erforderlich, die, das zeigen die widersprüchlichen Ergebnisse der Monetaristen und Postkeynesianer auf diesem Gebiet, jedoch noch in den Anfängen stecken.

b) Der Einfluß verschiedener exogener und endogener Effekte auf die Wirksamkeit der Geldpolitik

α) Der Einfluß der Kapitalakkumulation und der Veränderung des internen Zinsfußes

Bei den bisherigen Berechnungen im Rahmen der drei Modelltypen waren der Kapitalstock R — das Angebot an Realkapital — und der interne Zins z des Realkapitals konstant gehalten worden.

Ein solches Vorgehen ist jedoch bestenfalls für sehr kurzfristige Betrachtungen vertretbar, wobei unterstellt wird, daß die aus den positiven Nettoinvestitionen resultierenden Kapitalstockzuwächse nicht unmittelbar im Produktionsprozeß eingesetzt werden und ein technischer Fortschritt, der z. B. Ursache einer Erhöhung der internen Verzinsung — der tatsächlichen Ertragsrate — des Kapitalstocks sein kann, nicht vorliegt oder vernachlässigbar gering ist.

Um zur Vervollständigung der Analyse den Einfluß einer Veränderung des Angebots an Realkapital einerseits und einer Veränderung des internen Zinsfußes andererseits auf die Zinsentwicklung und damit auch auf die Wirksamkeit der Geldpolitik festzustellen, wurden für den Modelltyp *A* — für die beiden anderen Modelltypen ergeben sich tendenziell die gleichen Ergebnisse — jeweils bei gleichzeitiger expansiv orientierter Offenmarktpolitik mit Geldmarktpapieren

(1) der Kapitalstock *R* um eine Einheit erhöht und
— alternativ —

(2) der interne Zins *z* um 5 % gesteigert.

Die allgemeinen Lösungssätze, die diesen Berechnungen zugrunde liegen, sind durch die Beziehungen (3.79) und (3.80) gegeben; die Ergebnisse der Berechnungen sind in Tabelle 16 dargestellt.

In der ersten Zeile der Tabelle 16 sind zum Vergleich noch einmal die schon aus Tabelle 15 bekannten Resultate einer „engen" Offenmarktpolitik im Rahmen des Modelltyps *A* aufgeführt.

Tabelle 16: Die Wirkung der Geldpolitik bei gleichzeitiger Veränderung des Kapitalstocks und des internen Zinsfußes

	Δr_G	Δr_S	Δr_W	Δr_T	Δr_{LB}	Δr_{LI}	Δr_E	Δp	ΔY
Offenmarktpolitik mit Geldmarktpapieren bei $dR = 0$ und $dz = 0$	—0,56	—0,31	—0,18	—0,15	—0,15	—0,18	—0,75	+0,075	+0,375
Offenmarktpolitik mit Geldmarktpapieren bei $dR = +1$ und $dz = 0$	—0,55	—0,30	—0,16	—0,15	—0,15	—0,16	—0,61	+0,061	+0,305
Offenmarktpolitik mit Geldmarktpapieren bei $dR = 0$ und $dz = +5\,\%$	—0,56	—0,02	+0,64	+0,67	+0,67	+0,64	—0,55	+0,545	+2,725

$$(3.79)\quad J_1 \cdot \begin{bmatrix} dr_E \\ dr_S \\ dr_G \\ dr_{LB} \\ dr_{LI} \end{bmatrix} = \begin{bmatrix} dB - p \cdot dR \cdot [c_P + k_{fD} \cdot (d_P + d_I \cdot w_P) + k_{fT} \cdot t_P] \\ 0 - p \cdot dR \cdot [s_P + (1 - k_D) \cdot (d_P + d_I \cdot w_P) \cdot s_{BD} + (1 - k_T) \cdot s_{BT} \cdot t_P + s_I \cdot w_P] \\ dG - p \cdot dR \cdot [(1 - k_D) \cdot (d_P + d_I \cdot w_P) \cdot g_D + (1 - k_T) \cdot g_T \cdot t_P] \\ 0 - p \cdot dR \cdot [(1 - k_D) \cdot (d_P + d_I \cdot w_P) \cdot l_{BD} + (1 - k_T) \cdot l_{BT} \cdot t_P - l_{PB}] \\ 0 - p \cdot dR \cdot [(l_I \cdot w_P - l_{PI})] \end{bmatrix}$$

$$(3.80)\quad J_1 \cdot \begin{bmatrix} dr_E \\ dr_S \\ dr_G \\ dr_{LB} \\ dr_{LI} \end{bmatrix} = \begin{bmatrix} dB - dz \cdot \left[V_P \cdot \frac{\delta Y}{\delta p} \cdot \frac{1}{r_E} \cdot \left(\frac{\delta c_P}{\delta Y} + \frac{\delta c_P}{\delta x} \cdot \frac{\delta x}{\delta Y} \right) + c_P \cdot R \cdot \frac{1}{r_E} + k_{fD} \cdot X_{11} + k_{fT} \cdot X_{12} \right] \\ 0 - dz \cdot \left[V_P \cdot \frac{\delta Y}{\delta p} \cdot \frac{1}{r_E} \cdot \left(\frac{\delta s_P}{\delta Y} + \frac{\delta s_P}{\delta x} \cdot \frac{\delta x}{\delta Y} \right) + s_P \cdot R \cdot \frac{1}{r_E} + (1 - k_D) \cdot s_{BD} \cdot X_{11} + (1 - k_T)\, s_{BT} \cdot X_{12} + s_I \cdot X_{13} \right] \\ dG - dz \cdot [(1 - k_D) \cdot g_D \cdot X_{11} + (1 - k_T) \cdot g_T \cdot X_{12}] \\ 0 - dz \cdot \left[(1 - k_D) \cdot l_{BD} \cdot X_{11} + (1 - k_T) \cdot l_{BT} \cdot X_{12} - V_P \cdot \frac{\delta Y}{\delta p} \cdot \frac{1}{r_E} \cdot \left(\frac{\delta l_{PB}}{\delta Y} + \frac{\delta l_{PB}}{\delta x} \cdot \frac{\delta x}{\delta Y} \right) - l_{PB} \cdot R \cdot \frac{1}{r_E} \right] \\ 0 - dz \cdot \left[l_I \cdot X_{13} - V_P \cdot \frac{\delta Y}{\delta p} \cdot \frac{1}{r_E} \cdot \left(\frac{\delta l_{PI}}{\delta Y} + \frac{\delta l_{PI}}{\delta x} \cdot \frac{\delta x}{\delta Y} \right) - l_{PI} \cdot R \cdot \frac{1}{r_E} \right] \end{bmatrix}$$

$$X_{11} = V_P \cdot \frac{\delta Y}{\delta p} \cdot \frac{1}{r_E} \cdot \left(\frac{\delta d_P}{\delta Y} + \frac{\delta d_P}{\delta x} \cdot \frac{\delta x}{\delta Y} + \frac{\delta w_P}{\delta Y} \cdot d_I + \frac{\delta w_P}{\delta x} \cdot \frac{\delta x}{\delta Y} \cdot d_I \right) + R \cdot \frac{1}{r_E} \cdot (d_P + w_P \cdot d_I)$$

$$X_{12} = V_P \cdot \frac{\delta Y}{\delta p} \cdot \frac{1}{r_E} \cdot \left(\frac{\delta t_P}{\delta Y} + \frac{\delta t_P}{\delta x} \cdot \frac{\delta x}{\delta Y} \right) + R \cdot t_P \cdot \frac{1}{r_E}$$

$$X_{13} = V_P \cdot \frac{\delta Y}{\delta p} \cdot \frac{1}{r_E} \cdot \left(\frac{\delta w_P}{\delta Y} + \frac{\delta w_P}{\delta x} \cdot \frac{\delta x}{\delta Y} \right) + R \cdot w_P \cdot \frac{1}{r_E}$$

Wie nicht anders zu erwarten war, zeigt ein Vergleich der Ergebnisse in den Zeilen 1 und 2 der Tabelle 16, daß eine während der Durchführung der Offenmarktoperationen gleichzeitig erfolgende Erhöhung des Kapitalstocks — des Angebots an Realkapital — die expansive Wirkung der geldpolitischen Maßnahme abschwächt.

Während die Zinssätze der monetären und finanziellen Aktiva und Passiva in etwa die gleichen Veränderungen aufweisen, verringert sich der Zins auf Realkapital um einen kleineren Prozentsatz, da ja jetzt der relativ höheren Nachfrage nach Realkapital ein zusätzliches Angebot entgegengesetzt wird.

In bezug auf den Teil des Kapitalstocks, der durch Aktien repräsentiert wird, bedeutet hier ein höheres Angebot an Realkapital eine Neuemission von Aktien, die selbstverständlich einer Kurssteigerung — Zinssenkung — entgegenwirkt.

Während die Erhöhung des Angebots an Realkapital eine Abschwächung des Effektes einer expansiv orientierten Geldpolitik herbeiführt, wird die Wirkung einer kontraktiv orientierten Geldpolitik dadurch verstärkt.

In Boomperioden, in denen die Erhöhung des Angebots an Realkapital — darunter auch die Neuemission von Aktien — besonders intensiv sein dürfte, ist dieser sowohl automatische als auch die Geldpolitik verstärkende Stabilisierungseffekt zu begrüßen.

Vor allem in konjunkturellen Übergangsphasen besteht jedoch die Gefahr, daß sich die geldpolitische Wirkung und die Wirkung einer Veränderung des Angebots an Realkapital wenigstens zum Teil kompensieren.

Eine genaue Beobachtung des Realkapital- und des Aktienmarktes ist hiernach also Voraussetzung für eine effiziente Geldpolitik.

Im Keynesschen Modell bewirkt bekanntlich eine Veränderung des internen Zinsfußes der Investitionen ceteris paribus eine Verschiebung der Investitionskurve und der I/S-Kurve der Hicksschen Darstellung — bei einer Erhöhung des internen Zinsfußes wird die I/S-Kurve nach rechts, bei einer Verringerung nach links verschoben — und damit ceteris paribus eine Veränderung des repräsentativen Zinssatzes.

Entsprechend der Beziehung $r_E \cdot p = z$ ist dagegen im vorliegenden Modell eine Veränderung des internen Zinsfußes mit einer gleich großen Veränderung des Produktes $r_E \cdot p$ verbunden. Mit welchem Betrag und in welche Richtung sich r_E und p im einzelnen verändern, läßt sich nur im Rahmen des Gesamtmodells bei Beachtung der Interdependenzen zwischen der durch die Veränderung von z tangierten

Nachfrage nach Realkapital und der Nachfrage nach und dem Angebot an den übrigen Aktiva und Passiva feststellen.

Nach einer Erhöhung des internen Zinsfußes ist der folgende Übergangs- und Anpassungsprozeß vom ursprünglichen zum neuen Gleichgewicht denkbar.

Die höhere tatsächliche Ertragsrate auf Realkapital z — interner Zins — ist, angewandt auf das durch Aktien repräsentierte Realkapital, mit einer höheren Dividende — Gewinnausschüttung — je Aktie verbunden. Dies verursacht bei zunächst unveränderten Kursen und unveränderten Determinanten wie Vermögen, Volkseinkommen und erwartete Preissteigerungsrate eine Verlagerung der Nachfrage des Publikums von monetären und finanziellen Aktiva auf Realkapital. Dadurch kommt es zu einer Zinssteigerung bei den Staatspapieren und, da die Liquiditätsspielräume der Geschäftsbanken und der paramonetären Finanzinstitute durch die Nachfrageverschiebungen beim Publikum eingeengt werden, auch zu Erhöhungen des Kreditzinses und folglich auch der Zinssätze auf Termin- und Spardepositen und auf Schuldtitel der paramonetären Institute. Da der Kapitalbestand R — das Angebot an Realkapital — als konstant angenommen wird, muß die Nachfrageverlagerung auf Realkapital nach der Beziehung $E = p \cdot R$ zu kräftigen Kurssteigerungen führen, die ihrerseits auf den bekannten Wegen Erhöhungen des Volkseinkommens, der erwarteten Preissteigerungsrate und des Vermögens des Publikums nach sich ziehen.

Das wiederum dürfte Nachfragesteigerungen bei allen Aktiva und Passiva bewirken, die die Liquiditätsspielräume der Banken und der paramonetären Finanzinstitute wieder erweitern und die Zinssteigerungen bei den monetären und finanziellen Aktiva und Passiva zum Stillstand bringen.

Es besteht nun die Möglichkeit, daß die Steigerung der Nachfrage nach Realkapital, die ja im Laufe des Prozesses durch die Erhöhung der Größen Y, x und V_P einen weiteren Impuls erfährt, letztlich so starke Kurssteigerungen bewirkt hat, daß sich die Erhöhung des internen Zinsfußes z im neuen Gleichgewicht nicht in einem höheren Marktzins r_E auf Realkapital niederschlägt.

Vielmehr könnte sogar der Fall eintreten, daß r_E geringer ist als im ursprünglichen Gleichgewicht.

Dieser zuletzt genannte Fall dürfte jedoch recht unwahrscheinlich sein, da ein geringerer Zins auf Realkapital einerseits und höhere Zinsen auf monetäre und finanzielle Aktiva und Passiva andererseits die Nachfrage nach Realkapital negativ beeinflussen, die durch die oben genannten Determinanten verursachten Nachfragesteigerungen stark abschwächen oder gar überkompensieren und dadurch einer Zinssenkungstendenz — bezüglich r_E — entgegenwirken.

Der isolierte, d. h., der zunächst noch von der geldpolitischen Aktivität abstrahierende Effekt einer Erhöhung des internen Zinsfußes wird deshalb insgesamt zu einer Steigerung aller Zinssätze führen, die die Portfolio-Entscheidungen des Publikums beeinflussen.

Diese Schlußfolgerung wird auch durch die Ergebnisse der Berechnungen im Rahmen des Modelltyps A bestätigt, wie sich aus einem Vergleich der Zeilen 1 und 3 der Tabelle 16 ohne weiteres deduzieren läßt.

Treten die Zinssteigerungen tatsächlich ein, so weicht das Ergebnis des komplexeren Modells tendenziell nicht von dem des Keynesschen Modells ab.

Auch in bezug auf die Wirksamkeit der Geldpolitik ergeben sich die gleichen Schlußfolgerungen wie im Keynesschen Modell. Die Wirkung einer expansiv orientierten Geldpolitik, ausgedrückt im Einfluß auf das Volkseinkommen Y, wird durch eine gleichzeitige Steigerung des internen Zinsfußes z noch verstärkt. Dies zeigt auch das Ergebnis der im Modelltyp A durchgeführten Berechnung — Zeile 3 in Tabelle 16.

Da von der expansiven Geldpolitik — vom isolierten geldpolitischen Effekt — eine Zinssenkungstendenz und von der Erhöhung des internen Zinsfußes — vom isolierten Effekt der Erhöhung von z, wie er oben beschrieben wurde — eine Zinssteigerungstendenz bewirkt wird, lassen sich jedoch über die tatsächlichen Zinssatzveränderungen *allgemein* keine genauen Angaben machen.

Die Zinssatzveränderungen können entsprechend der jeweiligen Intensität der beiden entgegengerichteten Einflüsse positiv, negativ oder Null sein.

Hier wird deutlich, daß die Wirksamkeit einer expansiven Geldpolitik keineswegs allein an sinkenden Zinssätzen abgelesen werden kann.

Dieser Sachverhalt spielt für die Wahl eines Indikators, der die Wirkung und Wirkungsrichtung des Einsatzes geldpolitischer Instrumente anzeigen soll, eine besondere Rolle, worauf bei der Diskussion des Indikatorproblems in einem späteren Kapitel noch näher einzugehen ist.

In der Regel dürfte die Entwicklung des internen Zinsfußes z, anders als oben zunächst implizit angenommen, vom Einsatz geldpolitischer Instrumente weitgehend unabhängig sein.

In konjunkturellen Aufschwungphasen wird man z. B. einen stärkeren Anstieg, in Boom-, konjunkturellen Abschwung- und Rezessionsphasen geringere Zunahmen oder gar eine Stagnation des internen Zinsfußes beobachten können. Es sind durchaus Situationen vorstellbar, in denen die geldpolitischen Instrumente kontraktiv eingesetzt werden und gleichzeitig eine Zunahme des internen Zinsfußes z zu verzeichnen ist.

In diesem Fall wirken beide Einflüsse in der gleichen Richtung auf die Zinssätze. Die Zinsentwicklung zeigt hier zwar die gewünschte Richtung der geldpolitischen Maßnahmen an, kann aber nicht als Indikator für den *absoluten* Wirkungsgrad dieser Maßnahmen dienen. Hohe Zinssteigerungen nämlich beweisen noch nicht die hohe Effizienz der — kontraktiven — Geldpolitik.

Dieses wichtige geldpolitische Problem soll hier jedoch nicht weiter diskutiert werden, da sich, wie oben bereits angekündigt, ein gesondertes Kapitel damit beschäftigt.

β) Der Einfluß von feed-back Effekten

Die Erfahrung zeigt, daß eine expansiv orientierte Geldpolitik oftmals mit steigenden Zinssätzen und umgekehrt manchmal auch eine restriktiv orientierte Geldpolitik mit sinkenden Zinssätzen verbunden ist[22]. Einflüsse, auf die dies zurückgeführt werden kann, z. B. auf die Veränderung des internen Zinsfußes, wurden zuvor bereits beschrieben. Diese Einflüsse sind jedoch, wie schon angedeutet, in der Regel unabhängig vom Einsatz geldpolitischer Instrumente und aus diesem Grunde im Modell nicht endogenisiert.

In diesem Abschnitt sollen dagegen solche Ursachen für die oben genannten Beziehungen zwischen der Art der Geldpolitik und der Zinsentwicklung untersucht werden, die als eine zwangsläufige Folge geldpolitischer Maßnahmen angesehen werden müssen. Folglich sind diese Ursachen-Wirkungszusammenhänge dem Modell immanent.

Im großen und ganzen lassen sich hier drei Ursachenkomplexe unterscheiden[23]:

(1) die feed-back-Effekte aus der Erhöhung des Volkseinkommens,
(2) die erwarteten Veränderungen des Preisniveaus
(3) die tatsächlichen Veränderungen des Preisniveaus.

---

[22] Vgl. z. B. *M. Friedman,* The Role of Monetary Policy, „The American Economic Review", Vol. 58 (1968), S. 6 f. — *D. I. Fand,* Some Issues in Monetary Economics. „The Federal Reserve Bank of St. Louis. Review", Vol. 52 (1970), S. 16 ff.

[23] Zu ähnlichen Unterscheidungen vgl. *M. Friedman,* The Role of Monetary Policy, S. 5 f. — *W. L. Smith,* A Neo-Keynesian View of Monetary Policy. In: Controlling Monetary Aggregates. The Federal Reserve Bank of Boston, Conference Series No. 1, 1969, S. 117 ff. — *Derselbe,* On some Current Issues, S. 778.

Diese drei Ursachenkomplexe werden im folgenden jeweils für eine expansiv orientierte Geldpolitik untersucht.

Die Monetaristen werfen den Keynesianern gelegentlich vor, sie hätten in starrer Anwendung der bekannten Lehrbuchtheorie die Möglichkeit der oben aufgezeigten, aber nach dieser Theorie unbekannten Beziehung zwischen der Art der Geldpolitik und der Zinsentwicklung ignoriert[24]. Tatsächlich lassen sich die Zinseinflüsse des ersten Ursachenkomplexes ohne weiteres in das Keynessche Modell einbauen.

Ist z. B. die Investitionsnachfrage nicht nur in bekannter Weise vom Zins, sondern auch vom Einkommen *Y* — hier ist es zunächst einmal gleichgültig, ob real oder nominal — abhängig, so ist es einsichtig, daß die sogenannte *I/S*-Kurve der Hicksschen Darstellung anders als üblich durchaus eine positive Steigung haben kann[25] — wobei diese Steigung, wenn ein stabiles Gleichgewicht existieren soll, geringer sein muß als die Steigung der *LM*-Kurve.

Abbildung 11: Positive Steigung der I/S-Kurve

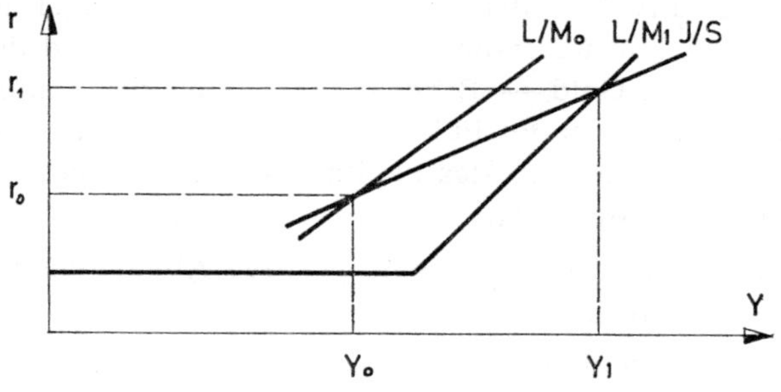

Steigt das Geldangebot, so muß es, damit auch die Geldnachfrage zunimmt, ceteris paribus zu einer Zinssenkung kommen — ein Sachverhalt, der in der komparativ-statischen Analyse selbstverständlich nicht offensichtlich wird. Die Zinssenkung hat eine Erhöhung der Investitio-

---

[24] Vgl. *M. Friedman,* The Role of Monetary Policy.

[25] Vgl. *W. L. Smith,* A Neo Keynesian View, S. 117. Angenommen, die Gleichungen des Gütermarktes seien: (a) $I = a \cdot Y - f \cdot r + d$ (Investitionsfunktion) und (b) $S = (1 - b) \cdot Y - e$ (Sparfunktion) mit b als marginaler Konsumquote. Daraus folgt als Gleichgewichtskurve für den Gütermarkt (die *I/S*-Kurve):

$$Y = - \frac{f}{1 - (b + a)} \cdot r + \frac{d + e}{1 - (b + a)} .$$

Wenn $b + a > 1$ ist, dann hat die *I/S*-Kurve eine positive Steigung. In jedem Fall wird hier davon ausgegangen, daß $b < 1$ ist, daß also a der entscheidende Faktor für die positive Steigung ist.

nen zur Folge[26], die ihrerseits ceteris paribus unmittelbar das Volkseinkommen Y anhebt. Dies wiederum beeinflußt positiv die Konsumgüternachfrage und die Ersparnisse und induziert weitere Erhöhungen der Investitionsnachfrage. Hier wird deutlich, warum aus Gründen eines stabilen Gleichgewichts die — positive — Steigung der *I/S*-Kurve geringer sein muß als die der *L/M*-Kurve. Der Prozeß der induzierten Nachfragesteigerungen würde sich wegen $b + a > 1$ selbst laufend verstärken, wenn nicht über eine schließlich eintretende Zinssteigerung die Investitionsnachfrage wieder gedämpft würde. Die Zinssteigerung — der höhere Zins im neuen Gleichgewicht — tritt aber nur unter der postulierten Bedingung ein[27].

Das Gleichgewicht auf dem Geldmarkt kommt dadurch zustande, daß wegen des relativ starken Anstiegs von Y die Zunahme der Nachfrage nach Transaktionskasse — und Vorsichtskasse im Keynesschen Sinne — größer ist als der Zuwachs der Geldmenge, so daß also die Spekulationskasse verringert werden muß, was nach der üblichen Liquiditätspräferenzfunktion freiwillig nur geschieht, wenn der Zins steigt.

In dem hier verwendeten komplexeren Modell zeigen sich diese Sachverhalte, da die zu Anfang der Arbeit diskutierten Mängel des Keynesschen Ansatzes in ihm überwunden wurden, genauer und detaillierter. Die Nachfrage nach Geld — Bargeld in Händen des Publikums plus Sichtdepositen in Händen des Publikums —, die Nachfrage nach Krediten und die Nachfrage nach Realkapital sind jeweils positiv mit dem Volkseinkommen Y korreliert.

Einzuführen in das Modell ist eine positive Abhängigkeit der Investitionsnachfrage von Y.

Bei Einsatz der geldpolitischen Instrumente im expansiven Sinne muß, damit I zunimmt, zunächst auf jeden Fall r_E sinken und entsprechend p steigen. Dies wirkt positiv auf Y, induziert weitere Steigerungen von I und setzt — über die Erhöhung der Konsumnachfrage — den bekannten Multiplikatorprozeß in Gang.

Die zunächst sinkenden Zinssätze bewirken ceteris paribus eine Erhöhung der Kreditnachfrage und eine Umschichtung von Wertpapieren zu Geld im Portefeuille des Publikums, so daß folglich dem gestiegenen Kreditangebot — zunächst der Banken — eine höhere Nachfrage und der gestiegenen Wertpapiernachfrage — zunächst der Banken — ein höheres Angebot gegenübersteht und hierüber dann die Erhöhung der Geldmenge erfolgt, die ja auch zusätzlich nachgefragt wird.

---

[26] Nach Funktion (a) der vorangegangenen Fußnote.

[27] Die Bedingung für die Stabilität lautet, daß $b + a < 1 + g$ gelten muß, wobei g den durch die nachfolgende Zinssteigerung ausgelösten dämpfenden Effekt darstellt. Vgl. *W. L. Smith,* A Neo-Keynesian View, S. 117.

Die beschriebene nachfolgende Erhöhung von Y steigert nun die Geld-, Kredit- und Realkapitalnachfrage des Publikums noch weiter. Werden die Offenmarktkäufe durch die Zentralbank nicht fortgesetzt, dann können die Banken der erhöhten Kreditnachfrage, die wegen der starken Investitionsnachfrage erforderlich wird, nur durch eine Zinssteigerung begegnen. Weiter bewirkt die Umschichtung von Wertpapieren zu Geld Kurssenkungen (Zinssteigerungen), wenn die Banken infolge Liquiditätsverknappung ihre Nachfrage nach Wertpapieren drosseln.

Das alles gilt ähnlich auch für die paramonetären Institute. Diese sehen sich einerseits einer geringeren Nachfrage nach ihren Schuldtiteln und andererseits einer höheren Kreditnachfrage gegenüber, was sie veranlaßt, ihre Schuldtitel durch bessere Konditionen attraktiver zu gestalten und die Kreditzinsen anzuheben.

Die so alle Zinssätze erfassenden Erhöhungen wirken dem positiven Einfluß von Y auf die Nachfrage nach Investitionsgütern, Geld, Krediten und Realkapital entgegen und stellen somit im Modell den stabilisierenden Faktor dar.

Wann die nach oben gerichtete Zinsentwicklung zum Stillstand kommt, hängt, das ist unmittelbar einsichtig, von der Stärke des Einflusses von Y auf die Nachfragekomponenten ab.

Ist dieser Einfluß sehr stark, wie es oben im Keynesschen Modell angenommen wurde, so können alle Zinssätze oder ein Teil der Zinssätze im neuen Gleichgewicht über denen des ursprünglichen Gleichgewichts liegen.

Die im Simulationsmodell vom Typ A über Y wirkenden feed-back-Effekte lassen sich durch den Vergleich der Ergebnisse bei verschieden stark gewählten Einflüssen von Y — aber sonst unveränderten Bedingungen — zeigen. Für eine jeweils expansiv orientierte Offenmarktpolitik mit Geldmarktpapieren werden folgende Situationen unterschieden:

(1) Kein feed-back-Effekt über Y — endogener Einfluß von Null; Reaktion von Y jedoch weiterhin nach: $\frac{\delta Y}{\delta p} = 5$;

(2) endogener Einfluß von Y wie bisher: $\frac{\delta Y}{\delta p} = 5$;

(3) größerer endogener Einfluß von Y als bisher: $\frac{\delta Y}{\delta p} = 10$.

Tabelle 17 enthält in den Zeilen 1—3 entsprechend die Ergebnisse der Berechnungen, für die der allgemeine Lösungsansatz (3.69) zugrundegelegt werden mußte.

Der Vergleich zeigt, daß die feed-back-Effekte über Y den Druck der Offenmarktoperationen der Zentralbank auf die Zinssätze verringern, und dies um so mehr, je stärker der positive Einfluß auf Y ist, der von der expansiven Geldpolitik ausgeht.

Würde man diesen Einfluß auf Y noch weiter verstärken ($\frac{\delta Y}{\delta p} \gg 10$), so ließe sich ein neuer Gleichgewichtszustand erreichen, in dem zumindest einige der Zinssätze über ihrem Ausgangsniveau lägen.

Daß dies erst bei sehr hohen Werten von $\frac{\delta Y}{\delta p}$ erreicht wird, liegt daran, daß im Modell einmal weitere im folgenden zu untersuchende feed-back-Effekte über die erwartete Preissteigerungsrate wirksam sind und zum anderen der Kapitalstock bei den obigen Berechnungen nicht erhöht wurde.

Die gerade erwähnten feed-back-Effekte über die erwartete Preissteigerungsrate x stellen den zweiten Ursachenkomplex für eventuelle mit einer expansiven Geldpolitik verbundene Zinssteigerungen dar.

Anders als im hier untersuchten Modell sind diese Effekte im Keynesschen Modell nicht explizit berücksichtigt. Würde man sie dort berücksichtigen, so käme ihr Einfluß in Verschiebungen der I/S- und der L/M-Kurve zum Ausdruck; erwartete Zuwächse in der Preissteigerungsrate z. B. erhöhen die Nachfrage nach Investitions- und Konsumgütern und verringern die Liquiditätspräferenzen, so daß sowohl I/S- als auch L/M-Kurve nach rechts verschoben werden. Während die Verschiebung der I/S-Kurve eine Zinssteigerungstendenz bewirkt, verursacht die Verschiebung der L/M-Kurve für sich eine Zinssenkung. Welcher der beiden hier auftretenden Einflüsse auf den Zins überwiegt, läßt sich ohne genaue Kenntnis der konkreten Wirkung der feed-back-Effekte nicht sagen.

Für das vorliegende Modell gilt das gleiche; Zuwächse in der erwarteten Preissteigerungsrate verursachen über eine — z. B. aufgrund der höheren Investitions- und Konsumgüternachfrage notwendige — Erhöhung der Kreditnachfrage Zinssteigerungen und über einen Rückgang der Nachfrage nach Geld einerseits und einen Anstieg der Nachfrage nach Realkapital andererseits Zinssenkungen. Die geringere Nachfrage nach Geld (Bargeld plus Sichtdepositen) bewirkt Zinssenkungen, weil sie — zunächst — durch Portfolio-Umschichtungen von Geld in Wertpapiere realisiert wird.

Die ursprünglich nach der expansiven Offenmarktpolitik einsetzende Zinssenkungstendenz wird also einerseits abgeschwächt, andererseits aber noch verstärkt. Kommt es im Zuge der verstärkten Investitionstätigkeit zu einer Steigerung des Angebots an Realkapital oder zu

Tabelle 17: Der Einfluß von Feed-back-Effekten

			Δr_G	Δr_S	Δr_W	Δr_T	Δr_{LB}	Δr_{LI}	Δr_E	Δp	ΔY
Einfluß des nominellen Sozial-produkts Y	$\frac{\delta Y}{\delta p} = 0$	1	—0,60	—0,42	—0,33	—0,29	—0,29	—0,33	—0,86	+0,086	+0,410
	$\frac{\delta Y}{\delta p} = 5$	2	—0,56	—0,31	—0,18	—0,15	—0,15	—0,18	—0,75	+0,075	+0,375
	$\frac{\delta Y}{\delta p} = 10$	3	—0,54	—0,27	—0,15	—0,13	—0,13	—0,15	—0,59	+0,059	+0,590
Einfluß der erwarteten Preissteigerungs-rate x	$\frac{\delta x}{\delta p} = 0$	4	—0,53	—0,26	—0,15	—0,15	—0,15	—0,15	—0,54	+0,054	+0,270
	$\frac{\delta x}{\delta p} = 5$ (a)	5	—0,56	—0,31	—0,18	—0,15	—0,15	—0,18	—0,75	+0,075	+0,375
	$\frac{\delta x}{\delta p} = 5$ (b)	6	—0,53	—0,26	—0,13	—0,13	—0,13	—0,13	—0,59	+0,059	+0,295
	$\frac{\delta x}{\delta p} = 5$ (c)	7	—0,56	—0,25	+0,15	+0,15	+0,15	+0,15	—1,37	+0,137	+0,685
Nominalzins als Determinante der Investitionen	dP = 1%	8	—0,56	—0,31	—0,17	—0,14	—0,14	—0,17	—0,75	+0,075	+0,375
Realzins als Determinante der Investitionen	dP = 1%	9	—0,53	—0,25	—0,11	—0,09	—0,09	—0,11	—0,61	+0,061	+0,655
	dP = 5%	10	—0,57	—0,20	+0,06	+0,13	+0,13	+0,06	—0,88	+0,088	+2,190

einer Zunahme des internen Zinsfußes, so wird hierdurch weiterhin die Verringerung des Zinses r_E auf Realkapital — aufgrund der gestiegenen Nachfrage — abgeschwächt oder durch die entgegengesetzte Entwicklung sogar überkompensiert. Insgesamt wirken somit entgegengerichtete Einflüsse auf das Zinsniveau ein, deren Resultante von der relativen Stärke der jeweiligen Einflüsse abhängt.

Zur Erfassung des Einflusses von feed-back-Effekten über die erwartete Preissteigerungsrate x wurden bei Berechnungen im Rahmen des Modelltyps A — jeweils auf der Basis einer expansiv orientierten Offenmarktpolitik mit Geldmarktpapieren und bei sonst gleichen Bedingungen — folgende Alternativen zugrunde gelegt:

(1) Kein feed-back-Effekt über x — Einfluß von Null;

(2) Einfluß von x wie bisher mit $\frac{dx}{dp} = 5$;

(3) Kein Einfluß von x auf die Geldnachfrage, jedoch höhere positive Abhängigkeit der Kreditnachfrage von x, und zwar mit

(a) $\frac{\delta l_{PB}}{\delta x} = 0{,}03$ und $\frac{\delta l_{PI}}{dx} = 0{,}03$ oder — alternativ —

(b) $\frac{\delta l_{PB}}{\delta x} = 0{,}2$ und $\frac{\delta l_{PI}}{dx} = 0{,}2$.

Den Berechnungen zu (1) bis (3) liegt der allgemeine Lösungsansatz (3.69) zugrunde. Die einzelnen Fälle unterscheiden sich jedoch durch die konkreten Werte in der ersten Spalte der Jakobischen Matrix J_1: bei (1) ist x_0 gleich Null zu setzen, bei (2) hat x den aufgrund der Koeffizientenwerte des Modelltyps A bekannten Einfluß auf c_P, d_P, l_{PB} und l_{PI} und bei 3. wird dieser Einfluß wie oben angegeben modifiziert.

Die Ergebnisse der Berechnungen zu (1), (2), (3) (a) und (3) (b) werden in dieser Reihenfolge in den Zeilen 4 bis 7 der Tabelle 17 wiedergegeben.

Ein Vergleich der Ergebnisse zu (1) und (2) zeigt, daß die feed-back-Effekte über die erwartete Preissteigerungsrate im vorliegenden Modell die Zinssenkungstendenzen der expansiven Offenmarktpolitik noch verstärken, daß also von den beiden entgegengerichteten Einflüssen auf die Zinssätze der Einfluß über die aus der Erhöhung von x resultierende Verringerung der Nachfrage nach Geld und der damit verbundenen Steigerung der Nachfrage nach Wertpapieren und der Steigerung der Nachfrage nach Realkapital überwiegt.

Im Rahmen der dritten Alternative verursacht der feed-back-Effekt über x ceteris paribus keine Verringerung der Nachfrage nach Geld, dafür aber eine stärkere Nachfrage nach Krediten. Die Wirkung auf die Nachfrage nach Realkapital ist im Unterfall (*a*) genauso stark wie zuvor — nämlich $\frac{\delta e_P}{dx} = 0{,}06$ —, im Unterfall (*b*) dagegen wesentlich größer — $\frac{\delta e_P}{dx} = 0{,}4$. Dies folgt unmittelbar aus den Bedingungen über die Summe der auf eine Determinante bezogenen Koeffizientenwerte.

Der hohe positive Einfluß der erwarteten Preissteigerungsrate auf die Kreditnachfrage führt im Fall (3) (*b*) zu einem Ansteigen der Kreditzinsen und der nach Voraussetzung damit gekoppelten Zinsen für Termin- und Spardeposite und für Schuldtitel der paramonetären Finanzinstitute.

Die Nachfrage nach Realkapital korreliert positiv mit der erwarteten Preissteigerungsrate (x-Effekt) und negativ mit den Zinssätzen der übrigen Aktiva (Zinseffekt). Für den Zinssatz r_E auf Realkapital gilt bei konstantem Angebot, das hier unterstellt ist, der umgekehrte Zusammenhang.

In den Fällen (2) und (3) (*a*) ist jeweils der gleiche Einfluß von x auf die Realkapitalnachfrage angenommen worden. Folglich führt der verstärkte Zinseffekt im Fall (3) (*a*) zu einer geringeren Abnahme von r_E infolge der geringeren Nachfrage. Im Fall (3) (*b*) werden gegenüber (3) (*a*) sowohl der x-Effekt als auch der Zinseffekt verstärkt. Aufgrund der spezifischen konkreten Modellstruktur hat der x-Effekt, wie ein Vergleich der Veränderung von r_E in den Zeilen 6 und 7 der Tabelle 17 zeigt, ein weitaus größeres Gewicht als der Zinseffekt, so daß folglich r_E stärker sinkt als in den zuvor konstruierten Fällen. Insgesamt ist jedoch festzuhalten, daß trotz expansiv orientierter Geldpolitik bei entsprechenden Nachfrage- und Angebotskonstellationen zumindest einige der Zinssätze — hier vor allem die Kreditzinssätze — über ihr ursprüngliches Niveau ansteigen können.

Würden die geldpolitischen Entscheidungsträger von der Veränderung der Kreditzinsen auf eine Wirksamkeit ihrer Politik schließen, so kämen sie auf der Basis der herkömmlichen Keynesschen Theorie zu dem Schluß, daß ihre Maßnahmen nicht den gewünschten expansiven Effekt hätten. Diese Schlußfolgerung ist jedoch falsch. Vielmehr ist, wie ein Vergleich der Entwicklung des für die Zielgröße Y letztlich wichtigen Zinssatzes r_E in den Zeilen 4 bis 7 in Tabelle 17 beweist, die Wirkung der Geldpolitik gerade in der spezifischen Situation am größten, in der die Kreditzinsen steigen.

Vor allem von seiten der Monetaristen, die im Gegensatz zu den meisten Postkeynesianern die erwartete und die tatsächliche Preissteigerungsrate explizit in ihre Theorien einbeziehen[28], wird betont, daß das Verhalten der Wirtschaftssubjekte weit mehr von den realen Zinssätzen als von den nominellen Zinssätzen bestimmt wird. Für die Märkte der monetären, finanziellen und realen Aktiva und Passiva ist diesem Sachverhalt im Modell durch die Berücksichtigung der erwarteten Preissteigerungsrate x Rechnung getragen worden.

In die Beziehungen auf den Märkten für Konsum- und Investitionsgüter — in Form von Stromgrößen — wurden die tatsächliche Preissteigerungsrate noch nicht als spezifierte Größe und die erwartete Preissteigerungsrate noch gar nicht explizit eingeführt.

Die Höhe des Preises p für Realkapital und damit — bei Konstanz des internen Zinsfußes z — die Höhe des *nominellen* Zinssatzes r_E für Realkapital bestimmte bisher die nominelle Nachfrage nach Investitionsgütern und folglich auch die gesamtwirtschaftliche nominelle Nachfrage oder das nominelle Sozialprodukt Y.

Eine explizite Aufteilung von Y auf die reale Komponente y und die Preiskomponente P wurde unterlassen, weil die bisherigen Ergebnisse eindeutig ohne eine solche Aufteilung abgeleitet werden konnten.

Zur Beschreibung eines weiteren Ursachenkomplexes, der als Erklärung für die hier zur Diskussion stehende Beziehung zwischen der Art der Geldpolitik und der Zinsentwicklung herangezogen werden kann, ist jedoch eine solche Aufteilung notwendig.

Ohne weitere theoretische Fundierung — diese würde den Rahmen der Arbeit sprengen — werden das tatsächliche Preisniveau P und die erwartete Preissteigerungsrate x durch zwei zusätzliche allgemeine Beziehungen erklärt:

(3.81) $$P = P\,(y, R, u)$$

das tatsächliche Preisniveau und damit auch die tatsächliche Preissteigerungsrate je Periode werden vom realen Sozialprodukt y, dem Realkapitalbestand R und einem Faktor u als Ausdruck sonstiger Einflüsse — z. B. durch steigende Lohnkosten, außenwirtschaftliche Bedingungen — determiniert.

(3.82) $$x = x\,(\Delta P_g\,,\ \Delta P_v)$$

die erwartete Preissteigerungsrate in der betrachteten Periode hängt von der tatsächlichen Preisveränderung in dieser Periode ΔP_g und von den Preisveränderungen in der Vergangenheit ΔP_V — z. B. in der vergangenen Periode — ab.

Darüber hinaus gilt selbstverständlich als Indentität: $Y = y \cdot P$.

---

[28] Vgl. z. B. *M. Friedman,* The Quantity Theory of Money. — *Derselbe,* A Theoretical Framework, — *K. Brunner,* A Survey of Selected Issues, S. 78 ff. — *F. I. Fand,* Some Issues, S. 16 ff.

Für die Berechnungen im Rahmen des erweiterten Modells soll jedoch angenommen werden, daß

(1) in (3.81) sich die Einflüsse von y, der realen gesamtwirtschaftlichen Nachfrage, und R, dem Realkapitalbestand, der die Grundlage des realen gesamtwirtschaftlichen Angebots bildet, gerade kompensieren und folglich nur der Einfluß von u eine Veränderung von P bewirkt und daß

(2) sich das Preisniveau in der Vergangenheit nicht verändert hat, so daß $\Delta P_v = 0$ ist.

Die im Modell über die Größe u auf P wirkenden Einflüsse werden für vergleichende Berechnungen willkürlich festgelegt. Damit wird aber auch die Größe x, anders als bisher, zu einer exogen fixierten Größe des Modells.

Da gezeigt werden soll, wie die Effizienz der Geldpolitik berührt wird, wenn auch auf den Märkten für Stromgrößen die erwartete Preissteigerungsrate von Bedeutung ist, wird anstelle der Funktion der nominellen Investitionsgüternachfrage eine Funktion der realen Investitionsgüternachfrage formuliert, in der der reale Zinssatz auf Realkapital, definiert als nomineller Zins abzüglich erwartete Preissteigerungsrate, die hier wichtige Determinante ist.

(3.83) $$I_r = I_r\,(r_E - x) + \bar{I}_r$$

mit $\bar{I}_r$ als der vom realen Zins unabhängigen Investitionsnachfrage.

Damit hängt auch die reale gesamtwirtschaftliche Nachfrage vom realen Zins für Realkapital ab:

(3.84) $$y = y\,(r_E - x) + \bar{y}\ ,$$

worin $\bar{y}$ den autonomen Teil der gesamtwirtschaftlichen Nachfrage beschreibt.

Nach dieser Beziehung kann ceteris paribus bei einer entsprechenden Zunahme von x das reale Sozialprodukt y und bei einer positiven Korrelation von x und ΔP_g in Gleichung (3.82) auch das nominelle Sozialprodukt Y selbst dann steigen, wenn der nominelle Zins r_E auf Realkapital erhöht wird. Dieser Zusammenhang war in der bisherigen Form des Modells — ebenso wie in der herkömmlichen Keynesschen Theorie — nicht möglich.

Die Analyse der Wirksamkeit der Geldpolitik im konkreten Simulationsmodell ist nur auf der Grundlage der vergleichenden Auswertung der Ergebnisse der Modellberechnungen von Nutzen. Das gilt auch für den vorliegenden Fall.

Um den Einfluß des Realzinses gehaltvoll interpretieren zu können, wird deshalb im folgenden als Vergleichsbasis alternativ zu (3.83) eine Beziehung formuliert, nach der die reale Nachfrage nach Investitionsgütern, wie weiter oben die nominelle Nachfrage, lediglich vom nominellen Zins oder vom Preis für Realkapital abhängig ist.

(3.85) $$I_r = I_r\,(r_E) \quad \text{oder}$$

(3.86) $$I_r = I'_r\,(p)\ .$$

Anstelle von (3.84) tritt hier somit alternativ

(3.87) $$y = y\,(r_E) \quad \text{oder}$$

(3.88) $$y = y'\,(p)\ .$$

In dem so erweiterten Modell — jeweils auf der Grundlage der Koeffizientenwerte des Typs A — werden jetzt mit Hilfe konkreter Berechnungen die folgenden Situationen bei einer expansiv orientierten Offenmarktpolitik der Zentralbank mit Geldmarktpapieren untersucht:

(1) Die reale gesamtwirtschaftliche Nachfrage ist vom nominellen Zins r_E abhängig. Folglich gelten die Beziehungen (3.85) und (3.87). Es wird angenommen, daß $\frac{dy}{dp} = -\,0{,}5$ ist. Das Preisniveau steigt in der betrachteten Periode aufgrund der geldpolitischen Aktion um 1 % bzw. um $\Delta P_g = 0{,}01$.

(2) Die gesamtwirtschaftliche reale Nachfrage ist vom realen Zins $(r_E - x)$ abhängig. Für die Beziehung (3.84) wird angenommen

(3.89) $$y = -\,0{,}5 \cdot (r_E - x) + \bar{Y}\ .$$

Der Anstieg des Preisniveaus in der betrachteten Periode betrage (a) wie im 1. Fall: $\Delta P_g = 0{,}01$ (1 %) oder — alternativ — (b) $\Delta P_g = 0{,}05$ (5 %).

Sowohl für die 1. als auch für die 2. Situation sei die Beziehung (3.82) konkret durch (3.90) $x = 50 \cdot \Delta P_g$ beschrieben.

Eine tatsächliche Preissteigerung von 5 % ($\Delta P_g = 0{,}05$) bedeutet danach eine erwartete Preissteigerungsrate von 2,5 % ($x = 2{,}5$).

Das Preisniveau P in der Ausgangslage — vor dem von der Zentralbank ausgelösten Störimpuls — sei mit $P = 1$ angenommen.

Die Beziehung (3.91) zeigt den allgemeinen Lösungsansatz dieser Modellvariante; die Ergebnisse der Berechnungen sind in der Tabelle 17 erfaßt worden.

(3.91): Der Einfluß einer Preisniveauveränderung — allgemeiner Lösungsansatz

$$
J_1 \cdot \begin{bmatrix} dr_E \\ dr_S \\ dr_G \\ dr_{LB} \\ dr_{LI} \end{bmatrix} = \begin{bmatrix}
dB - dP \cdot V_P \cdot \left\{ \left[\frac{\delta c_P}{\delta Y} + k_{fD} \cdot Q_Y + k_{fT} \cdot \frac{\delta t_P}{\delta Y} \right] \cdot (y + m) + \left[\frac{\delta c_P}{\delta x} + k_{fD} \cdot Q_x + k_{fT} \cdot \frac{\delta t_P}{\delta x} \right] \cdot \frac{\delta x}{\delta P} \right\} \\
\begin{array}{l} 0 - dP \cdot V_P \cdot \left\{ \left[\frac{\delta s_P}{\delta Y} + s_{BD} \cdot (1 - k_D) \cdot Q_Y + s_{BT} \cdot (1 - k_T) \cdot \frac{\delta t_P}{\delta Y} + s_I \cdot \frac{\delta w_P}{\delta Y} \right] \cdot (y + m) + \left[\frac{\delta s_P}{\delta x} + s_{BD} \cdot (1 - k_D) \cdot \right. \right. \\ \left. \left. \cdot Q_x + s_{BT} \cdot (1 - k_T) \cdot \frac{\delta t_P}{\delta x} + s_I \cdot \frac{\delta w_P}{\delta x} \right] \cdot \frac{\delta x}{\delta P} \right\} \end{array} \\
\begin{array}{l} dG - dP \cdot V_P \cdot \left\{ \left[g_D \cdot (1 - k_D) \cdot Q_Y + g_T \cdot (1 - k_T \cdot \frac{\delta t_P}{\delta Y} \right] \cdot (y + m) + \left[g_D \cdot (1 - k_D) \cdot Q_x + \right. \right. \\ \left. \left. + g_T \cdot (1 - k_T) \cdot \frac{\delta t_P}{\delta x} \right] \cdot \frac{\delta x}{\delta P} \right\} \end{array} \\
\begin{array}{l} 0 - dP \cdot V_P \cdot \left\{ \left[l_{BD} \cdot (1 - k_D) \cdot Q_Y + l_{BT} \cdot (1 - k_T) \cdot \frac{\delta t_P}{\delta Y} - \frac{\delta l_{PB}}{\delta Y} \right] \cdot (y + m) + \left[l_{BD} \cdot (1 - k_D) \cdot Q_x + \right. \right. \\ \left. \left. + \; l_{BT} \cdot (1 - k_T) \cdot \frac{\delta t_P}{\delta x} - \frac{\delta l_{PB}}{\delta x} \right] \cdot \frac{dx}{\delta P} \right\} \end{array} \\
0 - dP \cdot V_P \cdot \left\{ \left[l_I \cdot \frac{\delta w_P}{\delta Y} - \frac{\delta l_{PI}}{\delta Y} \right] \cdot (y + m) + \left[l_I \cdot \frac{\delta w_P}{\delta x} - \frac{\delta l_{PI}}{\delta x} \right] \cdot \frac{dx}{\delta P} \right\}
\end{bmatrix}
$$

$$
Q_Y = \frac{\delta d_P}{\delta Y} + d_I \cdot \frac{\delta w_P}{\delta Y} \; ; \qquad Q_x = \frac{\delta d_P}{\delta x} + d_I \cdot \frac{\delta w_P}{\delta x} \; ; \qquad m = \frac{\delta y}{dx} \cdot \frac{dx}{\delta P} \; ; \qquad y = \frac{Y}{P}
$$

Ist der Nominalzins Determinante der Investitionsnachfrage, so ist im vorstehenden Vektor der gegebenen Konstanten m gleich Null zu setzen.

In der Jacobischen Matrix J_1 ist im vorliegenden Fall X_2 gleich Null.

Ein Vergleich der Ergebnisse für die oben skizzierten Situationen (1) und (2) zeigt, daß die Zinssätze in dem Fall, in dem der Realzins Determinante der gesamtwirtschaftlichen realen Nachfrage ist — Situation (2 a) —, um einen geringeren Prozentsatz sinken, die Zunahme des nominellen Sozialprodukts aber dennoch wesentlich über dem Veränderungswert liegt, der erzielt wird, wenn die 1. Situation gegeben ist.

Wird das tatsächliche Preisniveau statt um 1 % um 5 % erhöht, so folgt im Zuge der Offenmarktpolitik der Zentralbank, wie aus Zeile 10 in Tabelle 17 abzulesen ist, sogar eine Erhöhung der Kreditzinsen und der nach Voraussetzung daran gebundenen Zinsen für Schuldtitel der paramonetären Institute und für Termin- und Spardepositen.

Der Nominalzins für Realkapital r_E sinkt dagegen stärker als in den Situationen (1) und (2 a), die eine geringere tatsächliche Preissteigerung charakterisieren. Diese Sachverhalte sind relativ leicht erklärbar.

Ist der Realzins $(r_E - x)$ Determinante der realen gesamtwirtschaftlichen Nachfrage y — Situation (2) —, so ergibt sich schon allein aufgrund der Preissteigerung ein expansiver Effekt auf das reale Sozialprodukt y und deshalb ein stärkerer expansiver Effekt auf das nominelle Sozialprodukt Y als in dem Fall, in dem y lediglich vom Nominalzins r_E abhängt — Situation (1). Das aber bedeutet, daß die Nachfrage nach Bargeld und Sichtdepositen einerseits und nach Krediten andererseits bei zunächst noch unveränderten Nominalzinssätzen in der Situation (2) stärker zunimmt als in der Situation (1). Um das durch die Offenmarktoperationen der Zentralbank zusätzlich im privaten Bereich vorhandene Zentralbankgeld zu absorbieren, bedarf es folglich nur geringerer Senkungen der Opportunitätskosten der Geldhaltung. Die höhere Kreditnachfrage wirkt der Zinssenkungstendenz ebenfalls entgegen und führt bei entsprechend starken tatsächlichen Preissteigerungen sogar zu steigenden Kreditzinsen.

Die Nachfrage nach Realkapital — und damit reziprok der Nominalzins r_E für Realkapital — wird von zwei entgegengerichteten Einflüssen bestimmt; ein negativer (positiver) Einfluß geht — jeweils im Vergleich der Situation (2) mit der Situation (1) — von der Abschwächung der Zinssenkungstendenz auf den monetären und finanziellen Märkten aus (Zinseffekt), ein positiver (negativer) Effekt folgt aus der stärkeren Zunahme von Y und bei $\Delta P_g = 5\,\%$ auch von x (Y/x-Effekt). Je nach der Stärke der beiden Einflüsse ergibt sich die relative Veränderung des Nominalzinses r_E.

Ein Vergleich der Zeilen 9 und 10 in Tabelle 17 zeigt, daß in dem hier zugrunde gelegten konkreten Modell der Nominalzins r_E um so stärker sinkt, je höher der Preisanstieg ist, daß also der Y/x-Effekt den Zinseffekt überkompensiert.

Die Ergebnisse in Tabelle 17 basieren jedoch auf der Annahme eines konstanten Angebots an Realkapital. Würde in das Modell eine Beziehung eingeführt, nach der das Angebot an Realkapital — z. B. die Neuemission von Aktien — positiv mit der gesamtwirtschaftlichen Nachfrage korreliert, so wie es der Realität weitgehend entspricht, dann dürfte auch die Zinssenkungstendenz von r_E mit steigendem Preisniveau abgeschwächt werden.

Es ließe sich dann sogar eine Situation konstruieren, in der auch der Zins r_E im Zuge einer expansiv orientierten Geldpolitik steigt und gleichzeitig aufgrund der Beziehung (3.89) dennoch ein positiver Effekt auf die Zielgröße Y zu beobachten ist.

Sind nicht Nominal-, sondern Realzinssätze Determinanten der gesamtwirtschaftlichen realen Nachfrage nach Investitionsgütern, so ist demnach eine auf das nominelle Sozialprodukt expansiv wirkende Geldpolitik bei steigenden Zinssätzen möglich.

Diese Erkenntnis, deren Klarstellung Ziel der ausführlichen Analyse der feed-back-Effekte und der Einflüsse einer Preisniveauveränderung war, ist von großer Bedeutung für die Wahl eines Indikators für die Wirksamkeit der Geldpolitik.

Die Untersuchungen dieses Abschnitts bilden daher für die Diskussion des Indikatorproblems eine unabdingbare Voraussetzung.

γ) Der Einfluß von Vermögenseffekten

Verschiedene Vermögenseffekte und Vermögensdefinitionen

In fast allen Publikationen zur neueren Geldtheorie wird die Bedeutung des privaten Vermögens — im Modell die Komponente V_P — für die Effektivität der Geldpolitik betont[29]. Ergebnisse empirischer Tests untermauern diese starke Betonung[30].

Aus diesem Grunde stellt sich auch hier die Aufgabe, die im vorliegenden Modell wirksamen Vermögenseffekte näher zu untersuchen. Zuvor soll jedoch geklärt werden, aus welchen Komponenten sich das private Vermögen zusammensetzt, worauf Veränderungen des Vermögens zurückzuführen sind und auf welche Größen Veränderungen des Vermögens einen Einfluß haben.

---

[29] Vgl. z. B. von den neueren Veröffentlichungen *K. Brunner,* A Survey of Selected Issues, S. 36 ff. — *W. L. Smith,* On Some Current Issues, S. 769 f. — *A. H. Meltzer,* Money, Intermediation, and Growth. „The Journal of Economic Literature", Vol. 1 (1969), S. 27 ff.

[30] Vgl. z. B. alle empirischen Arbeiten Friedmans, die in dieser Arbeit zum größten Teil schon genannt wurden. Auch *A. H. Meltzer,* The Demand for Money.

Bei der Darstellung der Struktur des hier zugrundeliegenden Modells wurde für das private Vermögen die Identitätsbeziehung $V_P = MB^a + G + S + E_P$ abgeleitet. Hiernach setzt sich das private Vermögen aus der korrigierten monetären Basis MB^a, den Schuldtiteln des Staates G und S und dem nominellen Bestand an Realkapital E_P zusammen. Aktiva in den Bilanzen der Geschäftsbanken, der paramonetären Institute und des Publikums, denen nur Verbindlichkeiten des Staates oder des Auslandes, nicht aber des privaten Bereichs der Wirtschaft gegenüberstehen, werden in der anglo-amerikanischen Literatur als „outside"-Aktiva bezeichnet. Unterschieden werden dabei das „outside money" und die „outside bonds". Das „outside money" umfaßt das gesamte Zentralbankgeld in Händen der privaten Wirtschaftssubjekte, da dieses letztlich auf Verpflichtungen des Staates oder des Auslandes zurückzuführen ist. Die korrigierte monetäre Basis MB^a ist folglich „outside money".

Die „outside bonds" sind identisch mit den Schuldtiteln des Staates $(G + S)$, da auch ihnen keine Verbindlichkeiten im privaten Bereich der Wirtschaft entsprechen.

Es bedarf keiner weiteren Erörterungen, daß das „outside money", die korrigierte monetäre Basis MB^a, und der nominelle Bestand an Realkapital Komponenten des privaten Vermögens V_P sind.

Dagegen hat die Frage, ob auch die „outside bonds" vollständig als Komponenten von V_P zu werten sind, in der Literatur heftige Diskussionen ausgelöst[31].

Mit den „outside bonds" sind Zinszahlungs- und Rückzahlungsverpflichtungen des Staates verbunden, die unter Umständen Ursache für Steuererhöhungen sein können. Dies aber, so wurde argumentiert, könnte die Wirtschaftssubjekte bei Antizipierung der Steuererhöhungen veranlassen, den Vermögenswert der Staatspapiere geringer oder gar mit Null anzusetzen. Das würde heißen, daß dem wertmäßigen Bestand an Wertpapieren auch Verpflichtungen bzw. Verbindlichkeiten — nämlich zukünftig zusätzlich aufzubringende Steuerleistungen — im privaten Bereich entsprechen und somit eine Zunahme in diesem Bestand nicht oder nur in geringem Maße mit einer Zunahme des privaten Vermögens verbunden ist.

Ob und in welchem Umfang eine solche Vermögenskompensation stattfindet, ist letztlich eine empirische Frage, die sich jedoch kaum beantworten läßt, da die aus den antizipierten zusätzlichen Steuerleistungen entstehenden Verbindlichkeiten in den Bilanzen der privaten Wirtschaftssubjekte keine konkrete Erscheinungsform haben. Somit

---

[31] Vgl. *W. L. Smith*, On Some Current Issues, S. 767 ff. — *H. G. Johnson*, Monetary Economics, S. 82 ff.

bleibt nur eine mehr intuitive Beurteilung des Problems übrig. Was diese betrifft, so möchte sich der Verfasser der Meinung von Smith anschließen, der die Annahme, daß die privaten Wirtschaftssubjekte eine Gegenwartsbewertung von eventuell aufzubringenden Steuerleistungen vornehmen, die mit den Zins- und Rückzahlungsverpflichtungen aus den Staatspapieren verbunden sind, als nahezu lächerlich zurückweist[32].

Im vorliegenden Modell wurden deshalb die Schuldtitel des Staates als vollwertige Bestandteile des privaten Vermögens angesehen.

Eine weitere, bisher noch ungelöste Frage[33] ist die nach dem Beitrag des sogenannten „inside money" zum privaten Vermögen V_P.

„Inside money", im Gegensatz zu „outside money", ist das Geld, dem innerhalb des privaten Bereichs Verbindlichkeiten gegenüberstehen. Somit ist „inside money" identisch mit den Sichtdepositen — und je nach Definition der Geldmenge auch den Termin- und Spardepositen —, die in der Bilanz des Publikums als Aktiva und in der Bilanz der Geschäftsbanken als Passiva auftreten.

Ein positiver Beitrag des „inside money" zum privaten Vermögen läßt sich etwa wie folgt begründen[34]: Steigt das Volumen der Depositen bei einer Geschäftsbank, so erhält sie zusätzlich Zentralbankgeld. Mit dem Teil dieses Geldes, der nach Abzug der gesetzlichen und freiwilligen Reserven verbleibt, kann sie z. B. ihr Kreditangebot erhöhen. Die Erhöhung des Kreditvolumens wiederum steigert bei einem positiven Kreditzins den Ertrag der Bank und damit ihren Kapitalwert. Die Steigerung des Kapitalwertes aber bedeutet eine Vermehrung des Vermögens der privaten Kapitaleigner der Bank.

Eine Zunahme des „inside money" wäre demnach also auch gesamtwirtschaftlich mit einem Anstieg des privaten Vermögens verbunden.

Ob und in welchem Maße ein solcher Anstieg tatsächlich eintritt, hängt jedoch entscheidend davon ab,

(1) wie hoch die Kosten sind, die den Geschäftsbanken durch die zusätzlichen Depositen und Kredite entstehen, und

(2) inwieweit zukünftige Zinszahlungen von den Kreditnehmern — negativ — bewertet werden und somit das private Vermögen negativ beeinflussen.

---

[32] Vgl. *W. L. Smith,* On Some Current Issues, S. 769.

[33] Auch diese Frage hat eine Fülle von Publikationen ausgelöst, die ihren Höhepunkt in einem umfassenden Werk von Pesek und Saving fanden. *B. P. Pesek* und *T. R. Saving,* Money, Wealth, and Economic Theory. New York 1967.

[34] Vgl. auch *W. L. Smith,* On Some Current Issues, S. 769.

Zwar werden auf Sichtdepositen keine oder nur äußerst geringe Zinsen gezahlt, doch sind die Banken gezwungen, wenn sie ein bestimmtes Volumen an Sichtdepositen erhalten oder dieses steigern wollen, in Verbindung mit den Einlagen auf Depositenkonten Dienstleistungen anzubieten, und das um so mehr, je stärker der Wettbewerb unter den Banken ist. Das aber verursacht nicht unerhebliche Kosten.

Auch bei der Kreditvergabe sind infolge des Bearbeitungsaufwands, des Rückzahlungsrisikos u. ä. Gewinnabschläge erforderlich.

In der Regel, vor allem bei Existenz eines Wettbewerbs unter den Banken, dürfte demnach der Gewinn aus zusätzlichen Sichtdepositen und damit der Anstieg des Kapitalwertes relativ gering sein.

Berücksichtigt man zudem noch, daß der positiven Bewertung der zukünftigen Zinserträge durch die Banken eine negative Bewertung der adäquaten Zinszahlungen durch die Kreditnehmer gegenüberstehen kann, so wird die Annahme, daß das sogenannte „inside money" einen Beitrag zum privaten Vermögen leiste, äußerst zweifelhaft.

Im hier zugrundeliegenden Modell ist deshalb das „inside money" als möglicher Bestandteil des privaten Vermögens nicht berücksichtigt worden[35].

Es muß dennoch mit Nachdruck betont werden, daß die Diskussion um die Frage, welche der obengenannten Komponenten Bestandteile des privaten Vermögens sind, keineswegs nutzlos, sondern vielmehr von nicht zu unterschätzender Relevanz für die Beurteilung der Wirksamkeit der Geldpolitik ist. Dies wird im folgenden deutlich gemacht.

Sowohl von den Postkeynesianern als auch von den Monetaristen wird heute die Erkenntnis allgemein akzeptiert, daß das private Vermögen eine signifikante Determinante einmal der Nachfrage nach und des Angebots an Bestandsgrößen[36] — Aktiva und Passiva — und zum anderen der Nachfrage nach Strömungsgrößen[37] — hier vor allem des privaten Konsums, der jedoch Investitionen in dauerhafte Konsumgüter einschließt — ist.

Da Veränderungen im Bestand der Aktiva und Passiva in der Regel mit Veränderungen in den Zinssätzen verbunden sind, ist auch von hierher über den Einfluß auf die private Investitionstätigkeit eine Beeinflussung der gesamtwirtschaftlichen Güternachfrage möglich.

---

[35] Anders dagegen z. B. bei *K. Brunner*, A Survey of Selected Issues, S. 43, der eine Komponente $v \cdot MB$ einführt, die ausdrückt, daß dieser Teil der monetären Basis „inside money" darstellt, das Bestandteil des privaten Vermögens ist.

[36] Vgl. *M. Friedman*, The Quantity Theory of Money. — *K. Brunner*, A Survey of Selected Issues, u. a. Appendix IV, S. 137 ff.

[37] Vgl. z. B. *K. Brunner*, A Survey of Selected Issues, Appendix IV, S. 137.

Kommt es bei Einsatz geldpolitischer Instrumente zu Veränderungen des privaten Vermögens, so hat dies also in der Regel auch Auswirkungen auf die letztlichen Zielgrößen der Geldpolitik.

Zur weiteren Verdeutlichung der Relevanz des Vermögens für die Wirksamkeit der Geldpolitik ist somit eine Erörterung der Ursachen der privaten Vermögensänderungen erforderlich, wobei hier jedoch nur solche Ursachen von Interesse sind, die mit geldpolitischen Maßnahmen in Verbindung stehen.

Dazu sei von einer Offenmarktpolitik ausgegangen, die auch die Staatspapiere S einbezieht. Bekanntlich bedeutet dies eine Verlagerung von $(G + S)$ nach MB^a oder umgekehrt, ohne daß die Summe $MB^a + G + S$ verändert wird. Diese Transformation hat aber *unmittelbar* nur dann keinen Einfluß auf das Vermögen V_P, wenn den „outside bonds" $G + S$, wie oben angenommen, nicht negative Bewertungskomponenten entsprechen, die nach Verringerung — Erhöhung — des Volumens der staatlichen Schuldtitel ebenfalls in einer dieser Verringerung — Erhöhung — entsprechenden Höhe reduziert — vermehrt — werden.

Wird das Vermögen auch *unmittelbar* nicht beeinflußt, so treten jedoch als Folge der geldpolitischen Maßnahmen *mittelbare* Einflüsse auf, die eine Veränderung des Vermögens bewirken können:

(1) Die Offenmarktpolitik löst in der Regel Portfolio-Anpassungen bei Banken, Publikum und paramonetären Instituten aus, die ihrerseits Zinssatzveränderungen herbeiführen.

Die Zinssatzveränderungen werden zum einen, sofern nicht von Bewegungen im internen Zins kompensatorische Wirkungen ausgehen, den Preis p des Realkapitals und zum anderen über eine Beeinflussung der privaten Investitionstätigkeit auch das Angebot an Realkapital verändern. Dies verursacht Vermögensänderungen, wenn sich, wie es die Regel ist, p und R gleichgerichtet verhalten oder wenn in von der Regel abweichenden Situationen p und R nicht um den gleichen Betrag — mit entgegengesetzten Vorzeichen — variieren.

Die Zinssatzveränderungen können darüber hinaus noch einen Einfluß auf den Kapitalverkehr mit dem Ausland — auf die Nettoauslandsposition — und auf die staatliche Schuldenpolitik und damit auf die Komponenten MB^a und $(G + S)$ des Vermögens V_P haben. Solche Einflüsse sind allerdings bei den vorangegangenen Berechnungen im Modell ausgeschlossen worden und sollen auch im folgenden unberücksichtigt bleiben.

Wird von der Zentralbank z. B. eine expansiv orientierte Offenmarktpolitik mit allgemeinen Zinssenkungen und Konstanz oder Anstieg von

R durchgeführt, so verursacht dies eine Erhöhung von V_P, die noch verstärkt würde, wenn

(a) mit der Verringerung der „outside bonds" auch eine Auflösung entsprechender negativer Bewertungskomponenten verbunden wäre oder

(b) der durch die Zinssenkungen bewirkte Anstieg des „inside money" ebenfalls das Vermögen steigernde Wirkungen hätte.

Da, wie heute allgemein angenommen wird, V_P Determinante der gesamtwirtschaftlichen Nachfrage ist, ist die Bedeutung der Berurteilung einer Verbindung zwischen „outside bonds" und „outside money" einerseits und dem Vermögen V_P andererseits evident.

(2) In den vorangegangenen Erörterungen wurde zunächst von Veränderungen des Güterpreisniveaus abstrahiert. Die Größe V_P bezeichnete das *nominelle* Vermögen des Publikums.

Zwei in der ökonomischen Theorie besonders bekannte Vermögenseffekte, der Pigou-Effekt und der diesem ähnliche Real-Balance-Effekt von Patinkin[38], basieren auf der These, daß die *reale* Konsumgüternachfrage und damit die *reale* Ersparnis der privaten Wirtschaftssubjekte entscheidend von der Höhe des *realen* Vermögens determiniert werden.

Kommt es nun im Rahmen von Offenmarktoperationen über eine Veränderung der gesamtwirtschaftlichen Nachfrage zu Variationen im Güterpreisniveau P, so wird das *reale* Vermögen $\frac{V_P}{P}$ verändert, sofern sich nicht die oben beschriebene Veränderung im nominellen V_P und in P genau entsprechen.

Dies hat nach der obigen These einen Einfluß auf die *reale* Ersparnis und damit auch auf die Nachfrage nach Aktiva, so daß also u. U. Zinssatzvariationen ausgelöst werden, die ihrerseits wieder den beschriebenen Effekt auf das nominelle Vermögen haben können.

Hier wird deutlich, daß letztlich Ursache und Wirkung von Vermögensänderungen in einem interdependenten Zusammenhang zu sehen sind, der nur in einer Simultananalyse aller betroffenen Märkte erfaßt werden kann.

In der nachfolgenden Tabelle sind die Ergebnisse dieses Abschnitts in Hinsicht auf die eingangs vorangestellten Fragen noch einmal zusammengefaßt.

---

[38] Vgl. *H. G. Johnson,* Monetary Economics, S. 22.

Tabelle 18: Komponenten und Einflüsse des Vermögens

Komponenten des Vermögens	Ursachen für Änderungen des Vermögens	Vom Vermögen beeinflußte Größen
Sachkapital R Marktpreis des Sachkapitals p Outside Money Outside Bonds Evtl. Inside Money	Veränderungen der Zinssätze Veränderungen des Güterpreisniveaus	Nachfrage nach und Angebot an Aktiva und Passiva (Bestandsgrößen) Nachfrage nach Konsumgütern (Stromgrößen)

Der Einfluß des Vermögens auf Zinsentwicklung und Geldmenge

Das Vermögen setzt sich in dem hier zugrundeliegenden Modell nach der Beziehung: $V_P = MB^a + G + S + p \cdot R$ zusammen. V_P geht als Determinante in die Nachfrage- und Angebotsfunktionen des Publikums ein. Einflüsse von V_P auf die Güternachfrage und „Real Wealth"-Effekte wurden nicht berücksichtigt.

Unter diesen weiterhin gültigen Voraussetzungen soll auf der Grundlage des Modelltyps *A* geprüft werden, wie die Veränderung des Vermögen V_P die Zinsentwicklung und damit die Wirksamkeit der Geldpolitik beeinflußt. Die zunächst notwendigen Störeinflüsse mögen wieder von einer expansiven Offenmarktpolitik mit Geldmarktpapieren ausgehen.

Den Berechnungen, deren Ergebnisse die Tabelle 19 zeigt, wurden folgende Alternativen zugrundegelegt:

(1) Kein Einfluß der Vermögensänderung und

(2) voller Einfluß der endogenisierten Vermögensänderung auf die Nachfrage nach und das Angebot an Aktiva und Passiva.

Für beide Berechnungen ist der allgemeine Lösungsansatz (3.69) zur Offenmarktpolitik mit Geldmarktpapieren zu verwenden.

Ein Vergleich zeigt, daß die Zinssenkungen in dem Fall, in dem die Vermögensänderungen keinen Einfluß auf die Nachfrage im Rahmen der Portfolio-Selektion haben, wesentlich stärker sind als im Fall eines positiven Einflusses.

Das läßt den Schluß zu, daß die von den Offenmarktoperationen ausgelösten Zinsänderungen um so größer sind, je geringer die Nachfrage nach und das Angebot an Aktiva und Passiva auf Veränderungen des Vermögens reagieren. Das Ergebnis mag auf den ersten Blick überra-

Tabelle 19: Der Einfluß des Vermögens

	Δr_G	Δr_S	Δr_W	Δr_T	Δr_{LB}	Δr_{LI}	Δr_E	Δp	ΔY
Kein Einfluß d. Vermögensänderung	−0,58	−0,35	−0,23	−0,17	−0,17	−0,23	−1,04	+0,104	+0,520
Endogener Einfluß d. Vermögensänderung	−0,56	−0,31	−0,18	−0,15	−0,15	−0,18	−0,75	+0,075	+0,375

schen, und es weicht auch von dem ab, was manchmal ohne formalisierten Beweis in Veröffentlichungen zur Geldtheorie zu finden ist. Bei näherer Betrachtung der Vermögenseinflüsse wird jedoch deutlich, daß sich das Ergebnis zwangsläufig aus der Struktur des Modells ergibt.

(1) Die durch die Offenmarktoperationen zunächst verursachten Zinssenkungen bewirken einen Anstieg in der Nachfrage nach Bargeld und Sichtdepositen *relativ* zum Gesamtvolumen des Portefeuilles und damit zu V_P. Somit steigen also die Anteilsgrößen c_P und d_P. Der Anstieg von c_P und d_P wird noch durch den positiven Einfluß von Y verstärkt, während der negative Einfluß von x dem Anstieg zwar entgegenwirkt, ihn aber nicht kompensiert.

Dies, verbunden mit einer nachfolgenden Zunahme des Vermögens, erhöht auch die *absolute* Nachfrage nach Bargeld und Sichtdepositen auf Kosten der *absoluten* Nachfrage nach Wertpapieren und evtl. auch nach Realkapital.

Es ist unmittelbar einsichtig, daß dadurch die Zinssenkungstendenz aufgehalten wird, und das um so eher und stärker, je größer die Zunahme des Vermögens ist.

(2) Die Verringerung der Kreditzinsen sowie der Anstieg von Y und x erhöhen die *relative* Nachfrage nach Krediten und damit die Anteilsgrößen l_{PB} und l_{PI}. Dies wird durch den negativen Einfluß von r_E nicht kompensiert. Folglich nimmt mit steigendem Vermögen die absolute Nachfrage nach Krediten zu, was selbstverständlich einem Sinken der Kreditzinsen entgegenwirkt. *Relativ* zu den Zinsen auf Wertpapiere — z. B. Staatspapiere — höhere Kreditzinsen veranlassen Banken und paramonetäre Finanzinstitute zu einer Portfolio-Umschichtung von Wertpapieren zu Krediten, wodurch das Sinken der Zinsen für Wertpapiere ebenfalls gebremst wird.

Für die Beurteilung der Wirksamkeit der Offenmarktpolitik — ausgedrückt im Einfluß auf Y — eröffnen sich durch dieses Ergebnis interessante Perspektiven. Entsprechend der postkeynesianischen Hypothese über die Reaktion der Investitionsnachfrage, die auch diesem Modell zugrunde gelegt wurde, ist eine expansive Offenmarktpolitik um so wirksamer, je stärker der Zins auf Realkapital r_E sinkt und damit der Marktpreis p für Realkapital steigt. Demnach verliert also die expansive Offenmarktpolitik mit einer Zunahme des Vermögens an Wirksamkeit, wenn diese Zunahme einen Einfluß auf die Nachfrage nach monetären, finanziellen und realen Aktiva oder Passiva hat.

Andererseits aber besteht die *Möglichkeit,* daß die gesamtwirtschaftliche Geldmenge — Bargeld plus Sichtdepositen — und evtl. auch Termin- und Spardepositen — um so mehr ansteigt, je größer die Zunahme des Vermögens ist, nämlich *dann, wenn* der positive Einfluß der Vermögenszunahme den negativen Einfluß der oben beschriebenen Dämpfung der Zinssenkungstendenz auf die Geldnachfrage überkompensiert und diese zusätzliche Nachfrage, was im neuen Gleichgewicht ja der Fall ist, von der Angebotsseite her auch voll befriedigt wird.

Wird auf der Basis der Ergebnisse der obengenannten Alternativen — Tabelle 19 — die Nachfrage nach Bargeld, Sichtdepositen und Termin- und Spardepositen im neuen Gleichgewicht berechnet, so zeigt der Vergleich — Tabelle 20 —, daß dieser Fall im Modelltyp A tatsächlich gegeben ist.

Tabelle 20: Vermögenseinflüsse und Geldmengenänderung

	ΔC_P	ΔD_P	ΔD_I	Σ	ΔT_P	Σ
Kein Einfluß der Vermögens- änderung	+ 0,172	+ 1,500	+ 0,326	+ 1,998	+ 0,680	+ 2,678
Endogener Einfluß der Vermögens- änderung	+ 0,218	+ 1,502	+ 0,328	+ 2,048	+ 0,770	+ 2,818

Folgte man somit der These der Monetaristen, nach der Geldmenge und Volkseinkommen immer positiv korrelieren, so müßte die Wirksamkeit der Geldpolitik im vorliegenden Fall um so größer sein, je stärker der Anstieg des Vermögens ist. Das gilt sowohl für die engere Geldmengendefinition M_1, die nur Bargeld C_P und Sichtdepositen $(D_P + D_I)$ einschließt, als auch für die weitere Geldmengendefinition, die zusätzlich noch die Termin- und Spardepositen T_P enthält.

Die unterschiedlichen Thesen über die Reaktion der gesamtwirtschaftlichen Güternachfrage — auf den Märkten für Stromgrößen — auf Veränderungen in Variablen der Märkte der Bestandsgrößen führen also zu widersprüchlichen Berurteilungen des Vermögenseinflusses auf die Wirksamkeit der Geldpolitik.

Hier wird wiederum die Problematik der Wahl eines monetären Indikators deutlich: im hier zugrundeliegenden speziellen Fall zeigt die Zinsentwicklung — Indikator der Postkeynesianer — mit zunehmendem Vermögenseinfluß eine geringere Effizienz und die Geldmenge — Indikator der Monetaristen — eine größere Effizienz der Geldpolitik an.

Würde das Vermögen als Determinante der Güternachfrage im Modell berücksichtigt, so ergäben sich ceteris paribus von den obigen Berechnungen abweichende Veränderungen im Volkseinkommen Y und damit auch ein anderer Wirkungsgrad der Geldpolitik, sofern dieser an der Veränderung von Y gemessen wird[39].

Die oben gewonnenen Erkenntnisse sind jedoch unabhängig von der absoluten Veränderung — der Stärke der Veränderung — des Volkseinkommens Y, so daß hier auf Berechnungen in einem entsprechend erweiterten Modell verzichtet werden kann.

Vermögenseffekte bei alternativen Substitutionsverflechtungen: Postkeynesianer versus Monetaristen

In den vorangegangenen Abschnitten wurden jeweils im Rahmen des Modelltyps A eine Reihe unterschiedlicher Einflüsse auf die Zinsentwicklung und die Wirksamkeit der Geldpolitik untersucht. Die dabei gewonnenen Erkenntnisse hätten sich gleichermaßen auch aus den beiden

---

[39] Die Konsumgüternachfrage betrage z. B.

(a) $B = b \cdot Y + d \cdot V_p + e$ und die Investitionsgüternachfrage

(b) $I = p + f$.

Dann folgt:

(c) $$Y = \frac{1}{1-b} \cdot (p + d \cdot V_P + e + f)$$

Wird neben p auch V_P positiv von der expansiven Offenmarktpolitik beeinflußt, so erfährt Y über die zusätzliche Komponente $d \cdot V_P$ ceteris paribus eine größere Zunahme. Im Falle des „Real-Wealth"-Effektes ist Gleichung (c) wie folgt zu modifizieren:

(d) $$Y = \frac{1}{1-b} \cdot \left(p + d \cdot \frac{V_P}{P} + e + f\right)$$

Ob der Einfluß der Komponente $d \cdot V_P/P$ auf Y positiv, Null oder negativ ist, hängt offensichtlich davon ab, wie sich der Quotient V_P/P entwickelt.

Eine expansive Offenmarktpolitik kann mit einer Zunahme sowohl von V_P als auch von P verbunden sein, so daß hier eine eindeutige Aussage nicht möglich ist.

anderen Modelltypen — *B* und *C* —, die durch jeweils andere Grade der Substitutionsverflechtungen zwischen den Aktiva und Passiva charakterisiert sind, ableiten lassen.

Im folgenden soll nun ein Fall diskutiert werden, dessen Besonderheit wieder auf der Stärke der Substitutionsbeziehungen basiert[40].

Angenommen, der Staat verkaufe in Höhe von ΔS Papiere an das Publikum. Er verausgabe jedoch nur die Hälfte des Erlöses aus diesem Verkauf und lege den Rest — z. B. bei der Zentralbank — still. Somit sinkt also die korrigierte monetäre Basis MB^a um den Betrag $0{,}5 \cdot \Delta S$. Sind die Schuldtitel des Staates S ein Bestandteil des privaten Vermögens, was hier angenommen werden soll, so steigt folglich dieses Vermögen um $0{,}5 \cdot \Delta S$.

Der Staat wird die zusätzlichen Papiere bei den privaten Wirtschaftssubjekten jedoch nur dann unterbringen können, wenn er diese Papiere mit einer höheren Rendite ausstattet, er somit also eine Zinssteigerung zuläßt. Dies wird zu einem Rückgang in der Nachfrage nach solchen Aktiva führen, die als Substitute der Staatspapiere fungieren. Dadurch werden die Zinssätze dieser Aktiva — darunter u. U. auch des Realkapitals — ebenfalls angehoben. Die steigenden Zinsen auf finanzielle Aktiva werden zudem die Banken und die paramonetären Institute veranlassen, Portfolio-Umschichtungen auf Kosten des Kreditangebots vorzunehmen. Folglich steigen auch die Kreditzinsen. Infolge der Veränderung der monetären Basis und des Anstiegs der Zinsen der Aktiva und Passiva wird weiterhin die Geldmenge der Volkswirtschaft — gleichgültig, ob M_1 oder M_2 — vermindert werden.

Bis hierhin ist jedoch der Einfluß der Vermögensänderung noch nicht berücksichtigt worden.

Die mit den beschriebenen Transaktionen unmittelbar verbundene Steigerung übte einen positiven Einfluß auf die Nachfrage nach und das Angebot an Aktiva und Passiva aus.

Es läßt sich nun zeigen, daß die Entwicklungsrichtung des Zinses r_E auf Realkapital ganz wesentlich von der relativen Stärke der Zinseffekte einerseits und des Vermögenseffektes andererseits bestimmt wird. Zwei grundsätzliche Fälle sind denkbar:

(1) Das Realkapital ist ein mehr oder weniger enges Substitut zu den finanziellen Aktiva. Es besteht also eine signifikante Elastizität der Realkapitalnachfrage in bezug auf die Zinssätze dieser substitutionalen Aktiva (Modelltyp A oder B).

---

[40] Dieser Fall ist bei *D. Wrightsman*, S. 152 ff. beschrieben, jedoch nicht im Rahmen eines formalisierten Modells, das alle Interdependenzen zwischen den Märkten beachtet.

(2) Zwischen dem Realkapital und den finanziellen Aktiva bestehen keine oder nur sehr geringe Substitutionsverflechtungen. Die Elastizität der Realkapitalnachfrage in bezug auf die Zinssätze der finanziellen Aktiva ist also Null oder vernachlässigbar gering (Modelltyp C).

Im ersten Fall steht dem auf die Nachfrage nach Realkapital positiv wirkenden Vermögenseffekt der weiter oben beschriebene negativ wirkende Zinseffekt — Einfluß der Zinsen auf finanzielle Aktiva — entgegen.

In Abbildung 12 sind die Kurven der Nachfrage nach (E_N) und des Angebots an (E_A) Realkapital eingezeichnet. Die Nachfrage korreliert positiv mit dem Zins r_E, das Angebot ergibt sich nach der Beziehung:

$$E_A = p \cdot R \text{ mit } p = \frac{z}{r_E}.$$

Abbildung 12: Bestimmung des Zinses r_E auf Realkapital

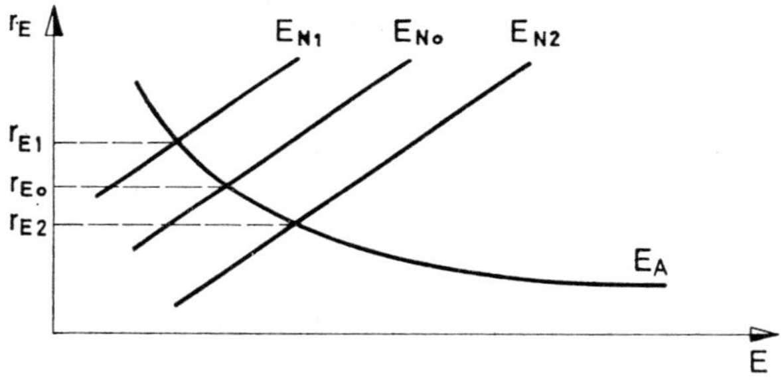

Der zuvor genannte Vermögenseffekt kommt in einer Rechtsverschiebung, der Zinseffekt in einer Linksverschiebung der Nachfragekurve zum Audruck. Je stärker die Substitutionsverflechtungen zwischen dem Realkapital und den finanziellen Aktiva sind, desto eher wird der Zinseffekt den Vermögenseffekt überkompensieren und damit die Kurve E_N nach links verschieben — z. B. nach E_{N1}.

Bei einem konstanten Kapitalstock R und einem konstanten internen Zinsfuß z bedeutet dies eine Erhöhung von r_E — z. B. nach r_{E1}.

Dient dagegen das Realkapital nicht oder nur in geringem Maße als Substitut für finanzielle Aktiva, so ist der Vermögenseffekt stärker als der Zinseffekt, die Nachfragekurve wird nach rechts verschoben, und der Zins r_E sinkt — z. B. auf r_{E2}. Nehmen der Kapitalstock R oder der interne Zinsfuß z ständig zu, so wird diese Zinssenkungstendenz allerdings gedämpft, wenn nicht sogar kompensiert, während im ersten Fall die Zinssteigerungstendenz noch verstärkt wird — denn die Angebotskurve E_A wird bei einem ständigen Anstieg von R oder z kontinuierlich nach rechts verschoben.

Tritt im zweiten Fall die Kompensation der Zinssenkung nicht ein, so ergibt sich als interessante Schlußfolgerung, daß trotz einer durch die Abnahme der korrigierten monetären Basis verursachten — und durch die Zinseffekte evtl. noch verstärkten — Verringerung der volkswirtschaftlichen Geldmenge — Bargeld plus Sichtdepositen — der für die Investitionsnachfrage relevante Zins r_E sinkt.

Nach der These der Monetaristen müßte die Verringerung der Geldmenge mit einem Rückgang, nach der These der Postkeynesianer die Verringerung des Zinses r_E mit einer Zunahme des Volkseinkommens Y verbunden sein.

Die zuvor verbal deduzierten Ergebnisse sind auch mathematisch durch entsprechende Berechnungen mit den Modelltypen A und B, die den ersten der oben unterschiedenen Fälle charakterisieren, und mit dem Modelltyp C, der Ausdruck des zweiten Falles ist, ermittelt worden.

Die Beziehung (3.92) zeigt den allgemeinen Lösungsansatz dieser Berechnungen, die Ergebnisse der Berechnungen sind in Tabelle 21 dargestellt.

Vergleichbare Ergebnisse, das dürfte jetzt ohne nähere Erläuterung klar sein, lassen sich erzielen, wenn die Zentralbank Offenmarktpolitik betreibt und wenn wegen des unterschiedlichen Beitrags der Offenmarktpapiere einerseits und der monetären Basis andererseits zum Vermögen des Publikums gleichzeitig V_P so verändert wird, daß Zins- und Vermögenseffekte entgegengerichtet sind und sich der oben beschriebene Gesamteffekt einstellt.

3. Dynamische Analyse

a) Die grundlegende Verhaltenshypothese zur dynamischen Anpassung

In der vorangegangenen komparativ-statischen Analyse konnte lediglich gezeigt werden, welche Werte die Variablen des Modells nach Störung eines bestimmten Ausgangsgleichgewichtes im neuen Gleichgewicht annehmen, wobei angenommen wurde, daß die mathematische Lösung tatsächlich auch das neue Gleichgewicht darstellte. Die durch die Störung verursachten Aktionen und Reaktionen der Wirtschaftssubjekte und die damit verbundenen Anpassungsprozesse in der Nachfrage und im Angebot wurden zwar schon verbal fiktiv entwickelt, konnten jedoch noch nicht formalisiert werden. Das soll nun im folgenden dynamischen Modell geschehen.

(3.92): Veränderungen in S und B — allgemeiner Lösungsansatz

$$J_1 \cdot \begin{bmatrix} dr_E \\ dr_S \\ dr_G \\ dr_{LB} \\ dr_{LI} \end{bmatrix} = \begin{bmatrix} dB - (dS + dB) \cdot [c_P + k_{fD} \cdot (d_P + d_I \cdot w_P) + k_{fT} \cdot t_P] \\ dS - (dS + dB) \cdot [s_P + (1 - k_D) \cdot s_{BD} \cdot (d_P + d_I \cdot w_P) + (1 - k_T) \cdot s_{BT} \cdot t_P + s_I \cdot w_P] \\ dG - (dS + dB) \cdot [(1 - k_D) \cdot g_D \cdot (d_P + d_I \cdot w_P) + (1 - k_T) \cdot g_T \cdot t_P] \\ 0 - (dS + dB) \cdot [(1 - k_D) \cdot l_{BD} \cdot (d_P + d_I \cdot w_P) + (1 - k_T) \cdot l_{BT} \cdot t_P - l_{PB}] \\ 0 - (dS + dB) \cdot [l_I \cdot w_P - l_{PI}] \end{bmatrix}$$

Tabelle 21: Zins- und Vermögenseffekte im Rahmen der Modelltypen A, B und C

		r_G	r_S	r_W	r_T	r_{LB}	r_{LI}	r_E	M_1	M_2
Fall 1	Modelltyp A $dS = +1;\ dB = -0{,}5$	+0,17	+0,22	+0,12	+0,10	+0,10	+0,12	+0,43	—1,122	—1,623
	Modelltyp B $dS = +1;\ dB = -0{,}5$	+0,17	+0,30	+0,19	+0,06	+0,06	+0,19	+0,48	—0,974	—0,961
Fall 2	Modelltyp C $dS = +1;\ dB = -0{,}5$	+0,17	+0,25	+0,21	+0,19	+0,19	+0,21	—0,13	—0,319	—0,095

$M_1 = C_P + D_P + D_I$; $M_2 = M_1 + T_P$

Die Grundstruktur des bisher verwendeten Modells wird beibehalten. Zur Beschreibung der Anpassungsprozesse ist es jedoch erforderlich, zusätzlich Verhaltensannahmen über die Reaktion der Wirtschaftssubjekte bei Abweichungen vom Gleichgewicht einzuführen.

An anderer Stelle wurde bereits ausführlich diskutiert, welche Verhaltensannahmen denkbar und möglich sind, so daß sich hier weitere ausführliche Erörterungen erübrigen[41].

Aus der Fülle der Möglichkeiten wird für das dynamische Modell generell folgende Verhaltenshypothese unterstellt: In einer Periode t verändern die Wirtschaftssubjekte ihre Nachfrage nach — oder ihr Angebot an — einem Aktivum oder Passivum um einen bestimmten Bruchteil a der Differenz zwischen der langfristig zu den in Periode t herrschenden Bedingungen gewünschten Nachfrage — oder dem gewünschten Angebot — und der tatsächlich realisierten Nachfrage — dem tatsächlich realisierten Angebot — der Vorperiode.

(3.93) $$\Delta A'_t = a \cdot (A_t - A'_{t-1})$$

mit A' als tatsächlich realisiertem Wert und A als langfristig gewünschtem Wert.

Dies heißt also, daß die in einer Periode t tatsächlich realisierte Nachfrage, was weiter oben als kurzfristige Nachfrage bezeichnet wurde, in Form einer geometrischen Lag-Struktur von der gewünschten Nachfrage — der langfristigen Nachfrage — in der Periode t und allen Vorperioden abhängt[42].

(3.94) $$A'_t = \sum_{m=t-n}^{t} a \cdot (1-a)^{t-m} \cdot A_m \; .$$

Dies gilt entsprechend auch für das Angebot an Aktiva und Passiva.

Wird berücksichtigt, daß die Größe A_m in jeder Periode ($m = t - n$ bis t) von den in dieser Periode herrschenden Bedingungen abhängt, d. h. im vorliegenden Modell von den Zinssätzen, dem Vermögen, dem Volkseinkommen Y und der erwarteten Preissteigerungsrate, so wird deutlich, daß in Gleichung (3.94) eine spezielle Ausprägung der weiter oben erläuterten allgemeinen Lag-Struktur implizit enthalten ist[43].

Da aber im vorliegenden interdependenten Modell der Bestand eines Aktivums oder Passivums ceteris paribus nur zu Lasten oder zugun-

---

[41] Vgl. S. 156 ff. in dieser Arbeit.

[42] $$\begin{aligned} \Delta A'_t &= a \cdot A_t - a \cdot A'_{t-1} \\ A'_t &= A'_{t-1} + \Delta A'_t = a \cdot A_t + (1-a) \cdot A'_{t-1} = \\ &= a \cdot A_t + (1-a) \cdot A_{t-1} + a \cdot (1-a)^2 \cdot A_{t-2} + \\ &+ a\,(1-a)^3 \cdot A_{t-3} + \ldots + a \cdot (1-a)^n \cdot A_{t-n} \; . \end{aligned}$$

[43] Vgl. Gleichung (3.2) auf Seite 156.

sten des Bestandes eines oder mehrerer anderer Aktiva oder Passiva verändert werden kann, ist die genannte generelle Verhaltenshypothese so zu erweitern, daß auch im Laufe des Anpassungsprozesses die aus der Bilanz vorgegebenen Restriktionen nicht verletzt werden. Dies erfordert, daß einer nach der obigen Verhaltenshypothese erfolgenden Veränderung im Bestand eines Aktivums oder Passivums immer eine Bestandsveränderung anderer Aktiva oder Passiva entsprechen muß, daß also zwangsläufig die Veränderung $\Delta A'_{ti}$ eines Aktivums oder Passivums i in der Regel nicht nur von der auf dieses Aktivum oder Passivum bezogenen Differenz $A_t - A'_{t-1}$, sondern auch von der Veränderung $\Delta A'_{tj}$ anderer Aktiva oder Passiva j abhängt. Da die letztgenannten Veränderungen ebenfalls aufgrund der generellen Verhaltenshypothese erfolgen, läßt sich diese für die von den Wirtschaftssubjekten in der Periode t vorgenommene Bestandsveränderung eines Aktivums oder Passivums i wie folgt erweitern:

$$\Delta A'_{ti} = \sum_{k} a_{i,k} \cdot (A_{t,k} - A'_{t-1,k}) \tag{3.95}$$

mit k als Index aller Aktiva und Passiva einschließlich i.

Selbstverständlich können einige der Anpassungskoeffizienten $a_{i,k}$ den Wert Null haben. Die Werte $a_{i,k}$ müssen im Modell jedoch so aufeinander abgestimmt sein, daß die Bilanzrestriktionen eingehalten werden. Bei der Konkretisierung des dynamischen Modells wird dieser Sachverhalt noch deutlich gemacht.

Die Verhaltenshypothese über die verzögerten Anpassungen der privaten Wirtschaftssubjekte an Datenänderungen ist so formuliert, daß diese Anpassungen nicht kontinuierlich in der Zeit, sondern in kleinen diskreten Schritten erfolgen.

Dies macht es erforderlich, die Länge der Perioden, in denen sich jeweils ein Schritt in der Anpassung vollzieht, näher zu umreißen. Eine Periode der Anpassung ist dadurch charakterisiert, daß in ihr Reaktionen auf Datenänderungen erfolgen, deren Ursache in exogenen Störungen oder in Anpassungsvorgängen der Vorperiode zu sehen sind. Am Ende einer solchen Periode stellt sich ein Zustand ein, den man als ein temporäres Gleichgewicht bezeichnen könnte, d. h. ein Zustand, in dem sich Angebot und Nachfrage entsprechend der angenommenen Verhaltenshypothese voll an die in *dieser* Periode herrschenden Bedingungen angepaßt haben. Dieser Zustand ist allerdings tatsächlich eine modelltheoretische Fiktion, da ja in dem Moment, in dem das sogenannte temporäre Gleichgewicht erreicht ist, eine neue Periode mit erneuten Anpassungsvorgängen beginnt. Hinter der diskreten Betrachtung, das wird hier deutlich, verbirgt sich also doch ein kontinuierlich ablaufender Anpassungsprozeß.

Die Fiktion einer periodischen Anpassung bietet sich jedoch vor allem in Hinsicht auf eine empirische Überprüfbarkeit des Modells an, da nämlich die erforderlichen Daten lediglich für bestimmte diskrete Zeitabschnitte vorhanden sind. Hiernach richtet sich dann auch die Länge der gewählten Anpassungsperioden. Je nachdem, welches Datenmaterial verfügbar ist, muß diese mit einem Tag, einer Woche, einem Monat oder einem noch längeren Zeitabschnitt angesetzt werden. Die Unterschiede in der zugrunde gelegten Länge der Anpassungsperioden müssen in der Größe der Anpassungskoeffizienten zum Ausdruck gebracht werden; je länger der gewählte Zeitabschnitt ist, desto größer müssen die Anpassungskoeffizienten sein.

Den im folgenden zugrunde gelegten Werten der Anpassungskoeffizienten entspricht somit eine ganz bestimmte Periodenlänge.

Eine exakte Festlegung der Periodenlänge ist jedoch nicht erforderlich, da das Modell hier nur einen theoretisch explikativen, nicht aber einen politisch prognostischen Zweck erfüllen soll.

b) Konkretisierung des dynamischen Modells

Die Nachfrage nach und das Angebot an Aktiva und Passiva, die aufgrund bestimmter in einer Periode herrschender Determinantenwerte „langfristig" gewünscht werden, sind auch hier durch die schon in der komparativ-statischen Analyse zugrunde gelegten Nachfrage- und Angebotsfunktionen bestimmt. In der Tabelle 22 sind die konkreten Koeffizientenwerte dieser Nachfrage- und Angebotsfunktionen dargestellt.

Aus rechentechnischen Gründen wurde das dynamische Modell gegenüber dem in der komparativ-statischen Analyse verwendeten Modell wie folgt vereinfacht:

(1) Die Nachfrage des Publikums nach Bargeld und nach Termin- und Spardepositen ist gleich Null. Die volkswirtschaftliche Geldmenge besteht folglich nur aus Sichtdepositen. Diese Annahme ist zwar mit der Realität nicht vereinbar, schmälert aber den Aussagegehalt des Modells nur unwesentlich.

(2) Die paramonetären Institute halten keine Reserven in Form von Sichtdepositen bei den Geschäftsbanken, sondern betrachten die Staatspapiere S als ausreichende Liquiditätsdeckung für ihre Verbindlichkeiten. Tatsächlich läßt sich beobachten, daß wegen der schnellen Liquidisierbarkeit der Staatspapiere der Anteil der Sichtdepositen am gesamten Bilanzvolumen der paramonetären Institute

relativ gering ist, so daß die Annahme noch als annähernd realitätsnah bezeichnet werden kann.

(3) Die gesetzlichen Mindestreserven der Geschäftsbanken werden nicht gesondert ausgewiesen, sondern sind in der Position „freie Reserven" enthalten.

(4) Der Einfluß von — endogenisierten — Vermögensänderungen auf die Nachfrage nach und das Angebot an Aktiva und Passiva bleibt unberücksichtigt. Was eine Aufhebung dieser Annahme für die Zinsentwicklung und die Wirksamkeit der Geldpolitik bedeutet, wurde bereits ausführlich diskutiert. Basierend auf den Ergebnissen dieser Diskussion läßt sich die Feststellung treffen, daß der Wert des Modells für die Untersuchungsziele durch die hier vorgenommene Vereinfachung nicht verringert wird.

Tabelle 22: Die Koeffizientenwerte im dynamischen Modell

1. Portefeuille des Publikums:

	Konst.	r_S	r_W	r_{LB}	r_{LI}	r_E	Y	x	Anteile in t_0
D_P	0,24	—0,08	0,06	0,00	0,00	0,00	0,08	—0,020	d_P = 0,24
S_P	0,06	0,34	—0,22	0,00	0,00	—0,05	0,00	0,000	s_P = 0,16
W_P	0,20	—0,22	0,32	0,00	0,00	—0,05	0,00	0,000	w_P = 0,20
$—L_{PB}$	0,00	0,00	0,00	0,23	0,00	—0,14	—0,05	—0,012	l_{PB} = —0,12
$—L_{PI}$	0,00	0,00	0,00	0,00	0,20	—0,11	—0,05	—0,020	l_{PI} = —0,10
E_P	0,50	—0,04	—0,04	—0,23	—0,20	0,35	0,02	0,052	e_P = 0,62

2. Portefeuille des Geschäftsbankensektors:

	Konst.	r_G	r_S	r_{LB}	q	Anteile in t_0
FR	0,10	—0,06	—0,06	0,00	0,10	f_D = —0,10
G	0,20	0,20	—0,06	—0,05	—0,05	g_D = 0,30
S_B	0,30	—0,08	0,24	—0,10	0,00	s_{BD} = 0,30
L_B	0,40	—0,06	—0,12	0,15	—0,05	l_{BD} = 0,50

3. Portefeuille des Sektors der paramonetären Finanzinstitute:

	Konst.	r_S	r_{LI}	Anteile in t_0
S_I	0,60	0,30	—0,20	s_I = 0,50
L_I	0,40	—0,30	0,20	l_I = 0,50

Tabelle 23: Die Vermögensbilanzen zum Zeitpunkt t_0 im dynamischen Modell

Publikum

D_P	12,00	V_P	50,00
S_P	8,00	L_{PB}	6,00
W_P	10,00	L_{PI}	5,00
E_P	31,00		

Geschäftsbanken

MR	0,00	D	12,00
G	3,60	FR	1,20
S_B	3,60		
L_B	6,00		

Paramonetäre Finanzinstitute

S_I	5,00	W	10,00
L_I	5,00		

Unter Berücksichtigung der genannten Vereinfachungen werden in Tabelle 23 die Vermögensbilanzen der drei privaten Sektoren im Ausgangsgleichgewicht — vor dem Einsetzen einer geldpolitischen Maßnahme — dargestellt.

Für das Publikum, die Geschäftsbanken und die paramonetären Finanzinstitute wurden jeweils alternativ einmal relativ hohe und zum anderen relativ geringe Anpassungskoeffizienten gewählt.

Die Aufstellung der Anpassungskoeffizienten in Tabelle 24 macht deutlich, welche Bedingungen wegen der Bilanzrestriktionen einzuhalten sind:

(1) Die Summe aller Bestandsveränderungen in der Bilanz *eines* Sektors, die aufgrund *einer* Differenz zwischen dem gewünschten Bestand der gegenwärtigen und dem tatsächlichen Bestand der Vorperiode erfolgen, kann immer nur gleich Null sein. Die Werte der Anpassungskoeffizienten, die einer bestimmten Bestandsdifferenz zugeordnet sind, müssen sich somit zu Null ergänzen.

(2) Die Summe aller Bestandsveränderungen in der Bilanz *eines* Sektors, die aufgrund einer Veränderung des Bilanzvolumens — beim Publikum durch Vermögensänderungen, bei den Geschäftsbanken durch Veränderungen im Depositenvolumen und bei den paramonetären Instituten durch einen veränderten Bestand an Schuldtiteln dieser Institute — erfolgen, kann immer nur gleich eins sein. Entsprechend müssen sich auch die zugeordneten Werte der Anpassungskoeffizienten zu eins ergänzen.

(3) Wegen der schon in den Koeffizientenwerten der Nachfrage- und Angebotsfunktionen — Tabelle 22 — berücksichtigten Bilanzrestriktionen — für das Publikum durch die Höhe von V_P, für die Geschäftsbanken durch D_P und die paramonetären Institute durch W_P — sind die Werte der Anpassungskoeffizienten in bezug auf *eine* beliebige der in den Spalten der Tabelle 24 erfaßten Differenz-

Tabelle 24: Die Anpassungskoeffizienten im dynamischen Modell

1. Portefeuille des Publikums:

	$D_{Pt} - D'_{Pt-1}$		$S_{Pt} - S'_{Pt-1}$		$W_{Pt} - W'_{Pt-1}$		$L_{PBt} - L'_{PBt-1}$		$L_{PIt} - L'_{PIt-1}$		ΔV_{Pt}		$E_{Pt} - E'_{Pt-1}$	
	I	II	I	II	I	II	I	II	I	II	I	II	I	II
$\Delta D'_{Pt}$	0,8	0,2	—0,5	—0,1	—0,5	—0,1	0,3	0,1	0,3	0,1	0,0	0,0	0,8	0,2
$\Delta S'_{Pt}$	—0,5	—0,1	0,8	0,2	—0,3	—0,1	0,0	0,0	0,0	0,0	0,0	0,0	0,0	0,0
$\Delta W'_{Pt}$	—0,3	—0,1	—0,3	—0,1	0,8	0,2	0,0	0,0	0,0	0,0	0,0	0,0	—0,2	0,0
$-\Delta L'_{PBt}$	0,0	0,0	0,0	0,0	0,0	0,0	—0,8	—0,2	0,0	0,0	0,0	0,0	—0,8	—0,2
$-\Delta L'_{PIt}$	0,0	0,0	0,0	0,0	0,0	0,0	0,0	0,0	—0,8	—0,2	0,0	0,0	—0,8	—0,2
$\Delta E'_{P}$	0,0	0,0	0,0	0,0	0,0	0,0	0,5	0,1	0,5	0,1	1,0	1,0	1,0	0,2
Σ	0,0	0,0	0,0	0,0	0,0	0,0	0,0	0,0	0,0	0,0	1,0	1,0	0,0	0,0

2. Portefeuille des Geschäftsbankensektors:

	$FR_t - FR'_{t-1}$		$G_t - G'_{t-1}$		$S_{Bt} - S'_{Bt-1}$		ΔD_{Pt}		$L_{Bt} - L'_{Bt-1}$	
	I	II	I	II	I	II	I	II	I	II
$\Delta FR'_t$	0,8	0,2	—0,6	—0,1	—0,6	—0,1	1,0	1,0	0,4	0,0
$\Delta G'_t$	0,0	0,0	0,8	0,2	0,0	0,0	0,0	0,0	—0,8	—0,2
$\Delta S'_{Bt}$	—0,8	—0,2	0,0	0,0	0,8	0,2	0,0	0,0	0,0	0,0
$\Delta L'_{Bt}$	0,0	0,0	—0,2	—0,1	—0,2	—0,1	0,0	0,0	0,4	0,2
Σ	0,0	0,0	0,0	0,0	0,0	0,0	1,0	1,0	0,0	0,0

3. Portefeuille des Sektors der paramonetären Finanzinstitute:

	$S_{It} - S'_{It-1}$		ΔW_{Pt}		$L_{It} - L'_{It-1}$	
	I	II			I	II
$\Delta S'_{It}$	0,8	0,2	0,5	0,5	—0,8	—0,2
$\Delta L'_{It}$	—0,8	—0,2	0,5	0,5	0,8	0,2
Σ	0,0	0,0	1,0	1,0	0,0	0,0

größen (z. B. $D_{P,t} - D'_{P,t-1}$) von den übrigen Werten der Anpassungskoeffizienten linear abhängig, so daß diese also, sind erst einmal die Anpassungskoeffizienten in allen Spalten *außer einer* festgelegt, nicht mehr willkürlich bestimmt werden können[44].

Falls nach einer Störung eines Gleichgewichtszustandes im Verlaufe des Anpassungsprozesses überhaupt wieder ein neues Gleichgewicht erreicht wird, so ist dieses durch die schon aus der komparativ-statischen Analyse bekannten Gleichgewichtsbedingungen auf den im Modell unterschiedenen Märkten charakterisiert. Während des Anpassungsprozesses selbst brauchen diese Bedingungen, in die die *„langfristig" gewünschte* Nachfrage, das *„langfristig" gewünschte* Angebot und die exogen vorgegebenen Größen eingehen, selbstverständlich nicht erfüllt zu sein; denn es handelt sich bei der dynamischen Analyse ja um die Beschreibung der Situationen *zwischen* zwei Gleichgewichtslagen — bzw. der Beschreibung der Situationen bei *Abweichung* von einem Gleichgewicht — und somit um eine Analyse des Ungleichgewichts.

Der Bestand einiger Aktiva und Passiva kann jedoch auch im Ungleichgewicht nur ganz bestimmte Größenwerte annehmen, die sich zum einen aus den vorgegebenen Werten der exogenen Größen und zum anderen aus einer bestimmten Höhe von endogenem Angebot und endogener Nachfrage ergeben:

(1) Die *tatsächlichen* freien Reserven *FR* der Geschäftsbanken müssen *immer* der exogen vorgegebenen korrigierten monetären Basis MB^a entsprechen.

(2) Die Summe des *tatsächlichen* Bestandes an Staatspapieren in den Bilanzen der drei privaten Bereiche darf weder geringer noch größer

---

[44] Dies läßt sich sehr leicht am Beispiel der paramonetären Institute zeigen.
Die Koeffizientenwerte der Nachfragefunktionen sind so gewählt, daß immer gilt:
(a) $S_{It} + L_{It} = W_{Pt}$;
(b) $S'_{It-1} + L'_{It-1} = W_{Pt-1}$.
Bei unverändertem W_P *folgt:*
(c) $S_{It} - S'_{It-1} = -L_{It} + L'_{It-1}$.
Es zeigt sich also, daß die Differenz $L_{It} - L'_{It-1}$ auf die in der Tabelle schon erfaßte Differenz $S_{It} - S'_{It-1}$ zurückgeführt werden kann.
Entsprechend folgen die Werte der Anpassungskoeffizienten, die der Differenz $L_{It} - L'_{It-1}$ zuzuordnen wären, zwangsläufig aus den bereits festgelegten Werten der übrigen Anpassungskoeffizienten. Die abhängigen Anpassungskoeffizienten gehen, da sie in den übrigen Koeffizienten schon enthalten sind, selbstverständlich nicht noch zusätzlich in die späteren Berechnungen ein.
Der Einfluß einer Veränderung von W_P ist in der Tabelle in einer gesonderten Spalte erfaßt worden.

sein als der Betrag der Staatspapiere, der sich auf dem Markt befindet.

(3) Der *tatsächliche* Bestand an Geldmarktpapieren bei den Banken ist festgelegt durch den von der Zentralbank auf den Markt gebrachten Betrag.

(4) Der von den Banken *tatsächlich* vergebene Kreditbetrag muß *immer* dem bei den Kreditnehmern — dem Publikum — ausgewiesenen Betrag entsprechen.

(5) Für die Kreditvergabe der paramonetären Institute gilt die vierte Bedingung gleichermaßen.

Diese Bedingungen ähneln stark den oben genannten „langfristigen" Gleichgewichtsbedingungen, unterscheiden sich jedoch von diesen dadurch, daß an die Stelle von „langfristig" gewünschter Nachfrage und gewünschtem Angebot die „kurzfristige" tatsächliche Nachfrage oder das „kurzfristige" tatsächliche Angebot treten.

Bezogen auf die in einer Anpassungsperiode stattfindende *tatsächliche* Änderung im Bestand der Aktiva und Passiva lassen sich die Bedingungen für die Periode *t*, in denen keine Änderung in den exogenen Größen erfolgt, so formulieren:

(3.96) $$\Delta FR_t = 0$$

(3.97) $$\Delta S_{Pt} + \Delta S_{B,t} + \Delta S_{I,t} = 0$$

(3.98) $$\Delta G_t = 0$$

(3.99) $$\Delta L_{B,t} - \Delta L_{PB,t} = 0$$

(3.100) $$\Delta L_{I,t} - \Delta L_{PI,t} = 0$$

Für die Perioden, in denen exogen vorgegebene Größen verändert werden, sind diese Bedingungen entsprechend zu modifizieren. Betreibt die Zentralbank z. B. eine expansiv orientierte Offenmarktpolitik mit Geldmarktpapieren, so erscheint in der Bedingung (3.96) anstelle der Null ein positiver Betrag — Erhöhung der korrigierten monetären Basis — und in der Bedingung (3.98) ein äquivalenter negativer Betrag — Verringerung des Bestandes an Geldmarktpapieren.

Basierend auf der hier vorgegebenen konkreten Struktur des dynamischen Modells sind mit Hilfe eines Computerprogramms verschiedene Berechnungen durchgeführt worden[45].

---

[45] Der Verfasser ist Herrn Dipl.-Physiker Müller für die Hilfe bei der Formulierung des Programms zu Dank verpflichtet.

Die Auswertung dieser Berechnungen konzentriert sich nur auf solche Fragen, die im Rahmen des komparativ-statischen Modells nicht beantwortet werden konnten:

(1) Welchen Einfluß hat die Höhe der Anpassungskoeffizienten *auf den Märkten für monetäre, finanzielle und reale Aktiva* und *Passiva* — den Märkten für Bestandsgrößen — auf die Wirkungsverzögerung der Geldpolitik?

(2) Welche Wechselwirkung besteht zwischen der Höhe der Anpassungskoeffizienten auf den *Märkten für Bestandsgrößen* einerseits und auf den *Märkten für Stromgrößen* andererseits?

Auf diese Fragen soll im folgenden näher eingegangen werden.

c) Der Einfluß der Anpassungskoeffizienten auf den „Lag" in der Wirksamkeit der Geldpolitik

α) Charakterisierung des „Lags"

Die Wirksamkeit der Geldpolitik wurde zuvor und wird auch hier gemessen an der Veränderung des Volkseinkommens Y. Infolge der oben beschriebenen Anpassungsprozesse wird ein monetärer Impuls nicht unmittelbar voll auf Y übertragen, sondern erst allmählich während eines längeren Zeitraums.

Im Zusammenhang mit dieser Wirkungsverzögerung spricht man im allgemeinen von „dem Lag" in der Wirksamkeit der Geldpolitik. Nach dem, was oben über die Anpassungsvorgänge gesagt wurde, gibt es jedoch nicht „den Lag", sondern streng genommen einen *zeitlich verteilten* Lag, der in der amerikanischen Literatur mit „distributed lag" bezeichnet wird[46].

Wollte man die Wirkungsverzögerung der Geldpolitik durch „einen" Lag, d. h. durch einen konkreten Zeitraum beschreiben, so müßte man demnach auf eine Hilfsgröße zurückgreifen, die irgendwie aus der zeitlich verteilten Wirkung gewonnen wird. Hier böten sich z. B. an

(1) die Zeitspanne, in der mindestens ein bestimmter Teil der letztlich vollen Veränderung von Y eingetreten ist[47] oder

(2) der gewogene Durchschnitt[48] der Zeitspanne zwischen einer geldpolitischen Maßnahme und der daraus resultierenden zeitlich verteilten Änderung in Y.

---

[46] Vgl. dazu *M. Friedman*, Der Lag in der Wirksamkeit der Geldpolitik. In: Die optimale Geldmenge und andere Essays. Hrsg. von *M. Friedman*.

[47] Vgl. *D. Wrightsman*, S. 227.

Im folgenden wird „der" Wirkungslag der Geldpolitik jeweils auf der Grundlage der ersten der beiden genannten Möglichkeiten ermittelt, und zwar wird u. a. jeweils die Zahl der Perioden bestimmt, in der mindestens 25 % und 50 % und in einigen Fällen auch 75 % der letztlichen Veränderung von Y, die sich ja aus dem neuen Gleichgewicht nach *n* Perioden ergibt, realisiert sind.

β) Die Wechselwirkung zwischen den Anpassungskoeffizienten auf den Märkten der monetären finanziellen und realen Aktiva und Passiva

Das hier zugrunde gelegte dynamische Modell wurde so konkretisiert, daß bei einer Störung eines bestimmten Ausgangsgleichgewichts alle im Modell relevanten Variablen in einer nahezu stetigen Entwicklung gegen ihre Werte im Endgleichgewicht konvergieren[49].

Die Werte der Anpassungskoeffizienten bestimmen lediglich die Geschwindigkeit, mit der diese Entwicklung erfolgt.

Dies macht es ohne weiteres möglich, die Wirkung unterschiedlicher Konstellationen von Anpassungskoeffizienten auf *den* Wirkungslag der Geldpolitik zu vergleichen.

Für einen solchen Vergleich werden einige der in Tabelle 24 angegebenen konkreten Koeffizientenwerte der einzelnen Sektoren wie folgt kombiniert.

Tabelle 25: Kombinationen von Anpassungskoeffizienten

	Anpassungsvektor I			Anpassungsvektor II		
	Publikum	Banken	Par. Inst.	Publikum	Banken	Par. Inst.
Typ (1)	×	×	×			
Typ (2)				×	×	×
Typ (3)		×		×		×
Typ (4)	×				×	×
Typ (5)			×	×	×	

---

[48] Vgl. *M. Friedman*, Der Lag, S. 251.
Angenommen, der Einfluß auf Y sei über drei Perioden verteilt, und zwar in der ersten mit $\Delta Y = 20$, in der zweiten mit $\Delta Y = 40$ und in der dritten mit $\Delta Y = 40$, dann ergibt sich ein gewogener Zeitdurchschnitt von $ZD = \frac{1 \cdot 20 + 2 \cdot 40 + 3 \cdot 40}{100} = 2{,}2$ Perioden.

[49] Die Konkretisierung erfolgte mit Hilfe der „trial and error" Methode.

Da es in diesem Abschnitt zunächst darum geht, den Einfluß der Anpassungsverzögerungen im Angebot und in der Nachfrage auf den Märkten für monetäre, finanzielle und reale Aktiva und Passiva zu zeigen, wird angenommen, daß die Nachfrage auf den Gütermärkten — auf den Märkten für Stromgrößen — unmittelbar auf Datenänderungen reagiert.

Das ursprüngliche Gleichgewicht werde durch Offenmarktkäufe der Zentralbank zu einem bestimmten Zeitpunkt — in den nachfolgenden Berechnungen zu Ende der Periode Null oder zu Beginn der Periode 1 — gestört, und zwar verringere sich der Bestand an Geldmarktpapieren bei den Banken um eine Einheit, während gleichzeitig zwangsläufig die korrigierte monetäre Basis um eine Einheit zunehme.

In der Tabelle 26 ist für mehrere Perioden die durch die Störung ausgelöste zeitliche Entwicklung der im Modell relevanten Größen jeweils für die zuvor charakterisierten Modelltypen (1) bis (5) dargestellt. Dabei sind die Perioden hervorgehoben worden, in denen mindestens 25 % und 50 % — beim Typ (1) und (3) auch noch 75 % — der letztlichen Änderung in der Zielgröße Y realisiert sind. Die Zeitspanne vom Zeitpunkt der Störung bis zu diesen Perioden kann dann zur Bestimmung „des“ Lags in der Wirksamkeit der Geldpolitik dienen. Wie zu erwarten war, ist der Wirkungslag im Modelltyp (1), in dem für *alle* Sektoren hohe Anpassungsvektoren (von 0,8) angenommen wurden, wesentlich kürzer als im Modelltyp (2) mit allgemein geringen Anpassungsvektoren (von 0,2). Bereits in der zweiten Periode sind 25 % der letztlichen Änderung von Y realisiert, während dazu im Modelltyp (2) mehr als 6 Perioden benötigt werden. Die Zeitspanne, in der 50 % der Änderung von Y erreicht sind, ist im Modelltyp (2) mit 17 Perioden ebenfalls erheblich größer als im Modelltyp (1) mit nur 6 Perioden.

Auf den ersten Blick überraschend ist dagegen das Ergebnis im Rahmen des Modelltyps (3), in dem lediglich für den Bankensektor ein hoher Anpassungsvektor (von 0,8), für die beiden anderen Sektoren jedoch geringe Anpassungsvektoren (von 0,2) angenommen worden sind. Bereits in der ersten Periode werden hier mehr als 30 %, schon in der fünften Periode mehr als 50 % der letztlichen Veränderung von Y realisiert. Dies aber bedeutet einen erheblich geringeren Wirkungslag der Geldpolitik als im Modelltyp (1).

Für dieses unerwartete Ergebnis gibt es allerdings eine plausible und leichte Erklärung. Die Offenmarktoperation der Zentralbank stört zunächst das Portfolio-Gleichgewicht im Bankenbereich, und zwar wird der Bestand an Geldmarktpapieren verringert und der Bestand an freien Reserven entsprechend erhöht. Wie es in den hohen Anpassungskoeffizienten zum Ausdruck kommt, versuchen die Banken, *relativ*

Tabelle 26: Entwicklung der Zinssätze und der Zielgröße Y bei unterschiedlichen Anpassungsvektoren

	Periode	r_G	r_S	r_W	r_T	r_{LB}	r_{LI}	r_E	Y	ΔY_n % von
Typ (1)	0	5,00	5,00	5,00	5,00	8,00	8,00	10,00	10,00	
	1	4,54	4,91	4,92	4,92	7,92	7,92	9,82	10,09	
	2	4,43	4,85	4,85	4,82	7,82	7,85	9,61	10,20	25
	3	4,38	4,81	4,81	4,74	7,74	7,81	9,47	10,26	
	4	4,34	4,78	4,77	4,68	7,68	7,77	9,35	10,32	
	5	4,31	4,76	4,74	4,63	7,63	7,74	9,26	10,37	
	6	4,29	4,74	4,71	4,58	7,58	7,71	9,17	10,41	53
	7	4,27	4,72	4,69	4,54	7,54	7,69	9,09	10,45	
	8	4,24	4,71	4,67	4,50	7,50	7,67	9,02	10,49	
	9	4,23	4,69	4,65	4,47	7,47	7,65	8,95	10,51	
	10	4,21	4,68	4,63	4,43	7,43	7,63	8,89	10,55	
	11	4,20	4,66	4,61	4,40	7,40	7,61	8,83	10,59	75
	:									
	n	3,88	4,35	4,44	4,16	7,16	7,44	8,43	10,78	100
Typ (2)	1	4,55	4,92	4,94	4,95	7,95	7,94	9,87	10,06	
	2	4,52	4,91	4,92	4,92	7,92	7,92	9,82	10,09	
	3	4,50	4,89	4,91	4,90	7,90	7,91	9,77	10,11	
	4	4,48	4,88	4,89	4,87	7,87	7,89	9,72	10,14	
	5	4,46	4,87	4,88	4,85	7,85	7,88	9,67	10,16	
	6	4,44	4,85	4,86	4,82	7,82	7,86	9,63	10,18	
	7	4,42	4,84	4,85	4,80	7,80	7,85	9,58	10,21	27
	:									
	17	4,30	4,76	4,74	4,60	7,60	7,74	9,22	10,39	50
Typ (3)	1	4,46	4,77	4,80	4,78	7,78	7,80	9,51	10,24	31
	2	4,41	4,77	4,79	4,72	7,72	7,79	9,42	10,29	
	3	4,37	4,77	4,77	4,67	7,67	7,77	9,34	10,33	
	4	4,34	4,76	4,75	4,63	7,63	7,75	9,27	10,36	
	5	4,31	4,75	4,73	4,59	7,59	7,73	9,20	10,40	52
	:									
	13	4,20	4,67	4,62	4,38	7,38	7,62	8,81	10,60	76
Typ (4)	1	4,57	4,98	4,99	4,99	7,99	7,99	9,97	10,01	
	:									
	7	4,43	4,86	4,86	4,83	7,83	7,86	9,64	10,18	
	8	4,42	4,84	4,85	4,80	7,80	7,85	9,59	10,20	26
	:									
	16	4,30	4,76	4,73	4,61	7,61	7,73	9,22	10,39	50
Typ (5)	1	4,55	4,93	4,93	4,94	7,94	7,93	9,84	10,08	
	:									
	8	4,42	4,84	4,85	4,80	7,80	7,85	9,58	10,21	27
	:									
	17	4,30	4,76	4,74	4,60	7,60	7,74	9,21	10,39	50

schnell wieder ein neues Gleichgewicht zu erreichen, indem sie den jetzt unfreiwillig hohen Bestand an freien Reserven zugunsten der Aktiva „Staatspapiere“ und „Kredite“ abzubauen wünschen. Da das Publikum und die paramonetären Institute nur sehr langsam und nur geringfügig auf Zinssatzänderungen reagieren, bedarf es recht erheblicher Zinssenkungen, ehe die höhere Nachfrage der Banken nach Staatspapieren durch ein adäquates Angebot der beiden anderen Sektoren befriedigt werden kann und ehe das höhere Kreditangebot der Banken durch eine adäquate Kreditnachfrage des Publikums aufgenommen wird. Die relativ starken Zinssenkungen erhöhen jedoch andererseits den von den Banken gewünschten Bestand an freien Reserven, wogegen die gewünschte Nachfrage nach Staatspapieren und das gewünschte Angebot an Krediten verringert werden. Die unmittelbar nach der Störung bei zunächst noch unveränderten Zinssätzen von den Banken beabsichtigten Anpassungsreaktionen werden dadurch also abgeschwächt, so daß von hierher ein die Zinssätze stabilisierender Einfluß ausgeht. Es ist aber mit einem Blick auf die Zinselastizitäten der Nachfrage nach freien Reserven unmittelbar einsichtig, daß der stabilisierende Einfluß zwar die relativ starke Zinssenkungstendenz aufhält, jedoch nicht verhindert. Würden dagegen das Publikum und die paramonetären Institute — wie im Modelltyp (1) — auf Zinssatzänderungen relativ schnell und stark reagieren, so ließe sich der zunächst unfreiwillig hohe Bestand an freien Reserven bei den Banken durch eine Erhöhung des Bestandes an Staatspapieren und Krediten abbauen, ohne daß dazu erhebliche Zinssenkungen erforderlich wären.

Die Wirkungslags der Modelltypen (4) und (5) sind selbstverständlich wieder wesentlich länger als in den Modelltypen (1) und (3). Die Erklärung dafür ist bereits implizit im zuvor Gesagten enthalten, so daß hier auf weitere Erläuterungen verzichtet werden kann.

Der Vergleich der Ergebnisse der Modelltypen (1) und (3) macht deutlich, daß bei auf Intuition basierenden Erklärungen des Wirkungslags der Geldpolitik, so wie sie in der geldtheoretischen Literatur reichlich zu finden sind[50], Vorsicht geboten ist und daß Schlußfolgerungen in bezug auf den Wirkungslag aus theoretischen und empirischen Partialansätzen, hier vor allem aus solchen mit dynamischen Geldnachfragefunktionen, falsch sein können. Die Anpassungsverzögerungen in der Nachfrage und im Angebot des Publikums, auf die sich die bisherigen theoretischen und empirischen Untersuchungen fast ausschließlich konzentrierten, bilden nur Glieder in der Kette des Transmissionsprozesses.

---

[50] Vgl. z. B. *T. Mayer,* The Inflexibility of Monetary Policy. „The Review of Economics and Statistics“, Vol. 40 (1958), S. 358 ff. — *J. H. Kareken* und *R. M. Solow,* Lags in Monetary Policy. In: Stabilization Policies, S. 14 ff.

Der Lag in der Wirksamkeit der Geldpolitik aber ist die Folge der *Interaktion der Anpassungsverzögerungen* in der Nachfrage und im Angebot *aller* Sektoren. Diese Erkenntnis wird auch im nächsten Abschnitt noch untermauert.

γ) Die Wechselwirkung zwischen den Anpassungskoeffizienten auf den Märkten der Bestands- und der Strömungsgrößen

In Erweiterung der bisherigen Untersuchungen soll jetzt angenommen werden, daß auch die Investitions- und Konsumgüternachfrage auf Veränderungen in den Determinanten dieser Nachfrage mit einer zeitlich verteilten Verzögerung reagiert.

(3.101) $$\Delta I'_t = g \cdot (I_t - I'_{t-1})$$

tatsächliche Veränderung der Nachfrage nach Investitionsgütern in der Periode t;

(3.102) $$\Delta B'_t = n \cdot (B_t - B'_{t-1})$$

tatsächliche Veränderung der Nachfrage nach Konsumgütern in der Periode t;

(3.103) $$\Delta Y'_t = h \cdot (Y_t - Y'_{t-1})$$

tatsächliche Veränderung der gesamtwirtschaftlichen Nachfrage (des nominellen Sozialprodukts) in der Periode t.

Die Veränderung der Nachfrage in einer Periode t hängt also jeweils ab von einem Anpassungskoeffizienten — g, n oder h — der gewünschten Nachfrage in der Periode t — I_t, B_t oder Y_t — und der tatsächlichen Nachfrage in der Vorperiode — E'_{t-1}, B'_{t-1} oder Y'_{t-1}. h ergibt sich als gewogener Durchschnitt der Anpassungskoeffizienten n und g.

Die tatsächliche gesamtwirtschaftliche Nachfrage in einer beliebigen Periode t beträgt dann:

(3.104) $$Y'_t = h \cdot Y_t + (1 - h) \cdot Y'_{t-1} .$$

Bei $h = 1$ besteht keine Anpassungsverzögerung, so daß $Y'_t = Y_t$. Folglich ist Y_t identisch mit der schon im statischen Modell formulierten gesamtwirtschaftlichen Güternachfrage; in Analogie zur Nachfrage und zum Angebot auf den Märkten für Aktiva und Passiva (Bestandsgrößen) ist unter Y_t die langfristig gewünschte Nachfrage zu verstehen. Y'_t bezeichnet bei dynamischer Anpassung somit die kurzfristige Nachfrage.

Bevor auf die Ergebnisse des so erweiterten dynamischen Simultanmodells eingegangen wird, soll an dem einfacheren Keynesschen Modell, das durch Einbau von Reaktionsverzögerungen in den Geld- und Güternachfragefunktionen dynamisiert wird, die Wechselwirkung der Höhe der Anpassungskoeffizienten auf den Märkten für Bestands- und den Märkten für Stromgrößen gezeigt werden[51].

Dies ermöglicht einen leichteren Einblick in zunächst nicht erwartete Zusammenhänge. Darüber hinaus läßt sich dadurch ein interessanter Vergleich zwischen den Ergebnissen eines einfachen und eines komplizierten makroökonomischen Modells anstellen.

Gegeben sei das folgende Modell:

$$Y_t = -a \cdot r_t + b \tag{3.104}$$

„langfristig" gewünschte gesamtwirtschaftliche Nachfrage, die sich aus Investitions- und Konsumgüternachfrage zusammensetzt;

$$M_t = d \cdot Y'_t - e \cdot r_t + f \tag{3.105}$$

„langfristig" gewünschte Geldnachfrage, zusammengesetzt aus Nachfrage nach Transaktions- und Spekulationskasse;

$$Y'_t = h \cdot (-a \cdot r_t + b) + (1 - h) \cdot Y'_{t-1} \tag{3.106}$$

„kurzfristige" gesamtwirtschaftliche Nachfrage zum Zeitpunkt t entsprechend Funktion (3.103);

$$M'_t = m \cdot (d \cdot Y'_t - e \cdot r_t + f) + (1 - m) \cdot M'_{t-1} \tag{3.107}$$

„kurzfristige" Geldnachfrage zum Zeitpunkt t;

$$M'_t = \bar{M}_t \tag{3.108}$$

Gleichgewichtsbedingung: die exogen vorgegebene Geldmenge $\bar{M}_t$ zum Zeitpunkt t muß der tatsächlichen Geldnachfrage entsprechen.

Werden die Gleichungen (3.104) bis (3.107) nach dem Zins r_t aufgelöst, dann ergibt sich:

$$r_t = \frac{h \cdot b \cdot d + d \cdot (1 - h) \cdot Y'_{t-1} + f - M'_{t-1}}{e + h \cdot a \cdot d} + \frac{M'_{t-1} - M'_t}{m \cdot (e + h \cdot a \cdot d)} \tag{3.109}$$

In dieser Beziehung geht der Anpassungskoeffizient der Geldnachfragefunktion (3.107) in den Nenner des zweiten Summanden ein. Dies bedeutet, daß der Zins r_t in der Periode t, in *der* die Geldmenge M verändert wird, um so stärker vom Ausgangswert abweicht, je kleiner der Wert von m *bei gegebenem Wert von* h und gegebenen Koeffizentenwerten a, b, d, e und f ist, und zwar korreliert r_t dabei negativ mit der

---

[51] Vgl. dazu *D. P. Tucker*, Dynamic Income Adjustment to Money-Supply Changes. „The American Economic Review", Vol. 56 (1966), S. 433 ff.
Die folgenden Ausführungen lehnen sich eng an die Gedankengänge von Tucker an.

Geldmengenveränderung. Je stärker sich aber der Zins r_t in der Periode t verändert, desto größer ist auch bei gegebenem h der Einfluß der Geldpolitik auf die gesamtwirtschaftliche tatsächliche Nachfrage in der Periode t. Das wird deutlich, wenn für r_t in Gleichung (3.106) der aus Gleichung (3.109) gegebene Wert eingesetzt wird. Dabei zeigt sich auch gleichzeitig, daß bei *gegebenem Wert von* m die Größe Y' um so weniger verändert wird, je kleiner h ist, was unmittelbar einsichtig sein dürfte. Im folgenden interessiert jedoch nur der Einfluß von m auf die Entwicklung von Y' *bei gegebenem* h.

Der Wirkungslag der Geldpolitik, ausgedrückt durch die Zeitspannen, in denen ein bestimmter Teil der letztlichen Änderung in Y' realisiert ist, verhält sich ceteris paribus reziprok zum Wert des Anpassungskoeffizienten m der gesamtwirtschaftlichen Geldnachfrage.

An einem konkreten Zahlenbeispiel seien die Entwicklung des Zinssatzes r und der gesamtwirtschaftlichen Nachfrage Y' — des nominellen Sozialprodukts — nach einer Geldmengenerhöhung gezeigt.

Die Koeffizienten der Funktionen (3.104) und (3.105) mögen dazu folgende Werte haben: $a = 50$, $b = 1500$, $d = 0{,}8$, $e = 10$ und $f = 100$.

Ausgehend von einem Ausgangsgleichgewicht mit $r_0 = 6$, $Y'_0 = 1200$ und $\overline{M}_0 = 1000$ werde die Geldmenge in Periode 1 *einmalig* um $\Delta\overline{M} = 50$ erhöht. In der Tabelle 27 sind für einen Wert von $h = 0{,}2$ und verschiedene Werte der Anpassungskoeffizienten m die Zeitreihen der Größen r und Y' dargestellt.

Wie sich aus den Gleichungen (3.104), (3.106) und (3.109) nach Einsetzen der konkreten Koeffizientenwerte ermitteln läßt, besteht zwischen der Entwicklung der Größen r und Y' zum neuen Gleichgewicht einerseits und den Anpassungskoeffizienten andererseits folgende Beziehung:

(1) Bei $m > \frac{5 \cdot h}{1 + 4 \cdot h}$ nähern sich Y' und r von unten ihren neuen Gleichgewichtswerten an;

(2) bei $m = \frac{5 \cdot h}{1 + 4 \cdot h}$ erreicht Y' unmittelbar den neuen Gleichgewichtswert, während sich r von „unten“ annähert;

(3) bei $m < \frac{5 \cdot h}{1 + 4 \cdot h}$ gehen Y' in der Periode 1 und r in der Periode 2 über ihre neuen Gleichgewichtswerte hinaus; sie konvergieren dann allmählich von „oben“ gegen ihre neuen Gleichgewichtswerte.

Im folgenden werden nur die Fälle 1 und 2 untersucht.

Die oben schon aus der Funktion (3.109) gefolgerte und mit Hilfe der numerischen Beispiele noch untermauerte Beziehung zwischen dem Wirkungslag der Geldpolitik und den Anpassungskoeffizienten auf den

Tabelle 27: Der Einfluß der Anpassungskoeffizienten auf die Entwicklung des Zinssatzes und des Volkseinkommens

	m = 1,0		m = 0,8		m = 0,6		m = 0,55...	
t	*r*	Y'	*r*	Y'	*r*	Y'	*r*	Y'
0	6,00	1200,0	6,00	1200,0	6,00	1200,0	6,00	1200,0
1	3,23	1227,7	2,53	1234,7	1,33	1246,7	1,00	1250,0
2	4,21	1240,1	4,46	1243,2	4,88	1248,6	5,00	1250,0
3	4,65	1245,6	4,76	1247,0	4,95	1249,4	5,00	1250,0
4	4,84	1247,6	4,89	1248,7	4,98	1249,7	5,00	1250,0
:								
n	5,00	1250,0	5,00	1250,0	5,00	1250,0	5,00	1250,0

Märkten für Bestands- und für Stromgrößen läßt sich leicht erklären. Die Nachfrage nach Geld korreliert nach Funktion (3.107) positiv mit Y' und negativ mit *r*. Je geringer die Reaktion der Geldnachfrage auf Änderungen in den Determinanten Y' und *r* dieser Nachfrage ist, desto stärker müssen Y' steigen oder *r* sinken, damit die exogen gegebene zusätzliche Geldmenge auch zusätzlich nachgefragt und damit die für jede Periode gültige Gleichgewichtsbedingung (3.108) erfüllt wird. Da aber nach Gleichung (3.106) Y' in der Periode 1, in der die Geldmengenerhöhung erfolgt, nur steigt, wenn *r* sinkt, muß somit bei gegebener Reaktion auf den Märkten für Stromgrößen — bei gegebenem *h* — *r* in dieser Periode um so stärker sinken, je geringer die Reaktion auf den Märkten für Bestandsgrößen — je geringer *m* — ist. Dies aber löst entsprechend starke Änderungen in Y' — auch in den nachfolgenden Perioden — aus.

Zwar lassen sich aus diesem Beispiel im einfachen Keynesschen Modell noch keine genauen Schlüsse über in der Realität tatsächlich existierende Zusammenhänge zwischen dem Wirkungslag der Geldpolitik und den Anpassungskoeffizienten auf den Märkten für Bestands- und Stromgrößen ziehen, dennoch aber sollte dieses relativ einfache Beispiel ausreichen, zu zeigen, daß, wie bereits im vorigen Abschnitt deutlich gemacht wurde, bei einer intuitiven Begründung und Beurteilung des Wirkungslags der Geldpolitik Vorsicht geboten ist. Von geringen Anpassungskoeffizienten auf den Märkten für Stromgrößen ohne jede Kenntnis der Anpassungskoeffizienten auf den Märkten für Bestandsgrößen auf einen langen „Lag" in der Wirksamkeit der Geldpolitik zu schließen, ist nicht zulässig.

In dem in dieser Arbeit verwendeten komplexeren dynamischen Modell sind bei einem gegebenen Anpassungskoeffizienten von $h = 0{,}2$ für unterschiedliche Anpassungsvektoren auf den Märkten für Stromgrößen Berechnungen durchgeführt worden. Den Berechnungen zugrunde gelegt wurden neben den bereits bekannten Modelltypen (1) und

(2) mit einerseits relativ hoher Reaktion (Anpassungsvektor $\hat{m} = 0{,}8$) und andererseits sehr geringer Reaktion (Anpassungsvektor $\hat{m} = 0{,}2$) auf den Märkten für Bestandsgrößen zwei weitere Modelltypen (7) und (8) mit entsprechenden Reaktionsintensitäten, die, graduell unterschiedlich, zwischen den der beiden anderen Modelltypen liegen (Anpassungsvektoren: $\hat{m} = 0{,}6$ und $\hat{m} = 0{,}4$). Alle Modelltypen wurden selbstverständlich um die dynamische Beziehung (3.103) der Märkte für Stromgrößen erweitert.

Tabelle 28 zeigt die Reaktionen der Zinssätze und der Größe Y in der Periode 1 bei einer expansiv orientierten Offenmarktpolitik der Zentralbank mit Geldmarktpapieren — Veränderung von G und B einmalig zu Beginn der Periode 1 um eine Einheit. Es gilt selbstverständlich: $\Delta G = -\Delta B = -1$.

Zum Vergleich sind noch einmal die für die Modelltypen (1) und (2) bereits bekannten Veränderungen der Zinssätze und des nominellen Sozialprodukts Y' bei einer unverzüglichen Anpassung auf den Märkten für Stromgrößen ($h = 1$) in die Tabelle aufgenommen worden. Die Zinssätze konvergieren bei allen Modelltypen sämtlich gegen ihre neuen Gleichgewichtswerte. Da die Entwicklung der Zinssätze in den Perioden 2 bis n die schon aus den Veränderungen der Periode 1 ableitbaren Erkenntnisse lediglich bestätigt, nicht aber zusätzliche Erkenntnisse bringt, sind in Tabelle 28 lediglich die Veränderungen von Periode 0 zu Periode 1 erfaßt worden.

Der für den Einfluß der Geldpolitik auf die gesamtwirtschaftliche Nachfrage Y relevante Zins r_E wird, wie schon im vorangegangenen einfacheren Beispiel der repräsentative Zins r, selbstverständlich von

Tabelle 28: Dynamische Anpassung auf den Märkten für Bestandsgrößen und den Märkten für Stromgrößen

Typ	h	Periode	r_G	r_S	r_W	r_T	r_{LB}	r_{LI}	r_E	Y'
Alle Typen	—	0	5,00	5,00	5,00	5,00	8,00	8,00	10,00	10,00
Typ (1) $\hat{m} = 0{,}8$	h=1,0	1	4,54	4,91	4,92	4,92	7,92	7,92	9,82	10,09
	h=0,2	1	4,54	4,91	4,92	4,92	7,92	7,92	9,85	10,07
Typ (7) $\hat{m} = 0{,}6$	h=0,2	1	4,53	4,90	4,91	4,91	7,91	7,91	9,84	10,08
Typ (8) $\hat{m} = 0{,}4$	h=0,2	1	4,54	4,91	4,92	4,92	7,92	7,92	9,85	10,07
Typ (2) $\hat{m} = 0{,}2$	h=1,0	1	4,55	4,92	4,94	4,95	7,95	7,94	9,87	10,06
	h=0,2	1	4,54	4,91	4,93	4,95	7,95	7,93	9,89	10,05

Periode 0 zu Periode 1 um so stärker verringert, je größer *bei gegebenem* Anpassungsvektor $\hat{m}$ der Märkte für Bestandsgrößen der Anpassungskoeffizient h der Märkte für Stromgrößen ist.

Darüber hinaus weichen die Ergebnisse des komplexeren Modells jedoch von denen des einfacheren Modells ab:

(1) Der für die Entwicklung von Y' relevante Zins r_E und auch die übrigen Zinssätze sinken in keiner Periode unter ihre neuen Gleichgewichtswerte, sondern nähern sich diesen allmählich von „oben“ an.

Diese Zinsentwicklung dürfte sicherlich eher der Realität entsprechen als die relativ drastische Zinssenkung in der ersten Periode im obigen Keynesschen Modell.

(2) Die Verringerung des Zinssatzes r_E ist bei *gegebenem* Anpassungskoeffizienten h *nicht,* wie zuvor die des repräsentativen Zinses r, um so stärker, je geringer der Anpassungsvektor m ist.

Vielmehr nimmt die Stärke der Zinssenkung zunächst mit sinkendem m zu ($\Delta r_E = - 0{,}15$ bei m 0,8 und $\Delta r_E = - 0{,}16$ bei $m = 0{,}6$), bei weiteren Verringerungen von m jedoch wieder ab ($\Delta r_E = - 0{,}15$ bei $\hat{m} = 0{,}4$ und $\Delta r_E = - 0{,}11$ bei $\hat{m} = 0{,}2$).

Zwar hängen die in Tabelle 28 erfaßten Ergebnisse und damit die gerade genannten Unterschiede zu den Ergebnissen im einfachen Keynesschen Modell ganz entscheidend von der gewählten allgemeinen und konkreten Modellstruktur ab, dennoch aber zeigt der Vergleich, daß eine stärkere Disaggregation die Ergebnisse aus einem hochaggregierten Modell nicht unwesentlich modifizieren kann.

Die Gründe dafür sind wegen der Komplexität des vorliegenden Modells vielfältig und nur schwer erkennbar:

(1) Nicht die Geldmenge, sondern — der Realität entsprechend — die monetäre Basis wird exogen verändert. Bei den herrschenden Zinssätzen nicht gewünschte Bestände an Zentralbankgeld fallen somit unmittelbar bei den Banken an, die zumindest zwei Möglichkeiten haben, diese Bestände abzubauen, nämlich den Kauf von Staatspapieren und die zusätzliche Kreditvergabe, womit sie unmittelbar schon *drei* Zinssätze tangieren — r_S, r_{LB} und r_T —, deren Veränderung wegen der Substitutionsverflechtungen zwischen den Aktiva und Passiva in der Bilanz des Publikums mittelbar auch zu einem Einfluß auf die übrigen Zinssätze führt. Die „Absorptionsfunktion“ konzentriert sich somit nicht auf nur *einen* Zins, wie im Keynesschen Modell, sondern verteilt sich auf eine ganze Reihe von Zinsen, so daß eine relativ drastische Senkung eines oder mehrerer Zinsen hier zur Erfüllung der für jede Periode zu beachtenden „Gleichgewichtsbedingungen“ nicht erforderlich ist.

(2) Die Verringerung des Anpassungsvektors $\hat{m}$ hat zwei einander entgegengerichtete Effekte auf die Nachfrage nach Realkapital, die zusammen mit dem hier konstant angenommenen Angebot den Zins r_E determiniert.

(a) Mit abnehmender Größe m ist zur Erfüllung der „Gleichgewichtsbedingungen" eine zunehmende Verringerung der Zinsen auf monetäre und finanzielle Aktiva und Passiva erforderlich. Da Realkapital ein mehr oder weniger enges Substitut zu den übrigen Aktiva ist und deshalb die Veränderung in der Nachfrage nach Realkapital positiv mit den Zinssenkungen korreliert, steigt aufgrund des *isolierten Zinseffektes* diese Nachfrage mit abnehmendem $\hat{m}$.

(b) Andererseits aber verringert sich ceteris paribus mit abnehmendem Wert von $\hat{m}$ die Nachfrage nach Realkapital.

Die Entwicklung des Zinssatzes r_E hängt davon ab, welcher der beiden entgegengerichteten simultan wirkenden Effekte dominiert. Selbstverständlich hat die Veränderung des Zinssatzes r_E auch wieder Rückwirkungen auf die übrigen Zinssätze, so daß diese, wie die Ergebnisse in Tabelle 28 zeigen, nicht unbedingt um so stärker sinken, je geringer $\hat{m}$ ist. Im obigen konkreten Beispiel ist der Zinseffekt zwar generell stärker als der zuletzt genannte Effekt, jedoch scheint die relative Dominanz des Zinseffektes von der Größe des Anpassungsvektors $\hat{m}$ mitbestimmt zu sein.

Trotz der genannten Unterschiede zu den Ergebnissen des einfacheren Modells bestätigen die Berechnungen im komplexeren Modell die bereits gewonnenen Erkenntnisse: der Wirkungslag der Geldpolitik wird entscheidend von der Interaktion der Anpassungsgeschwindigkeiten auf den Märkten für Bestandsgrößen einerseits und auf den Märkten für Stromgrößen andererseits determiniert; eine Bestimmung dieses Lags aus Partialansätzen ist nicht möglich.

IV. Probleme der Wahl eines Indikators für die Wirksamkeit der Geldpolitik

1. Wesen und Zweck eines monetären Indikators eine definitorische Abgrenzung

In den vorangegangenen Untersuchungen wurde eine expansiv orientierte Geldpolitik durch eine Intensivierung der Offenmarktkäufe, durch eine Senkung der Mindestreservesätze oder eine Verringerung des Diskontsatzes, eine restriktiv orientierte Geldpolitik durch einen entsprechend umgekehrten Einsatz der Instrumente ausgedrückt.

Die Berechnungen im Rahmen der Modelltypen A, B und C zeigten, daß zwar auf den Einsatz der Instrumente in der genannten Richtung, wenn auch mit einer mehr oder weniger langen zeitlichen Verzögerung, zumindest tendenziell — qualitativ — der beabsichtigte expansive — bzw. kontraktive — Einfluß auf das nominelle Sozialprodukt Y folgte, an dessen Veränderung die Wirksamkeit der Geldpolitik gemessen wurde, daß aber die absolute Veränderung der Größe Y ganz entscheidend von der konkreten Koeffizientenstruktur und den darin zum Ausdruck kommenden konkreten Substitutionsverflechtungen zwischen den Aktiva und Passiva abhing.

Doch auch der qualitative bzw. tendenzielle Einfluß auf Y — und damit selbstverständlich auch der absolute Einfluß — ergab sich bei den Berechnungen mit Sicherheit nur deshalb, weil angenommen wurde, daß

(1) sich die Koeffizientenwerte — innerhalb eines konkreten Modells — und damit das Angebots- und Nachfrageverhalten der Wirtschaftseinheiten im Verlaufe des Transmissionsprozesses nicht änderten — wobei dies auch für die Beziehungen auf den Märkten für Stromgrößen galt — und

(2) keine exogenen Störeinflüsse außer den von der Zentralbank selbst ausgelösten Impulsen wirksam waren.

Diesen Annahmen wurde jeweils durch eine Argumentation auf der Grundlage der sogenannten „ceteris paribus“ Bedingung Rechnung getragen.

Tatsächlich aber ist es durchaus möglich, daß simultan mit dem Einsatz der geldpolitischen Instrumente Präferenzänderungen bei den Wirtschaftseinheiten — Veränderungen der Koeffizientenwerte — oder exogene Störungen eintreten, die die von den politischen Entscheidungsträgern beabsichtigte Wirkung des Instrumenteneinsatzes auf Y ganz oder teilweise konterkarieren. Die isolierten Einflüsse einiger Präferenzänderungen auf die Zinsentwicklung und damit auf Y im Rahmen des Modelltyps A sind in Tabelle 29 dargestellt.

Verändern die Banken z. B. ihr Kreditangebot zu Lasten des Bestandes an freien Reserven — Zeile 1 in Tabelle 29 —, so ist dies ceteris paribus mit Zinssenkungen und damit einem Anstieg von Y verbunden. Ein gleichzeitig intendierter Restriktionskurs der Geldpolitik könnte dadurch also ganz erheblich abgeschwächt, wenn nicht völlig kompensiert oder sogar überkompensiert, ein Expansionskurs in nicht gewünschtem Maße verstärkt werden.

Wollen die geldpolitischen Entscheidungsträger aus einem in Hinsicht auf Richtung und auf Intensität bestimmten Instrumenteneinsatz auf

Tabelle 29: Die Einflüsse von Präferenzänderungen auf die Zinsentwicklung und auf die Zielgröße Y im Rahmen des Modelltyps A

Sektor	Präferenzänderung zu Gunsten	Präferenzänderung zu Lasten	Δr_G	Δr_S	Δr_W	Δr_T	Δr_{LB}	Δr_{LI}	Δr_E	Δp	ΔY
Geschäftsbanken	der Bankkredite L_B $\Delta l_{BD} = +0{,}1$	der freien Reserven FR $\Delta f_D = -0{,}1$	— 0,22	— 0,23	— 0,14	— 0,14	— 0,14	— 0,14	— 0,62	+ 0,062	+ 0,310
	der Bankkredite L_B $\Delta l_{BD} = +0{,}1$	der Geldmarktpapiere $\Delta g_D = -0{,}1$	+ 0,19	— 0,01	— 0,01	— 0,03	— 0,03	— 0,01	— 0,08	+ 0,008	+ 0,040
Publikum	der Schuldtitel W_P $\Delta w_P = +0{,}1$	der Termin- und Spardepositen $\Delta t_P = -0{,}1$	+ 0,04	— 0,03	— 0,16	+ 0,11	+ 0,11	— 0,16	— 0,08	+ 0,008	+ 0,040
	der Schuldtitel W_P $\Delta w_P = +0{,}1$	der Staatspapiere S_P $\Delta s_P = -0{,}1$	+ 0,01	+ 0,12	— 0,13	+ 0,01	+ 0,01	— 0,13	— 0,18	+ 0,018	+ 0,090
Paramonetäre Institute	der Kredite L_I $\Delta l_I = +0{,}1$	der Sichtdepositen D_I $\Delta d_I = -0{,}1$	— 0,01	— 0,03	— 0,05	— 0,01	— 0,01	— 0,05	— 0,12	+ 0,012	+ 0,060

einen ganz bestimmten tendenziell qualitativen und auch absolut quantitativen Einfluß auf die letztliche Zielgröße — hier Y — schließen, so muß ihnen also nach dem zuvor Gesagten bekannt sein, wie

(1) die allgemeine konkrete Struktur des ökonomischen Systems, auf das sie einzuwirken wünschen, beschaffen ist und

(2) welche Einflüsse von Änderungen in der Struktur und von exogenen Störeinflüssen — z. B. verstärkte Kapitalimporte aus dem Ausland —, die simultan mit dem Instrumenteneinsatz wirksam werden, ausgehen.

Da sich hierüber weder aus der bisherigen theoretischen noch aus der empirischen Forschung eine hinreichend genaue und sichere Kenntnis ableiten läßt, muß der Schluß gezogen werden, daß der Instrumenteneinsatz *für sich allein* keine Richtlinie für den Grad der Wirksamkeit der Geldpolitik sein kann.

Die geldpolitischen Entscheidungsträger müssen folglich Größen beobachten, aus denen abzulesen ist, ob der Einsatz der Instrumente auch tatsächlich „durchschlägt".

Interessiert sind sie an der Reaktion der letztlichen Zielgrößen, hier der Zielgröße Y. Diese aber, so wurde festgestellt, reagiert auf geldpolitische Maßnahmen, wenn überhaupt, so doch erst mit einer oft recht erheblichen zeitlichen Verzögerung.

Eine Größe jedoch, die erst sehr viel später anzeigt, daß eine heute eingesetzte geldpolitische Maßnahme u. U. falsch — oder *zufällig* richtig — dosiert war, ist als Entscheidungsrichtlinie selbstverständlich unbrauchbar.

Da einerseits die Wirkung eines bestimmten Instrumenteneinsatzes völlig ungewiß ist und andererseits eine „trial and error"-Methode im Instrumenteneinsatz — d. h. eine Methode des Probierens und Korrigierens — mit unmittelbarer Orientierung an der Zielgröße Y wegen des Wirkungslags nicht möglich ist, greift man in der praktischen Geldpolitik auf Größen zurück, die einerseits auf geldpolitische Maßnahmen — Instrumenteneinsatz — *sofort* oder mit einem nur *sehr geringen zeitlichen Lag reagieren,* andererseits aber auch *mit den letztlichen Zielgrößen* — hier der Zielgröße Y — *in einer engen Beziehung* stehen, somit im Transmissionsprozeß also eine tragende Rolle spielen[1].

Solche Größen werden in der amerikanischen Literatur im Unterschied zu den letztlichen Zielgrößen der Geldpolitik den „goals", „tar-

---

[1] Vgl. *A. E. Burger,* The Implementation Problem of Monetary Policy. „The Federal Reserve Bank of St. Louis, Review", Vol. 53 (March 1971), S. 20.

gets" genannt[2]. Man könnte sie ins Deutsche etwa mit „intermediären Zielgrößen" übersetzen[3].

„An operational target for monetary policy is an economic variable the Federal Reserve (oder ganz allgemein die geldpolitischen Instanzen, d. V.) attempts to control directly in its day-to-day money market operations[4]". „Targets" bzw. intermediäre Zielgrößen sind demnach als den ursächlichen Instrumenten nachgelagerte *Aktionsgrößen* der geldpolitischen Entscheidungsträger zu verstehen.

Als intermediäre Zielgrößen böten sich z. B. der Bestand an freien Reserven, bestimmte Zinssätze oder die gesamtwirtschaftliche Geldmenge an.

Die Probleme der Wahl einer geeigneten „target"-Größe sollen hier nicht diskutiert werden. Es bedarf keiner näheren Erläuterung, daß diese Wahl ganz entscheidend davon abhängt, welche Bedeutung man der „target"-Größe im Transmissionsprozeß beimißt. Daß die Postkeynesianer Zinssätze oder damit eng verbundene Größen und die Monetaristen die Geldmenge oder sie direkt bestimmende Größen, z. B. die monetäre Basis, präferieren, braucht sicherlich ebenfalls nicht mehr erklärt zu werden.

Wichtig ist an dieser Stelle jedoch eine klare Abgrenzung des monetären Indikators, dessen Notwendigkeit und Zweck hier ja klargestellt werden sollen, von der „target"-Größe.

„Ein monetärer Indikator", das wurde weiter oben bereits gesagt, „ist eine ökonomische Variable, die Informationen darüber liefert, ob vom

---

[2] Vgl. hierzu *K. Brunner* und *A. H. Meltzer,* The Meaning of Monetary Indicators. In: Monetary Process and Policy: A Symposium. Ed. by *G. Horwich.* Homewood, Ill., 1967, S. 187 ff. — *Dieselben,* The Nature of the Policy Problem. In: Targets and Indicators of Monetary Policy. Ed. by *K. Brunner.* San Francisco 1969, S. 1 ff. — *T. R. Saving,* Monetary-Policy Targets and Indicators. „The Journal of Political Economy", Vol. 75 (1967), S. 446 ff. — Von Tinbergen und Theil werden die Begriffe „targets" und „goals" in anderer Bedeutung gebraucht. „Targets" sind dort Größen wie Beschäftigung, Preise usw., also Größen, die hier mit „goals" bezeichnet würden; „goals" dagegen sind noch übergeordnete Ziele, wie z. B. die gesamtwirtschaftliche Wohlfahrt, die hier keine explizite Berücksichtigung erfahren.
Tobin gebraucht den Begriff „targets" ebenfalls im Tinbergen-Theilschen Sinne und nennt die „targets" im hier definierten Sinne „intermediate variables". Vgl. *J. Tinbergen,* On the Theory of Economic Policy. (Contributions to Economic Analysis, I.) Amsterdam 1966. Fourth Printing, S. 1 ff. — *H. Theil,* Economic Forecasts and Policy. Amsterdam 1965. — *J. Tobin, Monetary Semantics. S. 165 ff.*

[3] Vgl. auch den Begriff von Tobin: „intermediate variables". *J. Tobin,* Monetary Semantics, S. 165 ff.

[4] *A. E. Burger,* S. 22.

monetären Sektor ein starker, ein geringer oder kein Einfluß auf die *künftige* Entwicklung" der letztlichen Zielgrößen „ausgeht"[5].

Der Unterschied in den Funktionen der „target"-Größe und des Indikators ist offensichtlich: die erstere ist weitgehend eine *Aktionsgröße*, die letztere *lediglich* eine *Informationsgröße*.

Das schließt jedoch nicht aus, daß ein und dieselbe Größe des ökonomischen Systems beide Funktionen erfüllen *kann*.

Anhand eines einfachen Beispiels soll allerdings gezeigt werden, daß beide Funktionen jeweils nicht nur auch von unterschiedlichen Größen des ökonomischen Systems — also nicht von ein und derselben Größe — erfüllt werden *können*, sondern zwingend erfüllt werden *müssen*.

Zur Illustration des Beispiels dient das bekannte I/S- und L/M-Schema — Abbildung 13 — des Keynesschen Modells. Bei der in Abbildung 13 gewählten Konstellation von I/S- und L/M-Kurven (I/S_0 und L/M_0) betrage die Beschäftigung Y_0 und der Zins r_0.

Angenommen, die Zentralbank wünsche die Beschäftigungslage der Volkswirtschaft zu verbessern und wisse, daß dies grundsätzlich mit einer Zinssenkung möglich ist. Sie wird deshalb einen Zinsvektor, im Beispiel den Zins r, sofern dieser Zinsvektor relativ schnell auf geldpolitische Maßnahmen reagiert, als „target"-Größe wählen.

Eine Zinssenkung von r_0 nach r_1 werde als ausreichend erachtet, um das gewünschte Beschäftigungsniveau zu erreichen. Das anvisierte Niveau der „target"-Größe „Zins" ist somit r_1.

Während die Zentralbank durch entsprechende Instrumenteneinsätze versucht, dieses Zinsniveau zu realisieren — im einfachen Keynesschen Modell käme die geldpolitische Aktivität bei unveränderter I/S-Kurve

Abbildung 13: Zur Problematik der Indikatorwahl

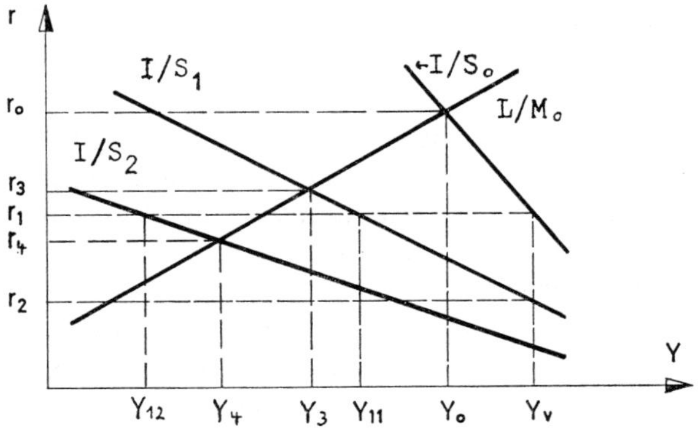

[5] *M. Willms*, Die Kehrtwendung der Bundesbank, S. 17.

in einer Rechtsverschiebung der *L/M*-Kurve zum Ausdruck —, komme es, z. B. infolge einer pessimistischeren Einschätzung der konjunkturellen Entwicklung durch private Investoren, zu einer Linksverschiebung der *I/S*-Kurve[6], z. B. von I/S_0 nach I/S_1 oder nach I/S_2.

Würde die Zentralbank im Vergleich zur Ausgangslage mit Y_0 und r_0 eine unveränderte Politik verfolgen — unveränderte Lage der *L/M*-Kurve bei L/M_0 —, dann würde das Beschäftigungsniveau durch die Verschiebung der *I/S*-Kurve auf Y_3 (bei Verschiebung nach I/S_1) oder auf Y_4 (bei Verschiebung nach I/S_2) und das Zinsniveau entspechend auf r_3 bzw. r_4 verringert.

Die Verschiebung der *I/S*-Kurve wird den geldpolitischen Entscheidungsträgern infolge des Mangels an Information über die wirtschaftlichen Zusammenhänge — dies ist eine Voraussetzung der hier durchgeführten Diskussion zum Indikatorproblem — nicht oder zumindest nicht innerhalb eines für die politischen Entscheidungen ausreichend kurzen Zeitraums bekannt sein.

Die Zentralbank wird deshalb an ihrer ursprünglichen Politik festhalten und versuchen, ein Zinsniveau von r_1 zu realisieren.

Bei einer Verschiebung der *I/S*-Kurve nach I/S_1 würde diese Politik immerhin noch im expansiven Sinne wirken, denn anstelle eines Beschäftigungsniveaus von Y_3, das sich ohne jede geldpolitische Aktivität ergäbe — bei unveränderter *L/M*-Kurve —, würde ein Beschäftigungsniveau von Y_{11} erreicht.

Dennoch liegt dieses Niveau unter dem Ausgangsniveau Y_0 und erst recht unter dem Niveau, das von der Zentralbank angestrebt wurde.

Wird die *I/S*-Kurve nach I/S_2 verschoben, dann bedeutet das starre Festhalten an einem Zins von r_1 dagegen einen kontraktiven geldpolitischen Effekt, der in einer Linksverschiebung der *L/M*-Kurve, die in Abbildung 13 aus Gründen der Übersichtlichkeit nicht erfaßt ist, zum Ausdruck käme. Anstelle des ohne die geldpolitische Aktivität erreichten Beschäftigungsniveaus von Y_4 wird jetzt sogar nur ein Niveau von Y_{12} realisiert.

Obwohl sich das Zinsniveau von r_0 nach r_1 verringert hat, liegt das Beschäftigungsniveau unter dem in der Ausgangssituation, wobei dies jedoch wegen des Lags in der Reaktion von Y erst eine bestimmte Zeit nach Einsetzen der geldpolitischen Maßnahmen und der Verschiebung der *I/S*-Kurve sichtbar wird.

Und gerade wegen dieses Lags ergab sich ja die Notwendigkeit, eine Größe zu finden, die vor der Reaktion von Y die Wirkung — zumindest tendenziell — der geldpolitischen Maßnahmen auf Y anzeigt.

---

[6] Vgl. hierzu *T. R. Saving*, Monetary-Policy Targets, S. 449 f.

Das Beispiel macht deutlich, daß der Zins dazu nicht geeignet ist. Aus der Zinssenkung — von r_0 nach r_1 — kann weder in Hinsicht auf Richtung noch auf quantitative Intensität auf eine eindeutige Veränderung in der letztlichen Zielgröße — hier Y — geschlossen werden. Zwar ist der Zins hier voraussetzungsgemäß eine Größe, auf die die Zentralbank ihre Aktionen richten muß, wenn sie Y verändern will, also eine brauchbare und sogar *notwendige* „target"-Größe, nicht aber — in Form der Zinssenkung von r_0 nach r_1 — eine Größe, die als Indikator im oben definierten Sinne geeignet ist[7]. Wollte man den Zins als Indikator gebrauchen, so müßte man wissen, wie die Nachfrageveränderung im realen Bereich — die Linksverschiebung der *I/S*-Kurve — *für sich allein* den Zins *r* — und das Volkseinkommen Y — verändert. Verursacht z. B. der isolierte Einfluß der Verschiebung der *I/S*-Kurve eine Zinssenkung von r_0 nach r_3 bzw. r_4 und ist dies bekannt, so diente den geldpolitischen Entscheidungsträgern lediglich die Zinssenkung *unterhalb von* r_3 bzw. r_4 — und nicht unterhalb von r_0 — als ein Indikator für den expansiven Effekt ihrer Maßnahmen.

Tatsächlich aber besitzen die politischen Entscheidungsträger, wie bereits gesagt, keine vollständige Information über alle auf die Zinsentwicklung einwirkenden Einflüsse, so daß sie nicht in der Lage sind, den *reinen* geldpolitischen Zinseffekt von den *übrigen* Effekten zu trennen.

Im nächsten Abschnitt soll auf der Grundlage der hier und bereits früher gewonnenen Erkenntnisse die Eignung einiger ausgewählter Größen, die im Transmissionsprozeß eine wichtige Rolle spielen, für einen monetären Indikator geprüft werden.

Die Anforderungen, an denen die Eignung einer bestimmten Größe gemessen wird, ergeben sich aus der obigen Definition des monetären Indikators oder stellen sich zwangsläufig aufgrund der bisherigen Diskussion des Indikatorproblems.

Im folgenden seien diese Anforderungen noch einmal zusammengefaßt und konkretisiert[8].

Das obige Beispiel hat gezeigt, daß aus der Bewegung einer monetären Größe, die auch von Vorgängen auf den Märkten für Stromgrößen beeinflußt wird, falsche Schlüsse über die tatsächliche Einflußrichtung der Geldpolitik auf die letztlichen Zielgrößen gezogen werden können. Um das auszuschließen, ist an einen monetären Indikator die Anforderung zu stellen:

---

[7] Vgl. dazu auch *T. R. Saving*, Monetary-Policy Targets, S. 456.

[8] Zu ähnlichen Kriterien für einen geeigneten Indikator vgl. z. B. *T. R. Saving*, Monetary-Policy Targets, S. 450. — *E. M. Burger*, S. 22. — *M. W. Keran*, Selecting a Monetary Indicator — Evidence from the United States and Other Developed Countries. „The Federal Reserve Bank of St. Louis, Review", Vol. 52 (Sept. 1970), S. 10.

(1) Die Indikatorgröße darf allein oder wenigstens zum überwiegenden Teil *nur* auf geldpolitische Maßnahmen oder auf Einflüsse von den Märkten für Bestandsgrößen, nicht aber auf Einflüsse von den Märkten für Stromgrößen reagieren[9].

Die Definition der Indikatorgröße verlangt, daß aus einer Veränderung dieser Größe in einer bestimmten Richtung unzweifelhaft auf die Veränderung der letztlichen Zielgrößen in einer entsprechenden Richtung geschlossen werden kann. Selbst wenn die erste Anforderung erfüllt ist, ist das noch nicht gesichert.

Somit ist als weitere Anforderung zu formulieren:

(2) Die Indikatorgröße muß relativ eng und auf jeden Fall *eindeutig* mit den letztlichen Zielgrößen korrelieren, und zwar sollte diese Beziehung sowohl theoretisch als auch empirisch wenigstens annähernd gesichert sein.

Die letztlichen Zielgrößen reagieren, wie bereits festgestellt wurde, auf geldpolitische Aktionen mit einer oft recht erheblichen zeitlichen Verzögerung.

Der monetäre Indikator hat die Aufgabe, die dadurch entstehende zeitliche Informationslücke zu schließen und *frühzeitig* eine zeitlich spätere Veränderung in den Zielgrößen anzuzeigen.

Folglich sind an den Indikator zwei weitere Anforderungen zu stellen:

(3) Die Indikatorgröße muß auf geldpolitische Maßnahmen sofort oder mit nur einer sehr geringen zeitlichen Verzögerung reagieren.

Eine Größe mag zwar faktisch schnell auf geldpolitische Maßnahmen reagieren. Ist diese Reaktion jedoch *statistisch* nicht oder zu spät erfaßbar, so kann die Größe ihre Funktion als Informationsvariable nicht erfüllen, so daß die dritte Anforderung noch zu ergänzen ist durch:

(4) Die Indikatorgröße muß sofort oder relativ kurze Zeit nach Einsetzen der politischen Maßnahmen statistisch erfaßbar sein.

---

[9] Hierzu gibt es in der Literatur divergierende Meinungen: einige Autoren, z. B. T. R. Saving, fordern, daß die Indikatorgröße lediglich auf Maßnahmen der Zentralbank reagieren darf, andere wiederum, z. B. A. E. Burger, erweitern den zulässigen Einflußbereich auf den gesamten monetären und finanziellen Bereich. Die obige Definition von M. Willms, die auch hier zugrunde gelegt worden ist, schließt sich der Auffassung von Burger an; unter dem monetären Sektor wird dort, wie in der geldtheoretischen Literatur heute allgemein üblich, der Bereich der Märkte für Bestandsgrößen verstanden.

Vgl. *T. R. Saving*, Monetary-Policy Targets, S. 455 f. — *A. E. Burger*, S. 21 f.

2. Die Eignung ausgewählter Größen für einen monetären Indikator

Die Zahl der makroökonomischen Größen, die von praktischen Geldpolitikern und von Ökonomen sowohl der rein theoretischen als auch der empirischen Forschungsrichtung als monetäre Indikatoren vorgeschlagen und als angeblich geeignet hingestellt worden sind, ist kaum noch überschaubar[10]. Da selbst eine oberflächliche Auseinandersetzung mit allen Größen, die für einen Indikator zur Wahl stehen, den Rahmen dieser Arbeit sprengen würde, soll hier die Diskussion von vornherein auf die Größen begrenzt werden, die in der geldtheoretischen und geldpolitischen Literatur besonders starke Beachtung gefunden haben und die auch im obigen Simulationsmodell eine zentrale Rolle spielen.

Diese Größen sind in der Reihenfolge, in der sie im folgenden beurteilt werden,

(1) die Zinssätze oder einige ausgewählte Zinssätze bzw. ein aus den Zinssätzen gebildeter Zinsvektor,

(2) die Geldmenge M_1 oder M_2,

(3) die monetäre Basis,

(4) die freien Reserven und

(5) das Kreditvolumen.

a) Zinssätze als Indikatoren[11]

Die Zinssätze, darüber gibt es weder bei den Postkeynesianern noch den Monetaristen Zweifel, sind das „pivot“ in der Transmission monetärer Impulse auf die letztlichen Zielgrößen der Geldpolitik. Ihr Einfluß auf die Zielgrößen ist allerdings nicht eindeutig. Veränderungen des internen Zinsfußes z, Einflüsse, die von der Zielgröße Y auf die Märkte der Bestandsgrößen zurückwirken, und der Einfluß der erwarteten

---

[10] Vgl. *M. J. Hamburger,* Indicators of Monetary Policy: The Arguments and the Evidence. „The American Economic Review“, Vol. 60 (1970). S. 32 ff. und die dort angegebene Literatur.
In neuerer Zeit beschäftigt man sich auch in der BRD mit dem Problem eines geeigneten monetären Indikators. Vgl. z. B. *K. H. Ketterer,* Ein Indikator für die Stärke und Wirkungsrichtung monetärer Impulse. „Konjunkturpolitik“, 17. Jg. (1971), S. 349 ff. — *H. H. Bünning,* Ein Indikator für die Stärke und Wirkungsrichtung monetärer Impulse? Bemerkungen zu dem gleichnamigen Beitrag von K. H. Ketterer. „Konjunkturpolitik“, 18. Jg. (1972), S. 312 ff.

[11] Zu einer Diskussion der Zinssätze als Indikatoren vgl. auch *T. R. Saving,* Monetary-Policy Targets, S. 454 f. — *J. Tobin,* Monetary Semantics, S. 171 f. — *M. W. Keran,* Selecting a Monetary Indicator, S. 14. — *A. H. Meltzer,* Controlling Money, S. 21 ff.

Preissteigerungsrate auf das Nachfrage- und Angebotsverhalten sowohl auf den Märkten der Bestandsgrößen als auch auf den Märkten der Stromgrößen bestimmen, wie die Berechnungen im Rahmen des Simulationsmodells und das Beispiel im vorigen Abschnitt gezeigt haben, in ganz erheblichem Maße die Zinsentwicklung. Diese Einflüsse können ohne weiteres bewirken, daß steigende nominelle Zinssätze mit einem expansiven und sinkende nominelle Zinssätze mit einem kontraktiven Effekt auf die hier betrachtete Zielgröße Y verbunden sind.

Tatsächlich läßt sich oft beobachten, daß die Zinssätze in konjunkturellen Aufschwung- und Boomphasen eine steigende, in Rezessionsphasen dagegen eine sinkende Tendenz haben. Wählen die geldpolitischen Entscheidungsträger die Zinssätze als monetäre Indikatoren, so besteht die Gefahr, daß sie in den genannten Situationen eine neutrale oder gar prozyklische Politik betreiben.

Nur Zinssätze, die um die nicht von der Zentralbank gesteuerten Einflüsse korrigiert sind, wären für einen monetären Indikator geeignet. Die unvollständige Information über die Determinanten der Zinsentwicklung, sowohl in Hinsicht auf Art und Stärke als auch in Hinsicht auf ihre Abhängigkeit von der jeweiligen konjunkturellen Situation, machen jedoch eine solche Korrektur auch nur annäherungsweise unmöglich.

Die nominellen Zinssätze vermögen also zumindest der ersten und zweiten der oben gestellten Anforderungen an einen monetären Indikator nicht zu genügen.

Darüber hinaus lassen sich auch die restlichen Anforderungen nicht von allen im Transmissionsprozeß relevanten Zinssätzen erfüllen. Die Zinssätze auf langfristige Aktiva — im Modell auf Realkapital — reagieren auf geldpolitische Aktionen zwar schneller als die letztlichen Zielgrößen, aber in der Regel dennoch mit einer für einen geeigneten Indikator zu langen zeitlichen Verzögerung.

Eine Reihe von Zinssätzen, hier vor allem auf verschiedene Arten von Realkapital, sind statistisch nicht zu ermitteln. Wieder andere Zinssätze lassen sich nicht in der Größenordnung erfassen, die für den Transmissionsprozeß relevant ist. Dies gilt vor allem für Kreditzinsen, in die auch nicht meßbare indirekte Bestandteile, wie z. B. Bonitätsanforderungen der Banken und der paramonetären Institute, einzugehen haben.

Die schon oben aus dem speziellen Beispiel gezogene Schlußfolgerung läßt sich somit verallgemeinern: keiner der im Transmissionsprozeß wichtigen Zinssätze ist als ein Indikator für die Wirksamkeit der Geldpolitik geeignet.

Empirische Untersuchungen bestätigen diesen aus den theoretischen Überlegungen deduzierten Schluß voll und ganz[12].

b) Die gesamtwirtschaftliche Geldmenge als Indikator

Die volkswirtschaftliche Geldmenge, gleichgültig, ob in ihr die Termin- und Spardepositen eingeschlossen sind oder nicht, läßt sich im Gegensatz zu den meisten im Transmissionsprozeß tatsächlich relevanten Zinssätzen statistisch annähernd exakt erfassen. Entsprechende Daten sind zudem für relativ kurze Zeitabstände verfügbar.

Darüber hinaus dürfte die Geldmenge, sofern überhaupt der Kausalnexus „geldpolitische Maßnahmen — Geldmenge — letztliche Zielgrößen" besteht, relativ schnell auf von der Zentralbank ausgelöste monetäre Impulse reagieren.

Hierüber besteht kaum ein Zweifel, so daß also die dritte und vierte der oben formulierten Anforderungen an einen geeigneten monetären Indikator von der Größe „Geldmenge" erfüllt sind.

Heftig umstritten ist dagegen die Frage, ob die Geldmenge auch den übrigen Anforderungen genügt. Explizit oder implizit nimmt die Diskussion dieser Frage *die* zentrale Stellung in der Kontroverse zwischen den Monetaristen und den Postkeynesianern ein.

Die Monetaristen, das sei noch einmal wiederholt, vertreten die Auffassung, daß

(1) die Zentralbank die monetäre Basis annähernd exakt kontrolliert und daß der größte Teil der Veränderungen in der Geldmenge[13] — M_1 oder M_2 — auf Veränderungen der monetären Basis zurückzuführen ist, daß somit also Einflüsse auf die Geldmenge, die sich nicht aufgrund von Maßnahmen der Zentralbank ergeben, eine unwesentliche Rolle spielen, und daß

(2) die Geldmenge — M_1 oder M_2 — und das nominelle Sozialprodukt Y, die hier zugrundegelegte letztliche Zielgröße der Zentralbank, *eindeutig* positiv korrelieren und daß die Einflußrichtung von der Geldmenge auf die Zielgröße Y über eine möglicherweise umgekehrte Einflußrichtung bei weitem dominiert.

---

[12] Vgl. z. B. *M. W. Keran*, Selecting a Monetary Indicator, sowie die Literaturhinweise bei *M. J. Hamburger*, Indicators of Monetary Policy.

[13] Friedman stützt sich zwar auf die Definition M_2, jedoch wird von den meisten der übrigen Monetaristen die Definition M_1 zugrunde gelegt, da bei ihr eine stärkere Korrelation zur monetären Basis festgestellt wurde. Vgl. *A. H. Meltzer*, Controlling Money, S. 18 f.

Hier muß noch einmal mit Nachdruck darauf hingewiesen werden, daß die Monetaristen keine *direkte* Beziehung zwischen der Geldmenge und der Zielgröße Y unterstellen, sondern daß sie, ebenso wie die Postkeynesianer, die Zinssätze als das treibende Element im Transmissionsprozeß betrachten[14].

Die Postkeynesianer betonen dagegen, daß

(1) die Geldmenge eine auf den Märkten für Bestandsgrößen endogene Größe ist, die ganz wesentlich von der konjunkturellen Situation und damit von Einflüssen von den Märkten für Stromgrößen mitbestimmt ist[15] und

(2) Veränderungen in der Geldmenge nicht *eindeutig* von Veränderungen in der Zielgröße Y begleitet werden.

Zunächst soll versucht werden, die beiden kontroversen Standpunkte mit theoretischen Überlegungen zu beurteilen.

In Übereinstimmung mit den Monetaristen[16] soll einmal angenommen werden, daß der Zentralbank eine relativ genaue größenmäßige Fixierung der monetären Basis möglich ist.

Verändert die Zentralbank durch Einsatz ihrer Instrumente die monetäre Basis, so bedeutet dies jedoch mit Sicherheit nur dann eine Veränderung der Geldmenge, wenn nicht gleichzeitig im Bankenbereich eine kompensierende Präferenzänderung eintritt. Die Banken könnten z. B. bei einer restriktiv eingesetzten Geldpolitik die Verringerung der monetären Basis durch einen Abbau ihrer freien Reserven auffangen, anstatt den Bestand der übrigen Aktiva — Wertpapiere, Kredite — zu verringern. Solchen kompensierenden Präferenzänderungen sind allerdings Grenzen gesetzt, nämlich aus den Rentabilitätsüberlegungen der Banken und aus der Größenordnung der freien Reserven selbst, so daß die Zentralbank durch einen intensiveren Einsatz ihrer Instrumente letztlich doch den beabsichtigten Einfluß auch auf die von den Banken *gewünschten* Bestände der übrigen Aktiva ausüben kann[17].

Jetzt hängt es entscheidend von der Nachfrage und vom Angebot des Publikums ab, ob die von den Banken gewünschte Bestandsänderung in den Aktiva auch tatsächlich realisiert werden kann.

---

[14] Vgl. hierzu die Ausführungen im ersten Kapitel.

[15] Vgl. *J. Tobin*, Commercial Banks. — *Derselbe*, Monetary Semantics.

[16] Vgl. dazu auch *A. H. Meltzer*, Controlling Money.

[17] In der BRD hatte die Bundesbank nach eigenen Angaben erhebliche Schwierigkeiten bei der Steuerung der monetären Basis und der Kompensation von Präferenzänderungen. Vgl. Dt. Bundesbank, Monatsberichte Juli 1971, S. 18 f.

Sicherlich dürfte das mit angemessenen Zinssatzvariationen möglich sein, so daß schließlich der monetäre Impuls, verursacht durch die Veränderung der monetären Basis, auf den Sektor des Publikums übertragen wird.

Dabei dürften gleichzeitig auch die paramonetären Institute betroffen sein.

Nach Übertragung der monetären Impulse auf den Publikumssektor und den Sektor der paramonetären Institute hängt der weitere Verlauf des Transmissionsprozesses wiederum von einer Reihe von Bedingungen ab, die bereits bei der Interpretation der Ergebnisse des Simulationsmodells ausführlich erörtert wurden.

Dort war festgestellt worden, daß die Art und Stärke der Substitutionsverflechtungen zwischen den Aktiva und Passiva in der Bilanz des Publikums entscheidend dafür sind, ob und mit welcher Intensität die monetären Impulse schließlich auf die Märkte für Stromgrößen übertragen werden und ob diese Übertragung tatsächlich mit einer bestimmten Veränderung der Geldmenge verbunden ist. Es konnte gezeigt werden, daß bei einer starken Substitutionsverflechtung zwischen den monetären und finanziellen Aktiva und Passiva einerseits und einer zugleich nur äußerst geringen Substitutionsbeziehung zwischen diesen Bilanzgrößen und dem Realkapital andererseits die Zielgröße Y trotz einer Veränderung der Geldmenge nicht beeinflußt wird oder daß bei einer bestimmten Konstellation von Zins- und Vermögenseffekten sogar der Fall eintreten kann, daß trotz *sinkender* Geldmenge über den Zins r_E ein *expansiver* Effekt auf Y ausgeübt wird.

Aus den theoretischen Überlegungen läßt sich folglich eine *immer eindeutige* Beziehung zwischen der Geldmenge und der Zielgröße Y *nicht* ableiten. Der Transmissionsprozeß vollzieht sich vielmehr auf einem recht komplizierten Weg, auf dem eine Reihe von „Liquiditätsfallen“ möglich sind[18].

Die zum Teil umstrittenen empirischen Untersuchungen der Monetaristen kommen jedoch alle zu dem Schluß, daß die theoretisch diskutierten und möglichen „Liquiditätsfallen“ anscheinend nicht bestehen[19]. Leider haben die Postkeynesianer bisher noch keine empirisch gefundenen Ergebnisse entgegenzusetzen, die *ihre* theoretischen Schlußfolgerungen untermauern.

---

[18] Eine theoretische und empirische Analyse aller möglichen „Liquiditätsfallen“ findet man bei *K. Brunner* und *A. H. Meltzer*, Liquidity Traps.

[19] Vgl. z. B. *K. Brunner* und *A. H. Meltzer*, Liquidity Traps, und die empirischen Arbeiten von *M. Friedman*.

Die zweite der oben formulierten Anforderungen an einen monetären Indikator verlangt, daß die eindeutige Beziehung zwischen der Indikatorgröße und der letztlichen Zielgröße sowohl theoretisch als auch empirisch gesichert sein soll.

Nach den Ergebnissen dieser Arbeit ist das, was den theoretischen Aspekt angeht, nicht der Fall.

Selbst wenn die zweite Anforderung voll und ganz erfüllt ist, kann die monetäre Größe „Geldmenge" noch an der ersten Anforderung scheitern, die verlangt, daß Veränderungen in der Indikatorgröße zumindest zum weitaus größten Teil auf Einflüsse aus dem — isolierten — monetären Bereich oder nur auf von der Zentralbank ausgelöste Impulse zurückzuführen sind.

Hier geht es also nicht um die Korrelation zwischen der Geldmenge und der letztlichen Zielgröße Y schlechthin, sondern um die konkrete Kausalbeziehung zwischen diesen beiden Größen.

Nur wenn eine Veränderung in Y *immer* und *eindeutig* einer Veränderung in der Geldmenge *folgt,* ist auch die erste Anforderung von der Geldmenge erfüllt. Wie bereits oben gesagt wurde, ist jedoch die Art des Kausalnexus umstritten. Nach Meinung der Monetaristen *verursachen* Veränderungen der Geldmenge eindeutig bestimmte Veränderungen in der Zielgröße Y, wogegen Bewegungen in der Zielgröße Y in umgekehrter Richtung keinen oder einen nur unwesentlichen Einfluß auf die *nominelle* Geldmenge[20] ausüben.

Die Postkeynesianer vertreten dagegen mit Nachdruck die Auffassung, daß von Veränderungen in der Zielgröße Y erhebliche Veränderungen in der Geldmenge verursacht werden. Beide möglichen Kausalitätsrichtungen sind hiernach von Bedeutung[21].

Ist der Standpunkt der Postkeynesianer, dem sich auch der Verfasser anschließt, richtig, so würde die Geldmenge bei ihrer Verwendung als ein monetärer Indikator in konjunkturellen Aufschwung- und Boomphasen ceteris paribus einen expansiven Effekt, in konjunkturellen Abschwungsphasen ceteris paribus einen kontraktiven Einfluß der Geldpolitik anzeigen[22].

---

[20] Die Monetaristen unterscheiden streng zwischen der nominellen und der realen Geldmenge. Die reale Geldmenge ist definiert als nominelle Geldmenge dividiert durch das Preisniveau. Da das Preisniveau eine Komponente von Y ist, wird die reale Geldmenge selbstverständlich von hierher beeinflußt.

[21] In der Regressions- und Korrelationsanalyse ist das Problem der Kausalität bisher noch nicht befriedigend gelöst. A priori Annahmen über die Kausalitätsrichtung, wie sie die Monetaristen machen, stellen die Ergebnisse der empirischen Untersuchungen stark in Frage.

[22] Vgl. *T. R. Saving,* Monetary-Policy Targets, S. 455.

Die geldpolitischen Entscheidungsträger werden deshalb, sofern sie sich an der Geldmengenvariation orientieren und sofern sie die Wirkungen von Y auf die Geldmenge nicht kennen, entsprechende kontraktive oder expansive Maßnahmen einleiten oder bereits eingeleitete Maßnahmen, die jedoch durch die genannten Wirkungen über Y in der Indikatorgröße nicht sichtbar sind, noch intensivieren. In Boomperioden und in konjunkturellen Abschwungphasen mögen diese Aktionen der Zentralbank sogar erwünscht sein, in Aufschwungphasen dagegen könnte dadurch die konjunkturelle Belebung, gleich welche Ursache sie hat, zu früh gebremst und eventuell sogar in das Gegenteil verkehrt werden.

Sieht man von diesem letzten Fall ab, so ist die Geldmenge in diesem Sachzusammenhang als monetärer Indikator gegenüber den Zinssätzen auf jeden Fall vorzuziehen, da es z. B. verständlicherweise besser ist, im Boom stärker als notwendig zu drosseln, als, wie bei den Zinssätzen, noch weiter „anzuheizen".

Je stärker jedoch die Kausalitätsrichtung „Zielgröße Y — Geldmenge" im Verhältnis zur Kausalitätsrichtung „Geldmenge — Zielgröße Y" ins Gewicht fällt, desto weniger sinnvoll wird es, die Geldmenge überhaupt als einen monetären Indikator zu gebrauchen. Die Veränderungen in der Zielgröße Y sind dann nämlich zum größten Teil gleichzeitig mit oder sogar zeitlich vor den Veränderungen der Geldmenge zu verzeichnen.

Das notwendige zeitliche Vorauseilen der Bewegungen in der Indikatorgröße vor den Bewegungen in der Zielgröße ist damit durch die Geldmenge nicht mehr gegeben.

Zusammenfassend ist festzustellen, daß die Geldmenge — wie schon die Zinssätze — ebenfalls nicht allen der oben formulierten Anforderungen genügt und somit keineswegs als *der* geeignete monetäre Indikator betrachtet werden kann.

c) Die monetäre Basis und die freien Reserven als Indikatoren

In der vorangegangenen Diskussion ist bereits deutlich geworden, daß die monetäre Basis — und das gilt gleichermaßen für die korrigierte monetäre Basis — auf Aktionen der Zentralbank unmittelbar — zeitlich sofort — reagiert und zudem statistisch quantitativ genau und zeitlich schnell erfaßbar ist.

Die darüber hinausgehenden Anforderungen an einen Indikator vermag die monetäre Basis jedoch nicht zu erfüllen. Es ist z. B. möglich, daß von der Zentralbank verursachte Veränderungen der monetären Basis von Präferenzänderungen im Bankenbereich begleitet sind und dadurch eine Übertragung der geldpolitischen Impulse auf den Publikumsbereich zum Teil oder sogar völlig unterbunden wird. Ebenso wie die Geldmenge dürfte die monetäre Basis auch von der wirtschaftlichen Aktivität, den Veränderungen im nominellen Sozialprodukt *Y*, beeinflußt werden. Die Erfahrung zeigt, daß z. B. in konjunkturellen Aufschwungphasen das Refinanzierungsvolumen der Banken infolge der steigenden Wechselkredite zunimmt und in Abschwungsphasen entsprechend abnimmt. Fluktuationen in *Y* sind demnach, sofern nicht kompensierende Veränderungen in den übrigen Komponenten der monetären Basis eintreten, ceteris paribus mit gleichgerichteten Fluktuationen in der Basis verbunden. Dient die monetäre Basis als Indikator, so werden dadurch in den einzelnen konjunkturellen Phasen die gleichen Aktionen der Zentralbank ausgelöst, die schon bei der Indikatorgröße „Geldmenge" beschrieben wurden.

Die freien Reserven schneiden im Vergleich zur monetären Basis noch schlechter ab. Betrachtet man z. B. eine expansiv orientierte Offenmarktpolitik, so äußert sich diese ceteris paribus auch in einer Erhöhung der freien Reserven im Bankenbereich[23]. Bedient sich die Zentralbank der freien Reserven als Indikator, so schließt sie aus einer Zunahme der freien Reserven folglich auf eine expansive Wirkung ihrer gegenwärtigen Politik. Andererseits aber hängt, was oben schon gesagt wurde, die negative Komponente der freien Reserven, das Refinanzierungsvolumen der Banken, höchstwahrscheinlich relativ stark von der wirtschaftlichen Aktivität — der Größe *Y* — ab, so daß z. B. in konjunkturellen Aufschwungsphasen, die von einer Zunahme im Refinanzierungsvolumen begleitet sind, der Bestand an freien Reserven *ceteris paribus* abnimmt[24].

Ist sich die Zentralbank dieses Effektes nicht bewußt oder ist sie nicht in der Lage, diesen Effekt zu quantifizieren, so wird sie bei Verwendung der freien Reserven als Indikator daraus auf eine restriktive bzw. nicht ausreichend expansive Wirkung ihrer Maßnahmen schließen und ihre Instrumenteneinsätze entsprechend intensivieren.

Damit aber betreibt sie offensichtlich eine prozyklische Politik.

d) Das gesamtwirtschaftliche Kreditvolumen als Indikator

Gegenüber der Geldmenge und den Zinssätzen — nach der Keynesschen Theorie primär den Kredit*zinssätzen* — spielte das gesamt-

[23] Das läßt sich ohne weiteres im obigen Simulationsmodell nachweisen.

[24] Vgl. dazu *T. R. Saving*, Monetary-Policy Targets, S. 455 und die Berechnungen im Simulationsmodell bei steigenden Zinsen.

wirtschaftliche Kredit*volumen*[25] als eigenständige Größe in der geldtheoretischen Forschung — vor allem im anglo-amerikanischen Raum — eine nur untergeordnete Rolle.

Dagegen wurde von den Praktikern der Geldpolitik fast ständig die Bedeutung des Kreditvolumens für die Transmission monetärer Impulse auf letztliche Zielgrößen betont. Sichtbarer Ausdruck dieser Betonung sind die von Praktikern propagierte „credit-availability"-Theorie und die aktuelle Politik der Zentralbanken, die nicht zuletzt auf eine Steuerung des gesamtwirtschaftlichen Kreditvolumens gerichtet ist[26].

Seit einiger Zeit deutet sich in der BRD eine Forschungsrichtung an, die das Kreditvolumen verstärkt zum Objekt auch der theoretischen Untersuchungen macht und die sich bewußt als Gegenpart zu den rein Geldmengen-orientierten Analysen der Monetaristen versteht[27].

Auf eine Darstellung und auf eine kritische Diskussion der bisherigen Ergebnisse dieser Forschungsrichtung muß hier jedoch verzichtet werden, zumal sie eine detaillierte Theorie des monetären Transmissionsprozesses bislang noch nicht vorlegte.

In dem in dieser Arbeit entwickelten Modell wird weder dem Geld- noch dem Kreditvolumen von vornherein eine primäre Stellung eingeräumt. Sowohl das Geld als auch der Kredit sind jeweils ein Aktivum bzw. Passivum unter vielen in den Vermögensbilanzen der im Modell unterschiedenen Sektoren, so daß dort beide theoretische Richtungen ohnehin Berücksichtigung gefunden haben.

Auch die am Kreditvolumen orientierte Theorie versucht, wie die an der Geldmenge orientierte theoretische Richtung, relativ einfache Beziehungen zu finden: zwischen einer Aktionsgröße der Zentralbank und dem Kreditvolumen (anstelle des Geldvolumens) und zwischen dem Kreditvolumen (anstelle des Geldvolumens) und den letztlichen Zielgrößen der Zentralbankpolitik. Die Monetaristen nehmen an, daß die Zentralbank die Aktionsgröße „Monetäre Basis" relativ exakt

---

[25] Unter dem gesamtwirtschaftlichen Kreditvolumen wird hier der *Bestand* an Ausleihungen des Geschäftsbanken*sektors* und des *Sektors* der paramonetären Institute verstanden. Eine Veränderung dieses Bestandes und damit des Kreditvolumens wird allgemein als Nettokreditgewährung bezeichnet. Hiervon zu unterscheiden ist die Bruttokreditgewährung, die jede Neuausleihung einschließt, auch wenn dieser ein Tilgungsbetrag gegenübersteht. Vgl. z. B. *W. Neubauer*, Strategien, Techniken und Wirkungen der Geld- und Kreditpolitik. Eine theoretische und empirische Untersuchung für die Bundesrepublik Deutschland. Göttingen 1972, S. 123 u. 125 ff.

[26] Vgl. Monatsbericht der Dt. Bundesbank, Juli 1971, a. a. O. - *W. Neubauer*.

[27] Vgl. z. B. *C. Köhler*, Orientierungshilfen für die Kreditpolitik. Berlin 1968. 1968. *Derselbe*, Potentialorientierte Kreditpolitik. Berlin 1971.

steuern könne, daß bei einer Veränderung der monetären Basis die Geldmenge zeitlich schnell und in der Richtung eindeutig reagiere und daß die Geldmenge wiederum eindeutig positiv mit den letztlichen Zielgrößen — vor allem dem nominellen Sozialprodukt — korreliere.

Im Kontrast dazu wird in der neueren kredittheoretischen Richtung angenommen, daß die Aktionsgröße „Liquiditätssaldo" von der Zentralbank kontrolliert wird, daß auf eine Variation im Liquiditätssaldo eine schnelle und in der Richtung eindeutige Reaktion des Kreditvolumens zu beobachten sei und daß schließlich zwischen dem Kreditvolumen und den Zielgrößen eine eindeutige Beziehung bestehe[28].

Die monetäre Basis einerseits und der Liquiditätssaldo andererseits können folglich jeweils als „target"-Größen, die Geldmenge einerseits und das Kreditvolumen andererseits jeweils als monetäre Indikatoren angesehen werden. Es ist, wie die Ausführungen zu Beginn dieses Kapitels deutlich gemacht haben, selbstverständlich unter gewissen Bedingungen auch möglich, daß bereits die „target"-Größen zugleich die Funktion der monetären Indikatoren übernehmen. Darauf soll hier jedoch nicht weiter eingegangen werden. Es wird vielmehr nur geprüft, ob das Kreditvolumen, eher als die Geldmenge, den Anforderungen, die weiter oben zur Eignungsprüfung eines monetären Indikators vorangestellt wurden, genügt.

Eine Veränderung der Geldmenge wird zu einem nicht unerheblichen Teil durch eine Variation des Kreditvolumens verursacht. Schon aus diesem Zusammenhang folgt eine zwangsläufig ähnliche Diskussion und Beurteilung der Eignung von Kredit- und Geldvolumen als monetäre Indikatoren.

Das gesamtwirtschaftliche Kreditvolumen ist statistisch schnell und genau erfaßbar. Die entsprechende Anforderung wird somit vom Kreditvolumen — wie vom Geldvolumen — erfüllt.

Der immer eindeutigen und zeitlich schnellen Reaktion des Kreditvolumens auf Maßnahmen der Zentralbank, die entsprechend der kredittheoretischen Konzeption auf eine Veränderung des Liquiditätssaldos gerichtet sind, können z. B. kompensierende oder aufschiebende Wirkungen von Präferenzänderungen vor allem im Bankenbereich entgegenstehen. Die Zentralbank dürfte jedoch auf jeden Fall in der Lage sein, durch einen genügend intensiven Instrumentenein-

[28] Vgl. *R. Pohl*, Geldbasis versus Liquiditätssaldo. Ein Vergleich zweier geldpolitischer Konzepte. „WSI Mitteilungen", Heft 9 (September 1972), S. 282 ff. — Dort ist eine exakte Definition des Liquiditätssaldos zu finden. Hier soll auf die recht umfangreiche Ableitung des Liquiditätssaldos verzichtet werden, zumal diese Größe auch im weiteren Verlauf der Arbeit keine Rolle spielt.

satz das gewünschte Niveau im Kreditvolumen auch in relativ kurzer Zeit zu realisieren. Ob und wie schnell das Kreditvolumen auf Maßnahmen der Zentralbank reagiert, hängt folglich nicht zuletzt von der Intensität des Instrumenteneinsatzes ab. Hierin unterscheidet sich das Kreditvolumen nicht von der Geldmenge. Beide Größen vermögen die Anforderung der relativ schnellen Reaktion auf eine geldpolitische Aktion unter der genannten Bedingung zu erfüllen.

Der Anforderung, daß ein monetärer Indikator weitgehend nur auf geldpolitische Maßnahmen oder auf Einflüsse von den Märkten der Bestandsgrößen reagieren soll, kann das Kreditvolumen — wie das Geldvolumen — nicht genügen.

Es besteht kaum ein Zweifel, daß gerade das Kreditvolumen stark von der wirtschaftlichen Aktivität — der Entwicklung der letztlichen Zielgrößen der Zentralbank, den tatsächlichen und den erwarteten Gewinnen aus Investitionen, o. ä. — bestimmt wird.

Gemessen an den bis jetzt untersuchten Eignungskriterien bietet das Kreditvolumen als monetärer Indikator somit gegenüber der Geldmenge keine Vorteile. Zu prüfen ist allerdings noch das Kriterium der eindeutigen Korrelation zu den letztlichen Zielgrößen.

Kredite werden sicherlich nur aufgenommen, wenn mit ihnen eine Ausgabe auf den Märkten für Strömungsgrößen geplant ist. Eine Veränderung des Kreditvolumens dürfte deshalb eng mit einer Variation in Größen auf den Märkten für Strömungsgrößen verbunden sein.

Daß dies für die Geldmenge nicht immer zutrifft, konnte bereits nachgewiesen werden.

In der Tabelle 30 sind für eine Reihe von bereits erörterten Situationen auf den Märkten für Bestandsgrößen die Beziehungen zwischen dem Kreditvolumen und der Zielgröße Y einerseits und der Geldmenge (M_1 oder M_2) und der Zielgröße Y andererseits erfaßt worden.

Zwischen dem gesamtwirtschaftlichen Kreditvolumen ($L_B + L_I$) und der Zielgröße Y zeigt sich in den ausgewählten Situationen — gleichgültig, welche Koeffizientenwerte angenommen werden (Modelltyp *A*, *B* oder *C*) und welche spezifischen Einflüsse wirksam sind, — immer eine eindeutige und positive Korrelation.

Für alle übrigen im Laufe dieser Arbeit schon untersuchten Modellvarianten trifft das ebenfalls zu. Auch empirische Untersuchungen bestätigen diesen eindeutigen Zusammenhang[29].

Die Anforderung, daß zwischen der Indikatorgröße und den letztlichen Zielgrößen — hier nur Y — eine eindeutige Beziehung bestehen

[29] Vgl. *M. J. Hamburger*, Indicators of Monetary Policy, S. 38.

Tabelle 30: Die Beziehung zwischen dem Kreditvolumen und der Zielgröße Y

Politische Maßnahme	Modell-typ	$\Delta L_B + \Delta L_I$	ΔY	ΔM_1	ΔM_2
Offenmarktpolitik mit Geldmarktpapieren	*A*	+ 3,271	+ 0,375	+ 1,983	+ 2,756
$\Delta G = -1$; $\Delta B = +1$	*B*	+ 3,634	+ 0,410	+ 1,843	+ 1,922
(vgl. Tabelle 15 Zeilen 1—3)	*C*	0	0	+ 0,973	+ 0,301
Veränderung des Vermögens durch	*A*	— 1,923	— 0,215	— 1,122	— 1,623
Verkauf von Staatspapieren	*B*	— 2,086	— 0,240	— 0,974	— 0,961
$\Delta S = +1$; $\Delta B = -0{,}5$ (vgl. Tabelle 21)	*C*	+ 0,086	+ 0,065	—0,319	— 0,095

soll, scheint somit vom Kreditvolumen erfüllt zu sein. In Hinsicht auf die Geldmenge läßt sich das, wie die Zeilen 3 und 6 in Tabelle 30 zeigen, nicht uneingeschränkt behaupten.

Ist jedoch die bereits oben getroffene Feststellung richtig, daß das Kreditvolumen in erheblichem Maße von der wirtschaftlichen Aktivität determiniert wird, so ist das gefundene Ergebnis nahezu selbstverständlich.

Die nicht eindeutige Kausalitätsbeziehung erweist sich allerdings, wie schon bei der Geldmenge, in den meisten konjunkturellen Situationen als ein nicht so gravierender Mangel.

Dient das Kreditvolumen als monetärer Indikator, so werden die geldpolitischen Entscheidungsträger in Boom- und Abschwungphasen veranlaßt, ihre Instrumente stärker antizyklisch einzusetzen, als dies der Fall gewesen wäre, wenn von der wirtschaftlichen Aktivität kein Einfluß auf das Kreditvolumen ausgehen würde.

Eine zu starke antizyklische Politik dürfte, obwohl auch sie eine Gefahr für die erwünschte gleichgewichtige Entwicklung der Zielgrößen sein kann, auf jeden Fall einer prozyklischen Politik vorzuziehen sein.

Unerwünscht kann dagegen die durch die genannte Kausalitätsbeziehung induzierte Geldpolitik in Aufschwungphasen sein; hier kann eine auf Expansion gerichtete Politik zu früh gebremst und sogar in ihr Gegenteil verkehrt werden.

Ein monetärer Indikator soll eine zeitlich *später* eintretende Änderung in den Zielgrößen anzeigen. Das aber setzt selbstverständlich voraus, daß das Kreditvolumen, wenn es als Indikator dienen soll, nicht nur von der wirtschaftlichen Aktivität bestimmt wird, sondern daß es selbst auch die wirtschaftliche Aktivität beeinflußt.

Empirische Untersuchungen, die lediglich eine enge Korrelation zwischen dem Kreditvolumen und den Zielgrößen aufdecken, sagen hierüber noch nichts aus. Es ist zwar anzunehmen, daß die Zentralbank, wie oben bereits festgestellt wurde, das Kreditvolumen durch einen entsprechenden Instrumenteneinsatz zu verändern vermag und daß diese Änderung ceteris paribus eine Änderung in den Zielgrößen nach sich zieht und somit der für eine brauchbare Indikatorgröße erforderliche Kausalnexus besteht, jedoch gilt auch hier das, was schon für die Geldmenge gesagt wurde: je mehr der Einfluß der wirtschaftlichen Aktivität auf das Kreditvolumen den umgekehrten Einfluß überwiegt, um so weniger ist das Kreditvolumen geeignet, die zeitliche Informationslücke zwischen dem Mitteleinsatz durch die Zentralbank und der Reaktion in den Zielgrößen zu schließen und damit im Sinne der Definition als ein monetärer Indikator zu dienen.

Gegenüber den Größen „Zinssätze", „Monetäre Basis" und „Freie Reserven" weist das Kreditvolumen die gleichen Vorteile auf wie die Geldmenge, so daß es diesen Größen als monetärer Indikator auf jeden Fall vorzuziehen wäre. Anders als bei der Geldmenge, ergibt sich auch aus dem theoretischen Kalkül eine eindeutige Korrelation zwischen dem Kreditvolumen und der Zielgröße „Nominelles Sozialprodukt". Der Schluß, daß das Kreditvolumen dem Geldvolumen als ein monetärer Indikator deshalb vorzuziehen sei, ist jedoch nur unter der Voraussetzung sinnvoll, daß ein wesentlicher Teil dieser Beziehung durch den Kausalnexus „Kreditvolumen — Zielgröße" bestimmt ist.

3. Zusammenfassende Beurteilung

Keine der vorgestellten Größen erfüllt alle an einen geeigneten monetären Indikator gestellten Anforderungen. Müßte man sich für eine der Größen entscheiden, so fiele die Entscheidung nach den vorangegangenen Erörterungen zugunsten des Kreditvolumens oder vielleicht auch noch der Geldmenge aus. Diese Größen scheinen immerhin die besten der insgesamt schlechten Alternativen zu sein.

Auch die übrigen in der Literatur noch diskutierten Größen verdienen, soweit sich der Verfasser einen Überblick verschaffen konnte, in ihrer Eignung als ein monetärer Indikator gegenüber dem Kreditvolumen oder der Geldmenge keinen Vorzug.

Es dürfte äußerst schwierig sein, überhaupt eine einzige Größe zu finden, die rechtzeitig, eindeutig und quantitativ annähernd genau die von der Zentralbankpolitik ausgehenden Einflüsse auf die letztlichen Zielgrößen anzeigt, die somit *der* geeignete monetäre Indikator wäre.

Angesichts dieses Dilemmas drängt sich die Frage auf, ob die gewünschten Informationen dann nicht aus der Beobachtung einer Reihe verschiedener Größen — gleichzeitig z. B. der Geldmenge, einiger Zinssätze und des Kreditvolumens — gewonnen werden können.

In bestimmten konjunkturellen Situationen mag die eine, in wieder anderen Situationen eine andere Größe die gewünschten Informationen liefern.

Der Vorteil *einer einzigen* Indikatorgröße liegt darin, daß sie den geldpolitischen Entscheidungsträgern eine einfache und klare Entscheidungshilfe bietet; die Entscheidungsträger können ihren Instrumenteneinsatz an dieser Größe orientieren, ohne daß sie Kenntnis von den Vorgängen zu haben brauchen, die durch ihre Maßnahmen im einzelnen ausgelöst werden.

Dieser Vorteil geht verloren, wenn mehrere Größen je nach der spezifischen Situation auf den Märkten für Bestands- und Strömungsgrößen als Indikatoren dienen; die Wahl der geeigneten Größe zum geeigneten Zeitpunkt erfordert eine recht genaue Kenntnis der Wirkungen und Prozesse, die durch den Einsatz bestimmter geldpolitischer Maßnahmen auf den verschiedenen Märkten ausgelöst und die von exogenen — von den geldpolitischen Maßnahmen unmittelbar nicht abhängigen — Störeinflüssen verursacht werden.

Sind allerdings die Wirkungszusammenhänge im einzelnen bekannt, dann erübrigt sich die Wahl eines oder mehrerer Indikatoren; bereits von einem bestimmten Instrumenteneinsatz kann dann auf eine bestimmte Reaktion in den Zielgrößen geschlossen werden.

Ein Konglomerat von Größen entspricht folglich nicht mehr dem Wesen eines Indikators.

Was die geldtheoretische Entwicklung in Zukunft bringt, ob eine Größe oder nur einige wenige Größen gefunden werden, die Richtlinie geldpolitischer Aktionen sein können, oder ob die Entscheidungen auf der Basis komplexer Modelle der Gesamtwirtschaft zu erfolgen haben, läßt sich noch nicht absehen.

Für die geldpolitischen Entscheidungsträger ist die einfachste Entscheidungshilfe zweifellos die beste. Der Theoretiker allerdings, der eine bestimmte Indikatorgröße empfiehlt, kann diese Empfehlung nicht aussprechen, ohne vorher auf der Grundlage eines komplexen theoretischen Modells und darauf basierender empirischer Tests die Eignung seiner Größe geprüft zu haben.

Das in dieser Arbeit konstruierte Modell mag dafür eine Grundlage sein.

Zusammenfassung

Die Frage, in welcher Weise die Geldpolitik die gesamtwirtschaftliche Aktivität beeinflußt, konnte bisher von den Theoretikern noch nicht eindeutig beantwortet werden. Die Quantitätstheorie und die originäre Keynessche Theorie bildeten, nach einigen Veränderungen und Erweiterungen, die Grundlage für die kontroversen Geldtheorien der Monetaristen und der Postkeynesianer. Die Monetaristen glauben, daß die Geldmenge einen dominierenden Einfluß auf die wirtschaftliche Aktivität hat, und sie behaupten deshalb, daß die Geldpolitik für die wirtschaftliche Stabilität verantwortlich ist. Dagegen bezweifeln die Postkeynesianer die strenge und eindeutige Kausalbeziehung zwischen der Geldmenge und der wirtschaftlichen Aktivität, und sie lehnen es ab, die Geldpolitik als die alleinige und allmächtige Stabilisierungskraft zu etablieren.

In der vorliegenden Arbeit werden der Prozeß der Transmission monetärer Impulse auf die wirtschaftliche Aktivität und die Wirksamkeit der Geldpolitik als ein Stabilisierungsinstrument detaillierter als üblich analysiert. Dadurch sollen Inhalt und Kern der Kontroverse zwischen Monetaristen und Postkeynesianern deutlich gemacht werden.

Die Portfolio-Theorie bildet die Grundlage für die Erklärung des Transmissionsmechanismus der Geldpolitik sowohl bei den Monetaristen als auch bei den Postkeynesianern. Monetäre Impulse werden hiernach durch Anpassungsvorgänge in den Portefeuilles einzelner Wirtschaftssubjekte übertragen. Der Umfang dieser Anpassungen bestimmt das quantitative Niveau, die Friktionen in den Anpassungen bestimmen die zeitlichen Verzögerungen in der Wirksamkeit der Geldpolitik. Eine vollständige Analyse der Wirkungsweise der Geldpolitik hat folglich zu zeigen, wie einzelne Wirtschaftssubjekte ihre Portefeuilles gestalten. Das ist Gegenstand des mikroökonomischen Teils der vorliegenden Arbeit. Nach einer ausführlichen Diskussion der grundlegenden Ideen der Portfolio-Theorie werden hier Verhaltensbeziehungen für private Haushalte und Unternehmungen, für Kreditinstitute und paramonetäre Finanzinstitute entwickelt. Geld, das primäre Objekt der traditionellen Geldtheorie, ist nur noch eine von vielen Positionen in den Portefeuilles der Wirtschaftssubjekte. Trotzdem wird dem Geld auch in dieser Arbeit besondere Aufmerksamkeit gewidmet, und die Motive der Geldhaltung von Haushalten und Unternehmungen werden detailliert analysiert.

Die mikroökonomischen Beziehungen bilden den Ausgangspunkt für ein umfassendes makroökonomisches Modell des finanziellen Sektors der Gesamtwirtschaft. Dieses Modell ist die Grundlage für die Diskussion einer Reihe von wichtigen Problemen, die die Wirksamkeit der Geldpolitik betreffen: der Prozeß des Geldangebots als Ergebnis der Kreditschöpfung der Kreditinstitute, die wechselseitigen Beziehungen zwischen den Kreditinstituten und den paramonetären Finanzinstituten im Kredit- und Geldschöpfungsprozeß, die Bedeutung der Zinselastizitäten für die Wirkungspotenz der Geldpolitik.

Das Portfolio-Modell, das dieser Analyse zugrunde liegt, wird für eine Reihe von Simulationen benutzt, um so einen Einblick in die Prozeßabläufe zu erhalten, durch die monetäre Impulse auf die wirtschaftliche Aktivität übertragen werden. Die Simulationen basieren auf drei linearen Modellansätzen mit jeweils unterschiedlichen Werten der Koeffizienten in den Gleichungen, so wie sie einer extremen monetaristischen, einer extremen postkeynesianischen und einer gemäßigt monetaristischen oder postkeynesianischen Ansicht entsprechen.

Im Rahmen einer komparativ-statischen Analyse werden verschiedene ökonomische Einflüsse auf die Wirksamkeit der Geldpolitik, z. B. der Einfluß des bekannten Vermögenseffektes, untersucht. Es wird u. a. gezeigt, daß selbst in einem Modellansatz, der der extremen monetaristischen Ansicht entspricht, Einflüsse wirksam werden können, die die eindeutige Korrelation zwischen der Geldmenge und der wirtschaftlichen Aktivität, wie sie von den Monetaristen behauptet wird, aufheben.

In einer dynamischen Analyse wird die Bedeutung der Verzögerungen in den Portfolio-Anpassungen der Kreditinstitute, der paramonetären Finanzinstitute und der anderen privaten Sektoren für den Wirkungslag der Geldpolitik offensichtlich gemacht. Die Analyse deckt die Interdependenzen zwischen den Anpassungsgeschwindigkeiten im realen, monetären und finanziellen Bereich der Volkswirtschaft auf und zeigt, daß aus der Beobachtung bestimmter Reaktionsverzögerungen im realen Bereich oder in monetären Teilbereichen, z. B. bei der Geldnachfrage, noch keine eindeutigen Schlußfolgerungen in bezug auf die Wirkungsverzögerung der Geldpolitik möglich sind.

Die Arbeit wird mit einer Diskussion der Auswahlprobleme für einen brauchbaren monetären Indikator abgeschlossen. Hinsichtlich der geeigneten Indikatorgröße bestehen zwischen den Monetaristen und den Postkeynesianern bis heute anscheinend unüberbrückbare Meinungsverschiedenheiten. Eine Indikatorgröße, die allen Anforderungen gerecht wird, konnte auch in dieser Arbeit nicht gefunden werden. Die theoretischen Untersuchungen untermauern jedoch neuere empirische Ergebnisse, nach denen das Kreditvolumen allen übrigen Größen, die noch zur Debatte stehen, als Indikatorgröße überlegen ist.

Summary

The question of how monetary policy works on economic activity has not yet been answered unambiguously by economic theorists. The quantity theory and the original ideas of Keynes have been, after some modifications and enlargements, the basis for the controversial monetary theories of the Monetarists and the Post-Keynesians. Monetarists believe in money supply as the dominant factor in influencing economic activity and, therefore, postulate that monetary policy is responsible for economic stability. Post-Keynesians, on the other hand, doubt a strong and unambiguous causal relationship between money supply and economic activity and refuse to settle monetary policy as the omni-potent stabilizing power.

In order to provide a better understanding of the core of this controversy the present analysis aims at explaining the process of transmitting monetary impulses to economic activity and the effectiveness of monetary policy as a stabilization instrument in more detail than usually. Basis for the explanation of the transmission mechanism of monetary policy both by Monetarists and by Post-Keynesians is the portfolio theory. Monetary impulses are transmitted by adjustments in individuals' portfolios. The amount of those adjustments determines the absolute level, the functions in the adjustment process determine the time lag in the effectiveness of monetary policy. A complete analysis of the working of monetary policy therefore has to show how individuals behave in adjusting different portfolio positions. This has been done in microeconomic terms. After a discussion of the basic ideas of portfolio theory behavioral relationships are developed for private households and firms, for commercial banks, and for nonbank financial institutions. Money, the main factor in traditional monetary theory, isn't but one of many positions in individuals' portfolios. Nevertheless much attention is paid here to this specific position, and the motives of holding money in the households' and firms' portfolios are analysed in detail.

The microeconomic relationships are the basis for a comprehensive macroeconomic model of the financial sector of the economy. This model has been used to discuss several important problems concerning the effectiveness of monetary policy: the money supply process as caused by credit creation of commercial banks, the interaction between commercial banks and nonbank financial institutions in the process of credit and money creation, the importance of interest elasticities for the potency of monetary policy.

The portfolio model underlying the analysis of these problems serves for a lot of simulations in order to get a detailed insight into the process by which monetary impulses are transmitted to economic activity.

The simulations are based on three linear models with different concrete coefficient values according to an extreme Monetarist, an extreme Keynesian, and a more general Post-Keynesian or even Monetarist view.

In a comparative-static analysis the impact of several economic influences on the effectiveness of monetary policy, for example the impact of the well known wealth effect, are discussed in detail. It is shown that, even in a model according to an extreme Monetarist view, there are effects which may destroy the unambiguous correlation between money supply and economic activity as it is supposed by Monetarists.

In a dynamic analysis the importance of the delays of portfolio adjustments of commercial banks, nonbank financial institutions, and other private persons for the lag in effect of monetary policy is made obvious. The analysis shows that even if aggregate demand responds quickly to interest rate changes monetary policy may work with a considerable long lag on economic activity, depending on the adjustment of money-, credit- and asset-demand and -supply.

The analysis is closed by a discussion of the problem of choosing a capable monetary indicator. This is one of the most controversial questions in actual monetary theory, with extreme different views of Monetarists and Post-Keynesians. Here no sufficient indicator is found, but simulations support recent empirical statements that credit supply may be the best of all monetary indicators under consideration.

Résumé

Les théoriciens n'ont pas encore trouvé jusqu'ici une réponse nette à la question de savoir quelle est l'influence de la politique monétaire sur l'activité de l'économie globale. La théorie des quanta et la théorie originaire de Keynes ont constitué, après certaines modifications et amplifications, la base des théories monétaires controversées des monétaristes et des postkeynésiens. Les monétaristes pensent que la quantité de monnaie en circulation exerce une influence dominante sur l'activité économique, et ils prétendent par conséquent que la politique monétaire est responsable de la stabilité économique. Les postkeynésiens, par contre, doutent de l'existence du processus de transmission d'impulsions monétaires sur l'activité économique et ils refusent d'établir la politique monétaire comme l'unique et tout-puissant pouvoir stabilisateur.

La présente dissertation fournit une analyse plus détaillée que d'habitude du processus de transmission d'impulsion monétaires sur l'activité économique et de l'effet de la politique monétaire comme instrument de stabilisation. L'analyse essaye de faire ressortir la matière et la substance de la contreverse disputée entre les monétaristes et les postkeynésiens.

C'est la théorie du portefeuille qui explique les principes du mécanisme de transmission de la politique monétaire non seulement pour les monétaristes mais aussi pour les postkeynésiens. Suivant cette théorie, certains processus d'adaption qui se déroulent dans les portefeuilles des différents sujets économiques donnent lieu à la transmission d'impulsions d'ordre monétaire. Le volume de ces adaptions détermine les retardements temporels qui affectent l'activité de la politique monétaire. Une analyse intégrale du fonctionnement de la politique monétaire doit par conséquent démontrer comment les différents sujets économiques constituent leurs portefeuilles. Cela fait l'objet de la partie microéconomique de la présente dissertation. A la suite d'une ample discussion sur les idées à la base de la théorie du portefeuille sont développés les rapports de comportement des ménages et des entreprises, des établissements de crédit et des instituts paramonétaires. La monnaie, l'objet primaire de la théorie monétaire traditionelle, n'est plus qu'une position parmi le grand nombre de positions figurant dans les portefeuilles des sujets économiques. Néanmoins, dans cet exposé, la monnaie appelle une attention spéciale également, et les motifs de la disposition monétaire des ménages et des entreprises sont soumis à une analyse détaillé.

Les rapports microéconomiques constituent le point de départ pour un ample modèle macroéconomique du secteur monétaire de l'économie globale. Ce modèle est à la base de la discussion d'une série d'importants problèmes concernant l'effet de la politique monétaire: le processus de l'offre monétaire comme résultat de la création du crédit par les établissements de crédit, les rapports réciproques des instituts de crédit et des instituts parafinanciers dans le processus de création du crédit et de la monnaie, l'importance de l'élasticité de l'intérêt pour l'efficacité potentielle de la politique monétaire.

Le modèle du portefeuille qui est à la base de cette analyse, est utilisé pour une série de simulations qui permettent de donner un aperçu des déroulements des processus de transmission d'impulsions monétaires sur l'activité économiques. Les simulations se fondent sur l'évaluation linéaire de trois modèles avec des coefficients de différentes valeurs dans les équations, tels qu'ils correspondent ou à une conception extrèmement monétariste, extrèmement postkeynésienne ou à une conception monétariste ou postkeynésienne modérée.

Dans le cadre d'une analyse comparative et statistique, les diverses influences économiques sur l'action de la politique monétaire, p. e. l'influence connue du patrimoine, sont examinées.

Entre autres est démontré que même dans l'évaluation d'un modèle qui correspond à la conception d'un extrème monétarisme, des influences peuvent prendre effet qui lèvent la correlation nette existant entre le numéraire et l'activité économique, telle qu'elle est soutenue par les monétaristes.

Une analyse dynamique fait ressortir l'importance pour le retardement de l'action de la politique monétaire des retardements qui interviennent dans les adaptions du portefeuille des instituts de crédit, des instituts parafinanciers et des autres secteurs privés. L'analyse découvre les interdépendances des vitesses d'adaption dans les secteurs réel, monétaire et financier de l'économie nationale, et elle montre qu'il n'est pas possible de tirer des conclusions nettes concernant le retardement de l'action de la politique monétaire, à partir de la seule observation dans le secteur réel ou dans quelques autres secteurs monétaires partiels de certaines réactions retardées, par exemple pour la demande sur le marché monétaire.

L'exposé se termine par une discussion sur le problème de choisir un indice monétaire valable. En ce qui concerne la grandeur appropriée de l'indice, ils persistent, selon toutes apparences, jusqu'au jour actuel des différences infranchissibles entre la conception des monétaristes et celle des postkeynésiens. Une grandeur d'indice qui répondrait à toutes exigeances n'a pu être trouvée pas non plus dans cet exposé. Les analyses théoriques soutiennent toutefois des résultats empiriques plus récents, selon lesquels le volume du crédit comme grandeur d'indice l'emporte sur toutes les autres grandeurs en question.

Literaturverzeichnis

Abele, Hanns: Über geldwirtschaftliche Wachstumsmodelle. „Zeitschrift für Nationalökonomie", Wien, New York, Vol. 30 (1970), S. 125—158

Ahrensdorf, Joachim und S. *Kanesathasan:* Variations in the Money Multiplier and Their Implications for Central Banking. „International Monetary Fund Staff Papers", Washington, D. C., Vol. 8 (1960), S. 126—149

Aigner, Dennis J. und William R. *Bryan:* A Model of Short-Run Bank Behavior. „The Quarterly Journal of Economics", Cambridge, Mass., Vol. 85 (1971), S. 97—118

Allen, Roy G. D., Mathematische Wirtschaftstheorie. Berlin 1971

Andersen, Leonall C. und Jerry L. *Jordan:* The Monetary Base. Explanation and Analytical Use. „The Federal Reserve Bank of St. Louis, Review", St. Louis, Vol. 50 (August 1968), S. 7—11

— Monetary and Fiscal Actions: A Test of Their Relative Importance in Economic Stabilization. „The Federal Reserve Bank of St. Louis, Review", St. Louis, Vol. 50 (November 1968), S. 11—24

Argy, F.: Non-Banking Financial Intermediaries and the Process of Credit Creation. „The Economic Record", Melbourne, Vol. 36 (1960), S. 530—541

Arrow, Kenneth J.: The Theory of Risk Aversion. In: Essays in the Theory of Risk-Bearing. Ed. by Kenneth J. Arrow. Amsterdam 1971, S. 90—120

— und Leonid *Hurwicz,* On the Stability of the Competitive Equilibrium, I. „Econometrica", Vol. 26 (1958), S. 522—552

— H. D. *Block* und Leonid *Hurwicz,* On the Stability of the Competitive Equilibrium, II. „Econometrica", Vol. 27 (1959), S. 82—109

Baumol, William J.: The Transactions Demand for Cash: An Inventory Theoretic Approach. „The Quarterly Journal of Economics", Cambridge, Mass., Vol. 66 (1952), 2. 545—556

Blaug, Mark: Economic Theory in Retrospect. Homewood, Ill., 1968

Bössmann, Eva: Probleme einer dynamischen Theorie der Konsumfunktion. (Frankfurter Wirtschafts- und Sozialwissenschaftliche Studien, Heft 1.) Berlin 1957

Brainard, William C.: Financial Intermediaries and the Theory of Monetary Control. In: Financial Markets and Economic Activity. Ed. by Donald D. Hester und James Tobin. (Cowles Foundation Monograph, 21.) New York, London, Sydney 1967 S. 55—93

— und James *Tobin:* Pitfalls in Financial Model Building. „The American Economic Review", Menasha, Wisc., Vol. 58 (1968), Papers and Proceedings, S. 99—122

Brunner, Karl: Eine Neuformulierung der Quantitätstheorie des Geldes. Die Theorie der relativen Preise, des Geldes und der Beschäftigung. „Kredit und Kapital", Berlin, 3. Jg. (1970), S. 1—30

Brunner, Karl: The Report of the Commission on Money and Credit. „The Journal of Political Economy“, Chicago, Ill., Vol. 69 (1961), S. 605—620

— The Role of Money and Monetary Policy. „The Federal Reserve Bank of St. Louis, Review“, St. Louis, Vol. 50 (July 1968), S. 9—24

— A Schema for the Supply Theory of Money. „International Economic Review“, Osaka, Vol. 2 (1961), S. 79—109

— Some Major Problems in Monetary Theory. „The American Economic Review“, Menasha, Wisc., Vol. 51 (1961), Papers and Proceedings, S. 47—56

— A Survey of Selected Issues in Monetary Theory. „Schweizerische Zeitschrift für Volkswirtschaft und Statistik“, Basel, 107. Jg. (1971), S. 1—146

— und Allan H. *Meltzer:* An Alternative Approach to the Monetary Mechanism. (Subcommittee on Domestic Finance. Committee on Banking and Currency. House of Representatives.) Washington 1964

— — Economies of Scale in Cash Balances Reconsidered. „The Quarterly Journal of Economics“, Cambridge, Mass., Vol. 81 (1967), S. 422—436

— — Liquidity Traps for Money, Bank Credit, and Interest Rates. „The Journal of Political Economy“, Chicago, Ill., Vol. 76 (1968), S. 1—37

— — The Meaning of Monetary Indicators. In: Monetary Process and Policy: A Symposium. Ed. by George Horwich. Homewood, Ill., 1967, S. 187—217

— — The Nature of the Policy Problem. In: Targets and Indicators of Monetary Policy. Ed. by Karl Brunner, San Francisco, 1969, S. 1—26

— — The Place of Financial Intermediaries in the Transmission of Monetary Policy. „The American Economic Review“, Menasha, Wisc., Vol. 53 (1963), Papers and Proceedings, S. 372—382

— — Predicting Velocity: Implications for Theory and Policy. „The Journal of Finance“, Chicago, Ill., Vol. 18 (1963), S. 319—354

— — Some Further Investigations of Demand and Supply Functions for Money. „The Journal of Finance“, Chicago, Ill., Vol. 19 (1964), S. 240—283

— — The Uses of Money: Money in a Theory of an Exchange Economy. „The American Economic Review“, Menasha, Wisc., Vol. 61 (1971), S. 784—805

Bryan, William R. und Willard T. *Carleton:* Deposit Expansion and Federal Reserve-Banking System Interaction: A Micro Unit Simulation. „The American Economic Review“, Menasha, Wisc., Vol. 61 (1971), S. 901—915

— — Short-Run Adjustments of an Individual Bank. „Econometrica“, New Haven, Conn., Vol. 35 (1967), S. 321—347

Bünning, Hans-Helmut: Ein Indikator für die Stärke und Wirkungsrichtung monetärer Impulse? Bemerkungen zu dem gleichnamigen Beitrag von K.-H. Ketterer. „Konjunkturpolitik“, Berlin, Bd. 18 (1972), S. 312—323

Burger, Albert E.: The Implementation Problem of Monetary Policy. „The Federal Reserve Bank of St. Louis“, St. Louis, Vol. 53 (March 1971), S. 20 bis 30

Burstein, M. L.: Money. Cambridge, Mass., 1963

Chow, Gregory C.: On the Long-Run and Short-Run Demand for Money. „The Journal of Political Economy“, Chicago, Ill., Vol. 74 (1966), S. 111 bis 131

Claassen, Emil M.: Probleme der Geldtheorie. (Enzyklopädie der Rechts- und Staatswissenschaft.) Heidelberg 1970

Davidson, P.: Money, Portfolio Balance, Capital Accumulation and Economic Growth. „Econometrica", New Haven, Conn., Vol. 36 (1968), S. 291—321

Dernburg, Thomas F. und Duncan M. *McDougall:* Macro-Economics — The Measurement, Analysis, and Control of Aggregate Economic Activity. New York 1963

Deutsche Bundesbank: Frankfurt (Main), Monatsberichte. 23. Jg. (Juli 1971)

Dewald, William G.: Free Reserves, Total Reserves, And Monetary Control. „The Journal of Political Economy", Chicago, Ill., Vol. 71 (1963), S. 141 bis 153

Diepen, Gerhard: Der Bankbetrieb. Lehrbuch und Aufgabensammlung. Nach dem gleichnamigen Werk von K. Fr. Hagenmüller, 2. Auflage, Wiesbaden 1968

Duesenberry, James S: The Portfolio Approach to the Demand for Money and Other Assets. „The Review of Economics and Statistics", Cambridge, Mass., Vol. 45 (1963), Supplement, S. 9—24

Ehrlicher, Werner: Geldtheorie. In: Kompendium der Volkswirtschaftslehre. Hrsg. von W. Ehrlicher, I. Esenwein-Rothe, H. Jürgensen, K. Rose. Band 1, 3. neubearbeitete und erweiterte Auflage, Göttingen 1972, S. 339—407

Fand, David I.: Some Issues in Monetary Economics. „The Federal Reserve Bank of St. Louis, Review", St. Louis, Vol. 52 (January 1970), S. 10—27

Feige, Edgar L.: The Demand for Liquid Assets: A Temporal Cross-Section Analysis. Englewood Cliffs, N. Y., 1964

Feldstein, M. S.: Mean-Variance Analysis in the Theory of Liquidity Preference and Portfolio Selection. „The Review of Economic Studies", Edinburgh, Vol. 36 (1969), S. 5—11

Fisher, Irving: The Purchasing Power of Money — Its Determination and Relation to Credit, Interest, and Crises. (Reprints of Economic Classics.) New York 1963

— The Theory of Interest. New York 1930

Friedman, Milton: The Demand for Money: Some Theoretical and Empirical Results. „The Journal of Political Economy", Chicago, Ill., Vol. 67 (1969), S. 327—351

— The Lag in Effect of Monetary Policy. „The Journal of Political Economy", Chicago, Ill., Vol. 69 (1961), S. 447—466
Ins Deutsche übersetzt: Der Lag in der Wirksamkeit der Geldpolitik. In: Die optimale Geldmenge und andere Essays. Hrsg. von M. Friedman. München 1970, S. 237—266

— A Program for Monetary Stability. New York 1960

— The Quantity Theory of Money — A Restatement. In: Studies in the Quantity Theory of Money. Ed. by M. Friedman. Fifth Impression, Chicago, Ill., 1967, S. 3—21

— The Role of Monetary Policy. „The American Economic Review", Menasha, Wisc., Vol. 58 (1968), S. 1—17

— A Theoretical Framework for Monetary Analysis. „The Journal of Political Economy", Chicago, Ill., Vol. 78 (1970), S. 193—238

— A Theory of the Consumption Function. Princeton 1957

— und Walter W. *Heller,* Monetary vs. Fiscal Policy. New York 1969

Friedman, Milton und David *Meiselmann*, The Relative Stability of Monetary Velocity and the Investment Multiplier in the United States, 1897—1958. In: Stabilization Policies. A Series of Research Studies. Prepared for the Commission on Money and Credit. Englewood Cliffs, N. Y., 1963, S. 165 bis 268

— und Anna J. *Schwartz:* Money and Business Cycles. „The Review of Economics and Statistics", Cambridge, Mass., Vol. 45 (1963), Supplement, S. 32—64

— — Monetary Statistics of the United States. Estimates, Sources, Methods. New York 1970.

Goldfeld, Stephen M. und Edward G. *Kane:* The Determinants of Member Bank Borrowing: An Econometric Study. „The Journal of Finance", Chicago, Ill., Vol. 21 (1966), S. 499—514

Goodhart, C. A. E.: The Transmission Mechanism of Monetary Policy. Bisher nicht veröffentlichtes Manuskript. 1971

Gordon, M. J., G. E. *Paradis* und C. H. *Rorke:* Experimental Evidence on Alternative Portfolio Decisions Rules. „The American Economic Review", Menasha, Wisc., Vol. 62 (1972), S. 107—118

Griliches, Zvi, Distributed Lags: A Survey. „Econometrica", New Haven, Conn., Vol. 35 (1967), S. 16—49

Gurley, John G. und Edward S. *Shaw,* Financial Aspects of Economic Development. „The American Economic Review", Menasha, Wisc., Vol. 45 (1955), S. 515—538

— — Financial Intermediaries and the Saving-Investment Process. „The Journal of Finance", Chicago, Ill., Vol. 11 (1956), S. 257—276. Wiederabgedruckt in: Readings in Money, National Income, and Stabilization Policy. Ed. by W. L. *Smith* und R. L. *Teigen.* Homewood, Ill., 1970, S. 217—223

— — Money in a Theory of Finance. Washington, D. C., 1968

Hamburger, Michael J.: The Demand for Money by Households, Money Substitutes, and Monetary Policy. „The Journal of Political Economy", Chicago, Ill., Vol. 74 (1966), S. 600—623

— Household Demand for Financial Assets. „Econometrica", New Haven, Conn., Vol. 36 (1968), S. 97—118

— Indicators of Monetary Policy: The Arguments and the Evidence. „The American Economic Review", Menasha, Wisc., Vol. 60 (1970), Papers and Proceedings, S. 32—39

Hansen, Alvin H.: Monetary Theory and Fiscal Policy. New York 1949

Harrod, Roy: Money. Bungay, Suffolk, 1969

Hegeland, Hugo: The Quantity Theory of Money — A Critical Study of Its Historical Development and Interpretation and a Restatement. (Diss.), Göteborg 1951

Henderson, James M. und *Quandt,* Richard E.: Mikroökonomische Theorie. Eine mathematische Darstellung. 2. Auflage, Berlin, Frankfurt 1970

Hicks, John R: Liquidity. „The Economic Journal", Bungay, Suffolk, Vol. 72 (1962), S. 787—802

— Mr. *Keynes* and the Classics: A Suggested Interpretation. „Econometrica", New Haven, Conn., Vol. 5 (1937), S. 147—159

— Value and Capital. Oxford 1946

Jacob, Herbert: Zum Problem der Unsicherheit bei Investitionsentscheidungen. „Zeitschrift für Betriebswirtschaft“, Wiesbaden, Band 37 (1967), S. 153—187

Jaffee, D. M. und Franco *Modigliani:* A Theory and Test of Credit Rationing. „The American Economic Review“, Menasha, Wisc., Vol. 59 (1969), S. 850 bis 872

Jarchow, Hans-Joachim: Von Keynes zur portfolio selection. „Der Volkswirt“, Nr. 6 (1969), S. 36—38

Johnson, Harry G: Monetary Theory and Policy. In: Essays in Monetary Economics. Ed. by H. G. Johnson, London 1967, S. 15—72. Ins Deutsche übersetzt: Geldtheorie und Geldpolitik. In: Beiträge zur Geldtheorie und Geldpolitik. Hrsg. von H. G. Johnson. (Untersuchungen über das Spar-, Giro- und Kreditwesen, Band 18.) Berlin 1969, S. 24—81

— The General Theory After Twenty-Five Years. In: Money, Trade, and Economic Growth. In honor of John Henry Williams. London 1968, S. 126—147

— Notes on the Theory of Transactions Demand for Cash. In: Essays in Monetary Economics. Ed. by H. G. Johnson. London 1967, S. 179—191

— Recent Developments in Monetary Theory — A Commentary. In: Money in Britain, 1959—1969. Ed. by D. R. Croome und H. G. Johnson. Oxford 1970, S. 83—114

Kareken, John und Robert M. *Solow:* Lags in Monetary Policy. In: Stabilization Policies. A Series of Research Studies. Prepared for the Commission on Money and Credit. Englewood Cliffs, N. Y., 1963, S. 2—24

Kartsaklis, Georg A. B.: Theoretische Untersuchungen zum mikro- und makroökonomischen Kreditangebot. (Untersuchungen über das Spar-, Giro- und Kreditwesen, Band 48) Berlin 1970

Keran, Michael W.: A Monetarist Model of the Monetary Process. „The Journal of Finance“, Chicago, Ill., Vol. 25 (1970), S. 275—289

— Selecting a Monetary Indicator — Evidence from the United States and Other Developed Countries. „The Federal Reserve Bank of St. Louis, Review“, St. Louis, Vol. 52 (September 1970), S. 8—19

Ketterer, Karl-Heinz: Ein Indikator für die Stärke und Wirkungsrichtung monetärer Impulse. „Konjunkturpolitik“, Berlin, 17. Jg. (1971), S. 349—362

Keynes, John Maynard: The General Theory of Employment, Interest, and Money. London 1936

— A Treatise on Money. London, New York 1930

Klein, Lawrence R: Macroeconomics and the Theory of Rational Behavior. „Econometrica“, New Haven, Conn., Vol. 14 (1946), S. 93—108

— Remarks on a Theory of Aggregation. „Econometrica“, New Haven, Conn., Vol. 14 (1946), S. 303—312

Köhler, Claus: Orientierungshilfen für die Kreditpolitik. Berlin 1968

— Potentialorientierte Kreditpolitik. Berlin 1971

König, Heinz: Einkommenskreislaufgeschwindigkeit des Geldes und Zinssatzveränderungen. Eine ökonomische Studie über die Geldnachfrage in der BRD. „Zeitschrift für die gesamte Staatswissenschaft“, Tübingen, Band 124 (1968), S. 70—90

Koyck, Leendert M.: Distributed Lags and Investment Analysis. (Contributions to Economic Analysis, 4.) Amsterdam 1954

Krelle, Wilhelm: Präferenz- und Entscheidungstheorie. Tübingen 1968

Laidler, David E. W.: The Demand for Money: Theory and Evidence. Scranton 1970

Leijonhufvud, Axel: On Keynesian Economics and the Economics of Keynes, A Study in Monetary Theory. New York, London, Toronto 1968

Leeuw, Frank de: A Model of Financial Behavior. In: The Brookings Quarterly Econometric Model of the United States. Ed. by J. S. Duesenberry, G. Fromm, L. R. Klein, E. Kuh, Amsterdam 1956, S. 465—530

Lindbeck, Assar: The „New" Theory of Credit Control in the United States. (Stockholm Economic Studies, pamphlet series No. 1.) Stockholm 1962

— A Study in Monetary Analysis. (Stockholm Economic Studies, New Series III.) Stockholm, Uppsala 1965

Lipsey, Richard J. und Peter O. *Steiner,* Economics, New York 1966

Lishan, John M. und William R. *Allen:* Time Deposits, The Banking System, and Inflation. „The Southern Economic Journal", Chapel Hill, N. Y., Vol. 25 (1958), S. 132—143

Lutz, Friedrich A.: The Interest Rate and Investment in a Dynamic Economy. „The American Economic Review", Menasha, Wisc., Vol. 35 (1945), S. 811 bis 830

Markowitz, Harry M.: Portfolio Selection. Efficient Diversification of Investments. (Cowles Foundation, Monograph 16.) Third Printing, New York, London, Sydney 1967

Marshall, Alfred: Money, Credit, and Commerce. (Reprints of Economic Classics.) New York 1965

May, Kenneth: The Aggregation Problem for a One-Industry Model. „Econometrica", New Haven, Conn., Vol. 14 (1946), S. 285—298

— Technological Change and Aggregation. „Econometrica", New Haven, Conn., Vol. 15 (1947), S. 51—63

Meigs, A. James: Free Reserves and the Money Supply. Chicago, London 1962

Mayer, T.: The Inflexibility of Monetary Policy. „The Review of Economics and Statistics", Cambridge, Mass., Vol. 40 (1958), S. 358—374

Meltzer, Allan H.: Controlling Money. „The Federal Reserve Bank of St. Louis, Review", St. Louis, Vol. 51 (May 1969), S. 16—24

— The Demand for Money: The Evidence from the Time Series. „The Journal of Political Economy", Chicago, Ill., Vol. 71 (1963), S. 219—246

— Money, Intermediation, and Growth. „The Journal of Economic Literature", Menasha, Wisc., Vol. 1 (1969), S. 27—56

Menges, Günter: Grundmodelle wirtschaftlicher Entscheidungen. Einführung in die modernen Entscheidungstheorien. Köln, Opladen 1968

Merton, Robert C.: Lifetime Portfolio Selection under Uncertainty: The Continuous-Time Case. „The Review of Economics and Statistics", Cambridge, Mass., Vol. 51 (1969), S. 247—257

Mill, John Stuart: Principles of Political Economy. New York 1901

Miller, Merton H. und Daniel *Orr*: A Model of the Demand for Money by Firms. „The Quarterly Journal of Economics", Cambridge, Mass., Vol. 80 (1966), S. 413—435

Minsky, Hyman P.: Money and Business Cycles. Comment. „The Review of Economics and Statistics", Cambridge, Mass., Vol. 45 (1963), Supplement, S. 64—72

Modigliani, Franco, Robert *Rasche* und J. Philip *Cooper:* Central Bank Policy, the Money Supply, and the Short-Term Rate of Interest. „The Journal of Money, Credit and Banking", Vol. 2 (1970), S. 166—218

Moore, Basil J.: An Introduction to the Theory of Finance. Assetholder Behavior under Uncertainty. New York 1968

Musgrave, Richard A.: Finanztheorie. Tübingen 1966

Neubauer, W.: Strategien, Techniken und Wirkungen der Geld- und Kreditpolitik. Eine theoretische und empirische Untersuchung für die Bundesrepublik Deutschland. Göttingen 1972

Neumann, John von und Oskar *Morgenstern:* Theorie of Games and Economic Behavior. Princeton 1947

Okun, Arthur M: Monetary Policy, Debt Management, and Interest Rates. In: Stabilization Policies. A Series of Research Studies. Prepared for the Commission on Money and Credit. Englewood Cliffs, N. Y., 1963, S. 331 bis 380

— Money and Business Cycles. Comment. „The Review of Economics and Statistics", Cambridge, Mass., Vol. 45 (1963), S. 72—77

Orr, Daniel und W. G. *Mellon*: Stochastic Reserve Losses and the Expansion of Bank Credit. „The American Economic Review", Menasha, Wisc., Vol. 51 (1961), S. 614—623

Patinkin, Don: Money, Interest, and Prices — An Integration of Monetary and Value Theory. New York 1965

Perlman, Morris: The Roles of Money in an Economy and the Optimum Quantity of Money. „Economica", London, New Series, Vol. 38 (1971), S. 233—252

Pesek, Boris P. und Thomas R. *Saving:* Money, Wealth, and Economic Theory. New York 1967

Pigou, Arthur C.: The Value of Money. „The Quarterly Journal of Economics", Cambridge, Mass., Vol. 31 (1917/18), S. 38—65

Pohl, Rüdiger: Geldbasis versus Liquiditätssaldo. Ein Vergleich zweier geldpolitischer Konzepte. „WSI Mitteilungen — Zeitschrift des Wirtschafts- und Sozialwissenschaftlichen Instituts des Deutschen Gewerkschaftsbundes", Köln, 25. Jg. (1972), S. 282—290

Polakoff, Murray E.: Reluctance Elasticity, Least Cost, And Member Bank Borrowing: A Suggested Interpretation. „The Journal of Finance", Chicago, Ill., Vol. 15 (1960), S. 1—18

— und William L. *Silber:* Reluctance and Member-Bank Borrowing: Additional Evidence. „The Journal of Finance", Chicago, Ill., Vol. 22 (1967), S. 88—92

Porter, Richard C.: A Model of Bank Portfolio Selection. „Yale Economic Essays", New Haven, Conn., Vol. 1 (Fall 1961), S. 323—360

Ricardo, David: The High Price of Bullion. In: The Works and Correspondence of D. Ricardo. Vol. III. Ed. by P. Sraffa. Cambridge 1951

Roosa, Robert V.: Interest Rates and the Central Bank. In: Money, Trade, and Economic Growth. In honor of John Henry Williams. New York 1951, S. 270—295

Sachverständigenrat zur Begutachtung der gesamtwirtschaftlichen Entwicklung, Konjunktur im Umbruch. Risiken und Chancen. Jahresgutachten 1970/71. Stuttgart, Mainz 1971

Samuelson, Paul A.: Foundations of Economic Analysis. Cambridge, Mass., 1966

— Lifetime Portfolio Selection by Dynamic Stochastic Programming. „The Review of Economics and Statistics", Cambridge, Mass., Vol. 51 (1969), S. 239—246

— Money, Interest Rates, and Economic Activity: Their Interrelationship in a Market Economy. In: Readings in Money, National Income, and Stabilization Policy. Ed. by W. L. Smith und R. L. Teigen. Homewood, Ill., 1970, S. 403—414

— The Role of Money in National Economic Policy. In: Controlling Monetary Aggregates. The Federal Reserve Bank of Boston, Conference Series, No. 1, Boston 1969, S. 7—13.

Saving, Thomas R.: Monetary-Policy Targets and Indicators. „The Journal of Political Economy", Chicago, Ill., Vol. 75 (1967), S. 446—456

Schirmer, Ulrich: Der Einfluß paramonetärer Institutionen auf die Vermögensbildung, das Kreditangebot und die Geldpolitik. (Untersuchungen über das Spar-, Giro- und Kreditwesen, Band 55.) Berlin 1971

Schneeweiß, Hans: Entscheidungskriterien bei Risiko. Berlin, Heidelberg, New York 1967

Schneider, Dieter: Investition und Finanzierung. Lehrbuch der Investitions-, Finanzierungs- und Ungewißheitstheorie. Köln, Opladen 1970

Schneider, Erich: Einführung in die Wirtschaftstheorie, Band III, Geld, Kredit, Volkseinkommen und Beschäftigung. 10., verb. Auflage, Tübingen 1967

Schumann, Jochen, Grundzüge der mikroökonomischen Theorie. (Heidelberger Taschenbücher, 92.) Berlin, Heidelberg, New York 1971

Shackle, George L. S.: Interest Rates and the Pace of Investment. „The Economic Journal", Bungay, Suffolk, Vol. 56 (1946), S. 1—17

Siebke, Jürgen und Manfred *Willms:* Das Geldangebot in der Bundesrepublik Deutschland. Eine empirische Analyse für die Periode von 1958 bis 1968. „Zeitschrift für die gesamte Staatswissenschaft", Tübingen, Band 126 (1970), S. 55—74

Silber, W. L.: Portfolio Substitutability, Regulations, and Monetary Policy. „The Quarterly Journal of Economics", Cambridge, Mass., Vol. 83 (1969), S. 197—219

Smith, Warren L.: Financial Intermediaries and Monetary Controls. „The Quarterly Journal of Economics", Cambridge, Mass., Vol. 73 (1959), S. 533—553. Wiederabgedruckt in: Readings in Money, National Income, and Stabilization Policy. Ed. by W. L. Smith und R. L. Teigen. Homewood, Ill., 1970, S. 232—246

Smith, Warren L.: The Instruments of General Monetary Control. „National Banking Review", Washington, D. C., Vol. I (1963), S. 47—76

— A Neo-Keynesian View of Monetary Policy. In: Controlling Monetary Aggregates. The Federal Reserve Bank of Boston, Conference Series, No. 1, Boston 1969, S. 105—126

— On the Effectiveness of Monetary Policy. „The American Economic Review", Menasha, Wisc., Vol. 46 (1956), S. 588—606. Ins Deutsche übersetzt: Über die Wirksamkeit der Geldpolitik. In: Geld- und Bankpolitik. Hrsg. von E. Dürr. (Neue Wissenschaftliche Bibliothek), Köln, Berlin 1969, S. 333—353

— On Some Current Issues in Monetary Economics: An Interpretation. „The Journal of Economic Literature", Menasha, Wisc., Vol. 2 (1970), S. 767—782

Solow, Robert M.: On a Family of Lag Distributions. „Econometrica", New Haven, Conn., Vol. 28 (1960), S. 393—406

Stöwe, Heinz: Ökonometrie und makroökonomische Theorie — Stochastische Wirtschaftsforschung als notwendige Ergänzung der Theorie. (Ökonomische Studien, Heft 3.) Stuttgart 1959

Studies of Portfolio Behavior. Ed. by Donald D. Hester und James Tobin. (Cowles Foundation, Monograph 20.) New York, London, Sydney 1967

Theil, Henry: Economic Forecasts and Policy. Amsterdam 1965

— Linear Aggregation of Economic Relations. Amsterdam 1954

Thorn, Richard S.: Nonbank Financial Intermediaries, Credit Expansion, and Monetary Policy. „International Monetary Fund, Staff Papers", Washington, D. C., Vol. 4 (1957/58), S. 369—383

Tinbergen, Jan: On the Theory of Economic Policy. „Contributions to Economic Analysis, I.) Fourth Printing, Amsterdam 1966

Tobin, James: An Essay on Principles of Debt Management. In: Fiscal and Debt Management Policies. A Series of Research Studies. Prepared for the Commission on Money and Credit. Englewood Cliffs, N. Y., 1963, S. 143—218

— Commercial Banks as Creators of Money. In: Banking and Monetary Studies. Ed. by D. Carson. Homewood, Ill., 1963. Wiederabgedruckt in: Readings in Money, National Income, and Stabilization Policy. Ed. by W. L. Smith und R. L. Teigen. Homewood, Ill., 1970, S. 224—231

— Consumer Debt and Spending: Some Evidence from Analysis of a Survey. In: Studies of Portfolio Behavior. Ed. by D. D. Hester und J. Tobin. (Cowles Foundation, Monograph 20.) New York, London, Sydney 1967, S. 40—65

— The Interest Elasticity of Transactions Demand for Cash. „The Review of Economics and Statistics", Cambridge, Mass., Vol. 38 (1956), S. 241—247

— Liquidity Preference as Behavior Towards Risk. „The Review of Economic Studies", Cambridge, Vol. 25 (1958), S. 65—86

— Monetary Semantics. In: Targets and Indicators of Monetary Policy. Ed. by K. Brunner. San Francisco 1969, S. 165—174

— Money, Capital, and Other Stores of Value. „The American Economic Review", Menasha, Wisc., Vol. 51 (1961), Papers and Proceedings, S. 26—37

Tobin, James: The Theory of Portfolio Selection. In: The Theory of Interest Rates. Ed. by F. H. Hahn und F. P. R. Brechling. New York 1966, S. 3—51

Tucker, D. P.: Dynamic Income Adjustment to Money Supply Changes. „The American Economic Review", Menasha, Wisc., Vol. 56 (1966), S. 433—449

Watts, Harold W. und James *Tobin:* Consumer Expenditures and the Capital Account. In: Studies of Portfolio Behavior. Ed. by D. D. Hester und J. Tobin. (Cowles Foundation, Monograph 20.) New York, London, Sydney 1967, S. 1—39

Westphal, Uwe: Theoretische und empirische Untersuchungen zur Geldnachfrage und zum Geldangebot. (Kieler Studien, Band 110.) Tübingen 1970

Whalen, Edward L.: A Rationalization of the Precautionary Demand for Cash. „The Quarterly Journal of Economics", Cambridge, Mass., Vol. 80 (1966), S. 314—324

Wicksell, Knut: Geldzins und Güterpreise. Eine Studie über die den Tauschwert des Geldes bestimmenden Ursachen. (Berichtigter Neudruck der Ausgabe Jena 1898.) Aalen 1968

— Vorlesungen über Nationalökonomie — Auf Grundlage des Marginalprinzips. Zweiter Band: Geld und Kredit. (Neudruck der Ausgabe Jena 1922.) Aalen 1969

Willms, Manfred: Bankenverhalten und Offenmarktpolitik. „Jahrbücher für Nationalökonomie und Statistik", Stuttgart, Band 184 (1970), S. 158—172

— Die Kehrtwendung der Bundesbank. „Wirtschaftswoche", Nr. 30 (1971), S. 17—22

— Zinstheoretische Grundlagen der Geldpolitik. (Untersuchungen über das Spar-, Giro- und Kreditwesen, Bd. 53.) Berlin 1971

Wold, Herman: Ordinal Preferences or Cardinal Utility? „Econometrica", New Haven, Conn., Vol. 20 (1952), S. 661—664

Wrightsman, Dwayne: An Introduction to Monetary Theory and Policy. New York 1971

Sachregister

Untersuchungen über das Spar-, Giro- und Kreditwesen

Abteilung A: Wirtschaftswissenschaft

Herausgegeben von Professor Dr. Dr. Dr. h. c. Fritz Voigt

1. **Beiträge zur Theorie des Sparens und der wirtschaftlichen Entwicklung.** 227 S. 1958. 2. unveränd. Aufl. in Vorbereitung.

2. **Die Liquiditätsverhältnisse der deutschen Sparkassen.** Von Dr. L. Sperk und Dipl.-Vw. Dr. M. Wilsdorf. 184 S. 1956. DM 18,60.

3. **Das Liquiditätsproblem bei den Girozentralen.** Von Dr. D. Golz. 193 S. 1956. DM 24,60.

4. **Auswirkungen der Mindestreservepflicht unter besonderer Berücksichtigung der Sparkassen.** Von Dipl.-Vw. Dr. E. Floss. 70 S. 1956. DM 7,80.

5. **Die Wertpapieranlage der Kreditinstitute.** Von Dr. R. Stützer. 157 S. 1957. DM 18,60.

6. **Einkommensverhältnisse und private Geldkapitalbildung in Westdeutschland 1925 bis 1953.** Von Dr. H. Osthues. 204 S. 1957. DM 27,60.

7. **Der Betriebsvergleich bei Sparkassen.** Von Dipl.-Kfm. H.-G. Bindewalt und Dr. H. Kolbeck. 244 S. 1959. DM 29,—.

8. **Die Verflechtung zwischen Sparkassen und Girozentralen.** Von Dr. A. Dick. 119 S. 1959. DM 15,80.

9. **Die Struktur des Bankwesens als Gegenstand wirtschaftsstatistischer Analyse.** Von Prof. Dr. I. Esenwein-Rothe. 329 S. 1959. DM 42,80.

10. **Die Anwendbarkeit der modernen Kreditschöpfungslehre auf die besondere Art des Sparkassengeschäfts.** Von Dr. H. Feifel. 249 S. 1959. DM 33,—.

11. **Die unterschiedlichen Auffassungen von der Wirkung des Sparens und die moderne Wachstumstheorie.** Von Dr. H. Peters. 120 S. 1960. DM 14,80.

12. **Die niedersächsischen Sparkassen.** Von Dr. W. Weidner. 212 S. 1960. DM 32,60.

13. **Bestimmungsgründe und volkswirtschaftliche Auswirkungen des Verhaltens der Sparkassen im langfristigen Wohnungsbaukreditgeschäft.** Von Dr. M. Wilsdorf. 194 S. 1960. DM 22,60.

14. **Die Mitwirkung der Hausbanken bei der Vergebung und Verwaltung öffentlicher Kredite.** Von Dr. H. Menzel. 212 S. 1960. DM 24,80.

15. **Die Zinsempfindlichkeit der deutschen Sparer.** Von Dr. B. Wissmann. 152 S. 1960. DM 22,80.

16. **Verbrauchen und Sparen.** Von Dr. A. Ghanie Ghaussy. 236 S. 1964. DM 39,60.

17. **Bestimmungsgründe des persönlichen Sparens.** Von Dr. W. Paschke. 223 S. 1961. DM 32,60.

18. **Beiträge zur Geldtheorie und Geldpolitik.** Von Prof. Dr. H.-G. Johnson. Aus dem Amerikanischen übertragen von H. Rudloff. 342 S. 1969. DM 44,60.

19. **Die Staatsaufsicht über die kommunalen Sparkassen.** Von Dr. H. Frick. 250 S. 1962. DM 38,60.

20. **Die Vereinbarungen und Zusammenschlüsse im Kreditwesen.** Von Dr. G. Buschmann. 174 S. 1963. DM 24,80.

21. **Die Rechtsgrundlagen des Reisescheckverkehrs.** Von Dr. O.-R. Heinichen. 157 S. 1964. DM 24,60.

22. **Monetäre Probleme der Konjunkturpolitik in der EWG.** Von Prof. Dr. O. Issing. 163 S. 1964. DM 24,80.

23. **Strukturwandlungen in der Anlagepolitik der Kreditbanken.** Von Dr. H.-H. Stein. 191 S. 1964. DM 28,60.

24. **Die Beziehungen zwischen moderner Wettbewerbstheorie und ökonomischer Realität im Realkreditsektor.** Von Dr. W. Dobrinski. 243 S. 1964. DM 39,60.

25. **Der Einfluß der Gemeinde auf die kommunale Sparkasse.** Von Dr. H. Clausen. 160 S. 1964. DM 24,80.

26. **Die Beziehungen zwischen der Notenbank und den Trägern der Girosysteme.** Von Dr. H. J. Rieken. 170 S. 1964. DM 24,80.

27. **Die internationale Liquidität.** Von Prof. Dr. D. J. Delivanis. 94 S. 1965. DM 14,60.

28. **Leitwährung und internationale Währungsordnung.** Von Prof. Dr. O. Issing. 374 S. 1965. DM 54,60.

29. **Analytischer Vergleich zwischen Verrechnungsscheck und Überweisung vom Standpunkt der Kreditinstitute.** Von Dr. U. Trurnit. 257 S. 1966. DM 49,60.

30. **Marktforschung der Kreditinstitute.** Von Dr. U. Weiss. 307 S. 1966. DM 53,80.

31. **Die Entwicklung der sozialen und ökonomischen Struktur der Ersparnisbildung in der Bundesrepublik Deutschland.** Von Dr. R. Exo. 410 S. 1967. DM 68,60.

32. **Die Beziehungen zwischen dem institutionellen Aufbau des Geld- und Kreditsystems und dem wirtschaftlichen Wachstum.** Von Dr. D. Spaetling. 251 S. 1966. DM 54,60.

33. **Geldversorgung, Preisniveau und reales Wirtschaftswachstum bei alternativen Grundprinzipien der geldwirtschaftlichen Ordnung.** Von Dr. H. Friedrich. 205 S. 1967. DM 38,60.

34. **Außenhandel, wirtschaftliche Expansion und Preisniveau.** Von Dr. M. Hieber. 150 S. 1967. DM 28,60.

35. **Die Bedeutung des staatlichen Sparens für die Kapitalbildung und das Wirtschaftswachstum.** Von Dr. D. Kath. 172 S. 1968. DM 28,60.

36. **Die Entwicklung des Kommunalkredits.** Von Dr. H. Gloth. 230 S. 1967. DM 43,80.

37. **Die Finanzpolitik des Deutschen Reiches im Ersten Weltkrieg.** Von Dr. K. Roesler. 237 S. 1967. DM 44,60.

38. **Die rechtliche Einordnung der Immobilienfondsgesellschaften und das Erfordernis einer gesetzlichen Sonderregelung.** Von Dr. N. Kruhme. 120 S. 1968. DM 19,60.

39. **Die Bedeutung der Finanzgebarung der öffentlichen Hand für den Geldwert in Frankreich nach 1945.** Von Dr. M.-L. Herschtel. 256 S. 1968. DM 49,60.

40. **Die Standortfrage bei Kreditinstituten.** Von Dr. J. D. Siepmann. 377 S. 1968. DM 78,—.

41. **Zahlungsverkehr und Mittelstandsidee.** Von Dr. J. Wysocki. 120 S. 1969. DM 28,60.

42. **Der Verwaltungsrat der Sparkasse.** Von Dr. H. aus der Fünten. 322 S. 1969. DM 56,60.

43. **Die Mechanismen der Zentralbankgeldschöpfung und ihre Kontrollierbarkeit durch die Zentralbank.** Von Dr. B. Gaude. 209 S. 1969. DM 39,60.

44. **Die Aufwertungsspekulation.** Von Dr. W. Steuer. 180 S. 1969. DM 33,60.

45. **Ursachen und Wirkungen der regionalen Differenzierung der privaten Spartätigkeit in Industrieländern.** Von Dr. J. Frerich. 205 S. 1969. DM 45,80.

46. **Die Beschränkungen des Wirkungsbereichs der kommunalen Sparkassen durch die horizontale und die vertikale Kommunalgliederung in Nordrhein-Westfalen.** Von Dr. K. Köhler. 145 S. 1969. DM 26,60.

47. **Vermögensbestand, Sparverhalten und Wirtschaftswachstum.** Von Dr. H. Rudloff. 192 S. 1969. DM 39,60.

48. **Theoretische Untersuchungen zum mikro- und makroökonomischen Kreditangebot.** Von Dr. G. A. Kartsaklis. 205 S. 1970. DM 45,80.

49. **Untersuchungen über den Nutzen kommunaler Wirtschaftsförderungsmaßnahmen.** Von Dr. P. Eichhorn und Dr. P. Friedrich. 98 S. mit 2 Ausschlagtaf. 1970. DM 22,60.

50. **Die Struktur des Sparens in der Bundesrepublik Deutschland von 1950 bis 1967.** Von W. Kaiser und A. Zerwas. 101 S. 1970. DM 26,60.

51. **Die Beeinflussung des Wirtschaftswachstums in Deutschland von 1883 bis 1913 durch das Bankensystem.** Von Dr. E. Eistert. 189 S. 1970. DM 42,60.

52. **Die Sicherheit der Scheckeinlösung.** Von Dr. H.-Ch. Zahrnt. IV, 324 S. 1971. DM 58,60.

53. **Zinstheoretische Grundlagen der Geldpolitik.** Von Prof. Dr. M. Willms. 112 S. 1971. DM 36,60.

54. **Die Struktur der Nachfrage von Wirtschaftsunternehmen und privaten Haushalten nach finanziellem Vermögen in der Bundesrepublik Deutschland.** Von Dr. W.-A. Prautzsch. 151 S. 1971. DM 42,60.

55. **Der Einfluß paramonetärer Institutionen auf die Vermögensbildung, das Kreditangebot und die Geldpolitik.** Von Dr. U. Schirmer. 239 S. 1971. DM 66,60.

56. **Geldtheoretische und geldpolitische Probleme des Eurodollarmarktes.** Von Dr. P. Liepmann. 169 S. 1971. DM 46,60.

57. **Zur Geldtheorie Don Patinkins.** Von Dr. J. D. Jüttner. 231 S. 1971. DM 68,60.

58. **Ansätze und Möglichkeiten der Geld- und Fiskalpolitik als Finanzierungsinstrumente einer gesamtwirtschaftlichen Entwicklungspolitik, dargestellt am Beispiel Persiens.** Von Dr. M. Kiani. 147 S. 1971. DM 38,60.

59. **Akkreditiv und Grundverhältnis.** Von Dr. S. Borggrefe. 125 S. 1971. DM 29,60.

60. **Zur Vermögenssituation der privaten Haushalte in der Bundesrepublik Deutschland.** Von H.-D. Bosch. 2 Teilbände: I: Eine vergleichende sozio-ökonomische Datenanalyse für die Jahre 1960/61 und 1969. 160 S. 1973. DM 52,60. II: Ein tabellarischer Vergleich für die Jahre 1960/61 und 1969 aufgrund statistischer Erhebungen des Deutschen Sparkassen- und Giroverbandes. 212 S. 1971. DM 39,60.

61. **Zielkonforme Ausgestaltung der Mindestreservenpolitik.** Von Dr. P. Voss. 195 S. 1972. DM 46,60.

62. **Änderungen in Bankpolitik und Bankwesen als Teil der Wirtschaftsreformen der DDR.** Von Dr. Ch. Kunze. 200 S. 1972. DM 46,60.

63. **Kurzfristige zwischenstaatliche Kapitalbewegungen in der Bundesrepublik Deutschland 1960—70.** Von Dr. H. Priester. 217 S. 1972. DM 66,60.

64. **Die Bestandskontenreihe im System der Volkswirtschaftlichen Gesamtrechnung.** Von Dr. W. Kaiser. 198 S. 1972. DM 56,80.

65. **Die Kreditfinanzierung im Modell der flexiblen Planung.** Von Dr. A. Riemenschnitter. 109 S. 1972. DM 29,80.

66. **Leistungsveränderungen im Rahmen der Zielkonzeption öffentlich-rechtlicher deutscher Sparkassen.** Von Dr. L. Bauer. 195 S. 1972. DM 46,60.

67. **Die Bedeutung des Bankensystems im wirtschaftlichen Wachstumsprozeß Syriens.** Von Dr. A. T. Said. 112 S. 1972. DM 36,60.

68. **Geldentwertung und monetäre Stabilisierungspolitik.** Von Dr. M. van den Adel. 188 S. 1973. DM 56,—.

69. **Die Zinspolitik der Sparkassen in der Bundesrepublik Deutschland unter wirtschaftspolitischen Gesichtspunkten.** Von Dr. B. Last. 135 S. 1973. DM 38,60.

70. **Probleme der Sparförderung in der OECD.** Von H. Albach, W. Krelle, J. Siebke, W. Wittmann. 192 S. 1973. DM 59,60.

71. **Der Einfluß von Geldwertrisiko und Wertsicherungsklauseln auf die Vermögensdisposition.** Von Dr. N. Euba. 162 S. 1973. DM 42,60.

72. **Zur Theorie und Empirie der Fristigkeitsstruktur der Zinssätze.** Von Dr. H. Faßbender. 231 S. 1973. DM 78,60.

73. **Die Auswirkungen der Liquidität auf die Firmenentscheidungen.** Von Dr. H. Pehle. 139 S. 1974. DM 56,—.

74. **Theorie der Devisenspekulation.** Von Dr. H. Hochgesand. 167 S. 1974. DM 68,60.

75. **Marktstrategien im Hypothekarkreditgeschäft.** Von Dr. H. Kittel. 354 S. 1974. DM 78,60.

76. **Lenkungsmöglichkeiten von Geldangebots- und Kreditmarktprozessen in einer extrem auslandsabhängigen Volkswirtschaft.** Von Dr. H. Rostek. 106 S. 1975. DM 48,60.